거짓과 왜곡 없는
고종실록

거짓과 왜곡 없는
고종실록

지은이 박영규

1판 1쇄 발행 2025년 12월 26일

발행처 ㈜옥당북스
발행인 신은영

등록번호 제2018-000080호
등록일자 2018년 5월 4일

주소 경기도 고양시 일산동구 위시티1로 7, 507-303
전화 (070)8224-5900 팩스 (031)8010-1066

블로그 blog.naver.com/coolsey2
이메일 coolsey2@naver.com

값은 표지에 있습니다.
ISBN 979-11-89936-56-3 (03910)

저작권자 © 2025 박영규
이 책의 저작권은 저자에게 있습니다. 저자와 출판사의 허락 없이
내용의 일부 또는 전부를 복제·전재·발췌할 수 없습니다.

거짓과 왜곡 없는

고종 황제 실록

박영규 지음

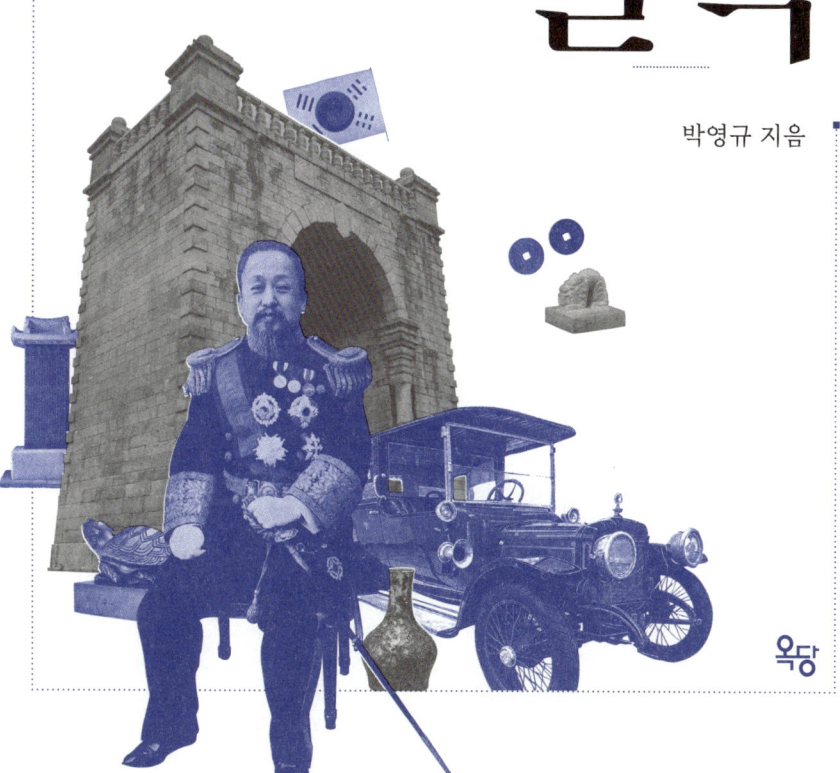

옥당

고종 황제 가계도

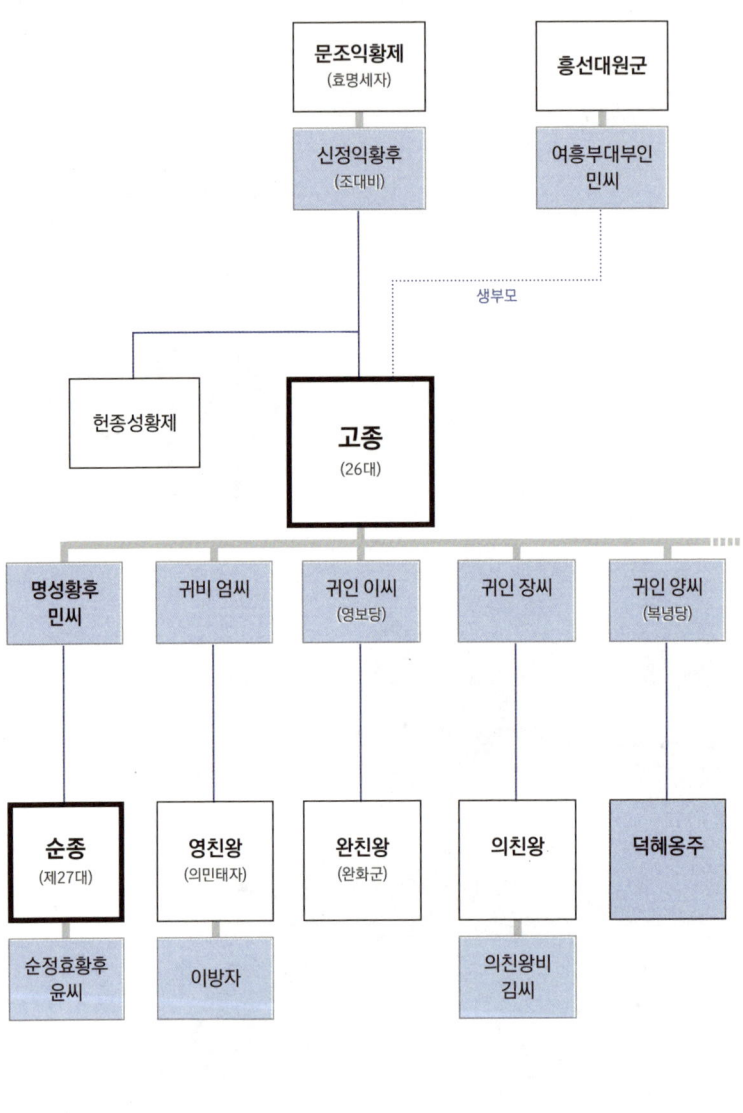

서문

왜곡과 거짓 없는 고종 시대의
복원을 염원하며

우리는 고종 시대를 얼마나 제대로 알고 있는가?

우리가 알고 있는 고종 시대의 이미지는 대부분 식민지 권력이 만들어낸 틀에서 비롯되었다. 고종을 무능하고 나라를 망친 군주로 보는 통념은 일본이 침탈을 정당화하기 위해 의도적으로 구성한 '정당화 서사'였고, 그 왜곡은 해방 이후까지 거의 검증 없이 반복되었다.

더구나 고종 시대의 기록은 본래부터 불완전했다. 정상적인 실록 편찬 작업이 중단되고, 대한제국기의 문서 상당수가 일본과 친일 관료들에 의해 편집되면서 고종을 긍정적으로 보여주는 사료는 체계적으로 지워졌다. 그러나 우리는 그 기록의 성격을 의심하지 않은 채, 이미 주어진 평가를 상식처럼 받아들여 왔다.

이 왜곡은 단순한 오해가 아니라 한국 근대사 전체를 비뚤어지게 만든다. 고종을 잘못 읽으면 조선 말기의 근대화 과정과 대한제국의 의미, 당시 국제정세까지 모두 왜곡된다. 외세의 침탈과 내부 갈등, 강대국의 각축을 외면한 채 모든 책임을 고종에게 돌리는 것은 매우 일방적이고 편협한 역사 해석법이다.

이 책은 그 틀을 바로잡기 위한 목적으로 집필되었다. 고종을 미화하려는 것이 아니라 누락과 편향으로 흐릿해진 시대를 다시 보기 위한 최소한의 복원 작업인 셈이다. 고종을 제대로 봐야 비로소 한국 근현대사가 제대로 보이기 때문이다.

고종은 정말 무능한 왕이었는가?

고종을 무능한 군주로 규정하는 통념은 사실의 일부만을 떼어내 만들어진 왜곡이나 거짓말에 가깝다. 강화도조약 이후 조선은 제국주의 열강이 격돌하는 국제정치의 소용돌이 속에 놓였고, 고종은 그 안에서 조선을 살리기 위해 가능한 모든 방안을 동원했다. 그의 정책은 생존을 위한 필사적 대응이었다.

우선 고종은 외교를 재정비했다. 일본과의 조약 이후 미국·영국·독일 등 서양 국가들과 연달아 조약을 체결하며 외교적 균형을 확보하려 했다. 이는 조선을 일본의 일방적 영향력에서 벗어나게 하려는 적극적 전략이었다. 내정에서도 별기군 창설, 기기창 설치, 전신망 구축, 관제 개편 등 근대적 개혁을 지속적으로 추진했다. 〈한성순보〉의 창간 역시 고종의 의지가 아니었다면 어려운 조치였다.

비록 외세의 입김이 개입되었지만 갑오개혁과 광무개혁은 고종의 개혁 의지 없이는 불가능한 변화였다. 조세제도 정비, 도량형 통일, 재판소 설치, 신식 학교 설립, 상공업 진흥 등은 조선을 근대국가로 전환하기 위한 실질적 개혁이었다. 또한 1897년 대한제국 선포는 청의 종주권에서 벗어나 자주국가로 서기 위한 결단이었으며, 당시 국제정세를 감안할 때 불가피한 선택이었다.

그렇다면 이 개혁들은 왜 충분히 열매를 맺지 못했는가? 그 이유는 외세의 압박과 국내 정치의 구조적 한계 때문이었다. 일본·러시아·청나라·미국의 경쟁은 조선의 개혁에 시간을 허락하지 않았고, 내부 보수세력은 모든 변화를 조직적으로 저지했다. 고종은 국제정치의 거대한 파고 속에서 끊임없이 무게 중심을 조정했지만, 조선이 감당하기에는 시대의 힘이 너무 거셌다.

고종은 시대를 읽지 못한 군주가 아니라, 그 시대가 허락한 범위 안에서 살아남기 위해 애쓴 군주였다. 그는 조선을 살리려고 최선을 다했으나 제국주의의 거센 파도 앞에서 힘의 한계를 드러낼 수밖에 없었다. 사실, 고종을 무능하다고 단정하는 순간 우리는 시대의 맥락을 잃는다. 고종 시대를 제대로 이해하기 위해서는 '무능한 군주'라는 고정된 틀을 벗겨내고, 당시 구조가 고종을 어떻게 제약했는지부터 살펴야 할 것이다.

'대원군 vs 민씨' 프레임은 옳은가?

우리는 흔히 고종 시대를 '흥선대원군 대 명성황후'의 대립 구도로 이해해 왔다. 마치 모든 혼란이 외척과 대원군의 싸움에서 비롯된 것처럼 말이다. 그러나 이 구도는 사실과 거리가 멀다. 대원군을 권좌에서 밀어낸 것은 명성황후가 아니라 정치적 주도권을 회복한 고종 자신이었다. 조선의 권력 중심은 국왕에게 있었고, 대원군의 퇴장은 고종이 선택한 정치적 전환이었다.

그럼에도 우리는 '대원군 vs 민씨'라는 단순한 프레임을 오랫동안 받아들여 왔다. 이 구조는 자연스럽게 형성된 것이 아니라 일본이 만들어낸 서사였다. 일본은 조선의 몰락을 외척의 전횡과 무능한 군주의 책임으로 돌려야 했다. 그래야 침략이 '필연'으로 보이고, 식민통치가 '구원의 개입'처럼 포장될 수 있었다.

외척과 대원군의 갈등을 과장하면 고종은 자연스럽게 힘을 잃은 허수아비가 된다. 조선의 몰락은 내부 분열의 결과가 되고, 일본은 침탈의 책임에서 벗어난다. 이것이 바로 식민사관이 만든 첫 번째 장치다. 대원군을 정치의 주인공으로 부각시키고, 명성황후를 대립축으로 세워 고종을 주변 인물로 밀어내는 방식이다. 이 과정을 통해 고종은 시대와 싸운 군주에서 시대에 끌려다닌 무능한 인물로 둔갑

하게 된다.

그러니 '대원군 vs 민씨' 프레임은 철저히 조작된 사관이다. 대원군과 명성황후의 직접 대립을 입증하는 기록은 찾아보기 어렵다. 여흥 민씨는 대원군 스스로 세운 기반이었고, 대원군을 밀어낸 주체는 명성황후가 아니라 고종이었다.

고종은 성년 이후 대원군 체제를 정리하고 새로운 정치를 준비했다. 외척은 그 과정에 등장한 하나의 세력이었을 뿐이다. 조선 말기의 정치적 재편은 외척 간의 권력 다툼이 아니라 고종이 국정 주도권을 회복해 가는 과정이었다. 그런데 이 과정을 외척의 권력 다툼 정도로 축소할 때, '고종 무능론'이 성립되는 것이다. '대원군 vs 민씨' 프레임은 '고종 무능론'을 끌어내기 위한 서사 장치였던 셈이다. 이 오래된 프레임을 벗겨내는 것은 한국 근대사를 제 자리로 돌려놓는 데 꼭 필요한 작업이라 할 수 있다.

조선은 어떻게 몰락했는가?

조선의 몰락은 일제의 침탈, 국제정세의 격랑, 조선 내부의 분열이라는 세 축이 맞물린 결과였다.

조선을 향한 일본의 침탈은 이미 1870년 중반부터 노골적이고 계획적으로 전개되고 있었다. 일본은 조선의 군사·재정·외교를 단계적으로 잠식하며, 조정을 내부에서부터 비워내는 작업을 집요하게 지속했다. 청일전쟁, 을미사변, 러일전쟁, 을사늑약까지 이어지는 일련의 사건은 한 나라가 정복을 '당한' 것이 아니라 정복을 '설계당한' 과정이었다.

여기에 조선은 국제정세의 한복판에서 스스로 선택할 수 없는 상황에 반복적으로 놓였다. 청·러시아·일본·미국·영국 등 열강은 동아시아에서 서로의 영향력을 확대하기 위해 조선을 필수적인 전략 거점으로 인식했고, 그들의 경쟁은 조선의 의지와는 무관하게 이 땅에서 벌어졌다. 그들에게 조선은 '국가'가 아니라 세력 확대를 위한 '지정학적 공간'이었을 뿐이다. 청일전쟁과 러일전쟁은 조선의 의지와 무관하게 이 땅에서 벌어졌고, 그 전쟁의 승자는 조선의 운명을 결정했다. 조선이 아무리 개혁을 시도해도 국제정세는 조선의 변화를 허락하지 않았던 것이다.

조선 내부의 분열 역시 일본의 침탈을 가능하게 만든 결정적 요소였다. 조정에는 외세를 이용해 기득권을 지키려는 집단이 존재했고, 개혁을 거부하는 보수세력, 군부·관료·개화파 등이 맞물려 끊임없는 갈등이 이어졌다. 일본은 이 내적 균열을 침략의 통로로 활용했다.

이 세 가지 축, 즉 외세의 침탈·국제정세·내부 분열이 서로 얽히며 조선을 식민의 길로 몰아넣었다. 그 과정은 한 사람의 무능이나 한 세력의 오판으로 설명할 수 있는 일이 아니다. 따라서 '고종 무능론'은 그 복합적인 원인을 하나의 희생양으로 치환하는 가장 단순하고 위험한 시각이다. 우리는 이제 그 한계에서 벗어나 조선이 실제로 어떤 상황 속에서 싸웠고, 어떤 구조적 한계 속에서 무너졌는지 다시 살펴야 한다.

이 책은 고종 시대를 보다 객관적이고 냉정한 시선으로 다시 보기 위한 시도다. 고종 시대를 다시 본다는 것은 곧 조선의 몰락기를 다시 쓰는 일이며, 동시에 우리의 근현대사를 재정립하는 작업이기도 하다. 부디 이 시도가 한국 근현대사의 출발점을 다시 인식하고, 누락과 편향이 걷힌 고종 시대의 복원에 작은 기여가 되길 바란다.

2025년 12월
일산 우거에서
박영규

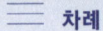 **차례**

서문 왜곡과 거짓 없는 고종 시대의 복원을 염원하며 _04

1. 쇄국의 시대
1863년~1873년 (고종 즉위년~재위 10년)

1장 1863년~1865년

01 조대비가 흥선군의 아들 이명복을 왕으로 지명하고 수렴청정하다 _23
  15년 한을 품고 권력을 되찾으려는 조대비 • 이명복이 조대비의 양자로 낙점된 과정
  이하응의 아들을 양자로 택한 진짜 이유

02 흥선군 이하응을 대원군으로 봉하고 매달 양식과 돈을 보내게 하다 _30

03 동학의 교세 확장을 우려하여 교주 최제우를 참형에 처하다 _32
  최제우를 체포한 과정과 참형에 처한 이유

04 안동 김문의 수장 김좌근이 영의정에서 물러나고 정승을 탕평책에 따라 임명하다 _37
  퇴락하되, 몰락하지 않은 안동 김씨 • 사색당파를 골고루 정승으로 삼다

05 종친과 외척을 요직에 등용하고 특별히 민승호를 발탁하다 _42
  풍양 조씨와 종친을 요직에 발탁하다 • 대원군 이하응이 민승호를 발탁한 이유

06 흥선대원군이 정치 전면에 나서다 _46
  운현궁과 창덕궁 사이에 문을 내고 왕과 대원군이 자유롭게 왕래하다

07 무리하게 경복궁 중건 사업을 추진하다 _51
  부역과 원납전에 시달리는 조선 백성들 • 부족한 재정을 메우기 위해 당백전을 주조하다

08   **비변사를 폐지하고 의정부와 삼군부를 부활하다** _57
         복고주의적인 개혁정책에 매달리는 대원군

09   **만동묘를 철폐하여 서원 철폐의 서막을 열다** _60
         만동묘 철폐와 유림의 저항

2장   1866년

01   **프랑스 신부들과 수많은 천주교 신도들을 죽이다** _67
         남인 학자들에 의해 자생적으로 형성된 천주교 집단 ▪ 최초로 영세를 받은 조선인, 이승훈
         을사추조적발사건과 조선 천주교의 확산 ▪ 조선 최초의 순교자 윤지충과 권상연
         노론 벽파의 정적 제거 작업, 신유박해 ▪ 이어지는 천주교도 박해사건과 병인박해

02   **조대비의 수렴청정이 끝나고 고종의 친정이 시작되다** _84
         고종의 친정과 함께 대원군이 실권을 장악하다

03   **여흥 민씨 자영을 왕비로 간택하다** _89
         대원군이 민자영을 왕비로 택한 이유 ▪ 남편의 사랑을 받지 못하는 왕비

04   **제너럴 셔먼호 사건이 발발하다** _95
         무작정 조선 영토로 들어온 제너럴 셔먼호 ▪ 셔먼호에 대한 황주목사 정대식의 보고서
         평양 만경대 앞에 정박한 셔먼호 ▪ 셔먼호 선원들과 평양 관민들의 충돌 ▪ 불타는 셔먼호

05   **프랑스 군대가 침략하다** _109
         조선 정벌을 선언하는 프랑스 공사관 ▪ 조선 지형 탐사를 위한 프랑스군의 1차 조선 원정
         강화도를 점령한 프랑스군 ▪ 패퇴하는 프랑스군, 강화되는 쇄국정책
         북경 외교가에서 웃음거리가 된 프랑스

3장   1867년 ~ 1873년

01   **환곡과 공물의 폐단을 시정하다** _131
         환곡의 부정을 엄격히 단속하다

02 청나라 돈이 조선에서 통용되다 _137
　　재정 부족을 해결하기 위해 청전 통용을 강행하다

03 영보당 이씨가 아들을 낳다 _141
　　영보당 이씨가 완화군을 낳자 원자로 삼으려는 고종

04 경복궁 중건을 끝내고 왕이 옮겨 앉다 _144
　　7년 5개월 만에 완성된 경복궁

05 군정의 폐단을 없애기 위해 호포법을 실시하다 _146
　　양반도 군포를 내게 하다

06 미군이 강화를 침략하다 – 신미양요 _150
　　셔먼호 사건의 진상 조사를 위해 무력을 동원한 미국 · 조선 원정에 앞서 교섭을 요구하는 미국 공사
　　강화도를 침략한 미군과 결사항전 하는 조선군

07 세 명의 자식을 연이어 잃은 왕비 민자영 _164
　　첫아이를 유산하다 · 원자와 공주를 모두 잃고 절망에 빠지다

08 내탕금으로 건청궁을 짓다 _169
　　건청궁의 건설과 그 숨은 의도

09 최익현이 대원군을 탄핵하고 왕의 친정을 주문하다 _176
　　최익현의 상소로 온 나라가 들썩이다 · 최익현이 재차 상소를 올려 대원군을 탄핵하다

2. 개방의 시대

1874년~1887년 (고종 재위 11년~재위 24년)

4장 1874년~1876년

01 한성 4대문의 문세를 폐지하고 청전 통용 금지령을 내리다 _189
　　청전 통용 금지령에 따른 대책회의 · 부족한 재정을 마련할 방도를 강구하다
　　5년 만에 완전히 회복된 국고

| 02 | 왕비 민자영이 원자를 낳자, 이듬해에 세자로 책봉하다 _ 201 |

세자를 등에 업고 권력의 중심에 선 민자영 · 연적들을 내쫓는 왕비

| 03 | 민승호가 의문의 폭발물에 암살당하다 _ 206 |

민승호가 암살되자, 대원군을 의심하다

| 04 | 일본이 운요호 사건을 유발하여 침략을 자행하며 개항을 요구하다 _ 211 |

일본의 강력한 무력시위에 굴복하다 · 일본에서 조선정벌론이 대두된 배경

| 05 | 일본과 강화도 조약을 맺고 나라의 관문을 개방하다 _ 217 |

일본과 수호조약을 맺고 개방을 본격화하다

| 06 | 김기수를 파견하여 일본의 실정을 알아보다 _ 225 |

김기수, 일본을 시찰하고 돌아와 고종에게 보고하다

5장 1877년~1882년

| 01 | 친위부대 무위소에 전군에 대한 통솔권을 부여하다 _ 239 |

무위소의 확대, 무소불위의 권력

| 02 | 김홍집을 수신사로 삼아 일본에 2차 시찰단을 보내다 _ 243 |

김홍집을 일본에 파견하다 · 김홍집과 고종의 대화
황준헌의 《조선책략》 유입에 따라 격화되는 내부 갈등

| 03 | 군사 업무와 일반 국정을 총괄하는 통리기무아문을 설치하다 _ 254 |

국내외 군국기무 총괄 관청

| 04 | 신사유람단을 일본에 파견하고 청나라에 유학생을 보내다 _ 258 |

신사유람단·청나라 유학생·별기군 등으로 개방정책에 박차를 가하다

| 05 | 대원군 세력과 유림 세력이 결합하여 고종 폐위를 도모하다 _ 262 |

이재선 역모사건이 발생하다

| 06 | 민태호의 딸을 왕세자빈으로 삼다 _ 267 |

조정의 실권자로 부상한 민태호

07 　서구 열강과 통상무역협정을 잇따라 체결하다 _271
　　　미국을 시작으로 서구 열강에 문호를 개방하다 • 각국 공사관 개관과 서양인의 자유 왕래

08 　임오군란에 의해 조선 조정이 무력화되고, 청과 일본의 영향력이 강화되다 _275
　　　군란을 빌미로 정권을 장악한 대원군이 청나라로 납치되다
　　　죽었다던 왕비가 살아서 돌아오다
　　　일본과는 제물포조약을 맺고 청과는 조청상민수륙무역장정을 체결하다

09 　묄렌도르프를 교섭통상사무협판으로 임명하다 _297
　　　조선 최초의 외국인 고위 관료 묄렌도르프, 조선의 통상업무를 좌우하다

6장　1883년~1887년

01 　태극기를 국기로 제정하여 전국에 반포하다 _303
　　　태극기를 나라의 상징으로 사용하다

02 　개화당이 갑신정변을 일으켜 조정의 요인들을 살해하다 _305
　　　급진개화파의 야심찬 정변, 삼일천하로 막을 내리다 • 급진개화파의 성장과 갑신정변의 배경
　　　《갑신일록》 속 김옥균과 고종의 정세와 혁신에 관한 대화 • 정변 이전 개화당원들의 행보와 거사 계획
　　　《갑신일록》에 실린 갑신정변 14개 조항 내용 • 묄렌도르프 부인 로잘리가 남긴 갑신정변 뒷이야기
　　　알렌의 일기에 기록된 민영익 치료 이야기 • 처참하게 죽은 갑신정변 주역들의 가족들

03 　영국함대가 거문도를 점령하다 _331
　　　영국의 거문도 점령 경위 • 영국군의 거문도 점령에서 철수까지

04 　한국 최초의 서양식 국립병원 제중원을 설립하다 _339
　　　제중원의 초대 원장이 된 알렌 • 세브란스 병원으로 이름이 바뀌다

05 　노비의 세습과 매매를 금지하다 _347
　　　사노비의 세습과 매매를 금지하는 절목을 시행하다

06 　근대식 학교들이 설립되다 _351
　　　육영공원을 설립하다 • 또 다른 근대식 학교들이 설립되다

3. 몰락의 시대

1888년~1910년 (고종 재위 25년~재위 44년, 순종 1년~3년)

7장　1888년~1896년

01　북청과 영흥에서 민란이 일어나다 _361
　　민란의 죄를 물어 이용익 등을 유배하다

02　전국 각지에서 민란과 소요가 잇달아 일어나다 _367

03　충청도와 전라도에서 동학농민이 집회를 열고 척왜척양을 외치다 _375
　　선무사 어윤중이 동학교도들을 설득하다

04　동학농민봉기가 일어나다 _382
　　동학농민군, 전주성을 점령하다 · 전라도 전역에 농민군 자치기구 집강소가 설치되다

05　일본이 청일전쟁을 일으키다 _392
　　일본군, 경복궁을 공격하다 · 일본이 청일전쟁에서 승리하다

06　동학농민군이 다시 일어났으나 패전하다 _397
　　동학농민운동의 지도자들이 체포되어 교수형에 처해지다

07　김홍집 내각에 의해 갑오개혁이 실시되다 _404
　　김홍집 내각의 1차 개혁 · 김홍집, 박영효 연립내각의 2차 개혁
　　실패로 끝난 김홍집의 3차 개혁 · 개혁의 소용돌이 속에 일어난 단발령 소동

08　왕후 민씨가 일본인들에 의해 시해되다 - 을미사변 _415

09　아관파천과 명성황후 복위 _418
　　일본 공사 미우라가 일본군을 동원하여 조선의 왕후를 살해하다
　　명성황후에 대한 당시 외국인들의 평가 · 무속에 빠져 국고를 탕진한 왕과 왕비

10　고종이 러시아 공사관으로 이어하다 - 아관파천 _436
　　친미, 친러세력의 고종 구출 작전이 실패하다 - 춘생문 사건
　　고종, 러시아 공사관으로 몸을 피하다

8장 1897년~1902년

01 고종이 러시아 공사관에서 경운궁으로 환궁하다 _447

02 고종이 황제에 올라 국호를 대한제국으로, 연호를 광무로 정하다 _449

03 흥선대원군 이하응이 죽다 _454
한 시대를 풍미한 흥선대원군 이하응

04 독립협회와 만민공동회 그리고 김홍륙 독다사건 _458
한국 시민운동의 모태, 독립협회의 출범 • 시기에 따른 독립협회의 활동 내용
김홍륙 독다사건과 독립협회의 민권투쟁 • 독립협회의 해산과 박정양 내각의 붕괴

05 한성에 전차가 개통되고, 경인철도도 개통되다 _470

9장 1901년~1910년

01 제주신축민란(이재수의 난)이 일어나다 _475
봉세관과 천주교들의 폭력적인 횡포에 시달리는 제주 백성들
불법 횡포에 저항하기 위해 조직된 저항 단체, 상무사 • 무장봉기를 지휘한 대정 관노 이재수

02 러일전쟁에서 일본이 승리하다 _486
러일전쟁에서 승리한 일본이 조선을 집어삼키다

03 경부철도와 경의철도의 개통 _495
한반도 수탈과 대륙 침략의 발판이 된 경부선과 경의선

04 을사늑약이 체결되다 _498
을사늑약으로 대한제국의 국권 강탈이 본격화되다

05 제1대 한국 통감으로 취임한 이토 히로부미 _505
한국 식민화의 전위대장 이토 히로부미

06 경제권 장악을 통해 본격화되는 일제의 수탈 정책 _516
늘어나는 세금, 신음하는 한국인들 • 교육과 언론을 통제하고 식민정책을 강화하다
국채보상운동과 일제의 방해 공작

07   일제의 강압에 의한 고종의 퇴위 _525

       헤이그 밀사 사건과 고종의 강제 퇴위

08   한일신협약이 체결되고 군대가 해산되다 _531

       일제가 허수아비 황제를 강압해 행정권과 사법권까지 탈취하다

09   국권 회복을 위한 처절한 항일 투쟁 _535

       들불처럼 번져간 의병운동 · 친일 매국노 척결의 물결이 일다
       순절로써 항일의 불길을 일으키다

10   철도 부설권을 대가로 맺은 간도협약 _545

       어이없이 사라진 한국의 영토, 간도

11   대한의용군 독립대장 안중근의 의거 _552

       안중근이 이토 히로부미를 격살하다

12   2대 통감 소네 아라스케와 3대 통감 데라우치 마사타케의 취임 _557

       제2대 통감 소네 아라스케 · 제3대 통감 데라우치 마사타케

13   한일병합조약이 체결되다 _563

       한일강제합병에 의해 식민국이 된 대한제국

14   나라를 팔아먹은 친일파 인물들 _568

       매국노의 대명사 이완용 · 이완용과 쌍벽을 이룬 친일 매국노의 화신 송병준
       고종과 순종에게 협박을 일삼던 간적 윤덕영 · 황제 앞에서 칼 뽑아들고 설친 이병무
       개화 세력에서 친일파로 변신한 고영희 · 일본의 대륙 침략을 선동한 조중응
       을사늑약 체결 당사자 박제순 · 골수 친일파 권중현
       친일로 얻은 재산 도박으로 탕진한 이지용 · 변절의 간신 이근택
       을사늑약의 또 다른 주역 이하영 · 정미칠적에 오른 왕족 이재곤
       간신배의 전형적인 인물 민병석

15   고종의 죽음과 3·1운동, 그리고 대한민국 임시정부의 탄생 _588

       고종의 죽음과 3·1운동 · 대한민국 임시정부의 탄생

1.

쇄국의 시대

1863년 ~ 1873년
(고종 즉위년 ~ 재위 10년)

1장

1863년~1865년

01

조대비가 흥선군의 아들 이명복을 왕으로 지명하고 수렴청정하다

- 즉위년(1863년) 12월 8일(양력 1864년 1월 4일)에 대왕대비(신정왕후 조씨, 헌종의 친모)가 말하였다.

 "흥선군의 적자에서 둘째 아들 이명복李命福으로 익종 대왕(헌종의 아버지 효명세자)의 대통을 입승入承(입양하여 계승)하기로 작정하였다."

 정원용(당시 영중추부사)이 아뢰었다.

 "언문 교서를 써서 내려 보내는 것이 좋을 듯합니다."

 이에 대왕대비가 발 안에서 언문 교서 한 장을 내놓았다. 도승지 민치상이 받들어 보고, 여러 대신들이 한문으로 바꾸어 쓴 것을 대왕대비에게 읽어 아뢴 후 받들고 나와 반포하였다.

 김좌근이 아뢰었다.

 "주상께서 어린 나이에 왕위를 물려받는 경우 일찍이 수렴청정垂簾聽政(어린 임금을 대신하여 왕대비나 대왕대비가 국사를 돌보는 것)하는 전례가 있었습니다. 이번에도 규례대로 마련하는 것이 어떻겠습니까?"

이에 대왕대비가 말했다.

"어떻게 차마 그것을 하겠는가마는 오늘날 나라의 형편이 외롭고 위태롭기가 하루도 보전하지 못할 것 같으므로 다른 것을 돌아볼 겨를이 없다. 그러니 응당 힘써 따르겠다."

이어 수렴청정의 절차를 기유년(1849년, 철종 즉위년, 당시엔 순조의 왕비 순원왕후 김씨가 수렴청정을 하였다)의 전례대로 거행하라고 명하였다.

15년 한을 품고 권력을 되찾으려는 조대비

1864년 1월 4일(1863년 음력 12월 8일), 조선의 제25대 왕 철종이 후사를 이을 세자도 없이 재위 14년 7개월 만에 생을 마감했다. 당시 왕실엔 왕위를 이을 변변한 인물이 없었다. 순조 이후 여러 차례 역모 사건이 발생하면서 몇 명 남지 않은 종친들이 대부분 이에 연루되어 죽임을 당했고, 그 때문에 왕손의 씨가 말라버린 상태였다.

이런 상황에서 궁중의 최고 어른이었던 신정왕후 조씨는 발 빠르게 흥선군 이하응을 불러들였다. 그녀는 적어도 이번만큼은 안동 김씨에게 선수를 빼앗기지 않으리라 굳게 다짐한 터였다. 철종 즉위 당시 시어머니 순원왕후에게 선수를 빼앗겨 권력을 넘겨야 했던 한을 곱씹고 있었던 것이다.

그녀는 순조의 며느리였고, 헌종(제24대)의 친모였다. 하지만 왕비에 오른 적은 없었다. 풍양 조씨 가문에서 태어난 그녀는 순조의 아들 효명세자 이영(익종, 문조)의 빈이 되어 입궁했지만 불행히도 남편이 세자 신분으로 죽는 바람에 중궁의 자리에 오르지 못한 채 뒷방으로 밀려나고 말았다. 설상가상으로 그녀가 세자빈으로 지내던 세월은 안동 김씨 천하였다. 안동 김씨 가문이 조정을 장악한 것은 그녀의 시어머니(순원왕후)가 안동 김씨였기 때문에 가능했다. 그렇듯 왕비의 족속이 왕권을 장악하여 세도정치를 일삼던 세월 속에서 그녀는 죽은 듯이 살아야 했다.

그나마 그녀의 처지가 나아진 것은 아들 헌종이 여덟 살의 나이로 왕위에 오른 뒤였다. 그녀는 비록 왕비를 거치지는 못했지만 아들이 왕위에 오른 덕에 왕대비 대우를 받게 된 것이다. 그러나 왕대비가 되었다고 해서 그녀가 권력을 손에 쥔 것은 아니었다. 아들 헌종이 왕위에 올랐지만 시어머니 순원왕후 김씨가 수렴청정을 하고 있었기 때문에 여전히 조정의 권력은 안동 김씨의 손안에 있었다.

그러나 헌종이 열다섯 살이 되었을 때 순원왕후는 수렴청정을 끝내야 했고, 덕분에 조대비와 풍양 조씨의 시대가 열렸다. 헌종이 친정을 하면서 자연스럽게 조정의 권력은 그의 외가인 풍양 조씨에게 집중되었다. 물론 이미 30년 동안 권력을 독식하고 있던 안동 김씨가 워낙 강력한 세력을 형성하고 있었기 때문에 풍양 조씨의 힘은 그들을 완전히 배제할 수 있을 정도는 아니었다. 하지만 시간이 흐를수록 풍양 조씨의 권력은 점점 공고해져 가고 있었다. 그런 세월이 십 년만이라도 이어졌다면 세상은 완전히 조씨 천하가 되었을지도 몰랐다.

하지만 하늘은 그녀의 편이 아니었다. 아들 헌종이 스물세 살 젊은 나이로 요절한 것이다. 그녀가 아들을 잃은 슬픔으로 넋을 잃고 있는 사이 시어머니 순원왕후와 안동 김씨는 재빠르게 강화도에서 무지렁이로 지내던 철종을 허수아비 왕으로 세웠다. 또한 왕비를 자기 집안에서 배출함으로써 순식간에 조정의 권력을 장악해버렸다.

이후 철종의 치세는 14년 7개월 동안 이어졌고, 조대비는 다시 그 세월을 뒷방에서 숨을 죽이고 지내야 했다. 그나마 다행스러운 것은 철종 재위 연간인 1857년에 시어머니 순원왕후가 죽고, 그녀가 왕실 최고 어른 자리에 오른 일이었다. 거기다 철종에겐 후사를 이을 세자도 없었다. 이는 그녀가 살아 있는 동안 철종이 만약 죽는다면 차기 왕을 선택할 권한이 그녀에게 주어진다는 뜻이었다.

그렇듯 그녀는 살아생전에 철종이 죽기를 학수고대했고, 마침내 그 기대는 현실이 되었다. 그녀는 이제 다시 친정인 풍양 조씨 가문을 일으킬 절호의 기회를 맞이하였고, 그래서 재빨리 흥선군 이하응과 결탁했다.

그녀는 이하응의 아들들 중 한 명을 양자로 삼아 왕으로 세울 심산이었다. 당시 이하응에겐 적자 2명과 서자 1명이 있었다. 이들 중에서 적자 둘이 왕위 계승 후보였는데, 첫째 아들 이재면은 열아홉 살이었고, 둘째 이재황(아명은 이명복, 1852년 7월 25일 정선방 사저에서 태어남)은 열두 살이었다. 이 중에서 조대비는 이재황을 택했다. 조대비가 이재황을 택한 이유는 간단했다. 그녀는 어린 왕을 세워 수렴청정을 하면서 풍양 조씨 가문의 권력을 강화하고 동시에 왕실의 힘을 재건하려는 것이었다.

이명복이 조대비의 양자로 낙점된 과정

사실 이재황의 아버지 이하응은 왕손이라고는 하나 자세히 따져보면 왕위 계승을 꿈꿀 만큼 대단한 핏줄도 아니었다. 호적상으로 따진다면 그는 철종과 육촌지간이었지만, 핏줄로 따진다면 왕손이라고 할 만한 처지도 아니었다.

이하응은 남연군 이구의 넷째 아들로 태어났는데, 남연군은 인조의 셋째 아들인 인평대군의 6대손이다. 따라서 철종과는 촌수를 따지기도 무안할 정도로 먼 사이다. 그런데 이구는 영조의 아들인 사도세자(장헌세자, 장조)의 서자였던 은신군의 양자로 입적한 덕에 남연군이라는 칭호를 얻고 철종의 5촌 당숙이 된 것이다. 철종은 사도세자의 또 다른 서자인 은언군의 서손자이다. 즉, 철종의 조부인 은언군과 이하응의 호적상 조부인 은신군이 형제인 까닭에 철종과 이하응은 호적상 6촌이 되는 셈이다.

이렇듯 복잡한 호적 덕분에 이하응은 왕족의 씨가 마른 당시 상황에서 종친으로 취급되었고, 또 종친이라는 이유로 외척 안동 김씨로부터 감시와 멸시를 받았던 것이다.

그런데 남연군의 아들이 이하응 하나뿐인 것도 아니었는데, 어째서 이하응의 아들들만 왕위 계승의 물망에 올랐던 것일까? 이하응이 남연군의 4남이었으니 위로 형이 셋이나 있었고, 그들 형제에게도 아들들이 있었을 터인데, 왜 조대비는 이하응의 아들만을 양자로 삼을 생각을 했던 것일까?

이 의문을 풀기 위해서는 이하응 형제들과 그의 아들들의 당시 상황에 대해서 알 필요가 있다. 남연군에겐 4명의 아들이 있었는데, 첫째 이창응은 스무 살 젊은 나이에 아들 없이 죽었다. 그래서 둘째 이정응의 외아들 이재원이 이창응의 양자로 입적했는데, 이재원은 철종이 사망할 당시에 이미 삼십 대의 장년이었기에 조대비의 양자 대상에서 제외됐다. 그리고 셋째 이최응에게도 아들이 있었는데, 이최응의 아들 이재긍은 철종 사망 당시에 일곱 살밖에 되지 않은 어린아이였기 때문에 역시 왕위 계승 대상에서 제외됐다. 따라서 조대비가 양자로 삼을 수 있는 대상은 이하응의 아들들밖에 없었다. 또한 이하응의 장남은 당시 이미 결혼을 한 상태였다. 그래서 역시 양자 대상에서 제외되었고, 결국 이하응의 둘째 아들 이재황이 조대비의 양자로 낙점된 것이다.

이하응의 아들을 양자로 택한 진짜 이유

철종 사망 당시 조대비가 양자로 삼으려던 후보는 이하응의 둘째 아들만 있었던 것은 아니었다. 촌수로만 따진다면 이하응의 아들보다는 철종의 4촌인 익평군 이희의 아들이 더 유력한 후보였다. 당시 익평군은 사망한 상태였고, 또한 익평군에겐 서자만 있고 적자는 없었다. 양자인 덕안군 이재덕이 있었는데, 나이 열두 살이었다. 이런 조건으로만 본다면 이재황보다는 이재덕이 양자로 훨씬 적합했다.

사실 이재황을 양자로 삼는데 가장 큰 걸림돌은 그의 아버지 이하응이었다. 이재황이 조대비에게 선택되어 남편 익종(효명세자)의 양자 신분으로 왕이 된다면, 이하응은 당연히 왕의 친부로서 대원군 신분이 될 게 분명했다. 그렇다면 살아있는 대원군이 존재하게 되는 꼴인데, 이는 새로운 왕에게 엄청난 걸림돌이 될 수밖에 없었다. 조선 역사상 단 한 번도 살아있는 대원군이란 존재한 적이 없었다. 인조도, 선조도 왕위에 올랐을 때 그의 친부들은 사망한 상태였다. 때문에 대원군이란 명칭은 본래 죽은 이를 추존할 때 붙이는 호칭이었다.

그런데 만약 이재황이 왕이 된다면 이하응은 살아있는 상태에서 대원군이 될 것이고, 그것은 곧 왕권 행사에 막대한 걸림돌로 작용할 것이 뻔했다. 말하자면 자칫 이재황이 아니라 이하응이 왕 노릇을 할 공산이 컸다. 그러니 이하응 때문이라도 이재황을 왕으로 세우는 것은 매우 위험한 선택일 수밖에 없었다. 이런 이유에서 보자면 조대비는 당연히 이재황이 아닌 이재덕을 양자로 삼아야 정상이었다.

조대비가 어린 소년을 택하여 용상에 앉히고자 했던 목적은 허수아비 왕을 앉혀놓고 자신이 수렴청정을 함으로써 친정 가문인 풍양 조씨에게 권력을 몰아주려는 것이었다. 그렇게 되면 자연히 정적 세력인 안동 김씨 가문을 조정의 요직에서 몰아내는 결과도 얻을 수 있었다. 때문에 이재덕을 왕으로 세우는 것이 그녀의 이런 목적에 훨씬 부합하는 일이었다.

그런데 왜 조대비는 위험 요소가 가득한 이하응의 아들 이재황을 양자로 선택한 것일까? 그 이유는 이하응의 쓸모 때문이었을 것이다. 당시 조정은 안동 김씨 일문이 거의 장악하고 있어서 자신이 수렴청정한다고 하더라도 일거에 그 세력을 몰아낼 수 없다는 것을 그녀는 잘 알고 있었다. 더구나 조대비의 친정엔 김씨 세력에 대항할 인물이 마땅치 않았다. 조카인 조성하와 조영하, 조경하가 있긴 했지만 그들은 정치 경험이 전혀 없는 갓 스물의 청년에 불과했고 영향력도 미미했다.

그녀는 자신의 방패막이가 되어주면서 동시에 안동 김씨 가문을 무너뜨리는 데 앞장설 공격수가 필요했다. 그녀는 이하응이 바로 그 적임자라고 판단하고 그의 아들 이재황을 왕으로 낙점한 것이다.

흥선군 이하응을 대원군으로 봉하고 매달 양식과 돈을 보내게 하다

- 즉위년 12월 9일에 흥선대원군과 여흥 부대부인 민씨에게 봉작封爵하였다.

12월 13일에는 대왕대비가 대원군에게 작위를 봉하는 절차를 명하며 말했다.

"대원군에게 봉작하는 것은 국조國朝에 처음 있는 일인데, 모든 절차를 응당 대군의 규례대로 거행해야 할 듯하다. 대원군이 굳이 사양하고 있는데 그의 말도 괴이하지 않으니, 어떻게 하면 좋겠는가?"

이에 영중추부사 정원용이 아뢰었다.

"무슨 일이든 이전의 법식을 끌어다가 한다면 행하기 쉽지만, 이 예例는 전례를 찾아볼 데가 없습니다. 나중에 상의하여 우러러 아뢰겠습니다."

대왕대비가 말했다.

"여러 대신이 이미 연석에 나왔으니 지금 의논하여 정하는 것이 좋을 듯하다."

이에 김흥근이 아뢰었다.

"이것은 처음 만드는 일이므로 갑자기 결정하기는 어려운 점이 있습니다. 그리고 내외 조정의 체례體例(관리들 사이에 지키는 예절)가 매우 엄하므로 신들과 대원군이 아마 서로 접할 때가 없을 것입니다."

그러자 대왕대비가 말했다.

"그렇지만 혹시 서로 만나게 될 때는 어떻게 하는 것이 좋겠는가?"

김좌근金左根이 아뢰었다.

"이미 서로 만날 기회가 없는 이상 예수禮數(서로 만나 인사하는 예절)를 미리부터 강정講定(논의하여 결정하다)할 필요는 아마 없을 것입니다."

12월 15일에 호조에서 대원군 궁(운현궁)에 토지와 궁장 값을 쌀과 은과 콩으로 보내줄 것을 청하였다.

호조에서 대원군 궁의 면세전결免稅田結(세금을 내지 않는 농토) 1,000결結(1결은 약 3,000평)에 대한 토지 값으로 은 2,000냥兩을 실어 보내고, 궁장宮庄(왕실에서 분가한 궁가에 나눠주는 논과 밭)이 갖추어지기 전에는 본조에서 콩 100석石과 선혜청에서 쌀 100석을 5년 동안만 실어 보내겠다고 아뢰었다.

12월 18일에 대왕대비가 대원군이 토지 등을 사양하니 달마다 쌀과 돈을 보내 주라고 명하였다.

"대원군 궁의 전결 등의 일은 규례대로 거행하라고 이미 명을 내렸는데 굳이 사양해 마지않으니 부득이 들어주지 않을 수 없다. 호조로 하여금 매달 쌀 10석石과 돈 100냥兩을 보내주게 하여 검소하고 소박하게 지내려는 뜻에 부응하도록 하라."

동학의 교세 확장을 우려하여
교주 최제우를 참형에 처하다

- 1863년 12월 20일에 선전관 정운귀가 동학의 괴수 최제우를 체포했다고 보고했는데, 12월 21일에 비변사에서 정운귀가 보고한 경주의 동학의 정형을 다시 조사할 것을 아뢰었다. 이후 이듬해인 1864년 (재위 1년) 2월 29일 경상 감사 서헌순이 동학에 대해 다시 한 번 보고한 뒤, 3월 2일에 최제우를 참형에 처했다.

최제우를 체포한 과정과 참형에 처한 이유

선전관 정운귀는 1863년 11월 중순부터 최제우를 체포하기 위해 비밀스럽게 움직였다. 그들이 최제우를 체포한 이유는 경상도 일원에서 사교邪敎인 동학이 너무 빠르게 번지고 있었기 때문이다. 그 상황을 정운귀는 이렇게 보고하고 있다.

> 조령에서 경주까지는 400여 리가 되고 주군州郡이 모두 10여 개나 되는데 거의 어느 하루도 동학에 대한 이야기가 귀에 들어오지 않는 날이 없었으며 주막집 여인과 산골 아이들까지 그 글을 외우지 못하는 자가 없었습니다. 그리고 '위천주爲天主(하늘을 주로 삼는다)'라고 명명하고 또 '시천주侍天主(하늘님을 모신다)'라고 명명하면서 조금도 부끄러워하지 않고 또한 숨기려고도 하지 않았습니다. 그러니 얼마나 오염되고 번성한지를 이를 통해서 알 만합니다.

정운귀는 곧 동학의 확대에 대한 심각성을 인지하고 우두머리가 누구인지 탐문하였다. 그리고 최선생이라는 자가 동학의 괴수라고 파악했는데, 최선생과 동학에 대해 정운귀는 이렇게 보고했다.

> 그들이 최 선생이라고 부르는 자는 아명이 복술이고 관명冠名이 제우로서, 집은 본주本州(경주)의 견곡면 용담리에 있었는데 5~6년 전에 울산으로 이사 가서는 무명을 사고팔아 생계를 유지하다가 근년에 다시 본토로 돌아와 살고 있었습니다. 그는 간혹 사람들을 향하여 말하기를, "나는 정성을 다해 하늘에 제사를 지내고 돌아오는 길에 공중에서 책 한 권이 떨어지는 것을 얻어서 공부를 하였다."라고 한답니다.
> 사람들은 본래 그것이 어떤 내용인지 알지 못하는데 그가 홀로 '선도善道'라고 한답니다. 대체로 그 도道를 배우기 시작할 때에는 반드시 먼저 몸과 입을 깨끗이 하고서야 열세 글자 '시천주조화정영세불

망만사지侍天主造化定永世不忘萬事知'(하늘님을 모시며 조화를 정하고 영원히 잊지 않아 만사를 안다)를 전수해 주고, 또 그다음에 여덟 글자 '지기금지원위대강至氣今至願爲大降'(지극한 기운이 이제 이르러 크게 내리기를 원한다)을 전수해 준다고 합니다.

그것을 배우기를 원하는 사람은 반드시 화를 면하고 병이 제거되며 신명을 접하게 된다는 등의 말로 속이고 홀리면서 권유하는 바람에 그 말에 빠져들어 가기 쉽습니다. 그렇기 때문에 비록 글자를 모르는 아녀자와 아이들도 미쳐 현혹되어 밤낮을 가리지 않는다고 합니다. 또 약을 먹는 법이 있는데 한 번 그 약을 먹으면 이 학설에 전심하여 다시 깨달으려는 생각이 없으며 혹 약을 먹는 중에 금기하는 일을 조심하지 않다가는 크게 광증狂症(미친 증세)이 나서 남의 눈을 빼먹고 그 자신도 스스로 죽고 만다고 합니다.

매달 초하루와 보름에 돼지를 잡고 과일을 사서 궁벽한 산속으로 들어가 제단을 차려놓고 하늘에 제사를 지내면서 글을 외워 귀신이 내려오게 하는데, 지금 이 괴수 최가의 집에서 금년만 해도 여러 차례 모여서 강설講說(가르치며 설교함)하였다고 합니다.

대개 처음 배울 때에도 예물이라는 명목으로 전부 선생에게 바치고, 전도를 받아 깨닫게 되면 재산을 털어 선생한테 주되 조금도 후회하거나 아까워하지 않는다고 합니다. 여러 명이 모여서 도를 강론하는 자리에서는 최가가 글을 외워 귀신이 내려오게 하고 나서 손에 나무 칼을 쥔 채로 처음에는 무릎을 꿇고 있다가 일어나고 끝에는 칼춤을 추면서 공중으로 한 길 남짓 뛰어올랐다가 한참 만에야 내려오는 것을 눈으로 본 사람까지 있다고 합니다.

작년에 최가가 잡혀 진영鎭營에 갇히게 되자 제자 수백 명이 와서 호소하기를, "저희들의 공부가 본래 백성을 해치고 풍속을 파괴시키는 것이 아니니, 저희 선생님을 속히 풀어주소서."라고 하였답니다.
진영에서 즉시로 놓아주니 몰려다니면서 의심할 만한 자취를 보이지 않았고 또한 비상한 일을 꾸민다는 말도 들리지 않았습니다. 그러나 원근을 막론하고 공부하러 오는 자는 날마다 늘어난다고 합니다. 이상과 같이 전해들은 여러 가지 이야기 중에는 황당한 내용이 있어 그대로 믿기가 어렵기 때문에 이달 9일에는 따로 양유풍 등을 곧바로 최복술이 살고 있는 곳으로 보내어서 자세히 염탐해 오게 하였습니다.
그들은 돌아와서 보고하기를, 최복술에게 가서 만나 공부하고 싶다고 간절히 청하니, 최복술은 조금도 비밀로 하거나 숨기는 것이 없이 흔쾌히 허락하였습니다. 또 한 사람이 와서 공부하겠다고 청하되, 배우는 글을 소리 내어 읽지 않고 마음속으로 외워서 읽으면 어떻겠느냐고 하니 최복술이 말하기를, 만약 단지 마음속으로 읽고 소리 내어 읽지 않는다면 배우지 않는 것이 낫다고 하였습니다.
그 사람이 꺼리는 것이 있기 때문에 소리 내어 읽을 수는 없다고 하자 최복술이 말하기를, 그렇다면 배우지 않는 것이 좋겠다며 내 공부를 이루면 오직 하늘 이외에 다른 것은 두려워할 것이 없다고 하였습니다.
벽에도 써 붙여 놓은 글이 많았는데 자획이 범서梵書(인도 글자)와 같아서 그 글의 뜻이 무슨 일을 가리키는지 전혀 알 수 없었으나 필시 그 자가 공부하는 내용인 것 같았습니다. 이에 글씨를 하나 써달라고 하니, 끝내 들어주지 않았기 때문에 다시 이튿날 또 오겠다고 약속하면서 비록 하루 이틀 사이라도 익힐 수 있는 글을 얻었으면 매우 좋겠다고 하였습니다.

그러자 최복술이 말하기를, 이런 것은 최자원崔子元이나 이내겸李乃兼에게 가서 물으면 저절로 배울 수 있을 것이라고 하였습니다. 최자원과 이내겸은 바로 경주 남문南門 밖에 사는 자들로서 최복술의 수제자라고 합니다.

지금 이렇게 따로 사람을 보내어 만나보고 문답한 조목條目을 앞서 전해들은 이러저러한 이야기와 비교해 보면 비록 목격하지 못한 한두 가지 일이 없지 않지만 대체로 은밀히 서로 부합하여 정녕 의심할 것이 없는 것이 또한 많습니다. 최복술이 동학의 괴수라는 확실한 판단이 이미 정해졌기 때문에 신은 그날 밤에 비밀리에 본진의 장교와 나졸 30명을 동원하여 양유풍 등으로 하여금 한밤중에 그 소굴을 곧바로 들이쳐 최복술을 결박하여 끌어내고 또 제자들 23인도 결박하였습니다.

정운귀의 이 보고를 받고 조정 관료들이 모여 회의한 결과 다시 한 번 동학에 대한 자세한 보고를 받기로 하였다. 그리고 두 번에 걸친 조사와 공초 끝에 결국 동학이 백성들의 민심을 혼란시키는 사교일 뿐 아니라 서양의 사교와도 연결되어 있다는 결론을 내리고 그들의 수괴 최제우를 참형에 처하기로 결정한 것이다.

안동 김문의 수장 김좌근이 영의정에서 물러나고 정승을 탕평책에 따라 임명하다

- 고종 1년 4월 18일에 영의정 김좌근이 상소하여 중서中書의 직임을 사직하니, 윤허한다는 비답을 내렸다.

  6월 15일에 영의정에 조두순(노론)을, 좌의정에 이유원(소론)을, 우의정에 임백경(북인)을 임명하였다.

  고종 2년(1865년) 2월 27일에 우의정 임백경이 졸하자, 우의정에 유후조(유성룡의 8대손으로 남인)를 제수하였다.

퇴락하되, 몰락하지 않은 안동 김씨

1864년 4월, 5개월 동안 진행된 철종의 장례가 끝나자 조대비는 본격적인 인사를 단행했다. 인사의 핵심은 조정의 권력을 독점하고 있던 안동 김씨의 세력을 약화시키고 풍양 조씨와 종친의 권력을 강화하는 데 있었다.

당시 안동 김씨 세력의 수장은 영의정 김좌근이었다. 김좌근은 안동 김씨 세도정치의 뿌리인 김조순의 아들이며 순조의 왕비 순원왕후의 남동생이었다. 그는 1825년에 아버지 김조순의 추천으로 관직에 진출한 이후 성균관 대사성, 이조참의, 대사헌 등의 요직과 육조의 판서를 모두 거친 뒤 우의정이 되었고, 이어 1853년부터 무려 11년 동안 영의정 자리를 꿰차고 조정을 쥐락펴락하고 있었다.

그런 그가 1864년 4월 18일에 스스로 사직을 청했는데, 이때 그의 나이 예순여덟이었다. 아직 고희가 되지 않았기에 나이를 핑계로 물러나는 것도 아니었다. 그야말로 어쩔 수 없이 눈물을 머금고 쫓겨난 것이었다.

김좌근이 사직을 청한 것은 자신의 양자 김병기의 좌천 때문이었다. 김좌근은 대를 이을 아들이 없었기에 조카 벌 되는 김병기를 입양하여 양자로 삼았다. 덕분에 김병기는 김좌근의 아들로서 권좌를 이어받아 이조판서, 예조판서 등 각조의 판서를 거쳐 철종 사망 당시엔 의정부 좌찬성에 올라 있었다. 곧 삼정승 중 한 자리를 차지할 상황에서 고종의 즉위라는 돌발 상황을 맞이한 셈이었다. 그리고 김병기는 결국 1년 3월 9일에 중앙직에서 밀려나 광주부 유수로 좌천된다.

김병기의 좌천은 그의 양부 김좌근을 밀어내기 위한 압박용 인사였다. 만약 김좌근이 스스로 사직하지 않는다면 아들 김병기는 광주부 유수에서 다시 어디로 밀려날지 알 수 없는 상황이었다. 이 때문에 김좌근은 스스로 물러났고, 그 대가로 김병기는 이듬해인 1865년 1월 2일에 병조판서로 임명되어 조정으로 돌아오게 된다. 그리고 다시 두 달 뒤인 3월에는 원래 자리였던 의정부 좌찬성으로 복귀했다.

김좌근의 퇴진은 곧 안동 김문의 퇴락을 의미했으나 몰락은 면한 셈이었다. 김좌근은 자신의 퇴진으로 아들과 조카들의 자리를 보장받았기 때문이다. 그의 퇴진에 대한 보답으로 조대비와 새로운 실권자 흥선대원군은 그의 아들 김병기와 조카들인 김병학, 김병국, 김병필의 자리를 빼앗지 않았다.

김병기와 함께 권좌에 올라 있던 김병학과 김병국은 형제지간이었는데, 그들은 김수근의 아들들이었다. 김수근은 철종의 장인 김문근의 형으로, 그들은 철종의 왕비 철인왕후와 사촌지간이었다. 이런 혈연 덕분에 형제는 관직 진출 이후 승승장구했다. 김좌근의 퇴진 이후에도 두 형제는 좌천되지 않았고 오히려 김병학은 이조판서에 제수되었으며 김병국은 규장각 제학을 거쳐 중추부 판사로 제수되었다.

김좌근의 또 다른 조카 김병필도 자리를 지켰다. 김병필은 김문근의 아들이자 철인왕후의 친동생이었다. 그는 김병기나 김병학, 김병국보다 십여 세 어렸고, 1866년에 이르러 요직에 진출하여 이조참판, 예조판서 등을 지냈다. 이후에도 이들 안동 김씨 일문은 요직을 거치며 특히 김병학과 김병국 형제는 영의정까지 지내게 된다.

사색당파를 골고루 정승으로 삼다

김좌근이 영의정에서 물러나자 조대비는 두 달 뒤인 6월 15일에 인사를 단행하여 조두순을 영의정에, 이유원을 좌의정에, 임백경을 우의정에 앉혔다.

이들 세 사람은 모두 당파가 달랐다. 풍양 조씨와 안동 김씨가 모두 노론이라는 점을 감안할 때, 정승 자리에 소론과 남인을 기용한 것은 의미심장한 일이었다. 게다가 외척을 아무도 기용하지 않았다는 점도 종래와 전혀 다른 결정이었다.

얼핏 생각하면 영의정 조두순이 풍양 조씨로 외척일 것 같지만, 조두순은 풍양 조씨가 아닌 양주 조씨였다. 그는 영조·경종 대의 노론 대신 조태채의 현손이며, 훗날 동학농민혁명 때 악명 높은 고부 군수 조병갑의 큰아버지였다. 말하자면 조두순은 노론의 영수로 정승이 되었으나 외척은 아니었다.

좌의정 이유원은 이항복의 후손이며 소론의 거두였던 이태좌의 5대손이었다. 따라서 그는 소론의 영수로서 좌의정에 임명된 것이다.

우의정 임백경은 당색이 뚜렷하지 않아 북인의 후예로 보이며, 황현의 《매천야록》에도 그를 북인이라 기록하고 있다. 임백경이 이듬해인 1865년 2월 사망하자, 우의정에는 유성룡의 8대손이자 남인의 영수 유후조가 임명된다.

이로써 노론, 소론, 남인, 북인의 사색당파가 모두 정승에 기용된 것이다. 이렇듯 조선 조정은 순조 이후 처음으로 탕평책에 따라 정승들이 임명되었다. 또한 순조 이후 정승 자리에 외척이 한 명도 포함되지 않은 것도 처음이었다. 안동 김씨 세도정치 시대의 관례대로라면 당연히 풍양 조씨 중 한 명이 정승 자리에 올라야 했겠지만 조대비는 그렇게 하지 않았다. 왜 조대비는 풍양 조씨에게 정승 자리를 주지 않았을까?

당시 풍양 조씨 일문에는 정승을 맡을 만한 인물이 없었다. 정계에 진출할 만한 인물은 조대비의 조카 조성하, 조영하, 조경하 세 사람뿐이었는데, 이들은 모두 스무 살 안팎의 젊은 나이로 관직 경험이 거의 없었다. 그래서 조대비는 이 세 조카를 키우기 위해 고종 즉위와 동시에 홍문관과 규장각에 배치해 세력을 키우게 했다.

조대비가 외척을 의정부에 끌어들이지 못한 또 다른 이유는 흥선대원군 이하응 때문이었다. 이하응은 외척 중심의 정치를 끝내고 왕실의 힘을 회복하려는 의지가 매우 강했으며, 외척을 정승으로 삼는 것을 극도로 경계했을 것이다.

결국 조대비와 흥선대원군은 이런 이유로 고종 대의 첫 인사를 비교적 탕평책에 근거해 단행한 셈이었다.

1장. 1863년 ~ 1865년   05

종친과 외척을 요직에 등용하고
특별히 민승호를 발탁하다

- 고종 1년(1864년) 1월 1일에 특별히 발탁하여 이재원(흥선대원군의 아버지 남연군의 장손)을 동지경연사로 삼고, 조성하(조대비의 조카)를 승정원 동부승지로 제수하였다.

1월 15일에는 조성하를 성균관 대사성으로, 조영하(조대비의 조카)를 규장각 대교로 삼았다. 7월 25일에는 조영하를 동부승지로 삼았다. 6월 6일에는 조경하(조대비의 조카)를 홍문관 교리로 임명하였고, 고종 2년(1865년) 12월 22일에는 조경하를 성균관 대사성으로 임명하였다.

7월 25일에는 이재면(고종의 친형)을 홍문관 부수찬으로 삼았다. 고종 2년 1월 1일에는 이재면을 동부승지로, 8월 2일에는 이조참의에 임명하였다.

고종 1년 10월 24일에는 민승호(대원군의 처남, 민치록의 양자)를 홍문관 교리로 임명하였다. 고종 3년(1866년) 8월 4일에는 민승호를 이조참의로 제수하였다.

고종 2년 9월 19일에는 이최응(대원군의 친형)을 호위대장에 임명하였다.

풍양 조씨와 종친을 요직에 발탁하다

조대비는 해가 바뀌자 자신의 조카들인 조성하, 조영하, 조경하 등을 등용하고, 동시에 이재원, 이재면, 이최응 등을 요직에 발탁하였다. 당시 풍양 조씨 외척 중 조대비가 발탁할 수 있는 대상은 조성하, 조영하, 조경하 세 명의 조카들뿐이었다. 그들은 이제 갓 스물이 된 젊은이들이었고, 관직 경험이 전혀 없었으며 대과에 급제한 적도 없었다. 그러나 일약 동부승지, 대사성 등 정3품의 고위직에 임명되었다. 파격적인 인사였다.

조대비는 흥선대원군의 혈족들도 중용하였다. 남연군의 장손 이재원을 필두로 대원군의 장남 이재면과 그의 셋째 형 이최응이 요직에 올랐다. 이재원은 흥선대원군 이하응의 둘째 형 이정응의 아들로 태어났으나 후사를 두지 못한 큰형 이창응의 양자로 들어가 남연군의 장손이 된 인물이다. 1864년에 동지경연사로 발탁될 당시 그의 나이는 서른넷이었다. 이재원과 함께 발탁된 대원군의 장남 이재면은 스무 살 청년이었고, 이듬해 스물한 살에 정3품 동부승지에 이어 이조참의에 임명되었다. 또한 대원군의 형 이최응이 2품 벼슬인 호위대장에 임명됨으로써 풍양 조씨와 종친이 세 명씩 요직에 발탁된 셈이었다. 이는 조대비와 대원군의 결탁에 따른 정략적 인사였다.

대원군 이하응이 민승호를 발탁한 이유

이들 외척과 종친 외에도 특별히 발탁된 인물이 있었는데, 그가 바로 민승호였다. 민승호는 대원군의 처남이었다. 그는 대원군의 장인 민치구의 아들로 태어났으나, 민치구와 10촌지간인 민치록의 양자로 출계하였다. 민치록은 고종의 왕비가 되는 민자영의 아버지다. 따라서 민승호는 대원군의 처남이기도 하지만, 고종의 처남이기도 하다.

흔히 민승호는 훗날 왕비가 된 민자영의 도움으로 요직에 오른 것으로 알려져 있으나 실제로는 사실과 다르다. 민승호는 동생 민자영이 왕비가 되기 2년 전, 이미 대원군에게 발탁되어 요직에 배치되었다. 즉, 민승호를 발탁한 이는 민자영이 아니라 대원군이었다. 그렇기 때문에 민승호는 민자영의 세력이 아니라 대원군의 세력이었다.

그렇다면 대원군은 왜 민승호를 발탁했을까? 그 배경을 알기 위해서는 대원군의 가계를 살펴볼 필요가 있다. 대원군의 아버지 남연군의 처, 즉 그의 어머니는 여흥 민씨였고, 대원군의 아내 또한 여흥 민씨였다. 따라서 여흥 민씨는 대원군의 외가이자 처가였다.

이렇듯 대원군과 여흥 민씨 가문은 매우 특별한 관계였으며, 민승호는 여흥 민씨의 종손이었다. 말하자면 대원군이 민승호를 발탁한 것은 여흥 민씨의 대표자를 중용한 셈이었다.

사실 민승호는 고종이 왕위에 오르기 전까지 벼슬이 없던 인물이었다. 1863년 고종 즉위 당시 그의 나이는 서른넷이었으나 과거에 급제한 적이 없었다. 이는 대원군이 직접 발탁하지 않았다면 벼슬과 인연이 없었을 것이라는 뜻이다. 그런데 대원군은 고종이 즉위하자 증광문과를 통해 그를 급제시켰다. 증광시는 나라에 경사가 있을 때

치르는 과거 시험이었는데, 당시의 시험은 요식 행위나 다름없었다. 이미 합격자가 정해져 있었고, 시험은 형식적인 절차에 불과했다.

이렇게 민승호는 증광시를 통해 곧바로 홍문관 교리가 되었고, 1866년 민자영이 왕비로 간택되자 곧 이조참의로 승진했다. 이 과정을 보면, 대원군이 민승호를 발탁할 당시 이미 며느리로 민자영을 들이겠다는 결심이 서 있었음을 알 수 있다. 즉, 민승호의 발탁은 곧 민자영을 왕비로 맞이하기 위한 포석이었다.

민자영이 며느리가 되면 여흥 민씨는 대원군에게 외가이자 처가, 사돈가로 연결되는 삼중 관계가 된다. 대원군이 여흥 민씨와 이런 관계를 맺으려 한 것은 자신의 세력 강화를 위한 전략이었다. 그는 종친으로서 혈연만으로는 세력을 확장하기 어렵다는 점을 알고 있었다.

조선은 성종 이후 종친이 종친부나 종부시 외에는 벼슬할 수 없었고, 그 불문율은 고종 대에도 그대로 이어지고 있었다. 그의 장자 이재면이나 형 이최응이 벼슬을 얻을 수 있었던 것은 그들이 왕의 직계가 아니었고, 대원군 자신이 된 뒤 받은 특별한 배려 덕분이었다.

하지만 장차 종친이 요직에 오르는 것은 불가능했다. 게다가 종친이 요직에 오르면 왕권을 위협할 소지도 있었다. 성종 시절 이후 종친을 조정의 벼슬에 임명하지 않은 것도 그 때문이었다.

따라서 대원군은 자신의 외가이자 처가이자 장차 외척이 될 여흥 민씨 세력을 키워 자신의 입지를 다지고자 했다. 그 시발점이 바로 민승호의 요직 발탁이었다. 그러나 이때까지만 해도 대원군 이하응은 민승호, 더 나아가 여흥 민씨 세력이 훗날 자신에게 칼끝을 겨눌 것이라곤 상상조차 하지 못했다. 그는 그저 그들을 자신의 권력 유지를 위한 도구 정도로 여겼을 뿐이었다.

1장. 1863년 ~ 1865년　　　　　　　　　　　　　　　　　　06

흥선대원군이
정치 전면에 나서다

- 고종 1년(1864년) 6월 6일에 운현궁과 금위영 사이에 문을 내어 행차하기 편리하게 하라고 명하였다. 9월 22일에 운현궁의 경근문과 공근문을 완성하였다.

  9월 24일에 왕이 대왕대비(신정왕후 조씨)와 왕대비(철인왕후 김씨)를 모시고 운현궁에 갔다. 은신군恩信君(고종의 증조부)과 남연군南延君(고종의 조부)의 사우祠宇에 차례로 절을 하였다. 운현궁의 영화루에서 소대召對(임금의 부름을 받고 나아가 정사에 관한 의견을 올리는 것)를 행하고, 양천 현령 고석현을 소견하였다. 그전에 고석현에게서 글을 배웠기 때문이다.

  고종 2년 4월 6일 운현궁에 나아가 문안하였다. 12월 29일에는 다음 날이 설날이므로 도승지를 운현궁에 보내 문안하게 하라고 명하였다.

▶ 금관조복을 입은 흥선대원권. 국립중앙박물관 소장

운현궁과 창덕궁 사이에 문을 내고 왕과 대원군이 자유롭게 왕래하다

흥선대원군 이하응의 아들 이명복이 왕위에 오른 뒤, 고종의 생가이자 이하응의 집을 운현궁雲峴宮이라 불렀다. 이곳을 운현궁이라 부른 것은 이 집의 터에 원래 관상감이 있었기 때문이다. 관상감은 조선시대 천문, 지리, 역수, 천문관측 등의 업무를 맡아보던 관청으로, 서운관書雲觀이라고도 불렸다. 고종의 생가인 이곳을 운현궁이라 부른 것은 바로 서운관에서 비롯되었다. '운현'이란 곧 '서운관이 있던 언덕'이라는 뜻이다.

고종이 왕위에 오르고 철종의 장례가 끝나자, 운현궁과 창덕궁 내부에 있던 금위영 사이에 문을 만들어 왕과 대원군이 자유롭게 왕래할 수 있도록 했다. 이는 조대비와 대원군의 합의에 의해 이뤄진 일이었다. 이를 증명하듯 1864년 9월 22일, 운현궁과 창덕궁 사이에 경근문과 공근문이 설치되어 왕래가 자유로워지자, 9월 24일에 조대비는 직접 대비와 고종을 대동하고 운현궁을 방문하기까지 하였다. 또한 이날 운현궁을 방문할 때 유생과 어린 학생들을 모아 시험을 보게 하였다. 그리고 고종은 양천 현령으로 임명된 자신의 글 스승 고석현을 불러 면담하기도 했다.

이후 고종과 대원군은 거리낌 없이 운현궁과 창덕궁을 왕래하였고, 이는 곧 흥선대원군이 정치 전면에 나섰음을 의미했다.

이렇게 되자 위기감을 느낀 안동 김씨 세력은 대원군의 정치 행보에 노골적인 불만을 드러냈다고 한다. 황현의 《매천야록》에 의하면, 당시 안동 김씨의 한 사람이었던 김흥근은 대원군에게 이런 경고까지 하였다고 한다.

"옛날부터 국왕의 사친私親(친아버지)은 정사에 참여하지 않았으며, 사제로 돌아가 종신토록 부귀를 잃지 않는 것이 좋을 것이다."

김흥근이 조정에서 이런 말을 했다는 소문을 듣고 대원군은 안동 김씨들 가운데 김흥근을 가장 미워했다고 전하는데, 황현 역시 떠도는 소문을 적은 것이므로 사실 여부는 확인할 수 없다.

황현은 또 《매천야록》에서 대원군이 악감정을 품고 김흥근의 삼계동 별장을 빼앗은 이야기를 전하고 있는데, 그 내용은 이렇다.

김흥근은 북문 밖 삼계동三溪洞(인왕산 북쪽의 계곡)에 별장을 소유하고 있었는데, 이곳은 서울에서 가장 이름난 곳이었다. 대원군은 그 별장을 팔 것을 청했으나 김흥근은 말을 듣지 않았다. 그래서 대원군은 하루만이라도 빌려줄 것을 재청하였다.

대개 별장이나 정자를 소유하고 있는 자는 다른 사람이 놀이를 위해 빌려 달라고 하면 부득이 빌려주게 되는 것이 예로부터 내려오는 서울 사람들의 습속이었다. 김흥근은 강권에 못 이겨 빌려주었는데, 대원군은 아들인 임금에게 권하여 그곳을 함께 다녀왔다.

그 후 김흥근은 임금의 발길이 머문 곳을 신하된 도리로써 감히 거처할 수 없는 일이라고 생각하고 다시는 삼계동 별장을 찾아오지 않았고, 그래서 운현궁의 소유가 되었다.

황현이 《매천야록》에 이런 내용을 싣고 있긴 하지만, 실록 어디에도 고종이 삼계동 별장에 간 기록이 없는 것으로 보아 이 또한 황현이 전해 들은 소문을 적은 것으로 보인다.(1864년 당시 황현은 열 살의 어린 아이였기에 당시 사정을 자세히 몰랐다.)

이 삼계동 별장은 아마도 대원군 소유의 별장이었던 석파정을 일컫는 것으로 보인다. 하지만 석파정이 원래 김흥근의 소유였다는 기록은 없다.

어쨌든 운현궁과 창덕궁을 오가는 문이 만들어진 것은 사실이며, 그 문을 통해 대원군과 고종이 자유롭게 만났던 것도 사실이었다. 그리고 이런 상황을 조대비가 인정하고 받아들인 것도 사실이었다. 따라서 대원군이 1864년 9월경부터 정치 전면에 나선 것은 사실이라고 보아야 할 것이다.

하지만 대원군이 직접 조정 대신들 앞에서 정치를 행했다는 기록은 없다. 흔히 사극에서는 대원군이 사정전에 나아가 대신들 앞에서 자신의 의견을 피력하는 장면을 연출하지만, 실제로는 그런 식으로 대원군이 자신의 뜻을 관철한 적은 없었다. 대원군은 이때 조대비를 통해 일종의 조언 정치를 하고 있었던 것이지, 직접 대신들 앞에서 명령을 내린 것은 아니었다.

무리하게 경복궁 중건 사업을
추진하다

- 고종 2년(1865년) 4월 2일, 대왕대비가 전교하였다.
"경복궁은 우리 왕조에서 수도를 세울 때 맨 처음으로 지은 정궁이다. 규모가 바르고 크며, 위치가 정제하고 엄숙하여 성인聖人의 심법心法을 우러러볼 수 있거니와, 정령政令과 시책이 모두 바른 데서 나와 팔도의 백성들이 하나같이 복을 받은 것도 이 궁전으로부터 비롯되었다. 그러나 불행히도 전란으로 불타버린 뒤 다시 짓지 못한 까닭에 오랫동안 뜻있는 선비들의 개탄을 자아냈다.
지금 정부의 중수重修로 왕조가 번창하던 시기에 백성들이 풍족하고 물산이 넉넉하며 훌륭한 신하들이 등용되던 때를 떠올리면 사모하는 동시에 추모하는 마음이 더욱 간절해진다. 돌이켜보면 익종께서 정사를 대리하실 때 여러 차례 옛 대궐에 행차하여 옛터를 돌아보며 개연히 다시 지으려는 뜻을 두었으나 미처 착수하지 못하였고,

헌종께서도 그 뜻을 이어 여러 번 공사를 계획했으나 역시 시작하지 못하고 말았다.

아, 마치 오늘을 기다리기라도 한 듯하다. 우리 주상은 왕위에 오르기 전부터 옛터를 찾아다니며 살펴보았고, 근일에는 조종조祖宗朝에서 이 궁전을 사용하던 태평한 모습을 그리며 왜 지금은 옛날처럼 되지 못하는가 하고 때 없이 한탄하였다. 이것은 비단 조상의 사업을 계승한다는 성의聖意일 뿐 아니라 넓고 큰 도량까지 엿볼 수 있는 것이니, 백성의 복이며 국운의 무궁할 터전이 실로 여기에 기초할 것이다. 내 마음은 경사와 행복을 이기지 못하겠다. 이 궁전을 다시 지어 중흥의 큰 업적을 이루려면 여러 대신들과 함께 의논하지 않을 수 없으니, 내일 음식을 내린 뒤 시임 대신과 원임 대신들은 머물러 기다리라."

부역과 원납전에 시달리는 조선 백성들

경복궁 중건은 형식상 조대비의 교지로 시작되었지만, 실질적으로 이 일을 주도한 인물은 흥선대원군 이하응이었다. 흥미로운 것은 이하응이 경복궁 중건과 관련한 어떠한 공식 직책도 맡지 않았다는 점이다. 그러나 세상 사람들은 모두 그가 실질적으로 중건을 지휘하고 있다는 사실을 알고 있었다.

이하응이 경복궁을 다시 짓고자 한 이유는 분명했다. 조선 왕실의 위상을 세우고 왕권을 강화하기 위함이었다. 그러나 당시 조정에는 그 막대한 비용을 충당할 재정이 없었다.

이하응은 이 문제를 백성의 부역과 원납전願納錢을 통해 해결하고자 했다. 원납전은 이름 그대로 '원해서 스스로 내는 돈'이라는 뜻이지만 실제로는 강요된 헌금이었다. 부역이든 원납전이든 결국 백성의 고혈을 짜내는 일이었다. 대가 없는 부역을 기꺼이 나설 백성이 어디 있으며, 누가 아무 보상도 없이 피 같은 돈을 내겠는가.

결국 대원군의 위세에 눌린 백성들은 울며 겨자 먹기로 부역에 동원되고, 양반들은 돈을 내는 처지가 되었다. 그러니 부역과 원납전에 대한 원성이 하늘을 찔렀고, 그 모든 비난은 대원군에게 향했다.

하지만 이하응은 이에 아랑곳하지 않고 경복궁 중건을 강력히 밀어붙였다. 그러자 쌓였던 원망이 폭발하기 시작했다. 특히 가난한 백성들이 농사철임에도 부역에 동원되는 일에 대한 불만은 극심했다.

이에 조대비는 1865년 4월 5일, 더는 백성을 동원하지 말라는 교지를 내렸다.

> 이번에 옛 궁전을 중건하는 것은 백성을 위하여 복을 도모하고 나라를 번창하게 하려는 뜻에서 비롯된 일이다. 그러나 공사비가 너무 많이 들어 백성에게 시키자니 가엾어 마음이 놓이지 않았는데, 이제 듣자니 이틀 사이 모인 원납전이 10만 냥에 이르고, 선파璿派(종친과 전주 이씨 족속)들이 보조한 돈도 몇 만 냥에 달한다고 한다. 이를 보면 이 공사가 하늘의 뜻과 백성의 마음에 부합함을 알 수 있으며, 백성의 성의도 융성하던 옛날에 견주어 부끄럽지 않다.
>
> 더구나 임금의 일가들은 선조들이 처음 잡은 터를 생각하며 고락을 함께 나누는 한집안 사람처럼 처신하였다. 모두 가상하여 기쁘고 다행스럽다.

어제 경재卿宰(육경과 재상)들의 의견을 모아 백성을 동원하자고 아뢰었으나, 가난한 백성들은 해마다 환곡과 군포를 마련하기도 어려운데 부역까지 하게 한다면 어찌 불쌍하지 않겠는가. 백성 동원은 우선 접어두라.

도성의 백성들이 원납에 응한 것도 이러하니, 지방 백성들의 마음이라고 다를 리 없을 것이다. 묘당에서는 말을 잘 만들어 팔도와 사도四都에 관문關文을 보내고, 각 고을의 부유한 백성들에게 일러주되, 만약 의연금을 내어 크게 돕는다면 응당 특별한 성의를 표하라.

임금의 일가에게는 종친부에서 통지하여 기꺼이 부역에 나서게 하라. 그러면 공사의 완성을 기약할 수 있을 뿐 아니라 인심의 향배도 알 수 있을 것이다. 모두 이 뜻을 시급히 행하라.

이 명령으로 일시적으로 백성을 강제 동원하는 부역은 중지되었다. 그러나 원납전은 계속 징수되었고, 지방관들이 아예 강제로 거두어들이는 상황에 이르렀다. 말이 원납전이지 실제로는 '강납전强納錢'이었다.

부족한 재정을 메우기 위해 당백전을 주조하다

이렇듯 경복궁 중건은 애초부터 무리한 공사였다. 그럼에도 대원군의 기세가 워낙 강했기 때문에 아무도 감히 만류하지 못했다. 대원군은 무섭게 밀어붙였고, 조정 대신들은 그 위세에 눌려 겉으로는 적극적으로 동참하는 모습을 보였다.

그런데 불행히도 1866년 3월 5일, 경복궁 공사장에 불이 나서 11개월 동안 지어놓은 건물 800여 칸이 모두 불타는 사태가 벌어졌다. 한순간의 화재로 백성들의 피땀 어린 부역의 성과와 피 같은 원납전의 결과물이 모두 사라지고 만 것이다.

이쯤 되자 여기저기서 경복궁 중건을 포기해야 한다는 볼멘소리가 터져 나왔다. 하지만 대원군은 전혀 멈출 생각이 없었다. 그는 이 사태에 대한 해결책으로 당백전當百錢 주조를 거론했다. 당백전이란 말 그대로 하나의 엽전으로 백전의 가치를 가지는 엽전을 의미한다.

사실 당백전 주조에 대한 논의는 이때 처음 있었던 것은 아니었다. 당백전 주조를 처음으로 논의한 것은 영조 18년(1742년) 6월 4일이었다. 이때 김약로가 당십전과 당백전을 주조하자고 주장했다. 당시 영조도 김약로의 주장에 동조하여 당십전과 당백전을 주조하라고 명령했으나, 결국 신하들의 반대로 시행되지 못했다. 백성들의 여론을 살펴본 결과, 대다수가 당십전과 당백전의 주조를 반대했기 때문이다.

영조 당시 당십전과 당백전의 주조가 논의된 것은 돈이 제대로 유통되지 않았기 때문이었다. 그래서 당백전과 당십전을 주조하는 것과 함께 청나라 돈인 연전(또는 청전)도 함께 사용하자는 논의가 있었으나, 이 역시 폐단이 염려되어 실행되지 않았다. 이후 정조와 순조 때도 당백전, 당오전의 주조가 논의되었지만 마찬가지로 폐단이 우려되어 실제로 주조되지는 않았다.

그러나 대원군은 당백전의 폐해보다 경복궁 중건 작업의 완성을 더 중요하게 여겼다. 그래서 마침내 조선 역사상 처음으로 당백전이 실제로 주조되었다. 당백전 주조는 1866년 11월 6일에 결정되었고, 12월 2일부터 통용이 허가되었다. 이듬해 4월부터 6월까지 두 달 동안 금위영에서 주조가 이루어졌다.

예상했던 대로 당백전의 폐해는 막심했다. 당백전은 당시 유통되던 상평통보보다 약 여섯 배나 무거웠지만, 가치는 백 배로 책정되었다. 주조된 당백전의 총액은 1,600만 냥에 달했다. 단시일에 그렇게 많은 돈이 쏟아져 나오니 화폐 유통 질서에 큰 혼란이 생겼다.

사람들은 대량으로 풀린 이 악화惡貨의 사용을 꺼렸고, 당백전과의 교환을 피하기 위해 상평통보를 시장에 내놓지 않았다. 그 결과 화폐의 가치는 급락하고 물가는 폭등했으며, 화폐 대신 물물교환이 성행하였다.

이렇게 되자 결국 당백전은 1868년 10월, 최익현의 상소에 의해 유통이 금지되었다. 그야말로 당백전은 조선 경제에 큰 혼란을 남긴 뒤 영원히 폐기된 것이다. 그러나 훗날 조선 조정은 다시 재정난을 이유로 당오전을 발행하여 또 한 번 화폐 가치를 떨어뜨리는 잘못을 되풀이하게 된다.

비변사를 폐지하고
의정부와 삼군부를 부활하다

- 고종 2년 5월 26일에 영의정 조두순이 새로운 삼군부의 신설과 의정부의 중건을 아뢰었다.

  "경복궁의 건축 공사가 한창 이루어지고 있는 이때에 의정부 역시 새로 중건되고 있습니다. 지금 예조가 있는 곳은 바로 국초에 삼군부가 있던 자리입니다. 그때 정부와 대치해서 삼군부를 세웠던 것은 한 나라의 정령政令을 내는 곳이 문사文事와 무비武備이기 때문이었습니다. 오위五衛의 옛 제도를 갑자기 복원할 수는 없다 하더라도 훈국訓局의 신영新營, 남영南營, 마병소馬兵所, 그리고 오영五營의 주사晝仕하는 곳 등을 지금 예조가 있는 곳에 합설하여 삼군부라 칭하고, 예조는 한성부 자리로 옮겨 설치하며, 한성부는 훈국의 신영 자리로 옮겨 설치함으로써 육부六部가 대궐의 좌우에 늘어서게 하여 일체 옛 규례를 따르도록 하고, 그 밖의 각사各司는 편리한 쪽으로 처리하는 것이 좋겠습니다."

복고주의적인 개혁정책에 매달리는 대원군

중종 때 비변사가 설치된 이후 조선은 정무와 군무를 통합하여 비변사에서 모든 정사를 의논하고 처리하였다. 이로 인해 의정부는 유명무실해졌다. 그런데 고종이 즉위하자, 조대비의 명령으로 의정부가 다시 강화되고 비변사는 형식적인 기구로 전락하였다.

고종 즉위 직후 조대비가 의정부 부활을 명령하자, 고종 1년 2월 11일 비변사에서 비변사와 의정부의 업무 분장 절목을 올렸다. 그 내용을 살펴보면 비변사는 존속시키되 의정부의 업무를 늘리는 내용으로 되어 있다. 그러나 이후 점차 비변사의 기능은 사라지고, 비변사가 맡고 있던 정무는 의정부로 이관되었다. 그 결과 비변사는 자연스럽게 유명무실한 기관으로 전락하였고, 급기야 폐지되기에 이른다.

한편, 비변사가 통괄하던 군무의 기능은 삼군부 부활로 이관되었다. 삼군부는 조선 전기에 군령과 군정을 총괄한 부서로, 원래 명칭은 의흥삼군부였으나 대개 삼군부로 약칭하였다. 삼군부는 조선의 전체 군대를 중군·좌군·우군 체제로 운영한 데서 비롯된 것이나, 세조 때 오위 체제가 도입되면서 사라졌다가 이때에 와서 부활한 것이다.

이후 삼군부의 위상은 점차 강화되어 고종 5년(1868년) 6월 8일 정1품 아문으로 격상되고, 의정부의 삼정승이 도제조가 되었다. 그리고 같은 해 6월 18일에는 병조판서가 삼군부 제조를 겸하게 된다.

의정부와 삼군부를 부활시키라는 명령은 비록 조대비가 내렸지만, 그 구체적인 계획은 흥선대원군의 구상에서 비롯된 것으로 보인다. 그는 또한 《대전회통》,《육전조례》 등의 법전을 편찬하여 법질서 확립을 꾀하였다.

흥선대원군의 이러한 일련의 조치들은 왕권 강화를 목표로 한 것이었다. 말하자면 과거의 전통적인 왕정 제도를 회복함으로써 중앙집권화를 강화하려는 일종의 복고주의 정책이었다. 당시 그가 복고적 왕정을 추구했던 것은 무너진 왕조의 기강을 바로잡으려는 의도가 컸으나, 한편으로는 세계의 변화에 둔감했다는 의미이기도 하다.

당시 청나라는 서구 세력이 밀려들어 전통적인 왕조 문화가 붕괴되고 있었고, 일본 또한 서구 세력에 의해 문호 개방과 사회 변혁의 압박에 시달리고 있었다.

만동묘를 철폐하여
서원 철폐의 서막을 열다

- 고종 2년 3월 29일, 대왕대비가 만동묘에 치제하는 것을 중지하라고 명하면서 전교하였다.

"아! 선정先正 송 문정공宋文正公(송시열)은 우리 효종 대왕과 공덕을 같이한 신하이다. 큰 의義를 붙잡아 우주에 펼쳤으니 이 나라 백성들이 금수禽獸가 되는 것을 면하게 된 것이 누구의 공로이겠는가? 날은 저물고 갈 길은 먼데, 사무친 통한이 가슴에 맺힌다는 말을 세상을 떠나던 마지막 순간에 수제자首弟子를 향하여 남겼던 것은 모두 부득이한 고심에서 나온 일이었다. 이것이 만동묘萬東廟를 설치하게 된 유래이다.

그런데 숙종과 영조 시대로 내려오면서 천자에게 제후가 조회를 드리는 예절을 참작하고, 하늘에 보답하며 해를 주主로 삼는다는 원칙을 내세워 묘 대신 제단을 꾸며놓고 세 황제를 함께 제사지내니,

의리가 극히 정밀하고 예절이 극히 엄숙하였으며 음악과 춤 등 모든 것이 격식대로 다 갖추어졌다. 그리하여 동쪽 땅 한구석에서나마 명나라가 망하지 않고 여전히 계속되어 온 것이다.

오막살이 속에서 황제의 제사를 받드는 것은 유민遺民의 서글픈 정리라 하겠지만 울창주를 올리는 갖가지 의식의 제사에서는 바야흐로 황제의 위엄스러운 얼굴을 보기라도 하는 듯하였다. 만일 선정이 지금까지 살아 있어 이런 성대한 광경을 본다면 통분한 원한이 조금이나마 위로되었을 것이며, 굳이 깊은 산골에서 사사로운 제사를 겹쳐 지내지는 않았을 것이다.

제단에서 제사를 지내기 시작한 다음부터는 예의상 마땅히 화양동華陽洞의 제사를 폐지하여 공경하고 근엄히 하는 실상을 밝혔어야 했는데, 경황없이 그럭저럭 미루어온 지 이미 오래되었다. 옛 어진 분의 유풍遺風이 멀어질수록 묘의 모양도 점점 더 황폐해지고 있다. 그러니 지금 불가불 이를 분명히 밝혀, 더없이 중대하고 엄숙해야 할 이 예법이 들쑥날쑥하게 된다는 탄식이 나오지 않게 해야 하겠다.

만동묘의 제사는 이제부터 정철停撤하고, 지방위紙榜位와 편액扁額은 대신과 예조판서를 보내어 모셔오게 하여 황단皇壇의 경봉각敬奉閣에 보관하고, 편액은 그대로 경봉각에 걸도록 하라. 그리고 그곳의 명나라 관계 옛 사적들을 다 가져오되, 모두 날을 받아 시행하고 조보朝報에 내지는 말라."

만동묘 철폐와 유림의 저항

이렇듯 말로는 만동묘에 모셔진 명나라 세 황제를 대보단에서 제사지냄으로써 더욱 극진히 모시기 위해 만동묘를 철폐한다고 했지만, 실제로는 유생들의 중심이 된 만동묘를 철폐함으로써 유생과 서원, 그리고 노론 세력의 기반을 약화하려는 목적이 있었다. 물론 이 또한 흥선대원군의 계책이었다.

만동묘는 본래 송시열이 주축이 된 서인 노론의 상징이었다. 만동묘 조성의 시초를 보면, 북경에 사신으로 갔던 민정중이 명나라 의종이 친필로 쓴 '비례부동非禮不動' 네 글자를 얻어 송시열에게 준 것에서 비롯되었다. 송시열은 이를 화양리 절벽에 새기고, 원본은 운한각을 지어 보관하게 하였으며, 환장암 승려로 하여금 지키게 했다.

이후 송시열은 1689년 사약을 받고 죽으면서 제자 권상하에게 명나라 신종과 의종의 사당을 세워 제사지낼 것을 부탁했다. 권상하는 민정중·정호·이선직 등과 함께 부근 유생들의 도움을 받아 만동묘를 창건하고 신종과 의종의 신위를 봉안하여 제사를 지내게 되었다. '만동묘'는 경기도 가평군의 조종암祖宗巖에 새겨진 선조의 어필 '만절필동萬折必東'에서 첫 글자와 끝 글자를 취해 지은 것이다.

만동묘 창건 이후 영조 때부터 조정은 둔전과 노비를 내려 관리하게 하였고, 정조 때에는 액자를 내렸으며, 순조 때에는 묘우를 다시 지었다. 헌종 때부터는 봄과 가을 한 번씩 관찰사로 하여금 정식으로 제사를 지내게 하여 위상이 더욱 높아졌다.

이렇게 되자 만동묘는 유생들의 집합장소가 되었고, 그로 인한 폐단이 심했다. 황현의 《매천야록》에는 만동묘의 폐단을 다음과 같이 기록했다.

만동묘는 충북 청주 화양동에 있는데, 묘를 창건하게 된 것은 우암 송시열의 뜻이었다. 그러므로 그 옆에 송시열의 사당을 세웠는데, 세상에서는 이를 화양동서원이라 일컬었다. 서원의 책임을 맡은 자들은 대개 충청도에서 무단을 일삼는 양반 자제들이었다. 묵패墨牌(서원에서 평민을 호출하기 위해 발부하는 문서)로 평민을 잡아다 때리는 일이 많았으며, 그들의 폐단이 심하여 '가죽의 골수를 빨아먹는 남방의 좀'이라 불렀다. 그 뒤로 백 년이 지나도 수령들은 그 성사城社(성호사서城狐社鼠의 줄임말로 성벽에 숨어 사는 여우와 묘당에 기어든 쥐새끼란 뜻)를 두려워해 감히 죄책을 묻지 못했다.

흥선대원군 이하응은 이러한 폐단을 일소하기 위해 만동묘를 철폐하는 한편, 전국 200여 개에 달하던 사액서원賜額書院의 수를 47개로 대폭 줄였다. 서원 철폐는 고종 8년(1871년)에 본격화되는데 그 목적은 두 가지였다. 하나는 서원이 붕당의 근거지가 되어 지방 유림이 백성을 수탈하고 횡포를 일삼는 것을 막기 위함이었고, 다른 하나는 서원 유지에 들어가는 국고를 줄이기 위함이었다. 만동묘 철폐는 바로 그 서원 철폐의 서막이었다.

그러나 만동묘 철폐는 유생들의 강한 저항에 부딪혔다. 최익현은 만동묘 부활을 요구하는 상소를 올렸고, 훗날 1873년 대원군이 권좌에서 밀려나자 유림의 요청으로 1874년 고종에 의해 부활되었다.

이후 만동묘는 존속하다가 1908년 일본 통감부에 의해 철폐되고, 그 재산은 국가와 지방관청에 귀속되었다. 그러나 유림들은 비밀리에 제향을 이어갔다. 1940년 일제의 강압으로 제향이 중지되었고, 1942년에는 만동묘 건물이 철거되어 괴산경찰서 청천면 주재소 건축 자재로 쓰였다. 현재의 만동묘는 1983년 홍수 때 묘정비가 출토되면서 옛 자리에 다시 세운 것이다.

2장

1866년

2장. 1866년　01

프랑스 신부들과
수많은 천주교 신도들을
죽이다

- 고종 3년(1866년) 1월 5일, 형조에서 사학을 믿은 전장운과 최형에게 대명률大明律을 적용하도록 하였다. 1월 11일에는 사교를 전파한 서양인들을 홍봉주의 집에서 체포했다는 보고가 있었고, 1월 16일에는 서양인 베르뇌Berneux, S., 볼뤼Boulle, P. 등과 홍봉주, 최형 등의 천주교인들을 의금부로 압송하였다. 이후 1월 20일, 23일, 25일에 걸쳐 서양인 6명과 홍봉주, 최형, 전장운 등 천주교 신도 여러 명을 참수하였다. 그 후 8월 1일에도 서양인 3명과 수많은 천주교인들을 참수하였다.

남인 학자들에 의해 자생적으로 형성된 천주교 집단

1866년 정초부터 조선 사회에는 한바탕 피바람이 일었다. 사교 집단으로 규정된 천주교 신자와 신부들에 대한 대대적인 체포와 참수형이 벌어진 병인박해丙寅迫害가 일어난 것이다. 이후 천주교도에 대한 박해는 1871년까지 지속되어 8,000명 이상의 희생자를 낳았다. 조선은 천주교가 유입된 이후 줄곧 사교로 규정하고 선교사와 교인들을 사형시키거나 유배시켜 왔다. 하지만 1866년 당시 조선에는 이미 수만 명의 천주교 신도가 형성되어 있었다. 물론 비밀스럽게 모임을 갖고 은밀히 포교가 진행된 결과였다.

조선에 천주교가 유입된 것은 정조 때였다. 다른 나라와 달리 조선은 특이하게도 천주교가 자생적으로 확산되었는데, 그 중심에는 사색당파 중 하나인 남인 유학자들이 있었다. 조선의 천주교는 외국 선교사에 의해 유입된 것이 아니라 조선인 스스로, 그것도 유학을 공부한 양반 선비들이 주축이 되어 받아들였다는 뜻이다.

천주교는 17세기 초에 서학西學, 즉 '서양학문'이라는 이름으로 조선에 알려졌다. 당시 조선의 학자들은 중국 선교사들이 한문으로 저술한 한역 서학서를 접했는데, 정계에서 밀려난 남인 학자들 사이에서 널리 읽혔다. 특히 서학 입문서로 알려진 《천주실의天主實義》는 가장 인기 있는 책이었다. 이 책은 중국에서 리마두利瑪竇(마테오 리치 Matteo Ricci)로 불린 이탈리아 예수회 선교사가 1603년에 저술한 한역 서학서였다.

《천주실의》는 중국인들에게 천주교를 전파할 목적으로 서술된 책이었기 때문에 중국 고유 문화에 대해서 매우 수용적인 태도를 취했다. 특히 유학에 대해서는 윤리와 도덕의 실천을 강조한다는 측면에서 찬양하기까지 했다. 하지만 종교성이 강한 불교와 도교는 우상을 숭배한다며 강하게 비판했다. 한문 실력이 뛰어났던 마테오 리치는 《천주실의》에서 단순히 천주교 교리만을 설파한 것이 아니라 중국의 고대 문헌을 적절히 인용하여 청나라 지식인들을 설득하기까지 했다. 때문에 《천주실의》는 청나라 유학계에 찬반양론의 엄청난 파문을 일으켰다. 《천주실의》는 출간과 동시에 청나라뿐 아니라 일본에도 전파되었고, 조선 유학계에도 엄청난 파장을 불러일으켰다.

조선에서 《천주실의》가 유행하자, 유학자들의 저서에도 소개되기 시작했다. 《천주실의》를 최초로 소개한 책은 유몽인의 《어우야담 於于野談》이었다. 유몽인은 이 책에서 《천주실의》 상·하 8편의 편목을 소개했다. 또 이수광의 《지봉유설 芝峰類說》에도 《천주실의》의 대략이 소개되었다. 이후에도 이 책에 대한 조선 유학자들의 관심이 이어졌는데, 남인으로서 실학의 중조로 불리는 성호 이익이 〈천주실의발〉이라는 제목으로 안내서를 발표하면서 《천주실의》는 그의 제자들 사이에서 널리 읽히게 되었다. 이익은 유학을 보호하는 입장에서 천주교를 분석한 차원이었지만, 그 제자들에 이르면 양상이 크게 달라진다.

성호의 제자들은 《천주실의》를 통해 천주교에 대한 이론을 접한 뒤에 서학에 대한 다른 서적들까지 수입하여 탐독하기 시작했다. 이후 성호의 제자들은 유학적인 관점에서 천주교를 분석하고 비판하는 집단과 천주교를 수용하여 종교적 신념으로 승화시킨 세력으로 나뉘게 된다.

천주교에 비판적인 입장을 견지한 대표적인 인물은 이익의 수제자라고 할 수 있는 안정복, 신후담, 이헌경 등이었다. 하지만 이익의 또 다른 제자인 홍유한, 권철신, 권일신 등은 천주교의 가르침이 옳다고 믿고 이를 적극적으로 수용하였다. 특히 권일신은 안정복의 사위였지만 장인과는 전혀 다른 길을 걸었다.

권철신, 권일신 형제와 홍유한 외에도 천주교에 적극적인 청년들이 있었는데 이벽, 이승훈, 정약전 등이었다. 이들은 모두 정약용과 밀접한 인물들이었다. 정약전은 정약용의 친형이었고, 권철신은 약전의 스승이었으며, 이벽은 큰형 정약현의 처남이었다. 그리고 이승훈은 누나의 남편, 즉 매형이었다. 이렇듯 정약용은 천주교에 몰입한 인물들에게 둘러싸여 있었기 때문에 그가 천주교를 접한 것은 필연이었다. 이에 천주교에 대한 탄압은 남인들과 정약용 집안의 피해를 초래하게 된다.

최초로 영세를 받은 조선인, 이승훈

특히 정약용의 매형 이승훈은 천주교에 깊이 몰두해 있었다. 그는 서학에 심취한 나머지 자생적인 교인이 되어 있었다. 그는 직접 베이징으로 가서 영세를 받고 천주교인이 되기로 결단한 상태였다. 그래서 그해 겨울에 이 일을 결행하였다. 당시 이승훈의 아버지 이동욱이 동지사 겸 사은사 황인점의 서장관이 되어 베이징을 가게 됐는데, 이승훈이 동행한 것이다.

이승훈은 베이징에 도착하자 베이징의 북천주당을 찾아갔다. 당시 베이징에는 동서남북에 하나씩 성당이 있었는데 그중 북쪽 성당을 찾아간 것이다. 이승훈이 북천주당에서 만난 인물은 그라몽 신부였다. 이승훈은 그라몽에게서 천주교 교리를 배운 뒤, 이듬해 2월에 영세를 받았다. 이승훈의 영세명은 베드로였다.

이승훈은 귀국하면서 여러 천주교 서적과 십자가, 성화 등을 가지고 왔다. 그가 가져온 책은 《천주실의》, 《성세추요》 등이었다. 당시 조선에는 이미 자생적인 천주교 조직이 있었고, 이벽은 그 조직의 핵심이었다. 이승훈을 베이징으로 보내 영세를 받게 한 인물도 바로 이벽이었다.

이들 자생 천주교도들은 정기적인 모임을 갖고 있었다. 이른바 '강학회'라 불린 이 모임에는 남인의 젊은 유생들이 대거 참여하고 있었다. 강학회를 주도한 인물은 그들 가운데 가장 연장자였던 권철신이었다.

강학회가 열린 곳은 경기도 광주 퇴촌면에 있는 천진암 주어사였다. 당시 이 토론회에 참석한 인물은 권철신을 비롯해 이벽, 정약전, 김원성, 권상학, 이총억 등으로 당대 남인의 수재들이었다. 정약용 또한 이벽을 따라 이 모임에 참석하기도 했다. 이후 천주교는 신분의 장벽을 넘어 중인층으로까지 확산되었고, 서울에서도 임시 교회를 마련하여 신앙 모임을 가질 정도로 발전했다.

을사추조적발사건과 조선 천주교의 확산

그들이 임시 교회로 삼은 곳은 명례방(지금의 명동)에 있던 역관 김범우의 집이었다. 그들은 정기적으로 이곳에서 모임을 갖고 예배를 보았는데, 1785년 봄에도 역시 예배를 드리고 있었다. 그런데 예배 도중 추조(秋曹)의 관원들이 갑자기 들이닥쳤다. 형조의 금리禁吏들은 김범우의 집에 여러 수상한 사람들이 드나든다는 첩보를 입수했다. 그들은 처음엔 그곳에서 노름판이 벌어지고 있다고 생각했지만 막상 들이닥쳐 보니 이상한 종교 모임이었던 것이다.

금리들이 김범우의 집 문을 박차고 들어왔을 때, 교인들은 예배를 보고 있었다. 예배를 주관한 인물은 이승훈이었고, 그는 교인들에게 교리를 강론하고 있었다. 미처 주변을 정리할 시간도 없이 성물과 화상, 천주교 서적들이 그대로 압수되었고, 그 자리에 있던 사람들은 모두 형조로 압송되었다.

압수된 물품은 곧 형조판서 김화진에게 전달되었다. 김화진은 이 모임을 매우 이상하게 여겼다. 중인의 집에 양반들이 모여 있었기 때문이다. 그것도 유력한 집안의 남인 출신 양반들이었다. 이날 김범우의 집에 모여 있던 인물은 예배를 주관한 이승훈을 비롯해 이벽, 정약전, 정약종, 권일신, 권상학 등이었다. 이날 모임에는 참석하지 않았지만 이윤하, 이총억, 정섭, 윤지충 등도 주기적으로 참여하고 있었다.

이윤하는 《지봉유설》을 쓴 이수광의 8대손으로 권일신의 매부였고, 윤지충은 정약종의 외가 6촌이었다. 말하자면 모두 내로라하는 학자 집안의 양반들이었다.

김화진은 이 사건이 천주교 모임임을 간파했지만, 참석자들이 예사롭지 않았기에 양반들은 모두 석방하고 역관 출신 김범우만 유배 보내는 것으로 사건을 마무리했다.

당시 김범우는 서른다섯 살이었다. 영조 39년(1773년)에 역관 증광시에 합격하여 종6품 한학우어별주부를 지냈으며, 1784년 이벽의 집에서 이승훈에게 세례를 받고 토머스라는 영세명을 얻었다. 그해 겨울부터 자신의 집을 교회로 제공하다가 이듬해 3월 형조 관원들에게 발각되어 체포된 것이다.

김범우는 체포 후 심한 고문을 받고 밀양 단장으로 유배되었으며, 만어산 금장굴 부근에서 2년간의 귀양 생활 끝에 고문 후유증으로 사망했다. 이 사건을 '을사추조적발사건'이라 하는데, 이후 조선 양반 사회에서는 반反천주교 운동이 일어났다. 특히 성균관 유생들은 집단적으로 천주교 반대 통문을 돌리기까지 했다. 그러자 사헌부 장령 유하원이 이런 상소를 올렸다.

"서양의 책들이 처음으로 관상감의 역관 무리들로부터 흘러들기 시작한 지 여러 해가 되었는데, 백성들을 속이는 일이 날로 심해지고 그것을 믿는 무리들이 많아졌습니다. 이른바 도道라는 것은 다만 하늘이 있다는 것만 알고 임금이나 부모가 있는 줄을 알지 못할 뿐 아니라, 천당이니 지옥이니 하는 말로써 백성들을 속이고 세상을 현혹시키니 그 해독은 홍수나 맹수보다 심합니다. 마땅히 법사로 하여금 더욱 금지하게 해야 할 것입니다."

이에 정조는 이렇게 비답을 내렸다.

"이른바 서양 천주교의 서책에 대한 일은 진실로 그러하다. 너의 말이 옳으니, 아뢴 대로 시행하라."

이 명령 이후 천주교 반대 운동은 급속도로 확산되었다. 중심 세력은 노론이었으며, 천주교 비판 입장이었던 이익의 제자들도 가세했다. 특히 안정복은 《천학고》와 《천학문답》을 지어 천주교를 사악한 학문으로 몰아세웠다. 그 바람에 남인들 사이에서도 천주교를 둘러싼 분열 조짐이 나타났다.

그런 가운데 천주교 전파에 앞장섰던 이승훈과 이벽은 배교 압박에 시달렸다. 이승훈의 아버지 이동욱은 모든 친척을 불러 모아 이승훈이 보는 앞에서 천주교 서적을 불태워버렸다. 이로써 이승훈은 한때 천주교를 떠나야 했다. 한편 이벽의 아버지 이부만은 종친들에게 불려가 강한 질책을 받은 뒤 자살을 시도하였다. 이 때문에 이벽은 두문불출하다가 끝내 죽고 말았다. 조선 천주교의 실질적 지도자였던 이벽의 죽음은 신자들에게 큰 충격이었다. 게다가 이승훈까지 전교 활동을 멈추자 조선 천주교는 최대 위기를 맞았다.

그러나 이벽의 죽음 후 이승훈은 한동안 전교를 중단했다가 몇 달 뒤 활동을 재개했다. 그는 이전보다 더욱 굳건한 신앙심으로 전교에 박차를 가했다. 덕분에 신자의 수는 해마다 늘어갔다.

조선 최초의 순교자 윤지충과 권상연

1791년(정조 15년) 10월, 천주교인으로 지목된 윤지충과 권상연이 체포되어 전라도 관찰사 정민시의 문초를 받았다.

정민시가 윤지충에게 물었다.

"너는 천주학도가 맞느냐?"

윤지충이 대답했다.

"맞습니다. 저는 천주를 섬기고 있습니다."

"언제부터 어떻게 천주학에 접했느냐?"

"계묘년(1783년) 봄에 진사시에 합격하고 갑진년(1784년) 겨울 서울에 머무는 동안, 마침 명례동에 있는 중인 김범우의 집에 갔더니, 집에 책 두 권이 있었는데, 하나는 《천주실의》이고 하나는 《칠극》이었습니다. 그 절목에 십계와 칠극七克이 있었는데 매우 간략하고 준행하기 쉬워서, 그 두 책을 빌려 소매에 넣고 고향으로 돌아와 베껴 두고는 이어 그 책을 돌려보냈습니다. 겨우 1년쯤 익혔을 때 떠도는 비방이 매우 많았기 때문에 그 책을 혹 태워버리기도 하고 혹 물로 씻어버려 집에 두지 않았습니다."

"스승이 따로 있었느냐?"

"혼자 연구하고 학습했기 때문에, 원래 스승에게서 가르침을 받은 일도, 함께 배운 사람도 없습니다."

정민시가 또 물었다.

"그러면 위패는 왜 없애고, 제사는 왜 지내지 않는 것이냐?"

"천주를 큰 부모로 여기는 이상, 천주의 명을 따르지 않는 것은 결코 공경하고 높이는 뜻이 아닙니다. 그런데 사대부 집안의 목주木主(위패)는 천주교에서 금하는 것이니, 차라리 사대부에게 죄를 얻을지언정 천주에게 죄를 얻고 싶지는 않았습니다. 그래서 결국 집안에 땅을 파고 신주를 묻었습니다.

그리고 죽은 사람 앞에 술잔을 올리고 음식을 바치는 것도 천주교에서 금하는 것입니다. 서민들이 신주를 세우지 않는 것은 나라에서 금지한 바가 없고, 곤궁한 선비가 제향을 차리지 못하는 것도 막는 예법이 없습니다. 그래서 신주도 세우지 않고 제향도 차리지 않았던 것입니다. 이는 오로지 천주의 가르침을 따른 것일 뿐, 나라의 금법을 어긴 것은 아니라고 봅니다."

윤지충의 말을 들은 정민시는 이번엔 권상연에게 물었다.

"너는 윤지충과 어떤 관계냐?"

권상연이 대답했다.

"저는 윤지충과 내외종內外從 사이로 같은 마을에 살고 있습니다."

"너는 어떻게 천주학에 접했느냐?"

"《천주실의》와《칠극》을 몇 해 전 윤지충의 집에서 얻어 보았는데, 그때는 지충이 책을 태우거나 씻어버리기 전이었습니다."

"너도 제사를 폐지했느냐?"

"그렇습니다."

"너도 위패를 불태웠느냐?"

"그렇지 않습니다. 저는 위패를 훼손한 적은 없습니다."

정민시는 거기까지 듣고, 매 30대를 치게 한 뒤 다시 윤지충에게 물었다.

"너는 정녕 신주를 마당에 묻었느냐? 그렇다면 마당을 파면 신주를 찾을 수 있는 것이냐?"

그제야 윤지충은 말했다.

"양대의 신주는 태워버리고 그 재를 마당에 묻었습니다. 그래서 마당에 묻었다고 한 것입니다."

"그러면 모친의 신주는 어디 있느냐?"

"모친의 장례 때는 처음부터 신주를 세우지 않았습니다."

"소문에 네가 신도들을 늘렸다고 하는데, 사실이냐?"

"신도를 늘렸다는 말은 애매합니다. 천주학은 사람들이 스스로 터득하는 학문일 뿐, 애초부터 권하고 가르쳐서 할 수 있는 것이 아닙니다. 그래서 형제처럼 친한 경우에도 전해주지 못하는데, 어찌 신도를 늘렸겠습니까?"

그러자 정민시는 권상연에게 고개를 돌렸다.

"너는 정녕 신주에 전혀 손을 대지 않았느냐? 그렇다면 신주는 어디에 있느냐?"

권상연이 대답했다.

"저희 집의 신주를 애초에 땅에 묻으려 했으나, 이목이 번거로울까 두려워 남몰래 불태워버리고 그 재를 무덤 앞에 묻었습니다."

"천주학에 관한 책은 어디에 있느냐?"

"애초부터 윤지충에게 빌려 읽었을 뿐, 베낀 적이 없기에 감춰둔 것이 없습니다."

이후 문초를 마친 정민시는 그 내용을 정조에게 보고했다. 정조는 교지를 내려 천주교를 금지시켰다. 그리고 5일 뒤인 1791년 11월 13일(양력 12월 8일), 백성들이 지켜보는 가운데 전주 남문 밖(현재 전동성당 자리)에서 윤지충과 권상연은 참수형에 처해졌다.

그들은 천주교 신앙을 이유로 형률에 따라 직접 사형당한 최초의 순교자였다. 그들 이전에 역관 김범우가 체포되어 유배 중에 사망했지만 천주교 신앙 때문에 형벌로 사형된 것은 이들이 처음이었다. 이 사건은 '진산사건' 또는 '신해박해'로 불리며, 조선 최초의 천주교 박해 사건으로 기록되었다.

진산사건은 윤지충과 권상연의 사형으로 끝나지 않았다. 그들에게 천주교를 전한 인물로 지목된 권철신, 권일신, 이승훈 등도 체포되어 문초를 당했다. 이후 이승훈은 파직되었고, 권일신은 제주도로 유배되었다가 형문의 후유증으로 사망했다.

노론 벽파의 정적 제거 작업, 신유박해

진산사건이 윤지충과 권상연의 사형에 한정된 것은 당시 왕이었던 정조가 남인의 더 큰 희생을 막기 위해 사건의 확대를 저지했기 때문이었다. 덕분에 천주교는 진산사건 이후에도 암암리에 교세를 확장해 갔다.

그런데 1800년 6월 28일, 정조가 죽자 대왕대비 정순왕후가 주축이 된 노론 벽파가 득세하여 남인과 소론 중심의 시파에 대한 대대적인 탄압 정책을 실시하였다. 그 탄압의 방편으로 천주교에 대한 대대적인 색출 작업이 감행되었다.

1801년 1월 10일, 어린 순조를 대신해 수렴청정을 하고 있던 정순왕후 김씨는 천주교 금지령을 내렸고, 이로써 이른바 '죽음의 광풍'이라 불린 신유박해의 서막이 올랐다.

노론 벽파가 천주교 박해를 시작한 것은 정적 시파의 숨통을 끊기 위함이었다. 특히 남인이 그 첫 번째 표적이었다. 정조 대에 남인으로서 영의정까지 지낸 채제공에 이어, 남인의 영수로 지목된 이가환과 남인의 차세대 리더로 인식되던 정약용, 이승훈이 먼저 탄핵되었다. 이가환, 정약용, 이승훈에 이어 정약용의 형들인 약전과 약종을 비롯하여 이기양, 권철신, 오석충, 홍낙민, 김건순, 김백순 등이 차례로 투옥되었다.

노론 벽파는 이가환을 천주교도의 교주로, 이승훈을 천주교 서적을 들여와 조선에 전파한 장본인으로, 정약용을 그들과 한 무리가 되어 사악한 학문인 천주교의 뿌리가 된 인물로 지목했다.

의금부에 붙잡혀 온 이들을 추국한 위관은 이병모, 서정수, 이서구, 윤동만, 한용탁 등으로 모두 노론 벽파 일색이었다. 그들의 가혹한 고문 속에서 이가환은 자신이 천주교도가 아니라고 강력히 항변했지만 매질은 점점 더 심해졌다. 결국 그는 옥중에서 매를 이기지 못하고 죽고 말았다. 천주교의 중심이었던 권철신 역시 고문을 견디지 못해 옥사했다. 그 외에도 수많은 천주교 신자들이 옥중에서 죽어나갔다.

스스로 순교의 길을 택한 사람도 많았다. 특히 정약용의 형 정약종은 끝까지 신앙을 저버릴 수 없다고 당당히 진술하며 순교하였고, 천주교의 씨앗을 뿌린 최초의 영세자 이승훈도 정약종과 함께 사형당했다. 권철신의 외숙 홍교만 또한 신앙을 지키려다 순교했고, 정약종의 아들 정철상도 처형되었다. 끝까지 믿음을 버리지 않았던 홍낙민 역시 순교하였다.

그렇듯 천주교 신자들의 순교가 이어지는 가운데, 노론 벽파는 숨어 있던 청나라 신부 주문모를 체포하기 위해 혈안이 되었다. 의금부 금원들은 신자들을 고문해 마침내 주문모가 강완숙의 집에 은거하고 있음을 알아냈고, 강완숙을 잡아와 심문하였다. 강완숙의 여종 정임이 고문 끝에 주문모의 외형을 진술하자 추적이 본격화되었다.

그 무렵 주문모는 청나라로 돌아가기 위해 의주까지 갔다가 되돌아와 스스로 자수했다. 신자들을 버리고 홀로 달아나는 것이 천주의 뜻이 아니라고 판단했기 때문이다. 그는 순교를 결심했고, 극심한 고문 끝에 1801년 4월 19일, 한강 새남터에서 참형에 처해졌다. 이로써 그는 조선에서 순교한 최초의 외국인 신부로 남게 되었다. 이후에도 천주교 신자에 대한 박해는 멈추지 않았고, 결국 300명 넘는 신자들이 목숨을 잃었다.

신유박해로 가장 큰 정치적 타격을 입은 세력은 역시 남인이었다. 남인의 영수 이가환과 이기양이 고문을 이기지 못해 옥사했고, 정약용과 정약전 형제는 유배 길에 올랐으며, 여타의 남인들도 모두 정계에서 축출되거나 유배지로 보내졌다. 그야말로 남인은 천주교 색출과 단죄 과정에서 완전히 몰락하고 말았다.

이어지는 천주교도 박해사건과 병인박해

신유박해 이후에도 여러 차례에 걸쳐 천주교도 박해 사건이 이어졌다. 신유박해 이후 천주교도들은 깊은 산골로 피신하여 신앙생활을 지속했다. 그들은 마을을 이루고 자급자족하며 지냈는데, 1814년에 흉년이 크게 들자 지방관과 백성들이 경상도 청송의 노래산에 형성된 교인들의 마을을 습격하였다. 결국 40여 명의 천주교도가 체포되어 경주진영으로 끌려갔고, 그들 중 14명은 대구감영으로 이송되었다. 그 무렵 안동에서도 25명이 체포되어 13명이 대구감영으로 이송되었고, 영양에서도 6명이 체포되어 대구감영으로 이송되었다.

이렇듯 경상도 지역에서 천주교도들이 체포되고 있을 때, 강원도 원주에서도 비슷한 사태가 전개되었다. 이른바 을해박해(1815년)로 불리는 이 사건들에 의해 약 30여 명의 천주교도가 사형당했고, 여러 곳의 교인 마을이 사라졌다.

1827년에는 정해박해가 있었다. 이 사건은 전라도 곡성에서 시작되었다. 곡성의 한 교인 마을 내부에서 사소한 다툼 끝에 누군가가 천주교도를 밀고하였고, 그것은 곧 천주교도에 대한 박해로 이어졌다. 곡성에서 시작된 천주교도 검거는 이내 전라도 전역으로 확대되었고,

전라도 교인 일부가 전국 각지로 달아나자 천주교도 검거 열풍은 경상도, 충청도는 물론 서울까지 확대되었다. 그 결과 500여 명의 천주교도가 체포되고, 10여 명이 순교하였다.

1839년에는 기해박해가 있었는데, 이때는 프랑스 신부 3명과 118명의 신도가 순교하였다. 1846년의 병오박해 때는 조선인으로서 최초의 신부가 된 김대건이 체포되어 8명의 신자와 함께 처형되었다.

이렇듯 잇따른 천주교도 박해에도 불구하고 조선의 천주교도 수는 계속 불어났다. 특히 철종 재위 연간에는 천주교도에 대한 감시가 줄어들었기 때문에 전국의 천주교도 수는 어느덧 수만 명에 이르게 되었다.

고종이 즉위한 이후에도 천주교도에 대한 탄압은 그다지 심하지 않았다. 그러다 천주교 포교를 위해 조선에 파견된 프랑스 신부가 체포되면서 천주교도에 대한 대대적인 체포령이 떨어졌다. 《고종실록》은 그 내용을 고종 3년 1월 11일 기사에 다음과 같이 기록하고 있다.

좌변포도청과 우변포도청에서 아뢰었다.
"이달 9일 유시酉時에 수상한 놈을 체포하였는데, 키는 7~8척尺쯤 되었고 나이는 50여 세 정도 되었으며, 눈은 우묵하게 들어가고 콧마루는 높았는데, 우리나라 말도 잘하였습니다. 입은 옷을 보면 모포천으로 만든 두루마기를 걸쳤는데 그 안에는 양가죽을 댔으며, 무명 저고리에 무명 바지를 입었고, 우단羽緞으로 만든 쌍코신을 신었습니다. 엄히 조사하여 공초를 받았습니다.
공초에 따르면 그는 불랑국佛浪國(프랑스) 사람으로서 병진년(1856년)에 조선에 와서 홍봉주의 집에 거주해 있었습니다. 그리고 천주교를 전파하기 위하여 서울과 지방을 자주 왕래하였다고 합니다.

홍봉주의 공초에 따르면 양인洋人 장경일張敬一(베르뇌)과는 5~6년 간 함께 살았는데, 교우敎友가 얼마나 되는지는 모두 기억할 수 없다고 합니다.

함께 체포된 이선이의 공초에 따르면 대평동에 있는 장 주교張主敎(베르뇌)의 집 사랑채에서 3~4년 동안 살았는데, 왕래한 사람들에 대해서 비록 일일이 다 기억해낼 수는 없지만 이름은 알 수 없는 남승지南承旨(남종삼)라는 사람과 종종 만나 친하게 지냈다고 했습니다.

기해년(1839년)과 경자년(1840년)에 얼마나 엄하게 처단하고 징계하였습니까? 그런데 또 이렇게 사교邪敎를 제멋대로 퍼뜨리고 있으니 진실로 몹시 통탄할 노릇입니다. 세 놈을 신의 포도청에 엄히 가두고 다시 더 엄히 조사하겠습니다."

이에 하교하였다.

"다른 나라 사람이 우리나라를 드나드는데 어찌 우리나라 사람의 호응이 없었겠는가? 데려온 자초지종을 끝까지 엄히 조사하여 실정을 캐내도록 하라."

또 하교하였다.

"적발되어 붙잡힌 여러 놈들을 우선 포청에 가두고 남종삼을 잡아온 다음 함께 국문하라."

실록의 이 기록에 보이는 장경일은 프랑스 외방전교회 소속의 시메옹 프랑수아 베르뇌Siméon-François Berneux(1814. 5. 14~1866. 3. 7) 선교사였다.

이렇듯 베르뇌가 체포된 이후 대대적인 수색을 벌인 끝에 5명의 프랑스 신부가 더 체포되었다. 그리고 그들과 함께 있거나 모임을 한 신자들이 여러 명 체포되어 함께 목이 잘려 효수되었다.

그런 상황에서 프랑스 군대가 선교사들의 순교를 구실로 강화도에 침입하자, 천주교도에 대한 박해는 한층 심해졌다. 프랑스 군대는 강화도를 일시적으로 장악했다가 퇴각하면서 방화와 약탈을 자행하였고, 이에 분개한 조선 조정은 수천 명의 천주교도를 참수하였다.

이후 1868년에 독일 상인 오페르트와 프랑스 신부 페롱 등이 흥선대원군의 부친 남연군의 묘를 도굴하는 사건이 발생하자, 분노한 대원군은 또다시 대대적인 천주교도 체포령을 내려 수많은 신자를 죽였다. 이후에도 천주교도에 대한 박해는 1871년까지 지속되었고, 결국 병인박해로 인해 죽은 천주교도의 수는 8,000여 명에 이르게 되었다.

2장. 1866년

조대비의 수렴청정이 끝나고
고종의 친정이 시작되다

- 고종 3년(1866년) 2월 13일, 대왕대비가 시임 대신時任大臣(현직 대신)과 원임 대신原任大臣(전직 대신)을 소견하며 말했다.

  "내가 오늘을 기다린 지 오래다. 오늘 경들을 소견한 것은 장차 수렴청정을 거두려 하므로 경들에게 알리지 않을 수 없어 부른 것이다.

  후비后妃가 수렴청정을 하는 것은 나라에 있어 큰 불행이지만, 부득이한 사정 때문에 행한 것이다. 그런데 다행히 하늘과 조종祖宗이 은근히 도와준 덕택으로 주상主上의 나이가 혈기왕성한 때에 이르러 모든 정사를 능히 도맡아볼 수 있게 되었으니, 어찌 이처럼 경사스럽고 다행한 일이 있을 수 있겠는가? 수렴에서의 교유敎諭(가르치고 타이름)도 오늘로써 끝마치니, 여러 대신들은 반드시 우리 주상을 잘 보필하라."

  임금이 수렴 앞으로 나아가 아뢰었다.

"여러 차례 말씀을 올렸습니다. 신은 아직 나이가 어리고 식견도 얕으며 역량도 부족한데, 어떻게 나라의 복잡한 사무를 도맡아 다스릴 수 있겠습니까? 오늘 내리신 이 하교를 삼가 바라건대, 도로 거두소서."

이에 대왕대비가 하교하였다.

"대내大內에서 여러 번 말했지만, 다시는 사양하지 마라. 오직 바라건대 주상은 성군聖君이 되고, 여러 대신은 잘 도와주고 이끌어주도록 하라."

고종의 친정과 함께 대원군이 실권을 장악하다

조대비는 1866년 2월 13일에 수렴청정을 거두었다. 이는 고종이 열다섯 살이 되었기 때문이다. 어린 왕을 대신하여 수렴청정을 하던 대비는 왕이 열다섯 살이 되면 수렴을 거두는 것이 조선의 관례였다.

조선 역사에서 최초로 수렴청정을 한 인물은 세조의 왕비 정희왕후였다. 그녀는 세조가 죽고 예종이 열아홉 살에 왕위에 오르자 수렴청정을 하였고, 이어 성종이 열세 살에 즉위하자 역시 수렴청정을 하였다. 그녀는 이때 왕이 스무 살이 될 때까지 수렴청정을 하였는데, 이 때문에 조선에서 왕대비가 수렴청정을 하는 시기를 왕의 나이 스무 살까지로 인식하게 되었다.

정희왕후 이후로 수렴청정을 한 왕비는 중종의 왕비 문정왕후였다. 그는 열두 살에 왕위에 오른 명종이 스무 살이 될 때까지 8년 동안 섭정을 하였다.

▶ 서양식 차림의 고종 황제

이렇듯 정희왕후와 문정왕후 때만 하더라도 수렴청정은 왕의 나이가 스무 살이 될 때까지 지속되었다. 그러나 이러한 관례는 선조 대에 이르러 바뀌었다.

선조는 열여섯 살에 명종의 양자 신분으로 즉위했는데, 즉위 초에는 명종의 왕비 인순왕후 심씨가 수렴청정을 하였다. 하지만 인순왕후는 이듬해 바로 수렴을 거뒀고, 선조는 열일곱 살에 친정을 시작하였다. 당시 인순왕후가 수렴을 거둔 이유는 선조가 스스로 정사를 판단할 만큼 성장했다는 것이었다. 이렇듯 선조 때부터 왕이 섭정을 끝내고 친정을 시작하는 나이는 한층 어려졌다.

선조 이후 스무 살이 되기 전 어린 나이에 왕위에 오른 임금은 현종이었다. 현종은 열아홉 살에 왕위에 올랐는데, 수렴청정을 받지 않고 친정을 바로 시작하였다. 이미 선조가 열일곱 살에 친정을 했기 때문에 열아홉 살 현종이 친정을 하는 것은 당연시되었다.

현종이 15년 치세를 남기고 죽자, 그의 아들 숙종이 열네 살에 왕위에 올랐다. 따라서 그의 모후 명성왕후 김씨가 수렴청정을 해야 했지만, 당시 숙종이 어려도 매우 명민하고 정사 처리가 원활하여 즉위와 동시에 친정을 하였다. 이렇게 되면서 숙종 이후에는 열다섯 살 이하의 어린 나이라도 친정을 할 능력만 있다면 대비의 수렴청정을 받지 않게 되는 관례가 생겼다.

이후 영조 시절에는 영조가 너무 늙어 정사 처리가 힘겨워지자, 열다섯 살의 사도세자에게 대리청정을 시켰다. 말하자면 왕을 대신해 열다섯 살짜리 세자가 서무를 처리했던 것인데, 이때부터 열다섯 살 정도 되면 왕의 서무를 맡을 수 있다는 인식이 형성되었다.

이후 순조가 열한 살에 즉위했을 때 영조의 왕비 정순왕후가 수렴청정을 하였다. 그리고 정순왕후는 순조가 열다섯 되던 해에 수렴을 거두었다. 이때부터 왕이 열다섯 살이 되면 친정을 시작하는 관례가 확정되었다. 이후 여덟 살에 왕위에 오른 헌종이 열다섯 살에 친정을 함으로써, 열다섯 살에 친정을 하는 것이 관습으로 굳어졌다.

하지만 철종은 열아홉 살에 왕위에 올랐지만 왕실 제도와 법도에 대해 너무 몰랐기 때문에 3년 동안 대왕대비였던 순원왕후의 섭정을 받아야 했다. 말하자면 왕위에 오른 뒤 3년 동안 제왕수업을 받은 셈이었다. 이런 특별한 경우를 제외하곤 어린 나이에 왕위에 오르면 열다섯 살에 친정을 시작하는 것이 조선 왕실의 법도로 굳어졌다.

조대비가 고종이 열다섯 살 되던 때에 수렴청정을 거둔 것도 바로 이런 이유 때문이었다. 하지만 막상 친정을 시작했지만 고종은 형식상으로만 친정을 하는 상황이었다. 조대비가 공식적으로 섭정을 끝내자, 실권은 고종의 친부 흥선대원군이 장악했기 때문이다. 따라서 고종은 친정 이후에도 대원군이 실권을 놓은 1873년 말까지 제대로 된 친정을 하지 못했다. 말하자면 1866년 2월 13일은 고종의 친정이 시작된 날이 아니라 대원군 이하응의 섭정이 본격화된 날이었다.

여흥 민씨 자영을
왕비로 간택하다

- 고종 3년(1866년) 3월 6일, 중희당에서 삼간택을 행하고 대혼을 고 첨정 민치록의 딸로 정하였다.

  대왕대비가 빈청에 전교하였다.

  "대혼大婚을 첨정 민치록의 딸로 정하려 하는데, 경들의 생각은 어떠한가?"

  이에 영중추부사 정원용, 영돈녕부사 김좌근, 영의정 조두순, 판돈녕부사 이경재, 좌의정 김병학, 우의정 유후조가 아뢰었다.

  "삼가 자전의 하교를 받드니 실로 신령과 사람의 바람에 딱 들어맞습니다. 이는 종묘사직과 신민들의 무궁한 복이니, 신들은 기쁨에 겨워 경하드리는 정성을 금치 못하겠습니다."

  3월 9일에 인정전에서 납채례納采禮(혼인할 때 신랑 집에서 중매자를 통해 혼인을 청하면 신부 집에서 이를 받아들이는 의례)를 행하였고, 3월 11일에 인정전에서 납징례 納徵禮(사주단자의 교환이 끝난 뒤 정혼이 이루어진 증거로 신랑 집에서 신부 집으로 예물을 보내는 의례)를 행하였으며, 3월 20일에 인정전에서 책비례 冊妃禮(왕비를 책봉하는 의식)를, 3월 21일에 별궁에서 친영례 親迎禮(신랑이 신부의 집에 가서 신부를 데리고 신랑의 집으로 온 뒤 올리는 예식)를 행하였다.

3월 22일에 대왕대비, 왕대비, 대비가 왕비의 조현례 朝見禮(새로 간택된 비나 빈이 가례를 지낸 뒤 처음으로 부왕과 모후를 뵙는 예식)를 받았다.

대원군이 민자영을 왕비로 택한 이유

1866년 3월 6일, 민치록의 딸 민자영이 삼간택을 통해 왕비로 확정되고, 3월 20일에 책비례를 행함으로써 고종의 왕비가 되었다. 민자영을 고종의 왕비로 선택한 사람은 물론 흥선대원군 이하응이었다. 그렇다면 이하응은 왜 민자영을 고종의 왕비로 삼았던 것일까? 여기에는 그의 정치적 포석이 깔려 있었다.

사실, 고종이 왕위에 오를 당시 이하응은 안동 김씨 일문 중 다른 집안에서 왕비를 데려오기로 모종의 약속을 했다는 말이 전해지고 있다. 이 내용을 담고 있는 것은 황현의 《매천야록》인데, 그 내용은 다음과 같다.

철종이 승하하자, 대를 이을 아들이 없었다. 철종은 일찍이 지금의 임금인 고종에게 뜻을 두고 있었다. 그러한 까닭에 모든 장동 김씨들은 고종을 세우는 데 힘을 쓰고자 했다.

김흥근이 말하기를 "흥선군이 있으니 두 임금이 있는 것이나 다름이 없다. 두 임금을 섬길 수 있을 것인가? 차라리 흥선군을 구슬리는 것이 좋지 않겠는가?" 하였다.

김병학이 흥선군과 언약하고 자기의 딸을 왕후로 간택하게 하면 김씨 종친들이 무사할 것이라 하였다. 그러나 고종이 등위하고 흥선군이 대원군으로 존호를 높이자, 곧 김병학과의 약속을 어기고 민치록의 외동딸과 국혼을 정하니, 그가 곧 명성황후 민비이다.

왕후로 약속 받았던 김병학의 딸은 그 후 조신희에게 출가했다.

황현의 이 기록이 사실인지는 확인할 자료는 없으나, 고종의 즉위 과정에서 이하응이 안동 김씨들의 협력을 얻어야 했던 점을 감안하면 전혀 터무니없는 내용은 아니다.

어쨌든 이하응은 아들이 왕이 되자 안동 김씨와의 약속을 저버리고, 여흥 민씨 가문에서 왕비를 택했다. 여흥 민씨 가문은 이하응과 매우 인연이 깊은 집안이었다. 이하응의 어머니도 여흥 민씨였고, 아내 또한 여흥 민씨였기 때문이다. 따라서 이하응은 며느리를 외가이자 처가에서 구한 셈이었다.

더구나 사돈을 맺은 민치록은 그의 아내 민씨의 동생, 즉 처남 민승호의 양부였다. 민치록은 두 명의 부인을 두었는데, 첫 부인은 자식 없이 일찍 죽었고, 둘째 부인 이씨에게서 1남 3녀를 얻었으나 모두 어린 나이에 죽고 딸 자영만 살아남았다. 그래서 대를 이을 아들이 없어 민승호를 양자로 들였다. 따라서 이하응은 자신의 처남 민승호와 사돈 관계를 맺은 셈이 된다.

민승호는 이하응이 대원군이 된 뒤 가장 먼저 추천하여 요직에 앉힌 인물이었다. 즉, 민승호는 철저히 대원군 이하응의 세력에 속한 인물이었다. 따라서 민승호의 여동생을 왕비로 책봉한 것은 자신의 세력에서 왕비를 선택한 것이며, 후손이 왕이 될 경우 역시 자신의 세력을 유지할 수 있다는 뜻이 된다. 즉, 민자영의 왕비 책봉은 대원군 이하응이 향후에도 자신의 세력을 유지하기 위한 포석의 일환이었다.

대개 세간에서는 민자영을 왕비로 선택한 이유를, 그녀 주변에 특별한 세력이 없어 외척의 준동을 막기 위한 조치로 설명한다. 그러나 실제로는 이하응이 자기 외가이자 처가, 그리고 처남 집안인 삼중 관계의 여흥 민씨 가문에서 왕비를 택한 것으로, 이는 자신의 정치적 세력을 공고히 하기 위한 조치였다고 보아야 한다.

이를 반증하듯 대원군은 민자영의 의붓오빠이자 자신의 처남인 민승호를 이조 참의로 임명하고, 민승호의 동생이자 자신의 또 다른 처남인 민겸호를 과거에 합격시켜 예문관 부수찬에 임명하였다.

남편의 사랑을 받지 못하는 왕비

고종의 왕비가 된 민자영은 1851년 9월 25일, 여흥 민씨 민치록과 한산 이씨 사이에서 1남 3녀 중 막내딸로 태어났다. 민치록은 숙종의 계비였던 인현왕후의 아버지 민유중의 5대손이었다. 그는 민유중의 4대 장손인 이조판서 민기현의 외아들로 태어났다.

민치록은 어린 시절 노론 출신 학자 오희상에게서 학문을 익혔는데, 그 인연으로 그의 딸 오씨와 결혼하였다. 그러나 오씨는 자식을 낳지 못한 채 요절하였다. 이후 이규년의 딸 한산 이씨와 재혼하여 1

남 3녀를 얻었으나 불행히도 딸 하나만 제외하고 모두 죽었다. 그렇게 민치록의 자녀 중 유일하게 살아남은 자식이 민자영이었다.

여흥 민씨의 종손이었던 민치록은 음서로 벼슬을 얻어 능참봉, 덕천군수, 선혜청 낭청, 영주군수 등을 역임하다가 1858년에 병으로 세상을 떠났다. 때문에 민자영은 여덟 살 때부터 어머니 이씨의 편모 슬하에서 자라야 했다. 그나마 다행인 것은 민치록이 죽기 전에 양자를 들인 일이었다. 그의 집이 종가였기 때문에 친척 중 한 명을 양자로 들여야만 했고, 그래서 선택된 사람이 민승호였다. 민승호는 민치록의 10촌인 민치구의 차남이었다.

민승호가 민치록의 양자가 되어 그녀의 오빠로 입적된 것은 민자영으로서는 큰 행운이었다. 민승호는 철종에 이어 왕위에 오른 고종의 모후, 즉 흥선대원군의 부인 민씨의 친동생이었기 때문이다. 바로 이 인연으로 자영은 편모 슬하의 막내딸에서 일약 한 나라의 국모로 신분이 상승하는 행운을 잡게 되었다.

민자영은 입궐하여 1866년 3월에 고종과 결혼했다. 그때 고종은 왕위에 오른 지 4년째였고 나이는 열다섯 살이었다. 민자영은 한 살 많은 열여섯 살이었다. 당시 풍습으로는 신랑이든 신부든 한쪽만 열다섯 살이 넘으면 합방을 했기 때문에 두 사람은 초야를 치른 날 합혼례를 병행한 셈이었다.

이렇듯 민자영은 양자로 들어온 오빠 덕분에 왕비가 될 수 있었다. 그때까지만 해도 민자영은 자신 앞에 어떤 운명이 기다리고 있는지 전혀 알지 못했다. 그러나 초야를 치른 다음 날부터 그녀는 예상치 못한 상황에 놓였다.

어린 남편 고종이 초야를 치른 뒤로는 좀처럼 민자영을 찾지 않았던 것이다. 당시 고종이 문지방이 닳도록 드나든 곳은 영보당 이순아의 처소였다. 이순아는 고종이 궁궐에 들어오자마자 마음을 빼앗긴 여인이었다.

고종이 이순아를 처음 만났을 때 나이는 불과 열두 살이었다. 이때 궁녀였던 이순아는 스물한 살이었다. 고종은 대담하게도 어린 나이에 아홉 살이나 많은 연상의 여인을 흠모했다. 이제 막 사춘기에 든 소년이 성숙한 20대 여인에게 빠졌으니 헤어나기 쉽지 않은 상황이었다. 그런 상황에서 결혼했으니 고종이 민자영을 외면한 것은 어찌 보면 당연한 일일지도 몰랐다.

어쨌든 민자영은 다른 여인에게 마음을 빼앗긴 남편 고종 때문에 찬밥 신세를 면치 못하고 불안한 나날을 보내야 했다.

2장. 1866년

제너럴 셔먼호 사건이 발발하다

- 고종 3년(1866년) 7월 15일, 황해 감사 박승휘가 이양선이 송산리 앞바다에 정박하였다고 보고하였다.

무작정 조선 영토로 들어온 제너럴 셔먼호

고종 3년(1866년) 음력 7월 7일(양력 8월 16일), 대동강 하류 지역 황해도 황주 삼전방 송산리 앞바다에 이양선(서양배)이 나타났다. 이 배는 미국 상선으로, 미국 상인 프레스턴의 소유인 제너럴 셔먼호였다. 프레스턴은 톈진 주재 영국 회사 메도즈 상사로부터 비단과 유리그릇, 천리경, 자명종 등의 상품을 사서 셔먼호에 싣고 체푸항(옌타이)에서 무작정 조선 땅으로 향했다. 그리고 황해를 건너 평양까지 갈 목적으로 황주 앞바다에 다다른 것이었다.

다음날 황주목사 정대식이 프레스턴 일행을 만났다. 명백한 불법 침입이었지만 셔먼호 선주 프레스턴과 선장 페이지는 당당했다. 비록 상선이기는 했지만 셔먼호는 대포 2문을 갖추고 있었고, 승선자들은 모두 총으로 중무장한 상태였다. 여차하면 무력으로라도 조선에 물품을 팔아보겠다는 심산이었다.

황주목사 정대식은 그들에게 매우 온건한 태도를 보이며, 조선을 방문한 목적과 그들이 필요로 하는 사항을 알아내 황해 감사에게 보고했다. 또한 그들이 요구한 쌀과 소고기, 채소 등의 생필품을 주기도 하였다. 이후 그들은 곧장 대동강을 타고 평양으로 향했고, 사흘 후인 음력 7월 11일에 평양에 도착하였다. 이후 수일 동안 대동강에 정박하며 통상을 요구하였다. 불법적으로 영해를 침범한 것도 모자라 내륙까지 들어와 통상을 요구하는 어처구니없는 일이 벌어진 것이다.

셔먼호 이전에도 미국 상선이 조선과 접촉한 일은 여러 차례 있었다. 1853년에는 사우스 아메리카호가 일본으로 항해하다 길을 잘못 들어 부산항에 열흘간 머문 것을 시작으로, 1855년·1865년·1866년에도 한 차례씩 미국 상선이 조선과 접촉하였다. 그때마다 조선은 미국 선원들을 따뜻하게 대우하며 도움을 주었다. 심지어 난파된 상선에서 살아남은 선원들을 잘 대접한 후 본국으로 보내주기 위해 청나라에 인도하기도 했다. 따라서 셔먼호가 나타나기 이전까지 조선은 미국 상선에 적대적인 태도를 취한 적이 없었다.

사실 미국도 한때 조선을 강제로 개항시키려는 계획을 세운 적이 있었다. 1844년에 청나라와 왕샤조약望廈條約, Treaty of Wangxia을 맺고 불평등한 통상을 개시했을 무렵, 미국 의회는 조선도 개방시켜야 한다는 안건을 마련했었다. 그러나 조선을 개방하는 것이 미국에 실질적인 이익이 되지 않는다는 이유로 보류하였다. 이후 미국은 조선에 대해 개방 압력을 넣은 적이 없었다. 그런데 프레스턴은 아무런 법적 근거 없이 무작정 조선 땅으로 밀고 들어온 것이다.

프레스턴이 그토록 무작정 평양까지 들어온 데에는 나름대로 믿는 구석이 있었다. 당시 항간에는 프랑스가 함대를 이끌고 쳐들어올 것이라는 소문이 파다했다. 그해 봄에 벌어진 병인박해로 프랑스 신부 9명이 처형되었고, 그 소식을 접한 프랑스 공사관은 조선 정벌을 선언한 상태였다. 이러한 프랑스 공사관의 태도는 청나라를 통해 조선에 전해졌고, 이내 조정에서 흘러나온 '프랑스군의 조선 정벌설'은 공공연한 사실로 인식되고 있었다.

그 때문에 조선 백성들이 겁을 잔뜩 먹고 있는 상태였다. 프레스턴은 이런 상황에서 조선이 자신들을 함부로 공격하지 못할 것이라 판단했다. 만약 이번에 자신들까지 공격한다면 프랑스뿐 아니라 미국까지 군대를 이끌고 올 수 있다고 겁만 줘도 조선 조정은 벌벌 떨 것이라 여긴 것이다.

하지만 당시 조선 조정은 프랑스가 함대를 이끌고 쳐들어올지도 모른다는 불안감 때문에 연안에 출몰하는 이양선에 대한 감시를 더욱 강화하고 있었다. 또한 이양선과 접촉하는 조선 백성들을 엄하게 단속하고, 만약 이양선과 접촉하다 발각되면 그 자리에서 목을 베어 효수하라는 특명까지 내린 상태였다.

셔먼호가 황주를 떠나 평양 영내인 대동강에 정박해 있던 1866년 7월 10일, 의정부에서 대원군에게 올린 다음 의견은 당시 조선 조정의 이양선에 대한 태도를 명확히 보여준다.

이양선이 내양內洋에 출몰하는 것만도 이미 놀랄 만한 일인데, 양서兩西 연안의 포구에 제멋대로 왕래하는 것은 또 근래에 없던 일입니다. 해안 방어가 허술한 데 대해서는 진실로 말할 것도 없겠으나, 이러한 때에 단속하는 방도를 허술하고 느슨하게 해서는 더욱 안되겠습니다.

연해의 각 고을과 진영에서 주의하여 관찰하고 파수把守하는 등의 일을 각별히 명령하여 혹시라도 안일함을 꾀해 헛되이 세월만 보내는 일이 없도록 해야 하겠습니다. 지금 이렇게 해선들이 동에 번쩍 서에 번쩍 나타나는 판국에 우리나라 사람이 화응하는 자가 없을런지 어찌 알겠습니까? 무릇 행동거지가 수상한 무리를 엄하게 기찰하고, 만약 현장에서 붙잡힌 자가 있으면 공초를 받은 뒤 즉시 그 자리에서 효수하여 대중을 경계시키라는 뜻을 각 도의 수장에게 똑같이 명령하는 것이 어떻겠습니까?

대원군은 이 건의를 받아들여 이양선의 영해 침입을 철저히 단속하고 강하게 대응하도록 명령했다.

사실, 당시 조선을 찾은 서양 선박은 셔먼호뿐만 아니었다. 7월 10일에는 강화도 교동도 근처에 영국 상선이 나타나 교역을 요구하다가 뜻대로 되지 않자, 무작정 강화도 월곶진에 정박하며 서울로 가서 통상하게 해달라고 떼를 쓰고 있었다. 또 7월 14일에는 평안도 연안에 이양선 6척이 동시에 나타나 조선 백성들을 두려움에 떨게 했다. 셔먼호는 그런 상황에서 평양까지 들어와 무역을 허락해 달라며 요구했으니, 조선 조정으로서도 난감한 일이 아닐 수 없었다.

셔먼호에 대한 황주목사 정대식의 보고서

당시 셔먼호와 황주목사 정대식이 접촉하여 대화를 나눈 상황은 《고종실록》 고종 3년 7월 15일 기사에, 황해감사 박승휘가 올린 장계에 다음과 같이 상세하게 기록되어 있다.

황주목 삼전방 밖에 있는 송산리 앞바다에 이양선이 와서 정박하였습니다. 8일 인시寅時(새벽 3시~5시)쯤 곧 이양선이 정박하고 있는 곳까지 가서 형리 이기로와 병영 관리 신몽신 등으로 하여금 우선 지방관이 사정을 묻는 이유를 전하게 하였더니, 와서 만나보겠다고 대답하였습니다. 그래서 그들의 배 가까운 곳에 우리 배를 정박시켰습니다.

그러자 그쪽 사람들 수십 명이 각기 총칼을 지니고 뱃머리에 정렬해 선 다음, 비로소 배에 오르는 것을 허락하였습니다. 그들 4명은 혹 기대어 앉거나 혹은 배의 고물에 앉은 후 우리더러 함께 앉자고 하였습니다.

그 후 우리가 글로 써서 어느 나라 사람이며 무슨 일로 여기까지 왔느냐고 물었더니, 서면으로 대답하기를 "우리들은 서양의 세 나라 사람들입니다. 윗자리에 앉은 토마스Thomas, Robert Jermain(최난헌), 호가스는 영국 사람이며, 프레스턴은 미국 사람이고, 페이지는 덴마크 사람이다."라고 하였습니다.

거의 모두 움푹 들어간 눈, 높이 솟은 콧마루, 파란 눈, 노란 머리카락을 지니고 있어 확실히 서양인임을 의심할 바 없었습니다. 그런데 토마스라는 사람은 중국말을 잘할 뿐 아니라 우리나라 말도 조금 알고 있었는데, 알아들을 수 있는 말도 있고 없는 말도 있어서 의사소통은 전적으로 이팔행이라는 사람에게 맡겼습니다. 그는 배 안의 일을 모두 주관하였습니다.

이팔행과 조반량은 중국인들로서 영국인이 데려다가 자기 막료로 삼은 사람들이었으며, 나머지 24명은 태국인 혹은 광동 상해현 사람들로 길 안내·품팔이·뱃일을 하는 자들이라 하였고 모두 종복이라 하였습니다. 그들의 이름을 물으니 "우리 배 안의 일과 관계되는 것이지 당신들과는 관계가 없다."고 하였습니다.

덴마크의 위치를 물으니 "서양에 있으며 두 나라와의 거리는 1,500리이다. 세 나라 사람들은 다같이 장사를 하고 있으며, 이번 7월 1일 산동에서 출발하여 백령도, 초도곶, 석도를 거쳐 방향을 바꾸어 평양으로 가는 길이다. 우리 배는 모양은 전선 같지만 실은 통상을 하려는 것이다. 귀국의 종이·쌀·금·삼蔘·초피貂皮 등의 물품을 우리가 가져온 양포洋布·기명器皿 등과 바꾸면 서로 해롭다는 생각은 없을 것이다. 물품 교환이 끝나면 곧 평양에서부터 뱃머리를 돌리겠지만, 그렇지 않으면 비록 서울로 가더라도 통상한 뒤에야 돌아가겠다."라고 하였습니다.

그래서 묻기를 "이미 평양에 가서 통상하겠다고 하였는데, 거기에 가면 우리나라 사람으로서 호응하여 교역하는 자가 있는가?" 하니, "없다"라고 대답하였습니다.

그래서 또 말하기를 "먼바다에 와서 정박한다면 혹 이상한 일이 아니라고 받아들일 수도 있겠지만 당신들은 남의 나라 앞바다에까지 넘어왔다. 우리나라에서는 본래부터 국법으로 금지되어있는 만큼 앞으로 전진할 수 없다." 하였더니, "누가 감히 우리를 막겠는가? 우리는 곧바로 가려고 한다. 만약 서풍을 만나면 바람을 따라 곧 떠나겠다."고 하였습니다.

"너희들의 배에 함께 온 사람들이 있는지 알고 싶다."고 하니, "이 문제에 대해서는 우리가 자세히 말해줄 수 없으며, 또한 이는 우리들의 문제가 아니라 바로 나랏일과 관계되는 문제이다."라고 하면서 더는 대답하지 않았습니다.

배의 모양과 규격을 보면, 안은 하얗게 칠하고 밖은 검게 칠하였는데, 그 위에 옻칠하듯 기름을 발랐으며 위에는 흰 가루가 있었습니다. 사면을 판자로 만든 집이 두 칸 있었는데, 한 곳은 관인官人들이 거주하고 한 곳은 종복들이 거주하였습니다. 각각의 판옥 벽면에는 창문이 있었는데 모두 유리가 끼워져 있었습니다. 두 개의 돛대는 모두 소나무로 만들었고, 잘 다듬은 뒤 기름칠을 하였으며, 배 위에는 백양목의 네모진 깃발을 달았고, 돛은 흰색의 올이 굵은 서양 비단으로 만들었습니다.

좌우의 두 켠에 각각 대포 1문씩을 설치하였으며, 수레와 나무 바퀴 위에 철통을 놓았는데 윗부분은 좁고 밑이 넓었습니다. 세 차례 시범적으로 쏘아보였는데, 그 소리가 마치 요란한 천둥이 치는 것 같아 사람들을 몹시 놀라게 하였습니다.

이 밖에 또한 밤에 순찰할 때 메는 장총이 세 자루 있었는데, 총구 끝에 1척쯤 되는 칼이 꽂혀 있었습니다. 조총은 차고 다니는 작은 것과 메고 다니는 큰 것 등 셀 수 없이 많았습니다. 환도環刀는 서양인 4명이 각각 한 자루씩 찼는데, 모두 번쩍번쩍 빛났습니다.

방 안에는 책과 그림책, 금琴과 종鐘, 고약膏藥 등 잡다한 물건들이 펼쳐져 있었는데, 한 번에 다 기억할 수 없었습니다.

그리고 종복들이 거처하는 방을 보려 하자, "예의상 볼 필요가 없다"며 막고 보여주지 않았습니다. 배 밑에는 작은 배를 매어 놓았는데, 우리나라의 고깃배 모양이었으며 푸른색이었습니다. 거기에 실은 물품들은 양목洋木 등 무역할 물품들이라고 말하였으나, 배 안은 보지 못하게 하여 물품의 실태와 수량은 분명히 알 수 없었습니다.

그런데 서로 말을 주고받을 때 갑자기 "청하건대 당신들이 사람을 보내 쌀, 소고기, 닭, 채소, 땔나무 등의 물품을 준다면 양포로 답례하겠다."라고 글로 써서 주었습니다. 만약 중국인이나 각국 사람들이 표류하다가 우리나라에 다다른 경우라면 으레 객관에 데려다 양식을 제공하겠지만 서양인들이 함부로 우리나라 앞바다에까지 넘어온 것은 뜻밖의 일이었고, 아랫사람으로서 마음대로 처리하기 어려운 일이었습니다. 그래서 대답하기를 "이처럼 외진 마을에서 갑자기 그런 물품을 마련하기는 어렵고, 또 순풍을 기다려 곧장 출발한다는 것도 시행하기 어렵다."고 하였습니다.

그러자 토마스는 화난 얼굴빛으로 "집어치우시오. 집어치우시오. 당신들이 만약 주려는 생각만 있다면, 우리 배가 비록 간다고 해도 또한 당신네 나라 땅 가까운 곳이며, 강을 따라가는 것도 어렵지 않으니 어찌 이곳이냐 저곳이냐에 구애받겠는가?"라고 하면서 필담을 나누던 종잇장을 접어 품속에 넣고는 떠나자고 재촉하였습니다.

그래서 어쩔 수 없이 떠나는 배에서 곧 마련해 보내겠다고 대답하였더니, 화를 풀고 기뻐하면서 필담을 나누던 종잇장을 꺼내주고는 다시 "물품을 보내주면 틀림없이 답례하겠다."고 말하였습니다. 그래서 꼭 답례할 것까지는 없다고 말하고, 쌀 1석, 소고기 30근, 달걀 60알, 채소 20묶음, 땔나무 20단을 마련해 들여보냈습니다.

그들의 배가 떠나기 전에 앞질러 돌아오기 어렵겠다 싶어 나루터 근처에 머물러 있으면서 그들의 동정을 살폈습니다. 서양인들의 이름, 연령, 거주지, 옷차림과 배의 크기, 여러 가지 기계와 물건들에 대하여 모두 적어 문서로 만들어 올려보냅니다.

배에 올라 말을 나누느라 시간이 지체되어 글로 보고하는 것이 날짜를 넘기게 되었으니 황송함을 금할 수 없습니다.

그날(음력 7월 8일) 신시에 그들의 배가 평양으로 떠났습니다. 가는 뱃길에 수리首吏(이방)로 하여금 쌀과 고기 등 물품을 배에 싣고, 그들이 정박해 있는 곳까지 따라가게 하여 물품을 제공하도록 신칙했습니다.

평양 만경대 앞에 정박한 셔먼호

셔먼호는 음력 7월 11일(양력 8월 20일)에 평양에 도착하여 평양 경내 초리방 사포구에 정박하였다. 평양 서윤 신태정이 이에 대한 보고를 받고 급히 사포구로 갔더니, 그때 셔먼호는 이미 평양부 신장 포구로 옮겨 간 상태였다. 신태정이 다시 신장 포구에 도착했을 때는 이미 늦은 밤이었다.

다음날 아침 9시쯤 신태정이 셔먼호에 다가가 들어온 목적을 물었더니, 그들은 무역 외에 다른 의도는 없다고 대답했다. 이에 신태정은 서양과의 무역은 법으로 엄하게 금지되어 있으므로 지방관이 마음대로 허가할 사안이 아니라고 답했다. 이후 신태정과 셔먼호 측의 통역을 맡은 토머스 사이에 대화가 이어졌는데, 그 내용은 《고종실록》

에 다음과 같이 기록되어 있다.

    그랬더니 토머스가 말하기를, "귀국은 무엇 때문에 천주교인들을 쫓아내는가? 지금 우리 예수교耶蘇聖敎는 천도天道를 체험하고 인심人心을 바르게 하여 나쁜 풍속을 교화시키기 때문에 인의충효仁義忠孝가 모두 갖추어져 있다."라고 하였습니다.
    그래서 "이 두 가지 종교는 모두 우리나라에서 법으로 금하고 있기 때문에 백성들이 감히 마음대로 익히지 못한다."고 대답해 주었습니다.
    그는 또 말하기를, "프랑스의 큰 배는 이미 수도에 갔는데, 우리 배만은 그렇게 하지 못하고 있습니다."라고 하므로 대답하기를, "큰 배가 수도에 갔다고 말하는 의도를 알 수 없습니다. 언제쯤 철수할 겁니까?"라고 하니, 머리를 끄덕이기만 하고 대답하지 않았습니다.
    또 황주에서 얻은 식량과 찬거리로 겨우 며칠간 버텼으니, 쌀과 고기, 계란과 시목柴木(땔나무) 등을 도와주기를 원한다고 했습니다. 멀리 떨어진 나라 사람들을 너그럽게 대하는 도리로는 냉담할 수 없어 쌀과 고기 등의 물건을 공급해 주었습니다.

    이 대화에서 드러나듯 토머스는 은근히 프랑스 선교사들의 참수 문제를 끄집어내 신태정에게 두려움을 주려 했음을 알 수 있다. 또한 "프랑스의 큰 배들이 수도를 향해 갔다"고 말함으로써 프랑스의 조선 정벌을 기정사실화하고 있었음도 드러난다. 그러면서 식량과 생필품을 요구하여 받아냈다.
    그리고 오후 다섯 시쯤, 셔먼호 선원들은 수심을 측정한 뒤 다음 날 새벽에 만경대 아래 두로도라는 섬에 정박했다. 불법적으로 침입한 것도 모자라 식량을 요구하고 마음대로 남의 영토를 휘젓고 다닌 것이다. 그럼에도 조선 관리들은 그들을 함부로 대하지 않았다. 자칫 성급하게 몰아냈다가 외교적 문제가 발생할 것을 염려했기 때문이다.

셔먼호 선원들과 평양 관민들의 충돌

셔먼호 선원들이 마음대로 수심을 측정하는 것을 방치해 둘 수 없었기 때문에, 셔먼호 선원 6명이 보트를 타고 수심을 측정하는 동안 평양 순영 중군 이현익이 시종 유순원과 심부름꾼 박치영과 함께 작은 배를 타고 그들 뒤를 따라다녔다. 그러자 셔먼호 선원들이 갑자기 이현익의 배를 끌고 가 조선인 세 사람을 셔먼호에 억류하는 사태가 벌어졌다.

이 소식을 듣고 서윤 신태정이 밤새도록 그들을 설득하며 이현익을 풀어줄 것을 요청했으나, 셔먼호 측은 끝내 이현익을 돌려보내지 않았다. 심지어 대포와 총을 쏘아대며 평양 백성들을 위협하기까지 했다. 이에 평양 백성들이 강변에 모여 이현익을 돌려달라며 항의하기 시작했다. 그리고 급기야 돌을 던지고 활과 조총을 쏘며 그들을 공격했다. 당시 상황을 평양 감사 박규수는 이렇게 보고했다.

> 그날 사시巳時(오전 10시경)쯤 그들의 배가 또 출발하여 상류로 거슬러 올라가면서 대완구大碗口와 조총을 마구 쏘아댔으며, 황강정 앞에 이르러 그곳에 정박하였습니다.
> 그 후 그들 5명은 작은 푸른빛 배를 타고 물의 깊이를 탐지하기 위

하여 오탄烏灘 일대를 거슬러 올라갔는데, 온 성안의 백성들이 강변에 모여들어 우리 중군을 돌려보내 달라고 소리 높여 외쳤습니다. 그들이 성안에 들어가서 분명히 알려주겠다고 하자, 모든 사람들이 분함을 참지 못하고 돌을 마구 던졌으며, 장교와 나졸들이 혹 활을 쏘아대기도 하고 혹은 총을 쏘아대기도 하며 여러 모로 위세를 보였습니다.
그러자 그들은 도망쳐 돌아갔으며, 그 큰 배는 이에 양각도 하단으로 물러가 정박하였습니다.

이후에도 이현익 일행을 돌려보내지 않자, 퇴역 장교 출신인 박춘권이 수하들과 함께 배를 타고 셔먼호에 돌진하여 이현익을 구출해 돌아왔다. 그러나 이현익의 시종 유순원과 통인 박치영은 셔먼호 선원들에 의해 강물에 던져져 생사를 알 수 없게 되었다.

불타는 셔먼호

이렇듯 셔먼호 선원들의 무모한 행동이 계속되는 가운데 점차 대동강의 수심이 얕아지면서 셔먼호는 양각도 서쪽 모래톱에 걸려 움직일 수 없는 사태에 직면했다. 사실 셔먼호가 대동강을 타고 올라올 당시에는 장마로 인해 수위가 높아진 상태였는데, 며칠 뒤 수위가 원상태로 돌아가자 졸지에 모래톱에 좌초된 것이다.
상황이 이렇게 되자 셔먼호 선원들은 불안감에 휩싸인 나머지 평양 시가지를 향해 대포를 발사하고 마구잡이로 총질을 해댔다. 그 바람에 평양 백성 7명이 죽고 5명이 다치는 사태가 벌어졌다. 그러자 평안 감사 박규수는 셔먼호를 공격해 소멸시키기로 결정하고 조정에 다음과 같은 장계를 올렸다.

"평양 방수성에 정박한 이양선이 상선을 약탈하며 총을 쏘아 대는 통에 우리 사람 7인人이 피살되었고, 부상자 또한 5인이나 되었습니다. 감영과 평양부에 명령을 내려 그때그때의 상황에 따라 대처하게 하여 곧 소멸시키겠습니다."

조정에서도 박규수의 의견에 동의하고, 상황에 따라 알아서 조치해 무찔러 없애도록 결정했다. 이에 박규수는 마침내 음력 7월 21일(양력 8월 30일)에 화공으로 셔먼호를 불태워 버렸다. 박규수는 이 과정을 다음과 같이 보고했다.

"평양부에 와서 정박한 이양선에서 더욱 미쳐 날뛰며 포를 쏘고 총을 쏘아 대어 우리 쪽 사람들을 살해하였습니다. 그들을 제압하고 이기는 방책으로는 화공 전술보다 더 좋은 것이 없으므로 일제히 불을 질러 그 불길이 저들의 배에 번져 가게 하였습니다. 그러나 저쪽 사람들인 토마스와 조능봉이 뱃머리로 뛰어나와 목숨을 살려 달라고 청하므로 즉시 사로잡아 묶어 강안으로 데려왔습니다.
이것을 본 군민軍民들이 울분을 참지 못해 일제히 모여들어 그들을 때려죽였으며, 나머지 사람들도 남김없이 죽였습니다. 그제야 온 성안의 소요가 비로소 진정될 수 있었습니다. 겸중군兼中軍인 철산부사 백낙연과 평양 서윤 신태정은 직접 총포탄이 쏟아지는 위험을 무릅쓰고 마음과 힘을 다해 싸워 결국 적을 소멸시켰으니 모두 그들의 공로라 할 만합니다. 포상의 특전을 베푸심이 어떻겠습니까?"

셔먼호를 공격할 당시 박규수는 포격을 가한 뒤 대동강 물에 식용유를 풀었다. 또 여러 척의 작은 배에 기름을 끼얹고 섶을 가득 실어 불을 붙인 뒤 셔먼호에 부딪치게 하는 방법으로 불을 붙였는데, 이때 셔먼호에 타고 있던 승무원들은 불에 타 죽거나 물에 빠져 죽었다고 한다.

하지만 이것으로 셔먼호 사건이 완전히 종결된 것은 아니었다. 사건 발생 후 미국은 셔먼호 사건의 진상을 조사하기 위해 두 차례 탐문을 실시했고, 결국 5년 후인 1871년에 조선을 응징하기 위해 해병대를 파견하게 된다.

2장. 1866년

프랑스 군대가
침략하다

- 고종 3년 9월 10일에 영종 첨사 심영규가 이양선의 상황을 보고하다.

  영종 첨사 심영규沈永奎가 보고하였다.

  "이달 9일 사시경巳時頃(오전 10시경)에 저 배 중에서 종선 2척이 물치도 앞바다로부터 신의영神義營 경내로 들어왔기에 군교軍校를 거느리고 곧 그들의 배 옆까지 갔더니, 그자들이 일제히 총을 쏘아대며 포악한 행동을 하려 하였습니다. 그들 중 한 놈이 먼저 글로 써서 보여주었는데 '너희들은 우리를 무서워하지 말라. 너희들을 해치지 않는다.'라고 하였습니다. 묻기를 '너희들은 어느 나라 사람이며 이름은 무엇이고 나이는 몇 살인가?'하니, 대답하기를 '청나라 사람이고 성은 서가徐哥, 이름은 복창이며 나이는 열여섯 살이다.'라고 하였습니다. 또 묻기를 '당신들은 모두 어느 나라 사람이며 선주의 성명은 무엇인가?'하니, 대답하기를 '프랑스 사람이다. 선주의 성명은 모른다.'라고 하였습니다."

조선 정벌을 선언하는 프랑스 공사관

병인박해의 소용돌이 속에서 프랑스 신부 중 페롱, 칼레, 리델 등 세 사람만 가까스로 살아남았는데, 그들은 조선 신자의 집에 숨어 지내다가 한 사람이 청국으로 가서 조선 조정에 의한 신부 학살 소식을 프랑스 공사관에 알리기로 결정했다. 그래서 리델 신부가 세 명의 조선인 신자들과 함께 중국으로 탈출하여 주중 프랑스 함대 사령관 로즈에게 달려갔다.

리델 신부는 로즈 사령관에게 조선에 파견됐던 프랑스 신부 12명 중 9명이 조선 군대에 의해 체포되어 참수형에 처해졌다며, 이에 대한 보복 전쟁을 감행해야 한다고 주장했다. 그는 프랑스 함대가 조선 연안에 나타나면 조선의 신도들이 봉기를 일으켜 호응할 것이라고 말하기도 했다. 또한 리델 신부와 함께 로즈를 방문한 조선인 신자들도 프랑스가 군대를 동원하여 조선의 천주교인들을 억압에서 벗어나게 해줄 것을 요청했다.

리델 신부의 이런 요청은 곧 북경의 프랑스 공사관에 전달되었고, 당시 프랑스 대리공사를 맡고 있던 베로네는 청나라 총리아문의 수장 혁흔에게 서한을 보내 조선 정벌을 천명했다. 이 서한에서 베로네는 다음과 같이 말했다.

"우리는 소왕국 조선에서 저질러진 끔찍한 폭행 사건을 전하게 된 것을 유감으로 생각한다. 프랑스 황제 폐하는 이 같은 잔인한 폭행을 묵인하지 않을 것이다. 조선 국왕이 우리 프랑스인을 체포한 바로 그날 그의 치세가 끝나게 될 것이다. 수일 내 우리 군대가 조선을 정복하기 위해 진군할 것이다. 이제 우리 황제 폐하만이 조선의 장래와 공석이 될 조선 왕위를 결정할 수 있는 권한을 갖게 될 것이다."

이 서한에서 베로네는 조선이 청나라의 속국이기 때문에, 조선이 프랑스 신부들을 학살한 것에 대해 청나라도 책임이 있다며 청나라를 몰아세웠다. 그러나 청나라 조정은 조선이 청의 속국인 것은 맞지만 예로부터 내정과 외교는 독자적으로 해왔기 때문에 이번 사태에 청나라가 개입할 여지는 없다고 답변했다. 따라서 청나라는 조선에서 어떤 일이 벌어지더라도 청과는 무관하다고 주장했던 것이다.

하지만 청나라 조정은 프랑스가 신부들의 죽음에 대한 보복전을 벌일 것이라는 점을 조선 조정에 통보했다. 청나라가 조선에 보내온 글의 내용은 다음과 같았다.

> 전에 프랑스 공사公使가 여러 차례 전교사傳敎士들이 조선에 나갈 수 있도록 호조護照(신분증명서) 발급을 청하였는데, 총리아문에서 종교를 전하는 것은 조선에서 원하는 바가 아니므로 호조를 발급하기가 곤란하다고 하였다.
> 그런데 다시 프랑스 공사가 보내온 공문서에 의하면, 고려 국왕이 프랑스의 주교 두 사람 및 전교사 아홉 사람과 조선의 남녀노소 신자들을 모두 살해하였기 때문에 장수에게 군사를 일으키도록 명하여 며칠 안으로 일제히 소집할 것이라고 하였다.
> 중국이 이미 이 일을 알았으니 중간에서 해명해 주지 않을 수 없는데, 과연 전교사들을 살해한 사실이 있다고 하면 먼저 이치에 의거

하여 조사할 것이요, 갑자기 병란의 단서를 만들 필요가 없을 듯하다. 그러므로 이러한 사실을 귀국에 알려 심사숙고하여 처리하게 하고자 한다.

이에 대해 조선 조정은 다음과 같이 답했다.

우리나라에서 작년 겨울부터 흉악한 무리와 도둑의 부류들이 무리를 지어 결탁하고 몰래 반역 음모를 꾸미고 있었는데, 마침내 체포해 보니 다른 나라 사람 8명이나 끼어 있었습니다. 이들이 어느 곳으로 국경을 넘어 들어왔는지는 알 수 없었으나 옷차림과 말하는 것은 동국東國 사람과 다름이 없었습니다. 심지어 간사스러운 여자로 가장하고 자취를 숨기기까지 하였으니, 그들이 우리나라 경내에 오랫동안 있었음을 미루어 짐작할 수 있습니다. 설령 교리를 전파하고 익히게 하려 했다 하더라도 어찌 이렇게 비밀리에 하였겠습니까?
다른 나라 사람이 우리나라에 표류하여 온 경우에는 모두 보호해주고 돌려보내 주지만 공적인 증거 문건 없이 몰래 국경을 넘어온 자들의 경우에는 모두 사형에 처한다는 것이 원래 금석金石과 같은 성헌成憲에 있으므로 이에 나란히 해당 법률을 적용했던 것입니다.
가령 우리나라 사람이 몰래 다른 나라에 들어가 부당하게 법을 위반하면서 그릇된 일을 선동하여 그 나라 백성과 그 나라가 피해를 입었다면 다른 나라에서도 반드시 남김없이 모두 사형에 처할 것입니다. 그러니 우리나라에서도 마땅히 그에 대하여 한 터럭만큼이라도 유감스럽게 생각하지 않는 것입니다. 나라의 변경을 튼튼히 하고 나라의 금법을 엄격히 하는 것은 어느 나라나 모두 그러합니다.

우리나라와 프랑스는 넓고 큰 바다로 막혀 있어 서계書契(외교문서)를 서로 통하지도 못하는데 무슨 오래전부터 원망을 가진 일이 있다고 온전히 돌려보낼 방도를 생각하지 않고서 이와 같이 사형에 처하는 조치를 취하겠습니까? 이번에 프랑스에서 주장한 말은 미처 생각해 보지도 못한 문제입니다.

즉, 외국에서 몰래 들어온 자들이 있어 국법에 따라 처단했으나, 그들은 차림새나 외형이 동양인이었기 때문에 종교를 전파하기 위해 온 프랑스인이라고는 생각하지 못했다는 것이었다.

프랑스 공사관은 이런 조선 조정의 변명을 들을 필요도 없다고 판단하고, 로즈 함대로 하여금 조선을 공격하도록 했다. 당시 프랑스는 어떻게 해서든 조선의 문호를 개방하여 통상조약을 맺고자 했다. 이를 위해 1846년과 1847년에 두 차례에 걸쳐 조선을 침략했다가 실패한 적이 있었다. 그런데 마침 천주교 신부들이 조선에서 사형당하는 사건이 터지자, 무력으로 조선을 개방시킬 좋은 구실이 생겼다고 판단하고 조선 침략에 나선 것이었다.

조선 지형 탐사를 위한 프랑스군의 1차 조선 원정

조선 정벌 명령을 받은 프랑스 극동함대 사령관 피에르 구스타브 로즈는 조선 공략에 앞서, 우선 휘하의 소함선 세 척을 보내 한양으로 들어가는 지형을 탐사하도록 했다. 이에 보세 함장이 지휘하는 프리모게호, 리시 함장이 지휘하는 통보함 데룰레드호, 그리고 샤누안느 함장이 이끄는 포함 타르디포호 등 세 척이 조선으로 향했다.

이들 함선은 1866년 양력 9월 18일 중국 체푸항(지금의 산둥성 옌타이)을 떠나, 당일 경기도 화성 인근 남양만에 도달했다. 이후 그들은 입파도에 정박한 뒤 주변 지형을 탐지하며 한강으로 거슬러 올라갈 수 있는 해로를 모색했다. 그리고 한강으로 들어가는 입구가 강화도 염하라는 것을 알아낸 그들은 9월 22일 북쪽으로 거슬러 올라갔다.

이 배에 타고 있었던 프랑스 군인 앙리 쥐베르는 자신의 책 《조선원정기》에서 당시 상황을 이렇게 묘사했다.

"9월 22일, 물길 안내를 맡은 데룰레드호를 비롯한 군함 세 척은 수로에 진입하여 북쪽으로 항진했다. 사방에서 몰려온 조선인들이 산꼭대기에 모여 물살을 거슬러 올라오는 우리의 괴력의 기선을 감탄과 두려움이 섞인 시선으로 뚫어지게 쳐다보았다. 이제껏 그 어떤 배도 감히 하류와 맞서 거슬러 올라온 적이 없었을 것이다. 세계로부터 자처해서 고립되어 살아가면서 그 안에서 자신들만의 과장된 사고를 키워온 이 나라 백성은 유럽 과학의 기발한 산물 하나가 느닷없이 자기네 눈앞에 나타나자 야릇한 생각이 들지 않을 수 없었을 것이다."

그런데 서울을 향해 북쪽으로 항해하던 프랑스 함대는 강화도에서 한강으로 접어드는 해로인 염하에서 예상치 못한 일을 당했다. 가장 앞서 가던 프리모게호가 염하의 얕은 물속에 있던 암초에 부딪친 것이다. 이 좌초로 지형 탐사가 일시 중단되었다.

프리모게호는 강화도 월곶진에 정박한 채 남겨두고, 데룰레드호와 타르디포호만 한강을 거슬러 올랐다. 당시 상황을 쥐베르는 다음과 같이 기록했다.

"9월 25일, 타르디포호와 데룰레드호가 주민들로부터 큰 위협을 받지 않고 서울에서 가까운 항구에 닿았다. 그동안 비록 심각한 위협은 없었으나, 큰 난관을 뛰어넘어야 했고 암초에 걸리는 사고도 적지 않았다. 그러나 그동안 수고하고 전력을 기울인 보람은 분명 있었다. 사상 처음으로 유럽 선박이 극동에서 세 번째 가는 나라의 수도 앞에 정박한 것이다."

당시 프랑스 전함 두 척이 정박한 곳은 지금의 양화대교 부근 양화진이었다. 《고종실록》은 당시 상황을 음력 8월 18일 기록에서 이렇게 전하고 있다.

의정부에서 아뢰었다.
"서양 선박이 이미 양화진에 이르렀습니다. 하찮고 추악한 무리들이 멋대로 날뛰며 경강京江(한강)에까지 깊이 들어왔으니, 이들을 막지 않고 내버려 둘 수는 없습니다. 어영중군 이용희로 하여금 표하군標下軍을 거느리고 훈국의 마군 2초와 보군 7초를 조발하여 즉시 강변으로 나가 상황에 따라 대처하게 하소서. 그 밖의 각 영도 단속하여 뜻밖의 변에 대비하도록 하는 것이 어떻겠습니까?"
상이 윤허하였다.

이렇듯 이용희로 하여금 일단 프랑스군의 동향을 살피게 한 뒤, 조정은 그들을 공격할 것인지 타이르며 돌려보낼 것인지를 놓고 토론을 벌였다.

우선 흥선대원군은 강경한 태도를 담은 교지를 내렸다.
"보잘것없고 추악한 무리들이 경강까지 침입해 들어와 아무 거리낌 없이 행동하니 몹시 통분스럽다. 그들을 소멸할 방법을 대신과 장신이 충분히 상의하여 확정하고, 며칠 이내로 승리의 소식을 알려 민생을 안정시키도록 하라."

판중추부사 조두순도 군사로 강경하게 대처하여 격퇴해야 한다고 주장했다. 그러나 돈녕부 영사 이경재는 의견이 달랐다.

"서양 배 두 척이 경강에까지 침입하였으니, 소멸시키려 한다면 어려운 일은 아닐 것입니다. 그러나 먼저 공격하는 것은 멀리 있는 나라 사람들을 너그럽게 대해야 하는 도리에 맞지 않을 듯합니다. 다만 그들의 동정을 살피다가 상황에 따라 대응하는 것이 좋을 것입니다."

좌의정 김병학도 이경재와 비슷한 견해를 밝혔다.

"배로 말하면 불과 두 척에 불과하고, 사람도 수백 명뿐이니 그들을 진멸하는 일은 상황에 따라 대처하면 될 것입니다. 잠자리나 음식 등 여러 문제에 대해서는 너그럽고 후하게 대하는 것이 더 나을 것입니다. 이것이 신의 소견입니다."

그 무렵 어영중군 이용희는 기마병과 보병을 이끌고 서강으로 나가, 작은 어선을 이용해 프랑스 함대의 진로를 방해하도록 했다. 이에 함포를 장착한 타르디포호에서 몇 발의 포탄이 발사되었지만, 그것으로 양측의 충돌은 끝났다.

이미 조선 조정은 그들을 달래서 돌려보내기로 했고, 프랑스군 또한 지형 탐색과 수심 측정이 목적이었기에 전투를 원하지 않았다. 그리하여 프랑스 함대는 다음 날 양화진을 떠나 한강을 따라 서해로 향했다.

그들은 한강을 따라 내려가며 계속 수로를 측정하고 주변 지형을 그렸다. 이후 두 함선은 프리모게호와 합류해 서해안으로 빠져나갔다. 강화도를 막 벗어날 때 조선군이 포와 총을 쏘았지만 프랑스 함대에 피해는 없었다.

프랑스 함대는 영종도 앞 작약도에 정박했는데, 이 과정에서 다시 프리모게호가 사주에 걸려 좌초 위기에 처했다. 조수간만의 차가 커 수심을 정확히 예측할 수 없었던 것이다. 그러나 병사들이 신속히 대처한 덕분에 가까스로 좌초는 면했다.

이후 프랑스 함대는 10월 3일까지 영종도 근처에 머물렀다. 그들이 머무는 동안 조선의 관원들이 매일같이 함대를 방문하기도 했다. 쥐베르는 당시 상황을 이렇게 적었다.

다음 날부터 매일같이 조선인들이 찾아왔다. 우리가 그들을 전혀 해치지 않는다는 것을 알자, 그들은 소심한 태도를 버리고 교육의 부족함에서 비롯된 행동의 결점을 드러냈다. 과연 그들의 행동거지는 일본인들의 품위나 세련된 예의와 거리가 멀었고, 중국인들의 아첨과도 달랐다. 그들은 거칠고 조심성 없으며 불결했다. 그러나 (작가 라블레의 풍자소설 속 주인공) 가르강튀아에게나 어울릴법한 거대한 부채나 황소 등을 우리에게 선물하는 선량한 마음을 지녔다.

우리는 황소를 선상으로 끌어올리느라 갖은 고생을 다했다. 돈을 지불하려 했지만, 그들은 단호히 거부했다. 정박지에서 보낸 며칠 동안 나는 더욱 쉽게 우리의 미래의 적들을 관찰할 수 있었다. 그들은 갑판 위로 올라오기도 하고, 뭍에서 파고를 측량하는 내 기구를 호기심에 차서 만져보기도 하며, 두려움과 선망 어린 시선으로 바라보기도 했다.

그렇게 조선 백성들의 순진한 면모를 확인하는 것을 끝으로, 프랑스군의 1차 원정은 마무리되었다. 10월 3일 조선 연안을 떠난 그들은 체푸로 되돌아갔고, 일주일 뒤인 10월 11일(음력 9월 3일)에 본격적인 조선 침공에 나서게 된다.

강화도를 점령한 프랑스군

고종 3년(1866년) 음력 9월 10일(양력 10월 18일)에 영종도 첨사 심영규가 프랑스 영종도 관할 구역에 들어왔다고 보고하였다.

이달 9일 사시경巳時頃(오전 10시경)에 그들 배 중에서 종선從船(보트) 2척이 물치도 앞바다로부터 신의 영 경내에 왔기에 군교軍校를 거느리고 즉시 그들의 배 옆에까지 갔더니 그들이 일제히 총을 쏘아대며 포악한 행동을 하려 하였습니다. 그들 중 한 사람이 먼저 이런 글을 써서 보여주었습니다.
"너희들은 우리를 무서워하지 말라. 너희들을 해치지 않는다."
그래서 물었습니다.
"너희들은 어느 나라 사람이며, 이름은 무엇이고, 나이는 몇 살인가?"
그들이 대답했습니다.
"청나라 사람이고, 성은 서가徐哥고, 이름은 복창福昌이며, 나이는 열여섯 살이다."
그래서 또 물었습니다.
"당신들은 모두 어느 나라 사람이며, 선주船主의 성명은 무엇인가?"

그들이 대답했습니다.

"프랑스 사람이다. 선주의 성명은 모른다."

"무슨 일로 여기까지 왔으며, 언제 돌아가는가?"

"정벌 전쟁을 하려고 왔다."

"당신들과 우리는 본래 원수진 일이 없는데 무엇 때문에 전쟁을 하려고 하며, 전쟁을 치를 곳은 어디인가?"

"정벌하려는 곳은 바로 한강 어구의 왕경王京이다. 너희들이 우리 사람 9명을 살해하였기 때문에 너희들 사람 9,000명을 살해하려고 한다."

"이게 무슨 말인가? 우리나라에서 너희나라 사람 9명을 죽이지 않았는데 지금 와서 이런 말을 하는 것은 도대체 무슨 말인가?"

"우리는 이미 알고 있다. 너희는 우리를 몹시 속이고 있다."

그러고는 불쾌한 기색으로 곧장 배를 돌려 머물러 있던 곳을 향해 가버렸습니다.

심영규의 보고서에 나타난 보트 2척은 조선을 침략하기 위해 온 로즈 함대의 일부였다. 당시 로즈 함대는 기함 게리에르호를 비롯해 소해정 프리모게호·라플라스호, 포함 타르디프·르브르통호, 통보함 데룰레드호·켠찬호 등 총 7척으로 구성되어 있었고, 이 함선에 실린 대포는 모두 10문, 보트는 13척, 총병력은 1,230명이었다. 이 병력에는 일본 요코하마에 주둔하던 해병대 300명도 포함되어 있었다. 당시로서는 최신식 무기로 무장한 프랑스군이었기 때문에 구식 무기로 무장한 조선군 수만 명과 맞먹는 전력이었다.

프랑스군은 심영규의 보고서가 올라오기 이틀 전인 양력 10월

16일에 이미 강화도 갑곶에 정박한 뒤, 한강의 수로를 봉쇄하고 강화도에 상륙하여 강화성을 점령한 상태였다. 이에 조선 조정은 순무영을 설치하고 대장에 이경하, 중군에 이용희, 천총에 양헌수를 임명하여 프랑스군을 격퇴하도록 하였다. 그리고 순무영 대장 이경하는 프랑스군의 무단 침입을 꾸짖는 격문을 로즈에게 보냈다.

"우리는 너희를 은殷·탕湯 임금이 갈백葛伯에게 하듯 대하였는데, 너희는 우리를 험윤獫狁이 주周나라 선왕宣王을 배반하듯 포악하게 대하고 있다. 그러니 우리가 지인지덕至仁至德하더라도 제멋대로 난동을 부리게 내버려둘 수는 없다. 그러므로 천만의 대병을 거느리고 지금 바닷가에 나와 하늘의 이치를 받들어 토벌의 뜻을 펼 것이다. 우선 내일 이른 아침에 서로 대면하자는 약속을 급히 보내니, 군사의 곡직曲直과 승패勝敗가 결정될 것이다. 너희들은 퇴각하여 달아나지 말고 머리를 숙여 우리의 명을 들어라."

그러자 곧 로즈의 답변서가 왔다.

프랑스 황제의 명을 받은 전권대신은 각초各哨의 용맹한 군사들을 거느리고 준절히 효유曉諭한 일을 너희 순무사巡撫使가 다 잘 알라. 나는 본국 황제의 명을 받아 우리나라 전교사傳敎士들과 우리 국민을 보호하려 이곳에 있는 것이다. 올해 이 나라에서 무고하게 죽임을 당한 이는 우리 전교사들이다. 너희는 어찌 불의로 그들을 죽였으니 공격하여 벌을 주는 것이 마땅하다.
전교사는 매우 어질고 의로운 사람이라 털끝만치도 범죄를 저지르지 않았을 텐데 그를 죽였으니 천리를 어긴 것이다. 그러니 죄악은 세상 법에서 온전히 용서할 수 없는 것이다.

중국에서 지난 몇 해 전에 일어난 일을 듣지 못했는가? 그들이 불의를 행하고 흉악한 행위를 저질렀다가 우리 대국에서 토벌하였으니 너희도 머리를 숙이고 우리의 명을 따르라.

이번 프랑스 전권대신은 불인불의不仁不義한 나라인 조선을 징벌하기로 정하였으니, 만약 명을 따르지 않으면 전혀 용서받지 못할 것이다.

1. 세 사람이 관청을 부추겨 우리나라 전교사를 살해한 것에 대해 엄정히 분별할 것이다.

1. 너희 관청에서는 조속히 전권을 지닌 관원을 보내 이곳에 와서 직접 면대하여 영구적인 장정章程을 확정하라. 재해와 흉환이 지금 가까이 닥쳤으니, 너희가 재난을 피하려면 조속히 회답하고 명령을 받아들여야 한다. 만약 명령을 받들지 않으면 본 대신이 기일을 앞당겨 너희들에게 환난을 줄 것이니, 그때가서 미리 말하지 않았다고 하지 마라.(기원 1866년 10월 18일)

이 답서를 받아본 조선 조정은 더 이상 대화로는 사태를 해결할 수 없다고 판단하고 강화도 수복작전에 돌입했습니다. 그리고 흥선대원군은 일전을 각오하며 다음과 같은 글을 백성들에게 내렸다.

사람이 죽고 나라가 망하는 것은 고금의 상례이다. 양이洋夷들이 여러 나라를 침략한 것은 있었으나 지금까지 몇 백 년간 이 적들은 뜻을 이루지 못하였다. 그러나 몇 해 전 중국이 화친을 허락한 이후 제멋대로 날뛰는 일이 늘어났고, 도처에서 포악한 행동을 감행하여 많은 피해를 입히고 있다.

오직 우리나라에 대해서만 감행하지 못한 것은 옛 성인이 하늘에서 음덕으로 도와주기 때문이다. 그들이 이곳에 와서 알게 된 것은 우리의 예의이다. 우리가 의지할 바는 여러 사람의 마음을 하나로 굳게 모으는 것이다.

지금 상하上下의 사람이 의심하거나 겁을 먹는다면 모든 일이 와해되고 국사가 그르치리라. 나에게는 굳게 정한 세 가지가 있으니, 이 군은 맹세를 알고 나의 뒤를 따르라.

첫째, 고통을 참지 못하고 화친하는 것은 나라를 팔아먹는 행위다.

둘째, 그들의 해악을 참지 못하고 교역을 허락하는 것은 나라를 망하게 하는 행위다.

셋째, 적들이 도성에 쳐들어왔다고 해서 도성을 버리고 간다면 이는 나라를 위태롭게 하는 행위다.

패퇴하는 프랑스군, 강화되는 쇄국정책

강화도를 빼앗긴 조선군은 강화도 건너편인 김포의 통진에 진을 치고 공격의 기회를 엿보았다. 그 무렵인 10월 26일(음력 9월 18일), 로즈는 병력 120명을 동원하여 문수산성을 정찰하도록 했다. 신식 무기로 무장한 프랑스군 120명을 상대한 조선군은 순무영 초관 한성근과 집사 지홍관을 비롯한 별파진 군사 50명이었다.

당시 프랑스군은 네 척의 보트에 나눠 타고 문수산성 남문 쪽으로 향했는데, 두 척의 보트에서 프랑스군이 내리려 할 때 한성근과 부하들이 일제히 총을 쏘며 기습을 가했다. 그 바람에 프랑스군 수십 명이 부상을 입었다. 하지만 이내 전열을 정비한 프랑스군에 밀려 한성근 부대는 퇴각해야 했다. 이후 프랑스군은 문수산성에 불을 지르고 강화도로 돌아갔다.

이 문수산성 전투로 프랑스군은 27명의 사상자를 냈고, 조선군은 3명이 죽고 2명이 부상을 당했다. 프랑스군과 조선군의 첫 접전에서 화력 면에서 훨씬 우세하고 숫자도 많았던 프랑스군의 피해가 더 컸던 것이다. 당시 상황을 《고종실록》은 9월 19일 기사에 다음과 같이 기록하고 있다.

순무영에서 아뢰었다.
"방금 선봉 이용희가 18일 신시申時에 치보한 것을 보니,「겸차 초관 한성근이 집사 지홍관과 별파진 군사 50명을 거느리고 문수산성을 방어하도록 하였는데, 그날 사시경 문수산성 별장이 치보하기를, '작은 서양배 4척이 조수를 타고 곧장 산성 남문으로 향하였다.' 하였습니다. 이에 급히 군사 1초哨를 보내 구원하게 하였습니다.
군사가 중도에 이르기도 전에 지홍관과 한성근이 헝클어진 머리에 짧은 옷을 입고 앞뒤로 도착하였는데, 이양선 2척이 정박하려 할 때 한성근이 홀로 앞장서 크게 고함을 치며 먼저 총을 쏘아 몇 발을 발사하니 그 소리가 나자마자 적 몇 명이 배 안에서 쓰러졌습니다. 50명의 총수가 그 뒤를 이어 일제히 사격하자 2척의 배에 있던 적이 태반이나 쓰러졌으며, 그 수가 50~60명 가량 되었다고 합니다.
하지만 어느덧 뒤따라오던 2척의 배에 타고 있던 적이 한꺼번에 육지에 올랐는데, 그 수가 무려 100명이나 되었습니다. 미처 탄약을 장전할 겨를도 없이 갑자기 저들의 탄알에 맞아 죽은 사람이 3명이고, 어깨나 팔에 부상당한 사람이 2명이었습니다. 워낙 중과부적이라 몸을 돌려 달아나 돌아왔는데, 오면서 돌아보니 적들이 산성 남문에 불을 지르고 곧장 건너갔습니다."라고 하였습니다.

적들이 이미 경내에 침입하였으나 섬멸하지 못하고, 도리어 우리 군사들이 부상당하고 성문을 불지르게 하였으니, 출정 장수의 직책을 맡은 자로서 황공하여 대죄했습니다. 화재의 형편은 추후 상세히 탐문하여 보고하겠습니다."

이에 이렇게 전교하였다.

"대죄하지 말고 빨리 승전보를 아뢰도록 하라."

순무영에서 보고한 전사자 3인은 별파진 군사 최장근·김달성·오준성이었고, 그 외에도 문수진의 백성 오돌중이 전사하였다. 한편, 문수산성 전투에서 27명의 사상자를 낸 프랑스군은 그 보복으로 강화도 일대 군사 진지를 불태우고 민가를 노략질했다. 그 과정에서 광성보 문루가 소실되고, 용진진의 화약고도 불탔다. 이후에도 프랑스군은 강화도 곳곳의 창고와 민가를 불태웠다.

그런 상황에서 순무영 천총 양헌수는 11월 7일(음력 10월 1일) 프랑스군 몰래 병력 540여 명을 이끌고 강화도로 잠입하여 정족산성에 주둔했다. 이 소식을 들은 로즈는 올리비에 대령에게 병력 160명을 주어 정족산성을 공격하게 했다. 올리비에는 조선군을 얕보고 야포 없이 소총만으로 공략에 나섰다.

프랑스군은 동문과 남문을 집중 공격했지만, 양헌수 부대의 강력한 저항에 밀려 패퇴했다. 격전 끝에 프랑스군은 6명이 전사하고 수십 명이 부상당했으나, 조선군은 1명이 전사하고 4명이 부상당했을 뿐이었다. 양헌수의 승전 소식은 이틀 뒤인 음력 10월 3일, 대궐에 다음과 같이 전해졌다.

> 이달 초하룻날 저놈들 60여 명이 이 산성에 들어와 지형을 살피고는 중들이 쓰는 기명器皿만 파괴하고 갔습니다. 그러나 그날 밤 우리 군사가 잠입한 사실을 저놈들은 전혀 알지 못하였습니다. 오늘 저들이 성을 점령할 계책으로 두령이 말을 타고 나귀를 끌며 짐바리와 술, 음식을 가지고 와서 동문과 남문 양쪽으로 나누어 들어올 때, 우리 군사들이 좌우에 매복했다가 일제히 총탄을 퍼부었습니다.
> 저들은 죽은 자가 6명이고, 아군은 1명입니다. 적들은 도망치며 짐바리와 술, 음식, 무기 등을 모두 버리고 갔기에 거두어 보관해 두었습니다. 훗날 자세히 조사하여 기록하고 보고하겠습니다.

양헌수는 이 보고서를 올린 이후에도 정족산성에 주둔하며 프랑스군의 재차 공격에 대비했다. 그러나 뜻밖에도 로즈 함대는 사흘 뒤인 11월 10일, 함대를 이끌고 강화도에서 철수했다. 1개월이 넘는 장기 원정에 지친 탓에 더는 전쟁을 지속할 수 없었던 것이다.

철군하면서 로즈는 강화도 외규장각을 불태우고, 그곳에 보관되어 있던 서적 5,000여 권을 불살랐다. 또한 의궤 297책을 비롯한 340여 권의 책과 은궤 수천 냥을 약탈해갔다.

이렇듯 프랑스군이 철수하자, 조선을 지배하고 있던 흥선대원군은 자신감에 차서 천주교 탄압과 쇄국정책을 더욱 강화했다. 그러한 그의 신념은 훗날 척화비에 새겨진 다음 문구에서 명확히 드러난다.

"서양 오랑캐가 침범하는데 싸우지 아니하면 화친하는 것이고, 화친을 주장하는 것은 나라를 파는 것이다."

북경 외교가에서 웃음거리가 된 프랑스

원정을 끝내고 중국 땅으로 돌아간 로즈는 자신이 선교사 학살에 대한 보복 정벌을 성공적으로 수행했다고 자랑하고 다녔다. 그러나 프랑스 공사대리 벨로네Bellonet를 비롯한 북경의 외교관들은 로즈의 원정을 실패로 간주했다. 사실 당시 북경 외교가에서는 프랑스가 웃음거리가 되고 있었다.

유럽의 강국임을 자랑하던 프랑스가 가공할 신식 함포를 장착한 함대를 무려 7척이나 이끌고 가서 극동의 약소국 조선군에게 보기 좋게 패배했으니, 조롱의 대상이 되는 것도 당연했다. 더구나 로즈 제독은 조선을 침략하기 위해 일본에 주둔한 병력과 함대까지 이끌고 갔는데, 원시적인 무기로 무장한 조선군에게 패했다는 것은 한마디로 개망신이 아닐 수 없었다.

당시 청국의 조정과 백성들은 프랑스가 조선 원정에서 패퇴했다는 사실을 매우 기뻐했던 모양이다. 당시 베이징 주재 프랑스 공사관 소속 의사 마르탱Martin은 자신의 논문 《1866년 조선 원정》에서 다음과 같이 적고 있다.

"로즈 제독의 함대가 패퇴한 이후, 공사대리 베로네의 머릿속에서 조선은 오직 불쾌한 기억으로만 자리 잡고 있었다. 한편 그는 청국 정부가 조선과 공모한 것이 아니냐는 의혹을 숨김없이 드러냈고, 청국 정부는 결백을 확언했다. 어쩌면 청국의 결백이 사실일 수도 있겠지만, 그렇다고 해서 청국이 드러내놓고 기뻐할 일은 아니었다. 그러나 청국의 조정과 백성들은 프랑스의 조선 원정 실패에 대해 굉장한 쾌감을 즐기고 있었다."

마르탱의 말처럼 프랑스군의 조선 원정 실패는 청나라 백성들에게 묘한 희열을 안겨주었다. 청나라에서 온갖 위세를 부리며 유럽의 강국임을 자랑하던 프랑스 군대가 청나라의 속국인 조선군에게 패배하여 돌아왔다는 사실만으로도 그들은 마치 자신들이 프랑스군을 물리친 듯한 대리 만족을 느꼈던 것이다. 그런 청나라 사람들의 태도에 대해 마르탱은 이렇게 썼다.

"로즈 제독의 패전 소식은 지체 없이 청국 전역으로 퍼져나갔다. 베이징 정부는 그 소식에 통쾌해하면서도 프랑스 공관과의 공식 관계에서는 기쁨을 애써 감추려 했다. 그러나 지방의 행정관들은 기회가 있을 때마다 이를 놓치지 않고, 프랑스인들이 패하여 조선인들 앞에서 도망쳤다며 떠들어댔다. 프랑스인들이 더 이상 무적의 상대가 아니라는 식으로 말이다."

로즈의 조선 원정 실패는 단순히 청나라 사람들의 웃음거리에 그치지 않았다. 그것은 프랑스의 극동 정책에도 큰 영향을 미쳤다. 프랑스는 로즈의 실패 이후 다시는 극동 지역에 대한 원정을 감행하지 않았고, 심지어 미국이 제너럴 셔먼호 사건의 보복을 위해 함께 조선을 공격하자는 제의를 했을 때도 거절했다.

프랑스의 조선 원정 실패는 당시 중국인들에게 또 다른 자신감을 불러일으켰다. 말하자면 청나라 백성들 가슴에 '프랑스는 이제 청국이 두려워할 강국이 아니다'라는 의식이 싹트게 된 것이다. 이는 톈진天津에서 프랑스 영사관이 불타는 사태로 이어졌다.

1870년 6월, 톈진의 프랑스 선교사들이 세운 교회에서 아이들을 유괴한다는 소문이 돌았다. 이 때문에 천주교 신자와 비신자 사이에 격렬한 충돌이 벌어졌고, 분노한 주민들은 급기야 교회와 프랑스 영사관을 불태우며 프랑스인과 천주교인들을 살해하기에 이르렀다. 이는 청국인들이 프랑스의 조선 원정 실패에 고무되어 겁 없이 프랑스에 대한 적대감을 드러낸 결과였다.

이 사태를 두고 마르탱은 "조선이 프랑스에 복수를 톡톡히 한 셈이 된 참혹한 사태"라고 표현했다. 그는 또 톈진 사태가 일어날 당시 "폭동의 주모자들이 군중에게 프랑스군이 조선에서 참패했던 일을 상기시키며 군중을 선동했다"고 적었다.

이렇듯 프랑스의 조선 원정 실패는 유럽 열강에 짓밟히던 청국 백성들에게도 '목숨을 걸고 싸우면 이길 수 있다'는 자신감을 불러일으킨 계기가 되었던 것이다.

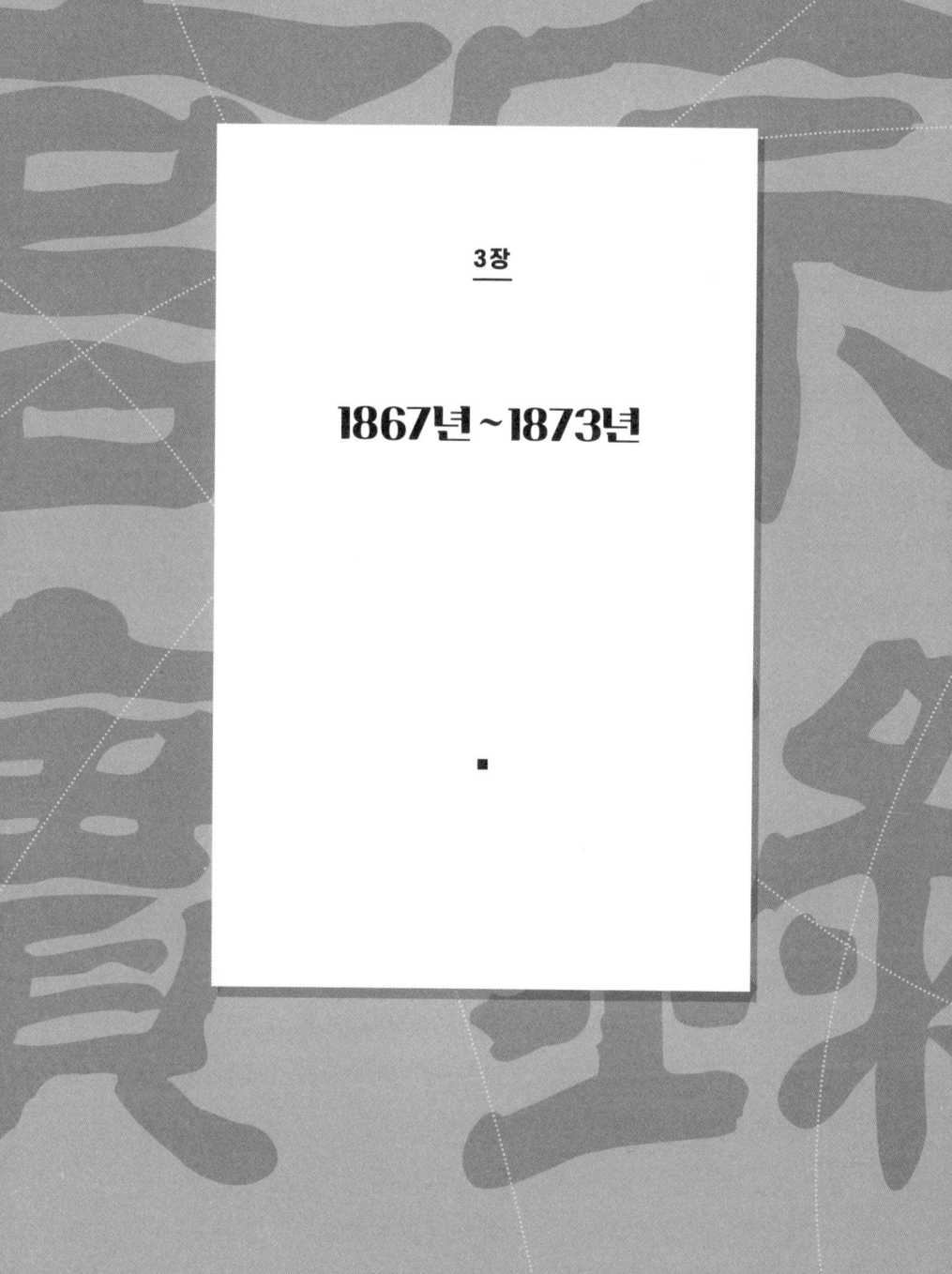

3장

1867년~1873년

환곡과 공물의
폐단을 시정하다

- 고종 1년(1864년) 12월 9일, 대왕대비가 호서와 관서의 환곡 폐단 시정을 명하였다. 대왕대비가 전교하였다.

"호서와 관서의 환곡을 이정釐正(고쳐서 바로잡음)한 조처는, 비록 폐단이 극도에 달하여 임시로 변통하기 위해 시행한 정사였으나, 그 근원을 궁구하면 전적으로 방백과 수령이 직무를 다하지 못하고 간교한 향임鄕任(향관)과 교활한 아전들이 농간을 부려 포흠逋欠(사사로이 취하다)했기 때문이다.

나라에 기강이 있다면 어찌 이런 일들이 용납되었겠는가? 포흠한 관리들을 조사하여 감처勘處(죄에 따라 처단하는 것)하라는 뜻으로 이미 제칙提飭(이끌고 가르치다)하였으나 몇 달이 지났는데도 거론조차 없으니 무슨 까닭인지 모르겠다.

평안도의 이른바 첨향添餉(비상시의 군량)과 경식輕殖(병기 마련을 위한 쌀) 및 군영의 각 창고에서 축난 것을 해마다 배당하는 몫 등은 모두 환곡이 새어 나가는 구멍인 셈이다. 이것은 보통의 부포負逋(탈세)와는 다르니, 받아들일 수 있건 없건 간에 반드시 한 차례 징계함이 있어야 할 것이다.

첨향과 경식은 따로 구분하고, 군영의 각 창고에서 축난 것을 해마다 배당한 몫은 10년 전까지 거슬러 올라가면서 모두 샅샅이 조사하고 성책成冊(책으로 만들다)하여 보고하고 처분을 기다리라는 뜻으로, 묘당廟堂(조정)에서 말을 만들어 행회行會(두루 알려 의논하기 위해 모임)하도록 하라."

고종 2년(1865년) 4월 9일, 대왕대비가 평안도의 오래된 포흠 곡식을 탕감하라고 명하다.

고종 4년(1867년) 6월 3일, 환곡의 폐단을 고치도록 명하다.

전교하였다.

"봄에 환곡을 내어주고 가을에 받아들이는 것은 나라에서 홍수와 가뭄에 대비하기 위한 것이다. 그런데 요즘에 와서 곡식의 총량이 달마다 줄어들고 해마다 감해지고 있다. 이 때문에 작년 여름에 환곡미를 마련할 때 밑천이 적어 복구를 논의할 수 없었다.

새로 주조한 돈 가운데에서 영남에 60만 냥, 호남에 40만 냥, 호서에 30만 냥, 해서에 12만 냥을 떼내어 내려보내 환곡을 마련하게 하라.

지금까지는 분표分俵(물품을 나누어 줌)를 위하여 곡명을 호조의 별비미別備米라 하여 장부에 등록하였던 것인데, 지금은 여름철이 이미 늦었으니 가을 이후에 모곡耗穀(백성에게 빌려준 곡식을 가을에 돌려받을 때 쌓아둘 동안 손실을 계산하여 덧붙여 받는 곡식)을 받아들이는 것은 실지로 시행할 수 없는 일이므로, 올해에는 특별히 모곡을 제하고 바치도록 하라.

나누어 주는 절차나 맡아서 지켜나가는 방도에 있어서는 방백과 수재가 특별히 규찰하여 진심으로 받들어야 한다. 그러나 한 푼의 돈이나 한 알의 쌀이라도 만약 허실이 어긋나 혜택이 밑까지 미치지 않게 된다면, 또한 마땅히 별도의 대책이 있을 것이니 묘당에서 엄하게 신칙하도록 하라."

환곡의 부정을 엄격히 단속하다

환곡還穀은 조선 시대의 구휼 제도로, 흉년이나 춘궁기에 곡식을 빌려 주고 풍년이나 추수기에 되갚는 방식으로 시행되었다. 환곡은 환자還子 또는 환상還上이라고도 불렀으며, 환곡에 관한 일을 환정還政이라 하였다.

환곡과 같은 구휼 제도는 조선에만 있었던 것이 아니었다. 고구려 시대에는 진대법이라는 이름으로 시행되었고, 고려 때는 흑창제 또는 의창제라는 명칭으로 시행되었다.

조선에서 환곡 제도는 개국 초부터 간헐적으로 시행되다가 인조 대(1626년)에 이르러 제도화되었다. 인조 대에 환곡 제도가 도입된 것은 임진왜란과 병자호란 이후 국가 재정이 어려워지고 농촌이 황폐해졌기 때문이다.

그런데 백성을 구휼하기 위해 마련된 환곡은 양란 이후 국가 재정이 더욱 궁핍해지자, 백성으로부터 이자 수입을 확보하기 위한 수단으로 변질되었다. 이에 따라 구제가 목적이 아닌 대여가 목적인 제도로 바뀌었고, 결과적으로 환곡은 쌀을 빌려주고 이자를 얹어 받는 과세 수단으로 악용되었다.

조선에서 환정을 담당한 행정 기관은 고려 시대 물가 조절을 맡았던 상평창이었다. 그러나 상평창은 구호 기관에서 곡식 대여 기관으로 변질되었다.

당시 조선의 재정 수입은 크게 세 가지 요소로 구성되었는데, 이를 흔히 삼정이라 하였다. 삼정이란 토지에 세금을 매기는 전정, 병역의 의무를 대신해 군포를 징수하는 군정, 그리고 환곡을 의미하는 환정을 가리킨다.

조선 후기에는 이 삼정의 문란이 매우 심각했다. 부패한 관리와 아전, 향관들이 결탁해 백성을 무자비하게 착취하는 온상이 되었던 것이다. 이 때문에 철종 대인 1862년에는 전국 각지에서 농민들이 들고 일어난 임술민란이 발생했다. 특히 이 삼정 가운데 가장 폐단이 심했던 것이 환곡이었다.

흥선대원군은 권력을 잡자 우선 환곡의 폐단을 시정하기 위해 힘썼다. 1864년 12월 9일에는 관서와 호서의 폐단을 고칠 것을 명했고, 1865년 4월에는 평안도의 관리들이 사사로이 취해 사라진 곡식을 탕감하도록 했다. 그리고 1867년 6월 3일에는 환곡의 폐단을 바로잡기 위한 시정 조치를 내렸다.

대원군은 대여한 양곡의 회수 원칙을 엄격히 규정하고, 회수 시 받는 이자격의 이식利息을 1할(10%)로 고정하였다. 사실 환곡이 처음 실시되었을 때는 무이식 제도였다. 그러나 상평창이 환곡을 전담하면서 원곡에 모곡耗穀(쌓아둔 곡식의 손실분을 보충하기 위한 곡식)이라는 이름으로 이자를 받기 시작했다. 모곡은 원래 손실 보충이 목적이었으나, 언제부턴가 이식(이자) 개념으로 바뀌었다. 처음에는 봄부터 가을까지 6개월 동안 2할을 받고, 1년에는 4할을 받았다. 이는 엄청난 고리였다. 조선 후기에는 다소 개선되어 6개월에 1할, 1년에 2할로 정해졌다.

그러나 관리와 아전의 부패가 심해지자 가난한 농민들은 환곡을 얻기조차 어려웠다. 결국 울며 겨자 먹기로 많은 이자를 내고 곡식을 빌릴 수밖에 없었다. 심지어 6개월 이자가 5할, 1년이 10할에 달하는 경우도 있었는데, 이를 장리長利라 하였고, 그 장리를 내는 쌀을 장리쌀이라 불렀다.

가난한 백성들은 장리로 큰 고통을 받았고, 탐관오리들은 이 과정에서 번작反作(허위로 작성한 환곡 출납 보고서)을 꾸며 횡령을 일삼았다. 고을 수령과 아전, 향관들이 결탁해 문서상으로만 환곡을 회수한 것처럼 꾸미고, 쌀 1섬당 동전 1냥(엽전 100푼)을 불법적으로 징수해 착복한 것이다.

흥선대원군은 이 번작 행위를 철저히 금지하고, 환곡의 이식도 1할로 고정하였다. 또한 이를 어길 경우 엄벌에 처하도록 하여 환곡의 폐단을 크게 개선하였다.

대원군은 환곡 개혁을 시행함과 동시에 그 한계를 극복하기 위해 사창제社倉制를 부활시켰다. 사창은 관에서 운영하는 창고가 아니라, 향촌 사회가 자체적으로 운영하는 빈민 구호 기관이었다. 지방의 부호들이 춘궁기에 쌀을 빌려주고 추수기에 일정한 이자를 받고 되돌려받는 방식으로, 정부 주도의 환곡 제도를 보완하는 기능을 했다.

사창제는 세종 때 실험적으로 도입되어 세조 때 전국으로 확대되었으나, 이후 지방 부호들의 저항으로 20년 만에 폐지되었다.

당시 부호들이 사창제를 반대한 이유는 연이율 2할 이상의 이자를 받지 못하게 법으로 금지되었기 때문이다. 얼핏 보면 20%의 이자는 큰 수익 같지만, 쌀의 손실분을 고려하면 실제 이익은 크지 않았다. 부호들은 사창을 통하지 않고 개인적으로 쌀을 빌려줄 경우 적어도 50%, 많게는 100%의 이자를 받을 수 있었다.

따라서 사창제가 시행되면 그들은 큰 이득을 잃게 되므로 강력히 반대했고, 결국 제도는 폐지되었다.

이후 약 400년 동안 사창에 대응할 만한 대민 구휼 기관이 없어 여러 차례 부활 논의가 있었으나 실행되지 못했다. 그러나 대원군은 이를 전격적으로 부활시켰다. 덕분에 환곡의 폐단이 줄고, 구휼용 곡식 부족 현상도 상당히 해소될 수 있었다.

청나라 돈이
조선에서 통용되다

- 고종 4년(1867년) 6월 3일에 소전小錢(청전)을 편리한 대로 통용하게 하다.

의정부에서 아뢰었다.

"당백전은 지난번에 이미 주조를 중지하였습니다. 새 돈과 옛 돈이 뒤섞여 유통되고 있는데, 시장에 쌓여 있는 소전이 매우 많다고 합니다. 비록 어떤 연유로 흘러들어왔는지 알 수는 없으나, 법으로 막아두기만 하고 단지 녹여서 그릇 재료로만 쓰게 한다면 도리어 이치에 맞지 않을 것입니다.

이제 만약 함께 통용시킨다면 공사 간 거래에도 도움이 될 것이니, 이러한 뜻을 중앙과 지방에 알려 편의에 따라 통용하게 하는 것이 어떻겠습니까?"

이에 윤허하였다.

재정 부족을 해결하기 위해 청전 통용을 강행하다

경복궁 중건 공사 이후 조선 조정은 재정난에 시달렸다. 그런데 설상가상으로 1866년 3월 5일 공사장에 큰 화재가 발생하여, 그동안 지어진 건물 800여 칸이 모두 소실되었다. 이 때문에 대원군은 재정 부족을 메우기 위해 당백전을 발행했지만, 백성들이 이를 사용하지 않아 실패했다. 결국 궁여지책으로 내놓은 방안이 청나라 돈을 통용시키자는 것이었고, 1867년 6월 3일 이를 공식 허용하였다.

청전淸錢, 또는 연전燕錢이라 불린 청나라 돈은 당시 조선에서 '소전'이라 불렸다. 이는 청전의 크기가 조선의 엽전인 상평통보보다 작았기 때문이다. 사실, 청전도 처음부터 크기가 작았던 것은 아니다. 세월이 흐르며 구리 함량을 줄인 청전이 유행하자, 점차 크기와 무게가 줄어 상평통보보다 못한 악화惡貨가 되어 있었다.

청전은 크기가 작아 주조 원가가 상평통보보다 훨씬 적게 들었다. 그럼에도 가치가 거의 같거나 오히려 더 높게 평가되다 보니, 사람들은 상평통보보다 청전을 선호했다. 이 때문에 조선에는 대량의 청전이 유입되었고, 사람들 사이에서 불법적으로 통용되었다. 심지어 관청의 창고에도 청전이 쌓여 있었다. 백성들이 상평통보 대신 청전으로 거래하자 관가도 세금을 청전으로 거두었기 때문이다.

이런 상황에서 조선 조정은 재정난을 타개하기 위해 청전을 합법화하기로 결정하였다. 그러나 청전은 어디까지나 외국 화폐였다. 이를 합법화한 것은 곧 외국 화폐의 국내 유통을 허용한 것이고, 이는 조선의 자국 화폐인 상평통보를 소멸시킬 위험이 있었다. 오늘날로 치면 위안화를 공식 화폐로 쓰는 것과 같았으며, 이는

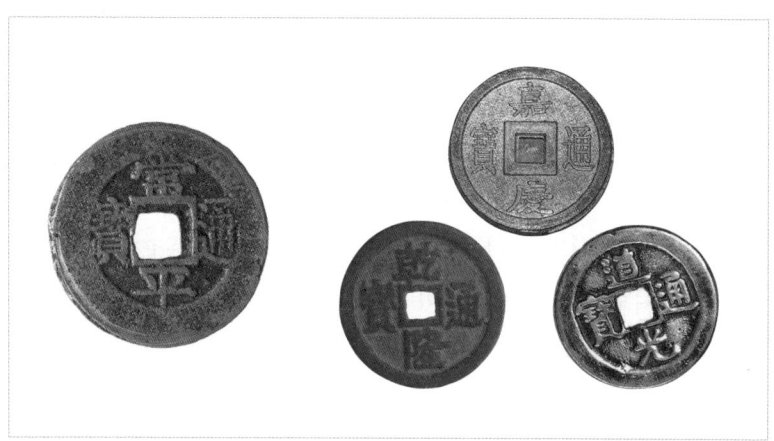
▶ 상평통보와 청전(오른쪽)

곧 한국 화폐를 폐기하는 결과로 이어질 수 있는 조치였다.

게다가 청전은 악화였다. 악화가 양화良貨인 상평통보와 같은 가치로 통용된다면, 사람들은 당연히 값싼 악화를 쓰고 양화를 숨길 것이다. 이렇게 되면 조선 시장은 악화가 지배하게 되고, 결국 조선은 자체 화폐 주조 능력을 잃게 된다. 이는 곧 조선 경제가 청나라에 종속되는 결과를 낳는다.

이런 이유로 그때까지 조선 조정은 청전의 사용을 엄격히 금지해왔다. 그러나 워낙 재정난이 심각했고 상평통보를 주조할 여력조차 없었기 때문에, 대원군은 결국 청전을 합법화하는 위험한 결단을 내린 것이다.

사실, 청전 통용 논의는 영조 때에도 있었다. 영조 18년(1762년) 6월, 영조는 청전의 합법화를 논의하며 백성들의 반응을 살피게 했다. 며칠 뒤 판윤 조상경이 보고했다.

"신이 방민坊民을 모아 반복해서 물으니, 모두가 '대소전大小錢을 섞어 쓸 수 없고, 연전과 신전新錢을 함께 쓰는 것도 옳지 않다'고 말했습니다. 백성들의 의견이 한결같아 바꿀 수가 없습니다."

이에 영조는 백성의 뜻을 받아들여 청전 합법화를 철회했다. 당시 청전을 유통시키려 한 이유는 상평통보를 새로 주조하는 것보다 청전을 들여오는 것이 경제적이라고 판단했기 때문이다. 그러나 백성들이 이를 신뢰하지 않자 즉시 중단했다.

영조 이후에도 역관이나 상인들에 의해 청전은 계속 유입되었다. 그때마다 합법화 논의가 있었지만, 폐단이 너무 커서 매번 금지 조치가 유지되었다.

그러나 고종 대에 들어 대원군이 청전 통용을 공식화하면서, 이는 훗날 조선 경제에 커다란 파란을 일으켰다.

청전이 합법화된 이후, 시장에서는 상평통보가 거의 사라졌다. 상평통보는 귀한 화폐가 되었고, 사람들은 그것을 숨긴 채 질 낮은 청전만 사용했다. 그 결과 세금마저 청전으로 거두게 되어, 국고에는 상평통보가 사라지고 청전만 쌓였다.

고종은 이러한 폐단을 막기 위해 대원군 퇴진 후인 1874년 초, 청전 유통 금지령을 내렸다. 그러나 그 조치로 인해 조선 정부는 다시 한번 심각한 재정 위기에 직면하게 되었다.

03

영보당 이씨가
아들을 낳다

- 고종 5년(1868년) 윤4월 10일, 궁인 이씨가 왕자를 낳았다.
  왕이 전교하였다.
  "오늘 진시에 궁인 이씨李氏가 아들을 낳았다. 산모를 보살피는 일
  은 운현궁에서 대령하라."

영보당 이씨가 완화군을 낳자 원자로 삼으려는 고종

1868년 윤4월 10일, 고종의 후궁이자 첫사랑이었던 궁녀 이순아
가 왕자 이선을 낳았다. 그는 훗날 완화군의 칭호를 받는다. 완화군의
탄생으로 영보당 이씨의 입지는 크게 강화되었고, 반대로 민자영(훗날
명성황후)의 처지는 더욱 외로워졌다.

사실 왕실에서 왕자가 태어난 것은 오랜만이었다. 철종의 왕비 철인왕후가 왕자를 낳긴 했으나 어린 나이에 잃었고, 이후로 왕자가 태어난 일은 없었다. 그런 까닭에 완화군의 탄생은 왕실 전체를 들썩이게 했다. 대왕대비 조씨(신정왕후)는 물론이고, 흥선대원군과 고종까지 크게 기뻐하였다. 특히 고종은 너무 기쁜 나머지 완화군을 원자로 삼으려 했다. 이 때문에 왕비 민자영의 불안은 더욱 커졌다. 남편의 사랑조차 받지 못하던 그녀에게 총애받는 후궁이 아들을 낳았으니 찬밥 신세가 될 것이 분명했기 때문이다.

당시 상황을 황현은 《매천야록》에서 다음과 같이 기록했다.

궁인 이씨가 완화군을 낳자 계季씨 성을 하사하였다. 그때 고종은 열일곱 살이었는데, 매우 기뻐하였다. 고종은 심지어 완화군을 원자로 책봉하려고까지 했다.
이에 흥선대원군이 충고하였다.
"만약 왕비에게서 아들이 태어난다면 장차 어찌하시렵니까?"
그러면서 서두르지 말라고 하였다.
고종은 일찍이 박유봉을 불러 완화군의 관상을 보게 하였더니, 박유봉이 잠시 후에 말했다.
"서두르지 마소서."
고종은 몹시 화를 내며, 혹시 박유봉이 대원군의 사주를 받은 것이 아닌가 의심하였다.
얼마 지나지 않아 박유봉이 죽었다. 구례에 사는 유제관이라는 사람이 무과에 합격해 한양에 살았는데, 박유봉과 평소 왕래가 있었다. 어느 날 유제관이 찾아가 보니 박유봉이 데굴데굴 구르며 죽어가고 있었고, 아홉 구멍에서 피가 쏟아졌다. 그를 흔드니 팔을 저으며 아무 대꾸도 하지 않다가 곧 절명하였다.
어떤 사람은 그가 사약을 받고 죽었다고 하였다. 유제관이 나에게 직접 전한 이야기다.

《매천야록》의 기록에서 보듯, 고종은 완화군을 어떻게든 원자로 삼고 싶어 했다. 심지어 완화군의 관상에 대해 부정적인 의견을 낸 관상쟁이를 죽일 정도로 의지가 강했다. 이는 이순아에 대한 고종의 애정이 얼마나 깊었는지 보여주는 일화이기도 하다. 그도 다른 남자들처럼 사랑하는 여인의 아들이 자신의 대를 이어주길 바랐던 것이다.
하지만 고종의 이런 바람은 왕비 민자영에게는 큰 시련이었다. 비록 왕비의 자리에 앉아 있었지만, 만약 다른 여인의 아들이 세자가 된다면 그녀는 이름뿐인 왕비가 되고 말 것이었다.

3장. 1867년 ~ 1873년   04

경복궁 중건을 끝내고
왕이 옮겨 앉다

- 고종 5년(1868년) 7월 2일에 왕이 경복궁으로 이어移御하였다. 대왕대비전, 왕대비전, 대비전, 중궁전도 함께 이어하였다.
  왕이 교지를 내렸다.
  "법궁法宮을 영건營建한 지 겨우 40달밖에 되지 않았는데, 지금 벌써 이어하게 되었다. 300년 동안 미처 하지 못하던 일을 이렇게 완공하였으니 그 기쁘고 다행한 마음을 이루 다 말할 수 있겠는가?
  아직도 공사를 끝내지 못한 곳이 있으니 영건 도감을 철파撤罷시킬 필요는 없다. 그러나 호조 판서를 비롯하여 여러 장수들과 좌변포도대장과 우변포도대장이 몇 해 동안 날마다 수고하였는데, 어찌 성의를 보이는 조치가 없겠는가? 표창하는 은전은 별단을 느긋하게 기다릴 필요가 없다. 겸 호조 판서 김병국의 아들, 사위, 아우, 조카 중에서 나이와 임기를 헤아리지 말고 교관敎官의 자리를 만들어 조용調用하고, 훈련대장 신헌, 수원 유수 이경하, 금위대장 이주철, 통제사 이현직, 진무사 이용희, 우변포도대장 이원희, 좌변포도대장 이종승에게 모두 가자加資하라."

7년 5개월 만에 완성된 경복궁

비록 이때 왕과 왕족들이 경복궁으로 이어移御했지만, 경복궁 중건 공사는 이후에도 4년 동안 더 지속된다. 그리고 1872년 9월 16일에 이르러 마침내 준공에 이르고 영건도감을 폐지廢止하게 된다. 1865년 4월 13일에 기공식을 했으니, 이때로부터 준공식에 이르기까지 7년 5개월 3일이 걸린 셈이다. 그 규모가 7,225간(칸)이며, 후원에 지어진 전각은 융문당을 포함하여 256간이고 궁성 담장의 길이는 1,765간이었다. 경복궁의 이런 어마어마한 규모에 비한다면 비교적 짧은 기간에 완성했음을 알 수 있다.

경복궁 중건에 사용된 비용은 총 772만 8,694냥으로 기록되어 있고, 사용된 목재는 단목 5,000근이었으며, 공사 중에 사용된 쌀은 총 824석이었다고 한다.

3장. 1867년 ~ 1873년   **05**

군정의 폐단을 없애기 위해
호포법을 실시하다

- 고종 8년(1871년) 3월 25일에 군정의 폐단이 심하여 양반에게도 호포
를 받게 하다

전교하였다.
"근자에 각 고을 군정軍政의 폐단이 매우 심하다고 한다. 작년부터 대원군의 분부가 있었기 때문에 반호班戶(양반)는 노명奴名(노비의 이름)으로 포를 내게 하였고, 소민小民은 신포身布로 내게 하였다. 지금은 백골白骨이나 황구黃口의 원성이 없으니, 이것은 상서롭고 화기로운 기운을 이끌어오는 일이다. 묘당에서 각도에 행회行會(두루 알려 논의하고 대책 마련을 위해 회의함)하여 장구한 법식으로 삼는 것이 좋겠다."

양반도 군포를 내게 하다

삼정 중에서 환곡 다음으로 폐단이 심한 것이 군정이었다. 조선에서는 16세 이상 60세 이하의 양인 남성에게 군역을 부과했는데, 이 군역에 의해 일정 주기에 따라 그 남성들은 입대하여 번을 서야만 했다. 하지만 실제 군대에서 번을 서는 남성은 아주 가난한 양인이나 백정과 같은 천민들뿐이었다. 그 외 대개의 징병 대상 남성은 번을 서는 대신 군포를 내는 것으로 군역의 의무를 대신했다. 이렇게 되자 조정에서는 그들 장정들이 부담해야 할 군포의 양을 늘렸고, 이 때문에 1인당 부담해야 할 군포의 양도 늘었다. 원래 군역을 담당해야 할 양인 장정의 수는 30만으로 잡혀 있었는데, 이를 50만으로 늘려서 군포 징수 양을 늘렸던 것이다.

이렇듯 군포는 조정에서 정해놓은 숫자대로 걷어야 했고, 그 때문에 지방의 수령들은 부족분을 메우기 위해 백성들의 고혈을 짜야만 했다. 게다가 탐관오리들은 더 많은 군포를 거둬들여 자신들이 착복하였기에 백성들은 정해진 군포보다 훨씬 많은 양을 내야만 했다.

이렇듯 백성의 고혈을 짜내는 과정에서 생긴 말들이 황구첨정黃口簽丁, 백골징포白骨徵布, 족징族徵, 인징隣徵과 같은 용어들이다. '황구첨정'이란 군역의 대상이 아닌 어린아이까지도 군포의 대상으로 삼아 징수한 것을 말한다. 여기서 황구는 노란 부리를 가진 어린 새를 가리키는 말로, 아직 다 자라지 않은 어린이를 어린 새에 비유한 것이다. '백골징포'는 이미 죽어 백골이 되었는데도 군역 명단에 그대로 두어 군포를 징수하는 경우를 말한다.

'족징'은 친족에게 군포를 걷는 것을 의미한다. 군정이 문란해지자 상당수의 사람들이 깊은 산으로 도망하여 화전민이 되거나 떠돌아다니는 유민이 되는 경우가 잦았는데, 이때 관아에서는 결원이 생긴 사람의 친족을 찾아가 군포를 징수했던 것이다. '인징'은 친족이 없는 경우 마을 단위로 군포의 양을 정해 이웃이 대신 내도록 하는 징수 방법이었다.

이러한 군정의 문란은 비단 고종 대에만 심했던 것은 아니었다. 외척이 판치던 순조, 헌종, 철종 대는 물론이고 영조, 정조 대에도 군정의 문란은 사회적인 문제였다. 정조 대의 명신 정약용의 시 '애절양'은 그 심각성을 이렇게 쓰고 있다.

> 노전 마을 젊은 아낙 그칠 줄 모르는 통곡소리
> 현문을 향해 가며 하늘에 울부짖길
> 쌈터에 간 지아비가 못 돌아오는 수는 있어도
> 남자가 그걸 자른 건 들어본 일이 없다네
> 시아버지는 삼상 나고 애는 아직 물도 안 말랐는데
> 조자손祖子孫 삼대가 다 군보에 실리다니
> 가서 아무리 호소해도 문지기는 호랑이요
> 이정은 으르렁대며 마굿간 소 몰아가고
> 칼을 갈아 방에 들자 자리에는 피가 가득
> 자식 낳아 군액 당한 것 한스러워 그랬다네
> 무슨 죄가 있어서 잠실음형 당했던가
> 민땅 자식들 거세한 것 그도 역시 슬픈 일인데
> 자식 낳고 또 낳음은 하늘이 정한 이치기에
> 하늘 닮아 아들 되고 땅 닮아 딸이 되지

불깐 말 불깐 돼지 그도 서럽다 할 것인데
대 이어갈 생민들이야 말을 더해 뭣하리요
부호들은 일 년 내내 풍류나 즐기면서
낟알 한 톨 비단 한 치 바치는 일 없는데
똑같은 백성 두고 왜 그리도 차별일까
객창에서 거듭거듭 시구편을 외워보네

정약용이 살던 영조, 정조, 순조 대에도 이렇듯 군정의 문란이 심각했으니, 헌종과 철종의 타락상은 더욱 심했을 것이라는 것은 짐작하고도 남을 일이다. 특히 철종 대엔 그 정도가 극에 달하여 민란의 원인이 되기도 했다.

대원군은 이러한 군정의 폐단을 없애기 위해 1871년 3월 25일에 군역을 면제받는 양반에게도 군포를 내게 하는 호포법戶布法을 전격 실시했다. 물론 양반들의 반발이 만만치 않았다. 하지만 대원군은 강력한 의지를 드러내며 호포제를 강행했다. 덕분에 군정의 문란이 상당히 해소되었다.

3장. 1867년 ~ 1873년

06

미군이 강화를 침략하다
- 신미양요

- 고종 8년(1871년) 4월 14일에 이양선異樣船이 포를 쏘면서 손돌목을 지나가다

경기 감사 박영보가 아뢰었다.

"통진부사의 보고에, '좀 작은 이양선 2척이 4척의 종선從船을 거느리고 오늘 미시쯤에 곧바로 손돌목 쪽으로 향하였으므로 광성진에서 먼저 대포를 쏘았습니다. 그러므로 부사가 약속대로 그에 호응하여 크고 작은 모든 대포를 일제히 쏘니, 그 배들도 이 대포소리를 듣고 대포를 마구 쏘면서 거침없이 손돌목을 지나갔습니다. 이번에 방어한 일을 돌이켜보면 매우 송구스럽고 두려움을 금할 수 없습니다.' 하였습니다.

요해지의 길목으로는 손돌목만 한 데가 없고 방어 대책도 미리 세웠건만 초기에 격침시키지 못하고 결국 놓쳐버렸으니 군사 지휘 체

계를 놓고 볼 때 대단히 해괴한 일입니다. 해당 부사 홍재신을 우선 파출시키소서."
전교하였다.
"우선 용서하여 죄명을 지닌 채 거행하라."

셔먼호 사건의 진상 조사를 위해 무력을 동원한 미국

셔먼호가 격침된 이후, 1866년 11월에 청나라 예부에서 셔먼호 사건과 관련하여 조선이 처신을 잘할 것을 요구하는 다음과 같은 공문을 보내왔다.

미국 사신 윌리엄스衛廉士, Williams, S. W.의 편지에 의하면, 8월에 두 개의 돛을 단 1척의 배가 고려국에 갔다가 좌초되었는데, 고려국의 장선들이 불사르고 선주와 선원 24인을 붙잡아갔는데 살았는지 죽었는지 모르겠다고 한다. 고려에서 혹시 그들을 중국으로 보내줄지 모르니, 봉천부의 관리에게 신칙하여 잘 보살펴 달라고 청하였다.
지금 조선에서 배를 공격해 불태웠다는 것이 사실인지는 모르겠으나, 단지 한 가지 일로 풍문을 판단할 길이 없다. 프랑스가 군사를 일으켜 조선으로 나가려는 것을 일찍이 영국과 미국 두 나라가 저지하였으나, 프랑스는 듣지 않는다고 한다. 조선에서도 분별 있게 처리해야 많은 적을 만드는 것을 면할 수 있을 것이다.

청나라에서 이런 공문을 조선에 보낼 무렵, 미국 국무부는 로버트 슈펠트를 조선에 파견하여 셔먼호 사건에 대한 진상을 조사하도록 지시했다. 슈펠트는 훗날 1882년에 조미수호통상조약을 이끈 인물이다. 당시 슈펠트에게는 또 하나의 임무가 주어졌는데, 전라도 여수에 속한 섬인 거문도에 미군 해군 기지 설립을 위한 조사를 병행하라는 것이었다. 미국은 셔먼호 사건을 빌미로 조선과 통상 협약을 체결하고, 나아가 거문도를 자신들의 해군 기지로 만들려는 속셈이었다.

슈펠트가 와츄세트호를 타고 조선 연안에 당도한 것은 1867년 1월 23일(음력 1866년 12월 18일)이었다. 그는 황해도 장연 앞바다를 대동강 하구로 착각하고 그곳 월내도에 정박하였다. 이때 와츄세트호에 탄 승선 인원은 40여 명이었는데, 그중 39명의 선원이 월내도에 내려 주민들을 붙잡아놓고 조선 조정에 보내는 서찰 한 통을 내밀었다. 황해감사 박승휘가 이 서찰을 조정에 올려보내자, 의정부에서는 고종에게 이런 의견을 올렸다.

"이양선이 정박하고 편지를 주는 것이 비록 화친하자는 말이기는 하지만, 역시 정상은 헤아리기 어려우니 서로 사정을 살필 때 되도록 상세히 알아보도록 할 것입니다. 편지는 되돌려줄 필요가 없이 즉시 의정부에 올려 보내고, 회답 편지는 경흥부에서 행했던 이전의 사례에 따라 해당 현감에게 써 보낼 것이며, 이양선의 동정에 대해서는 자세히 보고하도록 할 것입니다."

당시 조선 조정은 병인양요로 인해 서양 세력에 대해 매우 적대적인 입장을 취하고 있었다. 때문에 슈펠트의 통상 요구는 수용될 리 없었고, 슈펠트는 아무 성과 없이 돌아가야만 했다. 이후 미국은 전함 새넌도어호를 파견하여 셔먼호의 생존 선원을 돌려보내라고 요구했다. 동시에 대포를 쏘며 무력시위를 하였다.

새넌도어호와 관련하여 황해병사 이민상은 1868년 3월 25일에 다음과 같은 보고서를 올렸다.

"장련 이도방 오리포의 동임이 보낸 치보에, '이양선에 탄 놈 20여 명이 그 배의 종선을 타고 오리포 어귀에 와서 정박하고서 글을 써서 보였는데, 스스로 미국 배라고 칭하였고 청하는 것은 닭·개·돼지·양이었습니다. 20여 명 가운데 5명이 본 동네에 들어왔는데, 옷 색깔은 푸르고 머리는 사방을 깎았으며 정수리에서 한 가락으로 머리를 땋아 등 뒤로 늘였습니다. 그들은 오늘 요구를 들어주지 않으면 내일 다시 오겠다고 하였습니다.'라고 하였습니다. 이양선에 탄 놈들이 육지로 올라와 노략질을 한 것만도 극히 통분하고 고약하기에 신의 영문에서 포수들을 징발하여 보냈습니다."

이민상의 보고대로 미국인들은 다음 날에 다시 왔는데, 오리포의 훈학 임병정이 그들을 만나 물었다.

"당신들은 어느 나라 사람이며, 무슨 일로 왔는가?"

그러자 미국인이 대답했다.

"나는 미국 사람이며, 재작년에 미국 배가 여기에서 없어졌으므로 우리들이 그 배의 종적을 찾아보려고 왔다."

이후 미국인들은 청나라 등주 사람 이광내를 내세워 조선의 도읍과 주변 지리에 대해서 물었지만, 임병정이 대답하지 않자 물러갔다. 그리고 곧 새넌도어호는 함포 사격을 하며 무력 시위를 하였다. 이와 관련하여 수군방어사 이기조는 평양감사 박규수에게 이런 보고를 하였다.

이달 21일 묘시경에 오오리에 가서 높은 곳에 올라가 바라보니, 그들의 배가 그사이에 벌써 장련에 옮겨가서 정박하고 있었습니다. 거리가 좀 멀어서 그들과 대면하여 사정을 파악하기 곤란한 데다가 연방 대포를 쏘므로 내왕하는 배들이 접근할 수 없었습니다. 그래서 동정을 보기 위하여 본 포구에서 머물러 기다리다가 그다음 날 영리한 교리를 시켜 문정하고서 오게 하였습니다.

그가 돌아와서 보고하기를, "밤 2경에 그들의 배가 정박하고 있는 곳을 향해 가보니, 배의 아래위에 등과 촛불이 휘황하였습니다. 사람들은 다 콧마루가 우뚝 서고 눈은 움푹하며 머리카락은 더부룩하고 입고 있는 옷은 모두 검은색이었습니다. 문정한다는 의사를 적어 보이며 이르기를, '당신은 어느 나라 사람이며, 무슨 일로 여기에 왔고, 이곳에 정박하여 지금 벌써 하룻밤을 지냈는데 그 목적이 어디에 있는가?' 하니, 그는 손을 내저어 전혀 글을 모르는 시늉을 하였습니다. 조금 뒤에 우리나라 말을 약간 아는 한 사람이 와서 말하기를, '우리 배는 미국의 전함인데 평양을 찾아가려고 한다. 뒷날에는 서로 물을 일이 있겠지만 지금은 대답할 말이 없다'고 말하였는데, 말과 얼굴빛이 매우 거칠었습니다. 큰 배 안에서 연달아 대포 소리를 내어 끝내 장애를 받아 하는 수 없이 돌아왔습니다."

이후 다시 그들이 조선에 온 사정을 알아보니, 새넌도어호에서는 셔먼호 사건에 대한 진상 조사를 위해 왔다고 대답하고, 셔먼호에서 살아남은 선원들이 있으면 돌려보내라고 하였다. 이에 대원군이 서찰을 보내 살아남은 선원은 없다고 하자, 새넌도어호는 포를 쏘아대며 위협하였고, 조선 측에서도 포와 소총으로 강력하게 대응했다. 이에 새넌도어호는 다시 돌아오겠다는 말을 남기고 떠났다.

조선 원정에 앞서 교섭을 요구하는 미국 공사

1867년 3월, 워싱턴 주재 베르테미 프랑스 공사는 미국 국무장관 시워드로부터 조선에 관한 특별한 제안을 받았다. 시워드는 미국이 곧 조선을 원정할 계획인데, 프랑스가 협력해 줄 수 없느냐고 했던 것이다. 시워드는 프랑스가 미국의 원정에 협력한다면 로즈 제독의 조선 원정 실패로 인해 실추된 프랑스의 영향력을 회복할 수 있을 것이라는 말도 곁들였다. 또한 얼지 않는 항구를 얻기 위해 조선을 탐내고 있는 러시아가 조선을 흡수하기 전에 프랑스가 선수를 칠 수 있는 계기가 될 수도 있을 것이라고 설득하기도 했다.

미국 국무부의 제안에 대해 베르테미 공사는 긍정적으로 수용했다. 베르테미는 프랑스 외교부에 자신의 의견을 전달하면서, 조선에서 희생당한 프랑스인들에 대한 보상금을 얻어내기 위해서는 무력을 사용하는 강압적인 방법을 써야 한다는 입장을 피력했다. 말하자면 다시 조선 원정을 감행해야 한다는 뜻이었다. 베르테미는 워싱턴으로 가기 전에 베이징에 주재했기 때문에, 로즈의 조선 원정 실패가 프랑스의 위상을 크게 실추시켰다는 사실을 뼈저리게 느낀 인물이었고, 이러한 현실을 타개하기 위해서는 조선에 대한 무력 사용이 반드시 필요하다고 생각했던 것이다.

하지만 베르테미의 조선 원정에 대한 강력한 희망에도 불구하고 프랑스 정부는 미국 국무부의 제의를 받아들이지 않았다. 당시 프랑스 해군부 장관 리고 드 주누이 제독은 조선에 대한 새로운 원정은 없다고 잘라 말했다.

프랑스가 동반 원정을 거부하자, 미국은 독자적으로 조선을 정벌할 것을 결정했다. 하지만 미국의 조선 원정은 급속히 실행되지는 않았다. 당시 미국 정가는 어수선한 상황이었다. 1865년에 있었던 링컨 대통령이 암살되자, 부통령 앤드루 존슨이 대통령직을 승계받았는데, 존슨마저 탄핵되는 상황에 놓였기 때문이다. 그런 까닭에 조선 원정 결정은 한동안 보류되다가 1870년에야 실행될 수 있었던 것이다.

미국 정부로부터 조선 정벌을 명령받은 사람은 프레드릭 로우였다. 그는 1870년에 베이징 주재 미국 공사로 부임했고, 미 해군 아시아 함대 사령관 로저스와 상의한 끝에 1871년 5월을 원정 시기로 결정했다. 로우는 조선 정벌에 앞서 청나라 총리아문을 통해 조선에 미국의 의지를 전달하도록 했다. 로우는 조선에 보내는 공문에서 셔먼호 승선원들을 조선 백성과 관리들이 죽인 것에 대해 비판하고, 이에 대한 재발 방지를 요구하는 한편, 조난당하는 미국 배들에 관해 교섭하는 자리를 갖자고 하였다. 이에 대해 조선 조정은 청나라 총리아문에 이런 답변서를 보냈다.

> 미국 사신이 보낸 서신을 자세히 살펴보니, 그것은 순전히 병인년(1866년)에 그 나라의 상선 2척이 우리나라의 경내에 들어왔다가 1척은 풍랑을 만나 구원되었으나, 1척은 사람도 죽고 화물도 없어졌는데, 이처럼 서로 판이하게 하나는 구원되고 하나는 피해를 당한 까닭을 알 수 없으니 그 원인을 알고 싶으며, 뒷날 그 나라의 상선이 혹시 우리나라 영해에서 조난당할 경우 원칙에 입각하여 구해주고 화목하게 서로 대우하자는 등의 말이었습니다. …(중략)…
> 이번에 미국 사신의 편지에서 한 척은 구원되고 한 척은 해를 입었는데 그 이유를 알 수 없다고 한 것은 무슨 말입니까? 그들의 이른

바 '돌봐 주어야 할 처지로 볼 때 상인과 선원들은 그렇게 심하게 하고 싶지 않았는데 그 나라에서 마음껏 멸시하고 학대하였다.'고 한 것은 실로 사해의 모든 나라들이 똑같이 그렇게 여길 것입니다. 그 나라가 남의 멸시를 받고 싶지 않은 것이나 본국이 남의 멸시를 받고 싶지 않은 것이나 처지를 바꾸어 놓고 생각하면 실로 다름이 없는 것입니다. 이로부터 평양의 강에서 배가 사라진 것으로 말하면 변론을 기다릴 것 없이 그 까닭을 똑똑히 알 수 있는 것입니다. 미국 상선이 만약 우리나라 사람들을 멸시하고 학대하지 않았다면 조선의 관리들과 백성들이 어찌 남에게 먼저 손을 대려고 하였겠습니까? …(중략)… 조난당한 객선은 전례에 따라 구호할 것이니 다시 번거롭게 의논할 필요가 없으며, 기타 문제도 따로 토의하여 판명할 것이 없으니 오가는 수고를 할 필요가 없습니다. 삼가 바라건대, 이러한 내용으로 그 나라 사신을 잘 타일러서 의혹을 풀어줌으로써 각각 편안하고 무사하게 지내게 한다면 더없이 다행이겠습니다.

강화도를 침략한 미군과 결사항전 하는 조선군

셔먼호 사건을 빌미로 조선과 통상 협약을 하자는 미국의 요청에 대해 조선이 일언지하에 거절하자, 주청 미국 공사 로우는 마침내 조선 정벌을 단행하기로 결정했다. 미국은 프랑스 신부 리델을 길잡이로 삼아 군함 5척에 해병대 150여 명을 비롯한 수병 1,230여 명의 병력을 싣고 조선 침략을 감행하였다. 동원된 함선은 일본 나가사키에 정박해 있던 프리깃함인 기함 USS 콜로라도호를 비롯하여 아래스카호, 파로스호, 모노캐시호, 베니치아호 등이었다. 이 다섯 척의 함대에는 최신식 대포 85문이 적재되어 있었다.

1871년 5월 16일(음력 3월 27일), 나가사키를 출발한 미국 함대는 남해를 거쳐 서해를 거슬러 오른 뒤, 아산만 풍도 앞에 정박했다. 이후 보트를 내보내 강화도 인근의 수심을 재고 공격로 확보하려 했다.

미국 함대가 풍도에 정박한 것은 나가사키에서 떠난 지 5일 만인 5월 21일(음력 4월 3일)이었다. 이와 관련하여 수원 유수 신석희가 이런 보고를 하였다.

"이달 3일 유시酉時(오후 6시)쯤에 이양선 5척이 풍도의 뒷바다 북쪽 남양(화성군) 경계에 정박하였습니다. 특별히 감시하고 계속 보고하겠습니다. 5일 신시申時(오후 4시)쯤에 이양선 4척이 남쪽 바다 배리도 안에 와서 섰습니다. 이 섬은 풍도와 매우 멀리 떨어져 있기 때문에 감시를 따로 하여야 합니다. 그러므로 따로 영리한 장교를 선정하여 두 곳에 나누어 보내 자세히 감시하고 계속 상세히 보고하게 하였습니다."

이후 경기 감사 박영보가 미군을 접촉하여 무슨 일로 왔는지 묻자 그들은 단지 장사하러 왔으며 사람을 죽이는 사단은 없을 것이라고 대답했다. 하지만 조선 조정은 이 말을 믿지 않았다. 미군이 필시 침략할 것이라고 판단하고 어재연을 진무 중군에 임명하여 적의 침입에 대비하도록 했다.

그 무렵, 미 함대는 강화도 근처에 정박하여 공격 기회를 엿보고 있었다. 삼군부에서는 이에 대한 보고를 받고 강화도 인근의 병력과 화력을 증강하기 시작했다. 그런 상황에서 음력 4월 14일(6월 1일)에 마침내 첫 전투가 벌어졌다. 이날 미국 함대 중 두 척이 강화도 염하로 접어드는 손돌목을 지나자, 광성보에 있던 조선 수군이 포격을 가했고, 미국 군함도 응사함으로써 접전이 벌어졌다.

손돌목에서의 접전 이후, 미군은 광성보 앞에 함대를 집결시키고 대대적인 포격을 개시했다. 이에 대응하여 조선 군대도 포격을 가하였고, 포격에 맞은 미군 함대 일부가 경미한 손상을 입기도 했다. 이에 비해 조선 측에서는 포군 오삼록이 전사하였다.

이렇듯 몇 차례 교전을 치른 후 일단 퇴각한 미국은 로우 공사 이름으로 조선 측에 통상을 요구하는 편지를 보내왔다. 하지만 조선 조정은 교섭을 거부하고 즉시 물러날 것을 요구했다. 이에 미군은 일단 물치도로 물러난 후, 2~3일을 기다려도 답신이 없으면 재차 공격하겠다고 엄포를 놓았다.

하지만 조선이 여전히 강경한 태도로 나오자, 미군은 6월 10일(음력 4월 23일)에 대대적으로 함포 공격을 감행한 후 상륙작전을 실행하였다. 24척의 보트에 나눠 탄 미군 650여 명이 초지진을 습격하자, 초지진 수비 병력이 사력을 다해 싸웠지만 하루도 버티지 못하고 궤멸되고 말았다. 이어 미군은 6월 11일에 광성진으로 진격하기 시작했다. 당시 상황을 진무사 정기원은 이렇게 보고하고 있다.

"적의 괴수가 북쪽으로 대모산 꼭대기에 올라가면서 육지로 대포를 실어다가 앞에서 길을 인도하며 마구 쏘아대고 소총으로도 일제히 쏘아댔습니다. 그리고 미시未時(오후 2시)쯤에는 적의 괴수가 광성진으로 꺾어 들어가서 성과 돈대를 포위하였습니다. 그러므로 광성진에서 일제히 조총을 쏘아대어 한바탕 혼전을 벌였는데 한참 뒤에 광성진은 붕괴되고 적들이 광성진의 위아래 돈대를 차지하였습니다.

덕진에 정박하고 있던 적선도 광성진을 향하여 기동하므로 손돌목 남성두에서 연이어 대포를 쏘니 적선도 그대로 닻을 내리고 대포를 무수히 난발하여 손돌목의 성이 거의 파괴되었습니다. 적들은 광성진을 탈취하고 그곳 진사 화약고에 불을 지르고 벙거지를 실어갔습니다. 그리고 손돌목을 내려다보니 성안에서도 대포를 쏘았습니다. 바다와 육지로 공격해오니 적은 수의 군사가 의지하여 무기를 사용할 곳이 없었고, 좌우가 이미 서로 의탁할 형편이 못된 조건에서 막아낼 길이 전혀 없었으므로 할 수 없이 덕포진에다 진지를 옮겼습니다."

8시간 동안 치열하게 벌어진 이 광성보 전투에서 조선 측은 진무중군 어재연 등 240여 명이 전사하고 100여 명은 염하로 뛰어들어 자살했으며, 20여 명은 미군의 포로가 되었다. 이에 비해 미군은 장교 1명과 사병 2명이 전사하고 10명이 부상당하는 데 그쳤다. 그야말로 미군의 일방적인 승리라고 할 수 있었다.

이러한 미군의 일방적인 승리는 양쪽 군대가 가진 무기의 위력 차이에서 비롯되었다. 우선 포만 하더라도 미군은 탄환을 뒤쪽에서 넣는 후장식포였으며, 포탄도 단순한 철환이 아니라 부딪히면 폭발하는 작열탄이었다. 이는 현대전에서 사용하는 포와 같은 시스템으로, 당시로서는 가장 현대화된 포를 사용하고 있었던 것이다.

이에 비해 조선군이 사용하고 있던 포는 병자호란 때 청나라 군대에 의해 유입된 전장식 구식포인 홍이포였으며, 포탄도 부딪쳐서 깨뜨리는 것이 주목적인 철환에 불과했다. 때문에 조선의 포탄은 철선인 미군 배에 약간의 충격을 가하거나 배의 구조물을 깨트리는 수준에 불과했지만, 미군의 포탄은 조선 진영을 초토화시키는 가공할 위력을 발휘했다.

거기다 개인 화기인 소총도 화력에서 엄청난 차이가 있었다. 조선군의 총은 16세기부터 사용하던, 이른바 조총이라 부르는 화승총인 데 반해, 미군의 총은 불을 붙일 필요가 없는 뇌관총이었기 때문에 발사 속도나 화력 면에서 훨씬 우수했다. 미군이 사용하던 뇌관총은 조선군의 화승총보다 몇 단계나 발전된 최첨단 총이었다. 화승총 다음 단계로 발달된 것이 방아쇠를 당겼을 때 철제 바퀴가 돌면서 생기는 마찰 스파크로 불을 붙이는 치륜총, 그보다 발전된 단계가 부싯돌로 격발되는 수석총이었다. 그런데 뇌관총은 수석총보다 발전된 것으로, 공이치기가 뇌관을 때려 화약을 점화시키는 현대식 총이었던 것이다.

때문에 개인 화기 면에서도 조선군은 미군에 비해 월등히 뒤떨어졌다. 같은 숫자의 군대로 싸웠다손 치더라도 상대가 안 되는 처지였는데, 숫적으로도 불리한 상황에서 이긴다는 것은 도저히 불가능했던 것이다. 그야말로 다섯 살 먹은 어린아이와 성인의 싸움과 다를 바가 없었다. 당시의 패전 상황을 광성진 양곡 담당 아전 전용묵은 이렇게 보고했다.

"오늘 묘시卯時(오전 6시)에 서양놈들 400~500명이 덕진진으로부터 곧장 광성진에 침입하였으므로, 중군이 어영군과 본 군영의 별무사들을 동원해 보내어 중도에서 방어하게 하였습니다. 그런데 이양선에서 쏘아대는 대포알은 비 오듯 날아왔고, 육지의 적들이 쏘아대는 조총알은 우박 쏟아지듯 마구 떨어졌습니다. 좌우로 적들이 달려드는 바람에 우리 군사들은 막아내지 못하여 선두 부대가 곧 패하게 되었고, 뒤의 부대도 이어 패하였습니다. 서양놈들은 이 기세를 타서 곧바로 올라와 장대將臺(지휘대)를 포위하였는데, 그 형세는 철통같았습니다. 우리 큰 진지에서의 대포 소리는 여전히 끊어졌으니, 지금 이때의 군사 형세로 말하면 그 위험이 경각에 다달았습니다."

광성보 전투에서 압승을 거둔 미군은 광성보를 점거하고 어재연의 장군기인 수자기를 탈취한 후 성조기를 게양하며 승리를 자축했다. 이어 미군은 광성진 관아를 불태우고, 전사한 조선군의 시체를 불태운 뒤 초지진으로 퇴각하여 거점으로 삼고 주둔하였다.

이렇듯 일방적인 승리를 거두자 청국 주재 공사 로우는 이쯤 되면 조선 조정이 굴복하고 통상 협상에 임할 것으로 판단했다. 하지만 조선은 중군 김선필을 진무 중군으로 임명하고 대병을 동원하여 미군을 격퇴시키기로 결정했다. 또한 대원군은 서울을 비롯한 각 지역에 척화비를 세워 결사항전을 명령하고, 강화도의 패전 소식으로 서울의 민심이 흉흉해지자 도성 백성들이 4대문 밖으로 나가는 것을 금지시켰다.

한편, 강화도에서는 초지진 첨사 이렴이 6월 11일 밤 야음을 틈타 수하들을 이끌고 초지진을 포위한 후 기습전을 감행했다. 이에 놀란 미군은 초지진을 버리고 함선으로 퇴각했다. 이어 미군 함대는 강화도 앞바다의 섬 물치도까지 물러났다. 당시 미군 함대는 무리하게 염하로 진입했다가 여러 척의 배가 암초에 부딪쳐 어려움을 겪고 있었다. 더구나 염하의 거센 물살과 격심한 조수의 변화 탓에 더는 머물러 있을 수 없었던 것이다.

물치도로 물러난 미국 측은 잡아간 조선 병사들을 빌미로 20일 가까이 통상 요구를 지속했다. 하지만 조선 조정에서 결사항전의 뜻을 전하며 격렬하게 미국의 침략을 비난하자, 미군은 결국 잡아갔던 포로들을 석방한 뒤 자진 철수했다.

이로써 미군의 조선 침략전쟁인 신미양요는 종결되었다. 신미양요는 미국 아시아 함대의 첫 전투이자 첫 승전이었다. 미국은 이 전쟁을 승전이라며 자축하고 미국 정부는 참전 군인 15명에게 명예 훈장을 수여하기도 했다. 하지만 미국은 강화도 전투에서 이겼다는 의미 외에는 어떤 성과도 거두지 못했다.

당시 미국이 조선 원정을 감행한 것은 셔먼호 사건에 대한 조선의 사과와 배상을 이끌어내고, 이를 빌미로 조선을 개항하여 통상 협약을 성립시키려는 데 있었다. 이는 중국 및 일본과 동남아시아 국가들을 상대로 벌인 무력에 의한 압박 외교, 즉 이른바 포함외교 정책의 일환이었다. 하지만 미국은 이러한 목적을 전혀 실현하지 못하고 물러감으로써, 그야말로 의미 없는 살생극만 저지르고 떠난 꼴이었다.

미국이 일방적인 승전으로 치부하는 이 전쟁에 대해 정작 당사자인 조선 측은 신미양요를 패전으로 간주하지 않았다. 오히려 전 백성이 일치단결하여 결사항전함으로써 서양의 강국인 미국 군대를 패퇴시켰다고 자부했다. 결국 신미양요는 조선 백성들로 하여금 서양 세력에 대한 경계심만 더욱 심화시켰고, '개국은 곧 망국'이라는 쇄국주의자들의 주장에 힘만 실어주는 원인이 되었다.

이후 대원군은 척화비를 세워 서양 세력의 접근을 원천적으로 차단하고자 했다. 척화비에는 '양이침범洋夷侵犯 비전즉화非戰則和 주화매국主和賣國'이라는 12자가 새겨졌는데, 번역하자면 '서양 오랑캐가 침입하는데 싸우지 않으면 화친하는 것이요, 화친을 주장하는 것은 나라를 팔아먹는 것이다'라는 뜻이었다. 또 그 옆에 작은 글자로 '계아만년戒我萬年 자손子孫 병인작丙寅作 신미립辛未立'이라 적었는데, 이는 '나의 만년 자손에게 경고하노라! 병인년에 짓고 신미년에 세운다'는 의미가 덧붙여졌다.

3장. 1867년 ~ 1873년

세 명의 자식을 연이어 잃은 왕비 민자영

- 고종 7년(1870년) 12월 17일에 중궁이 유산하였다.

  고종 8년(1871년) 11월 4일에 대신들이 원자의 탄생을 축하해 주었다. 시임 대신, 원임 대신, 종정경, 의빈, 각신, 유신儒臣, 예조의 당상을 인견하였다. 영중추부사 정원용이 아뢰었다.

  "황천과 조종이 돌보아주신 덕분으로 중전께서 순산하여 원자가 탄생하였으니, 억만 년 동안 무궁히 이어질 종사와 신민의 경사입니다. 기뻐 손뼉치고 축원 드리는 심정을 어찌 다 형용할 수 있겠으며, 우러러 생각건대 자성전하의 기쁜 심정은 또 어떠하시겠습니까? 이는 실로 전하의 성심과 효성이 부른 결과입니다. 삼가 흠송하는 마음을 억제하지 못하겠으며, 환호성과 화합의 분위기가 나라 안에 넘치고 있습니다."

  하고하였다.

"종묘사직의 경사로 이보다 더 큰 것은 없을 것이다. 자성께서 좋아하시기에 더욱 기쁘다."

11월 8일에 원자가 졸하였다.

전교하였다.

"오늘 해시에 원자가 대변이 통하지 않는 증상으로 불행을 당하고 말았다. 산실청을 철수시키도록 하라."

고종 10년(1873년) 2월 13일 신시에 왕비 전하가 순산하여 공주를 낳았다.

고종 10년 9월 28일에 공주가 졸서卒逝하였다.

첫아이를 유산하다

영보당 이순아가 왕자를 낳자, 왕비 민자영은 무슨 수단을 쓰든 이순아의 아들이 원자가 되는 일을 막아야만 했다. 하지만 시어머니 격인 대왕대비 조씨도, 남편의 친부 흥선대원군도 모두 자기편은 아니었다. 그야말로 주변이 온통 캄캄한 어둠뿐이었다. 그럼에도 민자영은 냉철했다. 그리고 어떻게 해야만 이 난국을 타개할지 방도를 구했다. 그녀가 선택한 것은 확실한 동아줄을 잡는 일이었다.

그녀의 동아줄이 되어 줄 존재는 궁중의 가장 어른인 대왕대비 조씨였다. 그래서 민자영은 조씨에게 온갖 정성을 다하며 신뢰를 얻는 데 주력했다.

이런 민자영의 전략은 매우 성공적이었다. 이순아가 비록 고종의 첫아들을 낳긴 했지만, 그녀는 어디까지나 한낱 궁녀 출신의 후궁일 뿐이었다. 대왕대비 조씨는 왕실이 안정되기 위해서는 왕비인 민자영이 아들을 낳는 것이 최선이라고 생각했다. 그런 까닭에 완화군을 원자로 삼는 것도 마땅치 않게 여겼다. 물론 이것은 모두 민자영이 조대비를 지성스럽게 모신 결과였다.

조대비는 어떻게 해서든 왕비가 왕자를 생산하길 바랐고, 그래서 고종에게는 왕비와 가까이 지낼 것을 늘 권했다. 고종 또한 조대비의 그런 권고를 무시할 수 없었다. 아직 나이가 어려 친정을 하지도 못한 상황이었기 때문이다.

하지만 사랑이 억지로 될 수는 없는 노릇이었다. 고종은 조대비의 권고도 민자영의 애원도 뿌리치고 여전히 이순아만 찾았다. 덕분에 이순아는 연이어 임신했다. 또다시 아들을 낳는다면 민자영의 입지는 더욱 약해질 상황이었다. 민자영은 어떻게 해서든 남편의 마음을 사로잡아야 했다. 그리고 이순아가 임신한 그 상황이 기회를 잡을 가장 적기였다. 민자영은 그 기회를 결코 놓치지 않았다. 그리고 남편에 대한 그녀의 애원이 마침내 결실을 보았다.

이순아가 둘째 아이를 임신하고 있던 1870년 여름, 민자영도 아이를 잉태했다. 혼인한 지 4년이 훌쩍 지났고, 그녀의 나이도 이미 이십 대였다. 임신이 더 늦어진다면 남편은 그녀를 더 찬밥으로 만들 것이 분명했다.

민자영이 임신했을 때, 고종도 아내에 대해 조금씩 애정이 싹트고 있었다. 거기다 이제 자신의 아이까지 잉태했으니 남모를 정이 생길 만도 했다. 하지만 민자영은 그 귀중한 아이를 놓치고 말았다. 1870년 12월 17일자 《승정원일기》에는 "중궁이 유산하였다."라고 기록되어 있다.

이렇게 민자영은 첫아이를 잃는 고통을 감내해야 했다. 그러나 아이를 잃었다고 해서 남편까지 잃은 것은 아니었다. 고종은 민자영이 임신한 때부터 조금씩 그녀에게 곁을 내주었고, 그녀가 유산한 뒤로는 애틋한 시선으로 바라보기까지 했다.

원자와 공주를 모두 잃고 절망에 빠지다

민자영이 유산한 이후에 이순아는 아이를 낳았다. 이번에는 딸이었다. 민자영에게는 천만다행이었다. 거기다 민자영은 또다시 임신했다. 다행히 두 번째 아이는 유산되지 않았다. 더구나 아들이었다. 민자영은 마침내 애정 전쟁에서 이겼다고 생각했다. 중전이 직접 아들을 낳았으니, 더 이상 완화군을 세자로 세우자는 말은 나오지 않을 것이라고 판단했기 때문이다.

그러나 민자영의 불행은 결코 사라지지 않았다. 태어난 아이는 왕자였지만 문제가 있었다. 아이가 항문이 막힌 채 태어났다. 요즘 의술이라면 큰 문제가 되지 않았겠지만, 당시 의술로는 해결할 방법이 없었다. 결국 민자영의 두 번째 아이는 변을 보지 못해 죽고 말았다.

고종은 왕자의 죽음을 몹시 애통해했다. 또한 그것은 민자영에 대한 애틋함으로 이어졌다. 그래서 그는 두 번이나 아이를 잃은 아내를 달래기 위해 자주 그녀의 방을 찾았다. 그렇다고 그가 첫사랑 이순아를 완전히 잊었다는 뜻은 아니었다. 고종은 민자영과 이순아를 번갈아 찾았고, 덕분에 두 여인이 모두 임신을 했다.

사실 그동안 민자영에게만 불행이 닥친 것은 아니었다. 이순아도 아이를 잃는 슬픔을 겪었다. 딸을 낳았는데, 태어난 지 얼마 되지 않아 죽은 것이다. 이렇듯 고종은 두 여인 사이에서 연이어 자식을 보았으나, 태어난 아이들은 계속 죽어나갔다.

그런 가운데 민자영이 1873년 2월 13일에 딸을 낳았다. 고종은 공주를 얻어 매우 기뻐했지만, 그 아이 역시 명이 길지 않았다. 태어난 지 불과 8개월 만에 죽고 말았다. 민자영은 이렇듯 세 번이나 연속해서 아이를 잃은 까닭에 깊은 절망에 빠졌다.

그런데 설상가상으로 시아버지 대원군은 더 이상 그녀에게 원자를 기대하지 않고, 영보당의 아들을 원자로 삼으려는 움직임을 보였다. 이에 민자영은 대원군에 대한 강한 적개심을 품게 되었다. 하지만 적개심만으로 대원군을 이길 수는 없었다. 다행히 그녀에게는 또 다른 무기가 생겼다. 그 무기는 바로 임신이었다. 그녀가 임신하자 대원군은 쉽게 이순아의 아들을 원자로 삼자는 말을 꺼낼 수 없었다.

그 무렵 고종 또한 아버지 대원군의 퇴진을 원하고 있었다. 고종은 자신이 스무 살이 넘었는데도 아버지가 권력을 내놓지 않자, 어떻게 해서든 왕권을 되찾을 방도를 모색하고 있었다. 이 때문에 고종과 왕비 민씨는 힘을 합쳐 대원군을 퇴진시킬 방도를 찾기에 이른다. 대원군이라는 공동의 적을 두고 어느덧 고종과 민씨는 한편으로 똘똘 뭉쳐지고 있었다. 그도 그럴 것이, 대원군이 퇴진하면 고종이 의지할 세력은 처가이자 외가인 여흥 민씨 세력밖에 없었다. 이런 현실이 고종이 왕비 민씨에게 의지하게 된 이유였다.

내탕금으로
건청궁을 짓다

- 재위 10년(1873년) 5월 10일, 토목 공사의 비용을 줄여 절약하는 일에 힘쓸 것을 청하는 부호군 강진규의 상소

부호군 강진규가 상소하였다.

"삼가 아룁니다. 신이 듣건대 임금의 직분은 하늘을 대신하여 백성을 다스려 그들을 편안하고 풍족하게 살게 하는 것입니다. 그렇기 때문에 부득이하게 집을 수리하거나 새로 짓는 일이 있더라도 반드시 그 힘을 아끼고 재물을 절약하여, 한 개인의 사사로움을 이루기 위해 천하 백성의 힘을 손상시키는 일은 하지 않는 것입니다. 이것이 요堯 임금이 띠풀로 지붕을 이고 석 자 섬돌을 흙으로 만들었던 이유이고, 우虞 임금이 궁실을 낮게 짓고 좋은 옷을 입지 않았던 이유입니다. 한漢 나라 송宋 나라와 같은 보통 시대의 임금들도 모두 이것을 정치의 요체로 삼았습니다. 한 문제가 노대露臺를 지으려다

그만둔 일이나 송인종宋仁宗이 삶은 양고기를 올리지 못하게 한 일이 역사책에 적혀 미담으로 전해지고 있습니다.

돌아보건대 오늘날 토목 공사가 10년 가까이 진행되고 있습니다. 궁전을 다시 짓고 각사를 수리하고 있습니다. 참으로 이것이 한 번 고생하여 오래도록 편안히 지내려는 계책에서 하는 일이라면, 백성들이 비록 고생스러워도 하지 않을 수 없는 일이고 재물이 고갈되어도 하지 않을 수 없는 일입니다. 그래서 온 나라 사람들이 절름발이나 앉은뱅이나 귀머거리나 장님이나 할 것 없이 즐거이 일터에 나아가 열심히 일하고 있습니다.

그러나 그들의 몸은 피로가 쌓였고, 마음은 지쳐 있습니다. 이러한데 삼가 들으니 건청궁乾淸宮을 짓는 일이 자못 크고 화려하다고 합니다. 이는 가끔 나가실 장소인데, 저렇게 화려하게 지어서 어디에 쓰시려고 비용을 지나치게 낭비하십니까? 더구나 창고에 불이 나 한창 수리하는 중인데, 다시 이렇게 정도에 지나친 공사를 하신다면 백성들의 고생은 더욱 심해지고 나라의 저축은 더욱 바닥나며, 검소한 성상의 덕에도 손상되는 바가 작지 않을 것입니다.

더구나 서울이나 팔도나 작은 일이라고 해서 드러나지 않는 일은 없습니다. 정치에 한 번이라도 잘하는 일이 있으면 만백성이 우러러보고, 정치에 한 번이라도 잘못이 있으면 사방에서 탄식하게 됩니다. 삼가 바라건대 비용을 줄여 절약하는 일에 힘쓰시고, 크고 사치스러운 일은 하지 마소서. 빛나는 덕을 부지런히 닦는 학문에 뜻을 두소서."

이에 답하였다.

"상소를 보고 잘 알았다. 내가 이런 일들을 모르고 있는 것이 아니다.

다만 옛터에 조상의 뜻을 받들어 몇십 칸 집을 짓는 것이다. 내 뜻대로 건물이 거의 완성되었는데, 안에서 경영하고 애당초 유사에게 맡기지 않았던 것은 크고 화려하게 짓지 않으려는 의도였다. 그러나 그대의 말이 이렇게 조목조목 절실하고, 심지어 '만백성이 우러러 보고 사방에서 탄식하게 된다'는 등의 말은 바로 왕가의 제일 중요한 말이다. 내가 어찌 감탄하지 않겠는가. 더욱 가상하게 생각한다."

같은 날, 상소의 격례를 어긴 부호군 강진규를 엄하게 추고할 것을 청하는 승정원.

승정원이 아뢰었다.

"지금 부호군 강진규의 본원에 도착한 상소를 보니, 군직의 직함으로 글을 올린 것이나 가동이 직접 올린 것이나 모두 금령에 저촉되는 것이어서 퇴각해야 마땅하겠으나, 언사에 관계되는 일이라 부득불 봉입하였습니다. 그러나 경책이 없어서는 안 되겠으니, 엄하게 추고하는 것이 어떻겠습니까?"

이에 윤허한다고 전교하였다.

같은 날, 부호군 강진규를 예조 참판에 제수하라는 전교.

전교하였다.

"부호군 강진규를 예조 참판에 제수하라." -《승정원일기》

- 고종 10년(1873년) 8월 19일, 좌의정 강로가 건청궁 공사 비용을 절약할 것을 청하다

시소試所에서 입시入侍하였을 때 좌의정 강로가 아뢰었다.

"재상 강진규의 상소문에 대한 비답을 보고서야 비로소 건청궁을 짓고 있으며, 대내大內에서 그 경비를 대고 유사有司에 맡기지 않았다는 것을 알았습니다. 그리고 대로 합하大老閤下(대원군)의 말씀을

듣고 나서, 어진御眞을 봉안하는 곳으로서 칸수가 매우 적고 그 규모도 화려하지 않을 뿐더러 또한 공한지의 좋은 자리이므로 대로 합하께서 조치를 취하신 일이라는 것을 알게 되었습니다. 비록 그렇기는 하나 신들은 모두 사체로 보아 그렇게 하지 않을 수 없었다는 것을 알고 있습니다마는, 멀리 지방에 있는 사람들은 그 내막을 모르고 틀림없이 10년간 토목공사를 하다가 또 이 공사를 벌이고 있으니 공사가 끝날 날이 없을 것이라고 생각할 것입니다. 그러나 이것은 집집마다 찾아다니며 이야기할 문제가 아닙니다. 전후하여 벌인 2,000~3,000칸에 달하는 거대한 공사에 쓴 비용은 모두 백성에게서 나왔습니다. 이때는 전날보다 곱절 더 절약해야 할 시기이니, 바라건대 전하께서는 깊은 관심을 가지시어 모든 재물의 소비에 대해 절약하기에 더욱 힘쓰소서."

이에 하교하였다.

"진달한 의견이 매우 간절하니, 마땅히 마음에 새겨두도록 하겠다. 그런데 이 궁을 건설하는 데 쓸 비용을 탁지부의 재정에서 쓰지 않고, 단지 내탕전內帑錢(왕실의 개인 자금)만 쓴 것은 또한 내가 될수록 절약하려는 뜻에서였다."

우의정 한계원이 아뢰었다.

"이 궁은 동궐東闕(창덕궁)의 주합루와 서향각을 모방한 것으로서 사체로 보아 그만둘 수 없는 일이지만, 먼 곳에 있는 사람들이 어떻게 이것을 알겠습니까?"

이에 하교하였다.

"참으로 그렇다."

▶ 건청궁 전경. 국가유산청

건청궁의 건설과 그 숨은 의도

당시 고종은 탁지부의 국고가 아닌 왕실의 내탕금으로 경복궁 뒤쪽에 건청궁이라는 새로운 궁전을 짓고 있었다. 이에 대한 소문을 들은 부호군 강진규가 건청궁을 화려하게 짓지 말 것을 상소하자, 고종은 그의 뜻을 받아들였다.

그런데 강진규는 종4품 무관 벼슬인 부호군이었는데, 상소의 어투가 다소 건방지다고 하여 승정원에서 그를 벌줄 것을 건의했다. 고종은 일단 승정원의 건의를 수용한다는 뜻을 보였으나, 곧이어 되레 강진규를 예조 참판에 제수하는 파격적인 인사를 내렸다. 강진규의 말이 옳고 그의 행동이 강직하다고 판단하여 특별히 높은 벼슬로 발탁한 것이다.

이후 약 3개월 뒤, 좌의정 강로가 건청궁을 짓는다는 말을 듣고,

혹시 오랜 경복궁 중건에 이어 또다시 큰 공사를 벌인다는 소문이 날까 염려하여 상소를 올렸다. 강로는 백성들이 그런 오해를 하지 않도록 특별히 절약하며 공사를 진행할 것을 주문했다. 우의정 한계원 또한 같은 뜻을 아뢰었다. 고종은 그들의 염려를 받아들이며 가급적 검소하게 건청궁을 짓겠다고 약속했다.

신하들이 건청궁 건축에 대해 쓴소리를 한 것은 그 시기가 경복궁 중건이 끝난 지 불과 1년 남짓 지난 때였기 때문이다. 경복궁 중건으로 백성들은 부역과 원납전, 당백전, 청전, 화재 등으로 큰 고통을 겪었는데 또다시 궁궐을 짓는다고 하면 원성이 자자할 것이 분명했다. 그럼에도 고종은 왕실 금고인 내탕고에서 자금을 출연하여 건청궁을 세웠다.

건청궁은 경복궁 북쪽 깊숙한 곳, 즉 신무문神武門 부근에 건설되었다. 건청궁의 용도는 왕과 왕비의 거처이자 때로는 외국 사신이나 외교관을 접대하는 장소였다. 그러나 규모는 크지 않았고, 단청도 하지 않아 일반 민가처럼 소박한 형태였다. 전각은 장안당, 곤녕합, 복수당의 세 구역으로 구성되었으며, 총 칸수는 162.5칸이었다.

고종과 왕비 민씨가 왜 갑자기 건청궁을 건설할 계획을 세웠는지에 대한 명확한 기록은 없다. 다만 건청궁의 위치가 경복궁 북문인 신무문 근처의 후미진 곳이었다는 점이 눈에 띈다. 흡사 궁궐 안에 변란이 일어날 경우 북문을 통해 신속히 빠져나가기 위한 피난로를 염두에 둔 듯한 인상을 준다.

건청궁의 건설은 처음에 흥선대원군도 모르게 진행되었다. 대원군이 건청궁 건설 사실을 알았을 때는 이미 절반 이상 완공된 상태였다. 그는 건청궁의 건설 목적을 정확히 알지 못했으나, 이미 왕과 왕비가 추진한 일이었기에 공개적으로 반대하지 않았다.

사실, 건청궁이 세워질 무렵부터 고종과 대원군의 관계는 급속히 틀어지고 있었다. 고종은 이미 스무 살이 넘어 성인이 되었지만, 대원군은 권좌를 내놓지 않았다. 이에 고종은 어떻게든 대원군을 정치 일선에서 물러나게 하고 실질적인 친정親政을 시작할 생각이었다. 이 때문에 부자 간의 긴장이 날로 높아지고 있었다.

이런 상황을 고려하면, 건청궁은 고종과 왕비 민자영이 모종의 정치적 의도를 품고 세운 궁전으로 보인다. 단정할 순 없지만, 그들은 혹시 대원군과의 일전을 대비해 별도의 공간을 마련한 것일 가능성이 높다. 대원군은 경복궁 중건을 직접 지휘했기 때문에 그 내부 구조를 훤히 알고 있었지만, 건청궁은 그의 계획에 없던 건물이었으므로 그 내부 구조를 전혀 알지 못했다. 또한 건청궁이 왜 북문 근처에 세워졌는지에 대해서도 대원군은 짐작조차 하지 못했다.

결국 건청궁은 궁궐 내 비상시 탈출로를 염두에 둔 피신용 공간이었을 가능성이 높다. 말하자면 절체절명의 순간, 즉 대원군이나 정적들이 궁궐을 공격했을 때 궁 밖으로 가장 빠르게 피할 수 있는 통로를 확보하려는 목적이었다.

하지만 훗날 1895년(고종 32년), 을미사변 때 왕비 민자영은 건청궁 곤녕합에서 일본인들에게 붙잡혀 살해된 뒤, 시신이 불태워지는 비참한 최후를 맞이했다. 건청궁이 혹 피신의 목적에 맞게 지어졌다고 하더라도 결과적으로 그 목적을 달성하지는 못한 셈이다.

건청궁은 명성황후가 최후를 맞이한 비극의 현장이자, 또 한 가지 주목할 점은 우리 역사상 최초로 전기 설비가 설치된 건물이었다는 사실이다.

3장. 1867년 ~ 1873년

09

최익현이 대원군을 탄핵하고 왕의 친정을 주문하다

- 고종 10년(1873년) 10월 25일, 동부승지 최익현이 조정의 폐단을 시정할 것을 요구하는 상소문을 올렸다.

  10월 26일에는 최익현의 상소문과 관련하여 좌의정과 우의정이 사직을 청하였고, 10월 27일에는 영돈녕부사 홍순목이 사직을 청하였다. 같은 날 양사와 홍문관에서도 자신들을 규탄하는 글을 올렸다.

  10월 28일에는 호조판서 김세균 등 6조의 판서들이 자신들을 규탄하는 글을 올렸다.

  또한 같은 날 형조참의 안기영과 전 정언 허원식이 최익현을 비난하는 상소를 올렸다. 이에 임금이 의금부에 명하여 안기영과 허원식을 잡아다 유배 조치하였다.

  10월 29일에는 장령 홍시형이 최익현을 지지하는 상소문을 올렸고, 왕은 최익현을 지지한 홍시형의 상소 내용이 옳다고 밝혔다.

최익현의 상소로 온 나라가 들썩이다

1873년 10월 25일에 동부승지 최익현이 조정의 모든 신하를 비판하는 상소를 올렸다. 이 때문에 조정은 물론이고 온 나라가 들썩거렸다. 도대체 최익현의 상소에 어떤 내용이 담겼기에 이토록 난리법석이 난 것일까? 최익현 상소문의 대략은 이러했다.

신은 몇 해 전에 부름을 받고 마지못해 벼슬의 반열에 나왔으나 며칠도 못 가서 까닭 없이 견파譴罷(관원의 실수를 꾸짖어 벼슬에서 쫓아냄)당하였으니, 신의 변변치 못하고 사람답지 못한 것에 대해서는 전하께서도 벌써 환히 알고 계신 바입니다. 그때부터 시골로 물러가서 고생을 달게 받으며 낮은 벼슬자리도 감히 바라보지 못하였는데, 더구나 승지와 같은 훌륭한 벼슬이야 더 말할 것이 있겠습니까? 명을 듣고 나서 놀랍고 황송하여 더욱 죽을 곳을 알 수 없었습니다.
그리고 최근의 일들을 보면 정사에서는 옛날 법을 변경하고, 인재를 취하는 데에는 나약한 사람만을 채용하고 있습니다. 대신과 육경들은 아뢰는 의견이 없고 대간과 시종들은 일을 벌이기 좋아한다는 비난을 회피하고 있습니다. 그리하여 조정에서는 속된 논의가 마구 떠돌고 정당한 논의는 사라지고 있으며 아첨하는 사람들이 뜻을 펴고 정직한 선비들은 숨어버렸습니다.
그칠 새 없이 받아내는 각종 세금 때문에 백성들은 도탄에 빠지고 있으며 떳떳한 의리와 윤리는 파괴되고 선비의 기풍은 없어지고 있습니다. 나라를 위해 일하는 사람은 괴벽스럽다고 하고 개인을 섬기는 사람은 처신을 잘한다고 하고 있습니다. 그리하여 염치없는 사람은 버젓이 때를 얻고 지조 있는 사람은 맥없이 죽음에 다다르게 됩니다.

이런 결과로 인해 위에서는 천재天災가 나타나고 아래에서는 지변地變이 일어나며, 비가 오고 날이 개이고 춥고 덥고 하는 기후 현상에서는 모두 정상적인 상태를 잃었습니다. 바로 이러한 때에는 아무리 노련하고 높은 덕망으로 세상 사람들의 추대와 신망을 받는 사람으로 하여금 이 일을 담당하게 하더라도 오히려 견제당하고 모순에 빠져 힘을 쓰기가 쉽지 않을 것인데, 더구나 신과 같이 본바탕이 어리석고 학식도 전혀 없는데다가 외롭고 약하여 어찌할 수 없는 사람으로서야 더 말할 것이 있겠습니까?

이제 만약 전하의 총애만 믿고서 본분에 지나친 것을 삼가라는 경계와 복이 지나치면 재앙을 당한다는 교훈을 생각하지 않고 벼슬 반열에 끼어 따라다니고 길가에서 떠들어대며 의기양양하게 자족하면서 아무것도 꺼리는 바가 없이 처신한다면 또한 사람들의 드센 비방과 무엄하고 불경스럽다는 주벌이 잇따라 일어나게 될지 어떻게 알겠습니까? 이 때문에 신이 머뭇거리고 주저하면서 달려 나가고 싶어도 감히 그렇게 하지 못하는 것입니다.

이 내용은 조정의 중추인 대신과 육조 판서는 물론이고 사헌부와 사간원, 홍문관 등의 삼사와 성균관의 유생들에 이르기까지 사그리 비판한 것이었다. 그리고 결과적으로 그의 화살은 조정을 이끌고 있던 흥선대원군을 향한 것이었다.

그런데 고종은 최익현의 상소문을 극찬하며 이런 비답을 내렸다. "그대의 이 상소문은 가슴속에서 우러나온 것이고 또 나에게 경계를 주는 말이 되니 매우 가상한 일이다. 감히 열성조列聖朝(여러 대의 임금의 시대)의 훌륭한 일을 계승하여 호조 참판으로 제수한다. 그리고 이렇게 정직한 말에 대하여 만일 다른 의견을 내는 사람이 있다면 소인이 됨을 면하지 못할 것이다."

조정의 현실을 개탄하는 상소문을 올린 최익현에 대해 고종은 나무라기는커녕 오히려 칭찬을 아끼지 않고 호조 참판 벼슬까지 내렸던 것이다. 이는 곧 조정을 이끌고 있던 아버지 대원군에게 노골적으로 '이제 그만 권좌에서 내려가시라'는 말을 한 것과 같았다.

사실, 최익현이 흥선대원군의 정책을 비판한 것은 처음이 아니었다. 최익현은 이미 대원군이 경복궁을 중건한 지 얼마 되지 않았을 때부터 당백전當百錢을 비롯한 여러 정책을 매우 강력하게 규탄했었다. 최익현이 그 상소문을 올린 것은 사헌부 장령으로 있던 고종 5년(1868년) 10월 10일이었다. 상소문의 핵심은 네 가지였는데, 첫째는 토목공사를 중지하는 것, 둘째는 백성들에게 가혹한 세금으로 인식되는 원납전願納錢을 중지하는 것, 셋째는 당백전當百錢을 혁파하는 것, 넷째는 백성들이 한성에 들어올 때 받는 문세門稅를 폐지하는 것이었다.

이에 대해 고종은 이렇게 비답했다.

"네 가지 조항으로 진달하여 권면한 것은 실로 나라를 사랑하고 임금을 걱정하는 정성에서 나온 것이니 매우 가상하다. 그러나 토목 역사는 형편상 그만둘 수 없어서 그런 것이다. 문세를 거두는 것은 옛날에도 그런 예가 있어서 그런 것이다."

최익현의 말은 옳으나 현실적으로 어쩔 수 없이 행하는 정책들이라는 대답이었다. 당시에 고종이 그런 변명을 할 수밖에 없었던 것은 왕권을 실제로 행사하는 존재가 자신이 아닌 대원군이었고, 그는 대원군의 정책이 옳다고 믿고 있었기 때문이었다.

하지만 5년이 지난 1873년엔 고종의 반응이 완전히 달라졌다. 최익현의 말을 호응하는 것을 넘어 마치 자신의 의견인 것처럼 행동했던 것이다. 그러니 최익현을 비판하는 자들을 그냥 둘 리가 없었다. 3일 뒤에 형조 참의 안기영과 전 정언 허원식이 최익현의 상소를 비판하자, 고종은 이렇게 반응했다.

"안기영과 허원식의 상소를 보니 모두 정직한 말을 한 사람을 해치는 것이었다. 어찌 이런 신하의 도리가 있을 수 있겠는가? 생각이 여기에 미치고 보니 통분하기 그지없다."

고종은 곧 의금부에 명령하여 안기영과 허원식을 잡아들이게 한 후 유배 조치하였다. 또 성균관 유생들이 최익현의 상소문에 자신들을 비난하는 글이 있다 하여 성균관에 나오지 않자, 그들을 다독여 성균관으로 나올 것을 주문했다. 또 다음 날엔 사헌부 장령 홍시형이 최익현의 상소를 지지하는 상소를 올리자, 고종은 홍시형의 상소가 옳다고 밝히기까지 했다.

최익현이 재차 상소를 올려 대원군을 탄핵하다

고종의 지지에 힘을 받은 최익현은 11월 3일에 재차 상소를 올려 흥선대원군의 정책을 노골적으로 비판하고, 왕이 직접 정사를 챙길 것을 주문했다. 말하자면 흥선대원군을 직접 탄핵한 셈인데, 그 내용은 이러했다.

이른바 호전胡錢(청전, 청나라 돈)을 혁파하지 않을 수 없다는 것은, 신이 삼가 생각하건대 중화中華와 오랑캐를 엄하게 구별하며 통분함을 참는 마음을 보존하는 것은 효종과 문정공文正公 송시열宋時烈이 전해준 심법心法으로써 그 공로는 공자나 주자의 공로와 같다고 할 수 있습니다.

선정先正이 오랑캐들의 물건매매를 금지하였던 일로 보면 호전을 쓰는 것은 역시 옛적 회계에서 신하 노릇하고 첩 노릇한 수치를 잊거나, 음양의 향배에 관한 구분에 어두운 것이니, 정사에 펴서 일에 폐해를 끼친 것이 이미 심하였습니다.

그리고 신은 전날에 벌써 당백전을 폐지할 것을 청한 바 있는데 오랑캐 돈의 폐해는 당백전보다도 심합니다. 당백전의 폐해는 모든 물건들이 유통되지 못하게 하고 오랑캐 돈의 폐해는 모든 물건을 고갈시키고 있습니다. 당백전의 폐해는 마치 속이 결리고 아픈 증세와 같아서 배를 씻어 내리는 약을 써서 내려가게 하면 전과 다름없이 나아지지만, 오랑캐 돈의 폐해는 설사증과 같아서 원기가 날로 빠지는데 그것이 다 빠지면 죽어버리게 되니 두려워할 만한 일이 아니겠습니까?

의도로 보아도 그렇고 이해관계를 보아도 또한 이러하니 상평통보常平通寶를 다시 쓰는 문제는 단 하루도 늦출 수 없는 일입니다. 삼가 바라건대 전하께서는 유념하여 맑게 살피소서.

이 성헌成憲(성문헌법)을 변란시키는 몇 가지 문제는 실로 전하께서 어려서 아직 정사를 도맡아보지 않고 계시던 시기에 생긴 일이니, 모두 전하 자신이 초래시킨 것도 아닙니다. 다만 일을 책임진 관리들이 전하의 총명을 가리고 제멋대로 권세를 부린 결과 나라의 기강이 모두 해이되게 되었고, 오늘날의 폐해를 초래케 하였습니다.

삼가 전하께서는 지금부터 임금이 권한을 발휘하고, 침식을 잊을 정도로 깊이 생각하고 부지런히 일할 것입니다. 그리하여 속론과 사설에 이끌리지 말고 가까이 돌거나 권세 있는 관리들에게 속지 말며, 기를 부리는 현상이 없게 하고 본래의 마음을 깨끗이 가지며 욕심을 깨끗이 다하여 하늘의 이치가 유행되게 할 것입니다.

정령政令을 내려 조치함에 있어서 응당 집행해야 할 것은 사나운 우레나 바람과 같이 드세게 시행하며, 응당 제거하여야 할 것은 제거하고 쇠를 끊듯이 단호하게 잘라버려야 할 것입니다. 그리하여 자주 명령을 내려 조신朝臣들을 정신 차리게 만들고, 의혹함이 없는 원칙을 세우고 덕을 수양하는 책임은 어진 스승에게 맡기고, 관리들을 등용하고 물리치며 음양을 조화롭게 하는 책임은 정승들에게 맡기고, 임금의 부족한 점을 도와주고 잘못을 바로잡아주는 책임은 사헌부와 사간원에 맡길 것입니다.

임금을 위하여 토론도 하고 사고도 하며, 임금을 바른말로 깨우쳐주는 책임은 유신들에게 맡기며, 군사를 훈련하고 선발하며 외적을 막는 일은 절도사節度使들에게 맡기고, 돈과 곡식의 출납과 군사비용에 대해서는 유사有司에게 맡기고, 효도가 있고 청렴한 사람을 뽑으며 선비들을 거두어들이는 일은 감사에게 맡길 것입니다.

다만 이러한 지위에 있지 않고 다만 종친의 반열에 속하는 사람은 그 지위만 높여주고 후한 녹봉을 줄 것이며, 나라의 정사에 관여하지 못하게 하면서 《중용中庸》에서 아홉 가지 의리에 대한 교훈과 직분에서 벗어나 정사를 논하는 데 대한 《논어論語》의 경계를 어기지 말고 잊지 말아 날로 새로워지고 또 새로워지도록 하소서.

이미 썩은 윤리를 다시 펴고 위태로운 나라의 형편을 안정시킨다면 백성들은 태평세월을 즐기게 되고 종묘와 사직은 만년의 향사享祀를 누릴 것입니다. 그리고 전하께서 당요唐堯나 우순虞舜과 같은 임금이 되면, 대소와 원근을 막론하고 모두 다행으로 여기지 않는 이가 없을 것입니다.

미미한 신이 비록 시휘時諱에 저촉되고 뭇사람들의 노여움을 범하였으니, 천만번 죽더라도 구구한 광영이 가문에 흘러넘칠 것입니다. 신은 임금을 아끼고 나라를 근심하는 지극한 심정을 금할 수 없습니다.

상소문의 핵심은 첫째 청전(청나라 돈)을 혁파하는 것, 둘째 정사를 임금이 직접 챙기라는 것, 셋째는 종친은 나라의 정사에 관여하지 못하게 하라는 것 등 세 가지였다. 여기서 세 번째에 해당하는 내용은 바로 대원군의 정사 간섭을 금지시키라는 뜻으로, 대원군을 직접 탄핵한 셈이다.

고종은 최익현의 이 상소를 받아들여 청전의 유통을 금지하고, 자신이 직접 정사를 처리하겠다며 친정을 선포했으며, 운현궁과 경복궁을 통하는 문을 폐쇄하여 흥선대원군의 출입을 막아버렸다.

하지만 고종의 친정을 촉구하고 대원군을 탄핵한 최익현은 상소문의 내용이 다소 과격하다는 비판을 받고 제주도로 유배되었다. 사헌부와 사간원, 그리고 대신들이 최익현을 더욱 강력하게 처벌할 것을 요구했지만, 고종은 최익현이 시골 사람이라 언변이 순하지 못했을 뿐 악의는 없다면서 제주도 유배로 처벌을 한정시킨 결과였다.

한편, 당시 이 사건에 대해 황현은 《매천야록》에 다음과 같이 정리하고 있다.

최익현은 본관이 경주인데, 포천에서 대대로 살았다. 이항로의 문하에서 배웠으며, 철종 연간에 명경과에 급제했다. 신창 군수로 나가서는 선정을 베풀었다고 한다. 그 후로 집에 있으면서 오랜 기간 벼슬하지 못했다.

계유년(고종 10년) 겨울에 항소를 올려 운현(대원군)을 배척하여 권신으로 지목하기에 이르렀으나, 임금은 곧 온화한 비답을 내렸다. 운현은 울분과 노여움을 참을 수 없어 문을 닫고 일처리를 사절했지만, 임금은 문안 인사도 하지 않았다. 이윽고 또 스스로 임금 앞에 이르러 두루 자기의 노고를 아뢰었지만, 임금은 말없이 잠잠하였다.

갑술년(1874년, 고종 재위 11년) 봄에 대원군이 운현궁에서 나와 양주의 직동으로 갔는데, 임금의 은덕과 예우가 점차 쇠퇴하였다.

황현은 또 《매천야록》에 흥선대원군의 10년 통치에 대해 다음과 같은 평을 남겼다.

운현(흥선대원군)은 태공太公(임금의 아버지)으로서 총재의 일을 행사했으니 직접 남면南面(남쪽으로 향해 바라본다는 뜻으로, 북쪽에 앉은 임금을 일컬음)을 한 것은 아니었으나 엄연히 섭정을 한 것이다. 이 10년 동안은 나라에 큰 일이 없었다. 이는 천 년에 두 번 올 수 없는 기회였으니 가히 크게 일을 할 수 있을 때였다.

그러나 운현은 장김壯金(안동 김씨 김조순 가문)의 부귀를 몹시 부러워하고 군침을 삼키다가 하루아침에 소원을 이루니 음탕하고 사치와 교만에 빠져 탐욕스러웠으며, 형식에 구속되지 않고 뜻만 커서 스스로 방자하게 군 것이 장김을 보는 것보다 더 지나쳤다.

한갓 토목공사에만 이리저리 정신을 쏟고 사색당파를 편들기로 10년 사업을 삼았으니 1,000년 뒤에 반드시 이 일에 탄식하고 깊이 통탄하는 사람이 있을 것이다.

2.

개방의 시대

1874년 ~ 1887년
(고종 재위 11년 ~ 재위 24년)

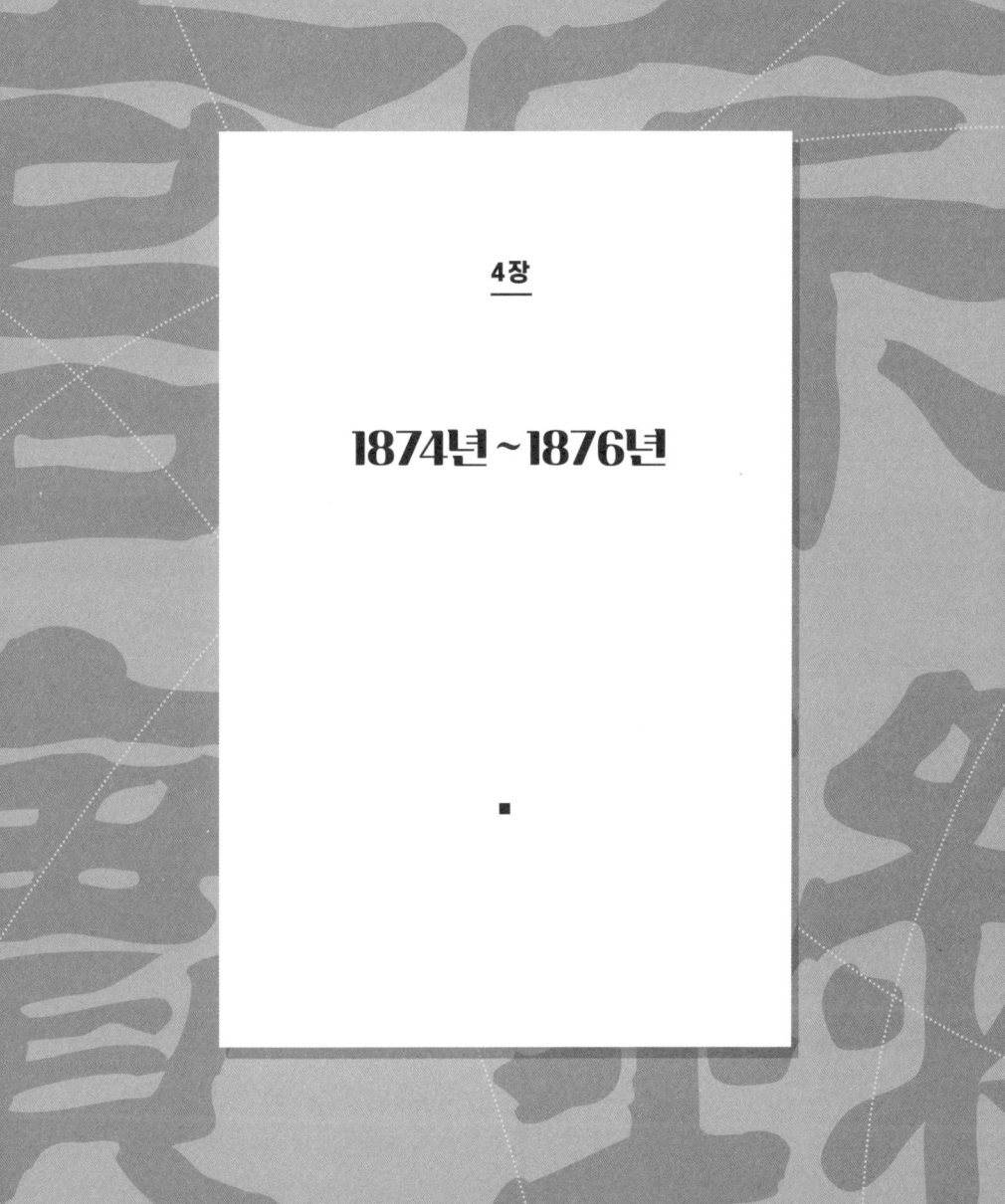

4장

1874년~1876년

4장. 1874년 ~ 1876년   01

한성 4대문의 문세를 폐지하고
청전 통용 금지령을 내리다

- 고종 11년(1874년) 1월 6일에 청나라 돈의 통용을 폐지시키다

  전교하였다.

  "청나라 돈을 당초에 통용한 것은 그렇게 하지 않을 수 없는 일이었는데, 지금에 이르러 날이 갈수록 물건은 귀해지고 돈은 천해져서 지탱할 수 없다고 한다. 민정民情(백성의 사정)을 생각하면 비단옷과 쌀밥도 편안하지 않으니 즉시 변통하는 것은 또한 그렇게 하지 않을 수 없는 일이다.

  이제부터는 청나라 돈을 통용하는 것을 전부 혁파하라. 묘당에서 팔도八道와 사도四都(한성, 개성, 평양, 경주)에 행회行會(퍼뜨리고 논의하여 시행하게 하다)하라."

  또 전교하였다.

  "각영各營과 각사各司의 정월분 공납은 모두 청나라 돈으로 특별히

봉납하도록 하고, 2월분부터는 관례대로 상평전으로 봉납하도록 분부하라."

청전 통용 금지령에 따른 대책회의

1874년 1월 6일에 고종은 전격적으로 청전 유통을 금지시켰다. 이는 최익현이 흥선대원군을 탄핵할 때 내세운 주장을 수용한 조치였다. 최익현은 청전 폐지를 주장하기 전에 대원군이 발행한 당백전의 폐지도 주장하여 관철시키기도 했다. 최익현은 청전의 유통으로 인한 폐해를 당백전의 폐해와 비교하며 이렇게 주장했다.

"신은 전날에 벌써 당백전을 폐지할 것을 청한 바 있는데, 오랑캐 돈의 폐해는 당백전보다도 심합니다. 당백전의 폐해는 모든 물건들이 유통되지 못하게 하고, 오랑캐 돈의 폐해는 모든 물건을 고갈시키고 있습니다. 당백전의 폐해는 마치 속이 결리고 아픈 증세와 같아서 배를 씻어 내리는 약을 써서 내려가게 하면 전과 다름없이 나아지지만, 오랑캐 돈의 폐해는 설사증과 같아서 원기가 날로 빠지는데, 그것이 다 빠지면 죽어버리게 되니 두려워할 만한 일이 아니겠습니까? 의도로 보아도 그렇고 이해관계를 보아도 또한 이러하니 상평통보를 다시 쓰는 문제는 단 하루도 늦출 수 없는 일입니다."

최익현의 주장을 해석하자면, 당백전은 조선에서 주조하여 유통하는 것이라 주조를 중단하면 폐해를 없앨 수 있지만, 청전은 중국에서 주조하는 것이므로 마음대로 주조하거나 조절할 수 없는 문제가 있었다. 이 때문에 청전의 폐해를 그대로 두면 아예 돈이 유통되지 않고 물물교환이 일반화되는 사태가 벌어져, 화폐가 유명무실해질 것이라는 주장이었다.

최익현의 주장은 매우 지당한 말이었다. 청전은 조선의 돈인 상평통보에 비해 구리가 많이 부족한 엽전인데, 상평통보와 같은 가치로 유통되었기 때문에 백성들은 청전을 신뢰하지 않았다. 이 때문에 청전으로 물건 거래가 되지 않았지만 상평통보는 시장에서 자취를 감췄으니, 돈으로 물건을 살 수 없는 상황이 초래된 것이다. 이런 사태가 지속되면 상품 거래는 물론이고 세금을 걷는 것이나, 돈을 풀어 시장을 조정하는 것도 불가능한 상황에 이를 것이 뻔했다.

고종은 최익현의 이 주장을 옳게 여기고 과감하게 청전의 유통을 금지시킨 것이다. 물론 이에 따른 경제적 손실과 충격은 엄청날 것이 뻔했다. 그간 거둬들인 수백만 냥의 세금이 모두 청전이었고, 민간에서 유통되고 있는 돈의 절대량이 청전이었기 때문이었다.

이런 사실을 잘 알고 있던 호조의 판서와 관리들은 청전 유통 금지로 인한 충격을 감당하기 쉽지 않을 것이라며 에둘러 고종에게 청전 유통 금지 명령을 거둬주길 기대했다. 하지만 고종의 입장은 단호하고 분명했다. 절대 명령을 거둘 수 없다는 것이었다.

의정부 대신들 또한 고종의 입장을 따랐다. 다만 청전 폐지로 인한 후폭풍을 어떻게 막을 것인가에 대한 대책이 절실했다. 의정부에서 그 대책 중 하나로 먼저 지방에서 쓸 돈들은 지방에서 알아서 하도록 하교할 것을 주청했다.

"청나라 돈을 혁파하고 상평전으로 2월부터 상납할 일로 방금 하교를 받들어 팔도와 사도四都(한성, 개성, 평양, 경주)에 행회하였습니다. 당초에 쓰다가 이제 와서 변통하는 것은 모두 백성을 위한 성상의 뜻으로 위를 덜어서 아래에 보태주는 정사를 누군들 흠앙하지 않겠습니까? 하지만 경비가 군색해지는 것도 생각하지 않을 수 없습니다. 서울과 지방의 수용需用(관아에 쓸 물품 비용)과 지방支放(관아 일꾼에게 주는 봉급)은 따로 방편을 모색하여 성상의 덕의德意를 받들어 나가라고 호조와 선혜청 및 각 군문軍門, 각 아문에 분부하는 것이 어떻겠습니까?"

사실, 당시 전국 각처에 관아에서 올라오는 세금 봉납은 모두 청전으로 이뤄졌고, 그 때문에 국고엔 청전만 잔뜩 쌓여 있는 형편이었다. 그러니 청전을 금지할 경우 재정이 턱없이 부족했다. 이에 우선 지방 관아에서 쓸 돈을 지방에서 알아서 하도록 명령을 내려달라는 것이었다.

의정부에서 이런 요청을 한 데엔 이유가 있었다. 당시 지방 관아 중 상당수는 백성들에게 걷는 세금은 상평전으로 받고 국고에 봉납할 때는 청전으로 올리는 경우가 많았다. 물론 청전만 유통하는 지방도 있었지만, 많은 지방에서는 상평전을 관고에 넣어두고 청전만 봉납했다. 의정부는 이런 상황을 알고 지방에서는 가지고 있는 상평전으로 알아서 유지하라고 한 것이다. 그런데 문제는 청전을 유통하는 지방도 많다는 것이었다. 그런 지방 관아에 대해서는 사실 대책이 없었다. 거기다 이미 청전 유통에 익숙한 백성들의 혼란을 어떻게 해결할지도 큰 문제였다.

우의정 박규수가 그 점을 염려하며 이렇게 말했다.

"청나라 돈을 통용한 것은 대체로 한때의 임시변통에서 나온 것이지만, 7~8년 이래로 흘러나온 것이 많은 상황에서 돈은 천해지고 물건은 귀해지는 현상이 자연히 날로 심해져, 가난한 사람이건 부자이건 모두 곤란하여 민심이 황급해 하고 있습니다.

그러나 끝내 감히 갑자기 폐지할 것을 의논하지 못한 것은 진실로 서울과 지방의 공화公貨(관청의 재화)가 모두 청나라 돈으로 쌓여 있어서 일단 혁파한 후에 보충할 대책이 없고, 모두 쓸모없는 것이 되고 말 것이기 때문이었습니다.

이번에 단호하게 용단을 내려 내탕고에 쌓인 것이 어떻게 되든 관계하지 않고 하루아침에 혁파해 버렸습니다. 명을 들은 날에 부녀자와 노인, 어린아이 할 것 없이 우레 같은 환성을 질렀으니, 이것은 참으로 지난 역사에서는 보기 드문 성대한 조치입니다.

그러나 공화는 끝내 쓸 밑천이 없고 백성들의 재물은 유통되는 이로움을 보지 못하게 되니, 이것이 눈앞에 닥친 절급한 근심입니다."

그러면서 박규수는 나름의 방책을 내놓았다.

"민간의 재화의 통로가 막힘이 없는 다음에야 관청에서 쓸 비용이 점차 열려 수송되는 길이 있게 될 것입니다. 만약 재화의 통로가 유통되게 하고자 한다면 그대로 내버려 두는 것만 한 것이 없습니다. 만약 그렇게 하지 않고서 물화의 출입을 혹 구속하거나 값의 고하를 조종하게 되면 백성들이 이해관계를 따져서 점차 의구심을 품게 되어 교역하는 길이 이로부터 순조롭지 못하게 될 것입니다.

옛사람이 말한 바 부디 소요하게 하지 말라고 한 것은 이것을 두고 한 말입니다. 신의 생각에는 경조京兆(서울)의 오부五部에 엄하게 경고하여 혹시라도 교역하는 즈음에 물가를 규찰하거나 조종하지 말게 하고, 형조와 포도청에서 저자의 매매를 간섭하는 것에 이르러서는 본디 직장職掌(담당자)이 아닌 만큼 다시는 월권하는 일이 없도록 하라고 아울러 신칙하는 것이 어떻겠습니까?"

박규수는 관아에서 시장에 관여하지 말 것을 주문한 것이다. 말하자면 시장의 원리에 맡겨둠으로써 자연스럽게 가격이 조정되고, 그에 따라 청전 유통의 금지로 인한 후폭풍이 자연스럽게 해결되도록 유도해야 한다는 뜻이었다.

고종도 박규수의 말에 동의하며 하교했다.

"물건 값의 높낮이를 지정해 주어서는 안 된다. 백성들에게 맡겨두면 자연히 유통될 것이다."

영의정 이유원 또한 동의했다.

"물건 값의 조종은 행할 수 없는 정사입니다."

이렇게 왕과 의정부 대신들은 일단 시장의 흐름에 맡겨두면 자연스럽게 청전의 금지에 따른 후폭풍이 사라질 것을 기대했다.

하지만 이런 그들의 기대는 매우 무책임한 처사일 수도 있었다. 박규수는 그 점을 염려하여 또 하나의 대책을 내놓았다. 박규수가 내놓은 대책은 돈을 더 주조해야 한다는 유언비어를 퍼뜨리는 자들을 강력하게 규제해야 한다는 것이었다.

고종은 그 의견에 동의하면서 이렇게 말했다.

"내가 일찍이 《사기史記》를 보건대, 돈을 주조할 때에는 물건값이 언제나 대부분 뛰어올랐다. 이것은 다름이 아니라 생산되는 물건은 한정이 있고 돈이 나오는 것은 헤아릴 수 없기 때문이다. 이러한 잡된 말을 위에서 해당 법령이 없다고 해서 아래에서 감히 멋대로 헤아려 한단 말인가? 경조에 분부하여 엄하게 징계하라."

그 말에 이어 박규수가 청전 유통 금지에 따른 또 하나의 대책을 내놓았다.

"이번에 폐지한 청나라 돈은 바로 하나의 쓸모없는 물건입니다. 간간이 분쇄하여 녹여서 집물을 만드는 등 본래 자연에 맡겨야 하는

데, 관고官庫(관청의 창고)에 쌓여 있는 것에 이르러서는 만일 조금이라도 변통할 길이 있다면 시험해 보는 것도 무방합니다.

매번 연사年使나 별사別使의 행차에 드는 여비와 잡비로 서울과 지방에서 제급하는 것이 그 수량이 적지 않으며, 은화銀貨로 바꿔서 사용하는 것도 또한 많습니다. 이제 만약 청나라 돈으로 제급하여 북경으로 들어가는 비용으로 삼으면 저들 돈은 본고장으로 돌아가 해마다 줄어들 것이오, 우리 돈은 그대로 관고官庫(관청의 창고)에 있게 되어 해마다 남게 될 것이니 이것은 시험해 볼 만한 일입니다. 다만 돈과 은의 절가折價(교환 비율)가 어떠하며, 운반하는 데 소모되는 비용이 어떠한지는 의주와 책문의 사정에 정통한 사람이 아니고서는 어림짐작으로 결정할 수가 없습니다. 영상領相(영의정)이 지금 사역원 도제거의 직함을 띠고 있는 만큼 일을 잘 알고 있는 역원譯員(통역관)에게 가부를 널리 문의하여 품하도록 하는 것이 어떻겠습니까?"

박규수는 조선의 관고와 국고에 쌓인 청나라 돈을 청나라에 사용하는 비용으로 쓰자고 제안한 것이다. 매우 현명한 방법이었다. 전국적으로 수백만 냥이나 쌓여 있는 청나라 돈을 부숴서 다른 물건을 만드는 데 쓰는 것은 너무 손실이 크니, 어차피 해마다 청나라에 가서 써야 하는 돈이 많은 만큼 그럴 경우에 한정해서 사용하자는 기발한 의견이었다.

하지만 쉽게 실행할 수 있는 문제는 아니었다. 문제는 수백만 냥이나 되는 돈을 청나라로 수송하는 것이었다. 그래서 이유원이 이런 염려를 보탰다.

"저들 땅으로 말하면 은을 가지고 돈을 바꾸기는 쉽지만, 돈을 가지고 은을 바꾸기는 어렵습니다. 지금 저들 땅으로 멀리 내보내자는 논의는 적당하지 않은 것은 아니지만, 순조롭고 편리할지는 알 수 없습니다. 가령 저들 땅에서 공적으로 쓰는 은가銀價(은의 가격)로 1만 냥을 지급하는 것으로 말한다면, 지금 경사京司(중앙 관청)에 있는 청나라 돈이 못 돼도 300만 냥은 되니, 비록 해마다 지급하더라도 어느 세월에 끝이 나겠습니까? 설혹 이것을 가지고 가더라도 이곳에 쓰지 않는 물건을 저들 땅에선들 어찌 안심하고 받아서 은화로 바꾸어 줄 리가 있겠습니까?

대체로 이번의 혁파는 대성인의 크고 광명한 정사에서 나온 것으로써, 억만 백성들이 모두 기뻐서 춤을 추고 있는데, 이제 어찌 사소한 이해 때문에 종전대로 쌓아두고 해마다 풀어 써서 백성들로 하여금 국법을 엿보게 해서야 되겠습니까? 만약 계속해서 이렇게 한다면 하루이틀, 한 해 두 해 지나면서 자연히 다시 변통해야 할 우려가 있게 될 것인데, 이것을 어찌 상세히 의논하여 조처하지 않을 수 있겠습니까? 신의 생각에는 결단코 이렇게 해서는 안 된다고 봅니다."

이유원의 말도 틀린 것은 아니었다. 원래 청전은 청나라에서 몰래 가지고 나온 것이었다. 때문에 청으로 가지고 들어간다면 또 몰래 가지고 가야 하는데, 그것이 가능한 일인가 하는 반문이었다. 또한 그럴 경우 계속 국고에 청전을 쌓아두고 사용하게 되는데, 그리되면 다시 청전이 유통되는 결과를 낳을 것이라는 염려였다.

고종도 이유원의 말을 옳게 여겼다. 그래서 박규수에게 물었다.

"그렇다면 지금 있는 청나라 돈을 어떻게 조처해야겠는가?"

박규수가 대답했다.

"만약 그것이 염려된다면 전부 녹여서 덩어리로 만들어 쌓아두었다가 사용할 방도를 모색하는 것도 안 될 것은 없습니다."

"몽땅 녹여도 되겠는가?"

그러자 이유원이 대답했다.

"창고의 돈도 공화公貨(공공의 재화)인 만큼, 아래에서 마음대로 청하기는 어렵습니다. 오직 어떻게 처분하는가에 달려 있습니다."

이에 고종이 하교했다.

"장부掌簿의 책임진 신하와 충분히 의논해서 처리하겠다."

부족한 재정을 마련할 방도를 강구하다

청전을 제외하면 사실 국고는 텅텅 비게 된다는 것을 고종은 잘 알고 있었다. 그래서 영의정 이유원에게 고종이 물었다.

"호조, 선혜청과 각사, 각영에 선별해 둔 우리 돈의 수량이 얼마나 되는가?"

고종이 말하는 '우리 돈'이란 곧 상평통보를 의미했다.

이유원이 대답했다.

"호조에 800냥 있다는 것을 신이 들어서 알고 있으나, 이외의 것은 듣지 못하여 아직 모릅니다."

그러자 호조판서 김세균이 덧붙였다.

"호조에 지금 있는 것 가운데서 상평전은 따로 둔 것이 없습니다. 현재 남아 있는 것 중에서 먼저 받아둔 지 좀 오래된 것 중에서 1만 1,500냥을 선별하고 나니, 남은 상평전은 800여 냥에 불과하였습니다."

800냥이면 지금 돈으로 많아야 4,000만 원이다. 국고가 그 정도

이니, 당장 염려스러운 것이 궁궐에서 쓸 경비였다. 그래서 고종은 어디서 돈을 융통할 수 있을지 물었다.

이유원이 대답했다.

"돌아보건대 지금 경비가 너무나 염려스럽습니다. 호조에서는 날마다 소비되는 비용도 이어댈 길이 없으며, 각사와 각영에 대해서 말하면 날마다 떼 줄 것을 청하지만 신은 조처할 대책이 없으니 황공하기 그지없습니다."

그러자 고종이 궁금한 듯 물었다.

"지금 전국에서 쓰고 있는 상평전의 숫자는 얼마나 되는가?"

이유원이 대답했다.

"호조 당상과 선혜청 당상이 알 수 있겠지만, 적어도 1,000만 냥은 밑돌지 않을 것입니다. 그러나 근래에 대부분 소비해 버렸습니다."

천만 냥이면 엽전 10억 개였다. 고종은 그 10억 개 중 일부를 국고로 환수할 방도를 모색하라고 일렀다. 돈을 회수할 방도는 한 가지였다. 국고에 쌓인 쌀을 민간에 풀고 돈을 거둬들이는 것이었다. 당시 쌀 한 섬이 대충 석 냥이었으니, 국고에 있는 십만 섬을 풀면 일단 30만 냥의 상평전을 확보할 수 있다는 것이 고종의 계산이었다.

하지만 국고와 관고에 쌀이 충분치 않았다. 대개는 국가 경비로 쓸 것이었기에 함부로 방출할 수 없었다. 또한 환곡미를 거둬들인다 해도 짧은 시일 안에 해결할 수 없는 일이었다. 호조판서 김세균이 그런 말들을 늘어놓으며 고충을 토로했다.

고종은 자신이 직접 장부를 확인해 보니, 관서 지방의 환곡에서 빼올 수 있는 분량이 있다고 지적했다. 하지만 고종은 그것이 그저 기록상으로만 있는 것임을 몰랐다. 사실, 그 장부에 적힌 쌀들은 모두 기록에만 있고 실제 창고에는 없는 것들이었다. 호조판서가 그런 내용을 아뢰자, 고종은 계면쩍은 듯 말했다.

"나는 곡식이 있는 줄로 알았다."

그러면서 고종은 이렇게 덧붙였다.

"잘 절약해 쓰면 경비가 충족될 것이다. 지금 경비가 한시 급하니 속히 관문을 보내야 한다."

사실, 절약하면서 돈을 회수할 시기를 기다리는 것 외에 다른 방도는 없었다. 하지만 고종과 대신들은 모두 청전을 다시 사용할 생각은 없었다. 그만큼 청전의 유통에 의한 폐해가 극심했기 때문이다.

5년 만에 완전히 회복된 국고

청전 유통을 금지하기 전에 고종은 먼저 강화도에서 거둬들이는 연강세沿江稅와 도성 문을 지날 때 내는 문세門稅를 모두 폐지했다. 물론 이 세금들의 폐지도 최익현의 주장 중 하나였다. 최익현이 그런 주장을 한 것은 연강세와 문세에 대한 백성들의 원성이 대단했기 때문이다. 이들 세금은 대원군이 경복궁 중건 비용을 마련하기 위해 임시로 만든 세금이었는데, 경복궁이 완성된 뒤에도 계속 거둬들이고 있었다. 고종은 이에 대한 백성들의 원성이 자자함을 인식하고, 청전 유통 금지에 앞서 이를 폐지시켰던 것이다.

청전의 폐지와 연강세, 문세 등의 폐지는 백성들의 호응을 받았지만, 국가 재정엔 크나큰 어려움을 초래했다. 그럼에도 고종은 꿋꿋하게 자신의 정책 노선을 밀고 나갔다. 이후 비록 재정 부정에 시달리긴 했지만 몇 년 지나자 청나라 돈은 거의 사라졌고, 청전에 의한 폐해도 일소되었다. 또한 국고에 있던 청전의 상당량은 녹여서 그릇이나 물품을 만들어 팔게 함으로써 부족한 재정을 메우기도 했다.

이후 국고에 남아 있던 청전은 여러 방도로 사용되었고, 부족한 국고는 점차 회복되었다. 청전 통용 금지령이 내려진 지 5년 뒤의 국고 상황은 1879년 1월 30일의 기록에 이렇게 적혀 있다.

"경각사와 각 영에서 무인년의 겨울 3개월간의 회계부를 바쳤다.

서울의 각사와 각영에서 무인년(1878년)의 겨울 3개월간의 회계부를 바쳤다. 호조, 양향청, 선혜청, 병조, 훈련도감, 금위영, 어영청, 총융청에 현재 있는 황금은 144냥 5전 1리, 은자는 9만 8,309냥 6전 5분, 전문錢文은 29만 3,594냥 남짓, 청전은 644냥 남짓, 목木은 422동同 30필疋 남짓, 포자布子는 296동 14필 남짓, 미米는 4만 4,138석 남짓, 태太는 1만 1,254석 남짓, 전미田米는 4,003석 남짓, 직稷은 4석 남짓, 정조正租는 168석, 모맥牟麥은 486석 남짓이다."

청전 폐지 5년이 채 되지 않은 상황에서 골칫거리였던 청전은 이제 불과 644냥만 남아 있었다. 대신 상평전은 29만 냥이 넘고, 황금과 은전도 상당량을 보유하게 되었다. 그 외에 포목과 곡식도 적지 않게 보유하고 있음을 알 수 있다. 이때 기록된 국고의 양이 3개월 치였음을 감안할 때, 국가 재정은 많이 개선된 것을 알 수 있다.

02

왕비 민자영이 원자를 낳자, 이듬해에 세자로 책봉하다

- 고종 11년(1874년) 2월 8일에 원자가 탄생하였다.

  전교하였다.

  "중궁전이 오늘 묘시卯時(아침 5시에서 7시 사이)에 원자를 낳았으므로 여러 가지 일들을 해조該曹(해당 관청)에서 규례대로 하게 하라."

  또 전교하였다.

  "하늘이 종묘사직을 도와 원자가 태어났으니, 이것은 실로 우리나라의 더없는 경사이다. 자전慈殿(대왕대비)의 기쁨이 비길 데 없을 것이니, 이레째 되는 날에 대왕대비전에 직접 치사致詞(축하의 말씀), 전문箋文(축하의 글), 표리表裏(예물)를 올리겠다. 그리고 이어 전殿에 나아가 진하陳賀(축하를 받는 의식)를 받겠다."

  고종 12년(1875년) 2월 18일에 인정전에 나아가 왕세자 책례를 행하였다.

세자를 등에 업고 권력의 중심에 선 민자영

1874년 2월 8일, 마침내 왕비 민자영이 아들 이척李坧(훗날 순종)을 낳았다. 그녀는 이 아이를 잉태할 무렵 신기한 꿈을 꾸었다. 하늘에서 오색구름이 열리더니, 그 위로 '만년 동안 태평할 것이다'라는 글자가 새겨졌다. 퍼뜩 깨어난 그녀는 이것이 태몽이 아닐까 싶었다. 아니나 다를까, 그녀는 곧 임신했다.

배 속의 아이가 왕자이길 학수고대하던 그녀는 태어날 아이를 위해 새로운 계획을 짰다. 이미 남편 고종이 성년의 나이가 지났는데도 시아버지 흥선대원군은 섭정에서 물러나지 않고 있었다. 민자영은 아이가 태어나기 전에 시아버지를 하야시켜야만 한다고 결심했다. 그래야 자신의 아이가 안심하고 살 수 있을 것이라고 판단했다.

그녀가 그런 생각을 한 것은 시아버지 흥선대원군이 이순아의 아들 완화군을 세자로 책봉하려 했기 때문이다. 그녀는 조대비를 등에 업고 남편을 설득한 끝에 이 일을 저지했지만, 완화군이 사라지지 않는 한 그 불씨는 여전히 남아 있었다. 그녀는 그 불씨를 완전히 없애기 위해서는 일차적으로 흥선대원군을 하야시키고, 다음으로 자신이 왕자를 낳아 세자로 만드는 일이라고 판단했다. 이후 완화군 모자를 멀리 내쫓아 다시는 세자의 자리를 넘보지 못하게 할 계획이었다.

그 무렵 다행스럽게도 최익현이 상소를 올려 흥선대원군의 퇴진을 요구했고, 고종이 이를 수용하면서 흥선대원군이 궁지에 몰렸다. 그런 상황에서 민자영은 극적으로 아들을 낳았다. 다행히 아이는 건강했다. 이때 태어난 아이가 민자영의 유일한 아들 이척, 곧 순종이다. 고종은 곧바로 이척을 원자로 지정했다.

이후 고종의 입지는 더욱 강화되었고, 민자영과 여흥 민씨 집안에 힘이 쏠렸다. 이미 권좌에서 밀려난 흥선대원군은 그 힘을 이겨내지 못하고 운현궁을 떠나 양주의 직동으로 낙향했다. 이렇게 민자영의 계획은 일단 성공했다. 시아버지 흥선대원군과의 첫 싸움에서 그녀가 승리한 셈이다.

원자 이척이 세자로 책봉된다면, 그것은 조선 왕실로서는 엄청난 경사가 아닐 수 없었다. 순조의 아들 효명세자 이후 60여 년 만에 적자를 세자로 책봉하게 되는 셈이었다. 거기다 효명세자는 왕위에 오르지도 못하고 죽었으니, 이척이 왕위를 잇는다면 적자로서 왕위를 계승한 숙종 이후 200여 년 만의 대사건이 될 터였다.

만약 이척이 세자로 책봉되면 조정의 권력은 순식간에 민자영과 여흥 민씨 집안에게 쏠릴 수밖에 없었다. 이른바 민씨 외척의 권력이 하늘을 찌르는 형국이 될 게 뻔했다. 이는 흥선대원군이 그토록 막으려 했던 외척의 발호가 다시 시작된다는 의미였다. 왕비 민자영은 자신의 의도와는 상관없이 그 외척 권력의 중심에 서게 되는 것이다.

고종은 아들 이척이 태어난 이듬해인 1875년 2월 18일에 세자 책봉례를 거행했다. 대개 조선의 법도에 따르면 원자를 세자로 책봉하는 나이는 여덟 살이었다. 하지만 고종은 마음이 급했다. 어떻게 해서든 빨리 세자를 세워 자신의 입지를 강화하고자 했다. 그래서 이제 갓 돌을 지난 두 살짜리 아기를 세자로 책봉한 것이다.

이척의 세자 책봉은 고종이 간절히 원한 일이기도 했지만, 고종보다 더 절실하게 아들의 세자 책봉을 기다린 사람은 왕비 민자영이었다. 그간 아들이 없어 늘 벼랑 끝에 선 처지로 살았던 그녀였으니, 당연한 일이었다.

연적들을 내쫓는 왕비

사실, 시아버지 흥선대원군을 권좌에서 밀어냈다고 해서 권력 다툼이 끝난 것은 아니었다. 남편 고종이 또 다른 여인에게 빠진다면 전쟁은 다시 시작될 것이기 때문이었다. 그래서 민자영은 자신과 아들의 안위를 위해서는 무엇보다 먼저 연적을 제거해야 한다고 판단했다.

이후 그녀의 화살은 곧 고종의 첫사랑 이순아를 향했다. 이순아는 이미 세자의 어머니가 된 민자영에겐 상대도 되지 않는 처지였지만, 민자영은 그녀를 철저히 배격했다. 혹여 세자에게 무슨 변고라도 생기면 당장에 이순아의 아들 완화군이 세자의 자리를 치고 들어올 것이고, 그리되면 민자영은 다시 과거처럼 찬밥 신세로 전락할 게 분명했다. 때문에 민자영은 어떻게 해서든 이순아를 멀리 밀어내야만 했다.

하지만 민자영은 영리하고 치밀한 여자였다. 때문에 노골적으로 이순아에 대한 미운 감정을 드러내지 않았다. 대신 이순아 주변에 철저히 장막을 쳤다. 이순아를 고종의 눈에서 멀어지게 만드는 한편, 이순아 주변에 심어 놓은 상궁과 궁녀들을 통해 그녀를 철저히 감시했다. 더는 이순아가 남편을 끌어들이지 못하도록 인의 장막을 쳤던 것이다. 그 때문에 이순아는 점점 고종의 눈에서 멀어져 가야만 했다. 그리고 급기야 그녀를 대궐 밖으로 완전히 밀어내는 데 성공했다.

그런데 민자영이 그렇듯 눈을 부릅뜨고 있는 와중에도 고종은 또 다른 여인에게 눈길을 주었다. 그야말로 그는 조금만 틈만 나면 사랑에 빠지곤 했던 것이다.

이번에 고종의 마음을 사로잡은 여인은 궁녀 장씨였다. 어느 틈

엔가 고종과 사랑을 속삭인 그녀는 1876년에 임신을 하였다. 그 사실을 안 민자영은 장씨를 무섭게 몰아세웠고, 결국 장씨가 아이를 낳자마자 궁 밖으로 내쫓았다. 이때 장씨가 낳은 아이가 의친왕 이강李堈이다.

궁궐에서 내쫓긴 장씨는 이강과 함께 사가에서 지내야 했다. 이후로 그녀는 고종을 만날 수도 없었다.

한편 세월이 흘러, 궁 밖으로 쫓겨난 이순아의 아들 완화군은 어느덧 열세 살 소년이 되었는데, 그는 1880년 정월에 갑자기 죽었다. 병명도 분명하지 않았다. 며칠 사이에 병을 얻어 죽은 것이다. 그러자 완화군의 생모 이순아는 그 슬픔을 이기지 못하고 실어증에 걸려 말을 잃고 말았다. 이후로 그녀는 여든 살이 넘은 나이로 죽을 때까지 고종에게 완전히 잊힌 여인으로 살아야 했다.

한편 완화군의 죽음을 두고 세간에는 민자영이 독을 썼다는 풍문이 돌았다. 어쩌면 그녀는 정적 제거 차원에서 사람을 시켜 완화군을 죽였는지도 모른다. 하지만 풍문은 풍문일 뿐이었다. 그런 말들은 바람에 휩쓸려 다니다가 시간의 흐름과 함께 사라질 뿐이었다. 어쨌든 이후로 조정의 권력은 모두 그녀에게서 나왔고, 고종 주변에는 감히 여자들이 얼씬거리지도 못했다.

4장. 1874년 ~ 1876년

03

민승호가 의문의 폭발물에 암살당하다

- 고종 11년(1874년) 11월 28일, 민승호가 졸하였다.

전 판서 민승호가 졸하였다. 민승호가 어린 아들과 함께 한창 부부인 韓昌府夫人(감고당 이씨)을 모시고 식사하는데, 어떤 사람이 지방 고을에서 바치는 봉물 비슷한 자그마한 함 하나를 가지고 와서 바쳤다. 그래서 즉시 내실로 들이도록 했고, 그 사람은 돌아가 버렸다.

민승호가 그 함을 보니 매우 기묘하게 생겨서 직접 자물쇠를 여니, 갑자기 굉음이 나면서 크게 폭발하여 어머니, 아들, 손자 세 사람이 모두 해를 당하였다. 그런데 그 함이 어디에서 왔는지는 조사해내지 못하였다고 한다.

왕이 교지를 내렸다.

"이 중신이 중후한 자태와 순수하고 독실한 행실이 있었으니 얼마나 충실하였으며, 내가 얼마나 의지했던가? 최근 몇 년간 거상居喪

(상중에 있음)하느라 자기의 재능을 다 발휘하지 못하였으나, 나는 관심을 두고 앞으로 크게 등용하려 하였다. 그런데 뜻밖에 갑자기 서거했다는 부고가 날아드니, 극도로 놀랍고 슬픈 마음을 어떻게 말하겠는가?

고 판서 민승호의 상사에 동원부기東園副器(왕이 내리는 조문용 부장품) 한 부部를 실어 보내고, 돈 1,000냥, 쌀 30석, 무명과 베를 각각 5동, 비단 등속 5단端, 전칠全漆(옻칠한 관) 1말을 호조에서 실어 보내도록 하며, 내시를 보내어 호상護喪(임금이 조문을 대신하도록 하는 절차)을 하게 하고, 특별히 좌찬성으로 추증하며 시장諡狀(시호를 정하는 글)을 기다리지 말고 시호를 의정하며, 성복일에는 승지를 보내어 치제하라."

민승호가 암살되자, 대원군을 의심하다

1874년 11월 28일, 왕비 민자영의 의붓오빠이자 흥선대원군의 처남인 민승호가 의문의 상자에 들어 있던 폭발물이 터져 사망했다. 당시 민승호는 친모의 상을 당해 거상居喪(상중에 있어 벼슬을 쉬는 것) 중이었다. 때문에 벼슬에서 물러난 상태였다. 그런데 누군가가 보낸 상자를 열어보다 폭발물이 터져 암살된 것이다.

황현은 《매천야록》에 이 사건을 고종 13년(1876년) 봄에 일어난 일로 잘못 기록하고 있는데, 당시 상황을 이렇게 쓰고 있다.

당시에 민승호는 수제守制(초상을 당해 벼슬에서 물러나 있는 상태) 중이었는데, 산승에게 아들을 위해 조용한 곳에서 기도드리게 하고는 그를 기다리고 있었다. 하루는 밖에서 함 한 개를 보내왔는데, 기도를 드리던 곳에서 온 것이라며 중이 와서 말하였다.

"밀실에서 열어봐야 합니다. 그 속에는 복이 쌓여 있어서 외부 사람이 보면 안 됩니다."

민승호에게 함을 건네준 사람은 이미 돌아가고 없었고, 민승호는 반신반의하면서 그의 말대로 하려고 하였다. 함을 보니 구멍이 있고, 자물쇠와 열쇠가 있는데, 열쇠가 겉에 걸려 있어 열어보니 꽝 하는 요란한 소리와 함께 폭약이 터졌다.

민승호의 아들은 열 살이었는데, 할머니(민자영의 친모 감고당 이씨)와 함께 즉사했다. 민승호는 높이 튕겨 올랐다가 떨어졌으며, 온몸이 시꺼멓게 타버리고 말 한마디 못 한 채 쓰러졌다가 하룻밤을 넘기고는 죽었다. 그는 죽을 때 운현궁을 두세 번 가리켰다고 한다.

밖의 여론이 자자하여 대원군을 지목했으나, 끝내 함을 누가 보내온 것인지는 알 수 없었다. 양전兩殿(고종과 왕비)은 매우 슬퍼했으며, 명성황후는 특히 대원군에게 이를 갈았다. 그러나 설욕할 방도가 없었다. 마침 그때 흥인군興寅君(대원군의 셋째 형 이최응)의 집에도 불이 났는데, 왕후는 대원군이 흥인군에게 원한을 품었기 때문이라고 생각했다.

이후 민승호나 흥인군의 화재 사건은 모두 대원군의 음모에서 나온 것이라 하고 비밀히 조사를 했다. 드디어 장씨 성을 가진 사람을 잡았는데, 그는 신철균의 문객이었다. 신철균은 예전에 대원군 문하에서 나온 사람인지라 단련鍛鍊(혹독하게 취조함)하여 성옥成獄(살인사건을 재판함)하였다."

이렇듯 민승호의 암살에 대해 세간에서는 대개 대원군이 한 일로 치부했다. 그래서 신철균과 장씨 성을 쓰는 자를 잡아 고문하고 재판에 회부했으나, 끝까지 그 배후는 밝혀내지 못했다.

하지만 이 사건으로 친모와 의붓오빠, 조카를 잃은 왕비 민자영은 홍선대원군에 대한 증오심이 극에 달했다. 이후로 그녀와 시아버지 홍선대원군의 관계는 거의 원수지간이나 다름없게 된 것이다.

민승호는 원래 대원군이 자기 세력을 키우기 위해 조정의 요직에 등용한 인물이었다. 또한 민자영도 자신의 세력을 공고하게 만들기 위해 왕비로 간택했었다. 때문에 민자영이 왕비가 된 후 민승호는 승승장구했다. 처음엔 홍문관 교리로 시작된 그의 벼슬은 규장각 직각을 거쳐, 동생 민자영이 왕비가 된 직후엔 이조참의·홍문관 제학 등을 역임했다. 이후 호조참판, 이조참판, 형조판서, 병조판서 등의 요직을 두루 거쳤는데, 이때만 하더라도 대원군에 의해 중용되었다.

그런데 1873년 즈음 대원군의 2선 퇴진 문제로 고종이 대원군과 대립하면서부터 민승호와 대원군도 대립 관계가 되었고, 급기야 최익현에 의해 대원군이 권좌에서 밀려나자 민승호가 조정의 중심으로 떠올랐다.

하지만 민승호는 대원군이 권좌에서 밀려날 무렵 친모의 상을 당하여 벼슬에서 물러났으며, 그런 상황에서 의문의 폭발물에 의해 암살되고 말았다. 따라서 민승호는 대원군이 물러난 뒤 제대로 권좌를 누려보지도 못하고 생을 마감한 셈이다.

흔히 민자영이 왕비가 된 뒤 여흥 민씨 가문에서 많은 사람이 조정에 발탁된 것으로 알려져 있으나, 민승호가 죽을 당시만 하더라도 여흥 민씨 집안에서 발탁되어 요직에 앉은 인물은 민승호가 거의 유일했다. 민승호 외에도 여흥 민씨 가문 출신으로 고위 벼슬에 있었던 인물로는 민치상과 민규호 정도가 있었는데, 이 두 사람은 흥선대원군이나 명성황후와 무관하게 이미 철종 때부터 벼슬살이를 하고 있던 인물이었다. 민치상은 이미 철종 시절인 1859년에 도승지에 올랐고, 민규호 역시 철종 대에 증광문과에 급제하여 벼슬살이를 하고 있었다.

따라서 대원군 집권 시에 대원군과 여흥 민씨 출신의 외척들이 권력 다툼을 벌이고 있었다는 항간의 말은 모두 잘못된 해석이다. 또한 그들 민씨 세력을 등에 업고 왕비 민자영이 대원군과 권력 다툼을 벌였다는 말도 성립되지 않는다. 대원군이 최익현의 탄핵을 받아 권좌에서 밀려날 때까지만 하더라도, 왕비 민자영은 조정에 별다른 영향력을 행사할 수 없었기 때문이다.

일본이 운요호 사건을 유발하여 침략을 자행하며 개항을 요구하다

- 고종 12년(1875년) 8월 22일에 일본 군함 운양호雲揚號(운요호)가 영종진 난지도에 정박하였다.

  고종 12년 8월 23일에 이양선이 연해에 들어왔으므로 역관을 파견하여 사유를 따지게 하였다.

  또한 경기 감사와 강화 유수에게 이양선이 정박한 곳 주위를 방어하라고 명하였다.

  8월 24일에 이양선에 대한 경계와 방어를 철저히 하라고 명하였다.

  8월 25일에 영종에 정박한 이양선이 포를 쏘아 관청과 민가가 불타고, 군사들이 죽거나 다쳤다.

일본의 강력한 무력시위에 굴복하다

1875년 8월, 일본은 군함을 파견하여 강화도를 통해 서울로 진입하려 하였다. 하지만 강화도의 조선 병력이 포를 쏘며 이를 저지하자, 그에 대한 보복으로 영종도를 침략하여 포격을 가하고 조선의 병영과 민가에 막대한 피해를 끼쳤다. 이러한 일본의 행위는 무력으로 조선을 개항시키기 위함이었는데, 일본이 조선을 개항시키려는 궁극적 목표는 조선을 정벌하는 데 있었다.

일본은 메이지유신 이후 조선 정벌론을 내세우며 호시탐탐 조선을 침략할 기회만 엿보고 있었다. 그런 상황에서 흥선대원군이 실각하자, 조선을 침략하기에 좋은 기회로 보고 침략의 방도를 모색하게 되었다. 일본은 또한 조선 정벌에 앞서 1874년 5월에 대만 정벌을 단행했다.

이렇듯 일본이 주변국에 대한 침략을 노골화하자, 청나라는 조선 조정에 일본의 침략을 경고하는 글을 보내기도 했다. 청나라는 이 글에서 일본의 침략을 막기 위해서는 우선 프랑스와 미국 같은 서구 열강들과 통상 관계를 맺어야 한다고 조언했다. 말하자면 열강들과 통상관계를 맺어 일본을 고립시키려는 계획이었던 것이다.

하지만 조선은 청의 조언을 쉽게 받아들일 수 없었다. 병인양요와 신미양요로 프랑스와 미국에 대한 불신이 팽배했기 때문이다.

그런 가운데 부산의 훈도 현석운이 일본 정부가 조선이 사신을 보내주길 원한다는 보고를 하게 된다. 이후 조선 조정은 현석운을 내세워 일본과 협의를 진행하도록 했는데, 여러 가지 복잡한 문제로 협의는 교착 상태에 빠지게 된다.

현석운과 이 문제를 놓고 처음 협의에 응한 인물은 부산 왜관의 관수 오쿠라라는 인물이었다. 하지만 일본 정부는 오쿠라를 내세워서는 교섭에 한계가 있음을 깨닫고, 모리야마라는 인물을 교섭단장으로 삼아 파견했다. 그러나 현석운과 모리야마는 한일 간에 주고받을 서계의 형식에 대한 의견 차이로 교섭에 실패했다.

이후 모리야마는 일본 정부에 무력시위를 요청했다. 이른바 포함외교砲艦外交(함포를 장착한 군선으로 무력시위를 하는 외교)로 조선을 위협하자는 것이었다. 이에 일본 정부는 1875년 5월에 운요호와 제이정묘호 등을 부산에 파견하여 무력시위를 감행했다.

5월 25일에 운요호는 불법적으로 부산에 입항하였고, 현석운은 운요호의 입항에 강력히 항의했다. 하지만 운요호는 조선의 반발에 아랑곳하지 않고 마음대로 조선 영해를 오가며 측량을 감행하였다. 심지어 운요호는 동해안으로 북상하여 함경도 영흥만까지 가기도 했다.

이렇게 남해안과 동해안을 종횡무진 항해하던 운요호는 급기야 9월 20일(음력 8월 21일)에 서해를 거슬러 올라가 강화도 동남방에 있는 섬 난지도에 정박하였다. 이후 운요호의 일본군들은 물을 보급한다는 명목으로 보트에 분승하여 강화도 초지진에 상륙하였다.

이에 강화도를 지키던 조선 군대는 일본군의 보트에 포격을 가하였고, 운요호의 함장 이노우에는 기다렸다는 듯 보복 포격을 가했다. 이노우에는 초지진에 대한 포격 후 곧 남진하여 영종도에도 포격을 가하더니, 급기야 영종도에 상륙하여 영종진을 초토화시키고 민가를 약탈하는 만행을 저질렀다.

당시 상황을 실록은 1875년 음력 8월 25일 기사에 다음과 같이 싣고 있다.

경기 감사 민태호가 장계를 올려 아뢰었다.

"방금 영종 첨사 이민덕의 등보謄報(사건을 보고한 문서)를 받아보니, '저들의 배가 연기를 피우고 닻을 올린 후 앞바다로 내려오면서 연이어 포를 쏘아대는 바람에 전군이 전부顚仆(쓰러짐)되고, 화염이 성안에 가득하여 민가가 연이어 타면서 공해公廨(관청 건물)까지 불길이 미쳤기 때문에 전패殿牌(임금의 교서를 새긴 패)를 모시고 토성土城으로 퇴군하였는데, 죽거나 다친 군졸의 숫자를 아직 세지 못하였으며, 첨사의 인신印信(관인의 표지)까지 재가 되고 말았습니다.'라고 하였습니다. 잠깐 사이에 갑자기 온 성을 잃었으니 아뢸 말이 없습니다. 또 해당 첨사는 직책이 방어하는 데 있는데, 막을 생각은 하지 않고 진의 관속들을 이끌고 성을 버리고 피신하였으니, 우선 파출하고 그 죄상을 유사에서 품처稟處(상급 관청에서 처리)하게 하소서."

당시 조선의 병사들은 구식 화포와 화승총으로 대항했지만, 서구의 신식 화기로 무장한 일본군에게는 상대도 되지 않았다. 비록 일본군에 비해 숫자는 많았지만, 몇 번의 포격에 진이 초토화되고 많은 병사가 죽거나 다쳤다. 그 바람에 400명이나 되던 영종진의 병사들은 뿔뿔이 흩어져 달아나기에 여념이 없었다.

이렇듯 일본 군대의 위력을 경험한 조선 조정은 일본의 무력시위를 이겨내지 못하고 결국 개항하기에 이르렀다.

일본에서 조선정벌론이 대두된 배경

운요호 사건은 일본이 조선을 침탈할 계획의 일환이었고, 조선 침탈 계획의 근저에는 메이지유신 이후 대두된 조선정벌론이 자리하고 있었다. 이 조선정벌론의 뿌리는 미국의 일본 개항 정책과 무관하지 않다.

1854년 3월 31일, 일본은 미국 해군 장군 페리Matthew C. Perry가 이끄는 7척의 전함에 의한 무력시위에 굴복하여 도쿠가와 막부가 250여 년 동안 지속해오던 쇄국정책을 포기하고 미국과의 화친을 약속하는 가나가와조약을 맺었다.

가나가와조약 이후 일본에선 도쿠가와 막부를 유지하자는 막부 지지파와 천황을 중심으로 조정을 개편해야 한다는 개혁파 사이에 치열한 정권 다툼이 전개되었다. 그런 가운데 미국은 일본에 대해 한층 더 강하게 쇄국정책을 종결하라고 압박하여 1857년 5월에 미일조약을 이끌어냈고, 1858년 6월 19일에는 수호통상조약을 체결하는 데 성공했다.

물론 이 조약에는 영사재판권, 관세 제한, 미국에 대한 최혜국 대우 등 불평등 조항이 열거되어 있었다. 미국과의 이 수호통상조약은 정치적으로 수세에 몰린 도쿠가와 막부가 미국의 압력에 밀려 급히 체결한 것이었다. 그 때문에 천황의 칙허 없이 통상조약을 맺었다는 존왕파의 반발을 피할 수 없었다.

조인 소식을 접한 고메이 천황은 퇴위하겠다고 선언하며 극도의 분노를 드러냈고, 급기야 막부 정권의 총리격인 대로 나오스케井伊直弼가 급진개혁파 낭사들에게 살해당하는 사건이 벌어졌다.

이후 급진개혁파와 온건개혁파, 막부파가 뒤엉켜 격렬한 혈전을 벌이는 가운데, 1865년 9월에는 고메이 천황이 태도를 바꿔 급진개혁파인 조슈번 세력을 정벌하라는 칙허를 내렸다. 그러나 조슈번이 같은 개혁파인 사쓰마번과 연합하여 대항하는 바람에 정벌은 실패로 돌아갔고, 막부의 세력은 더욱 약화되었다.

그런 상황에서 고메이 천황이 죽고 젊은 메이지 천황이 즉위했다. 메이지는 무력을 갖춘 번주들을 등에 업고 막부 정치를 종식시키고 친정을 단행했다. 이에 반발한 사쓰마번과 조슈번 중심의 존왕세력과 막부세력 간에 내전이 일어났고, 그 결과는 막부파의 패배로 끝났다.

이후 메이지유신이 단행되어 일본 정부는 지방 세력인 번을 없애고 전국을 현縣 체제로 바꿔 중앙집권적 국가로 탈바꿈시켰다. 그 과정에서 각 번의 병력은 중앙군으로 흡수되었고, 막부 정권 아래의 봉건체제는 약 4년에 걸쳐 완전히 붕괴되었다.

메이지유신 이후 일본 조정에선 부국강병론이 부상하여 세제 개혁으로 재정을 확대하고 서구식 군제 개편과 해군력 강화에 힘썼다. 또한 이러한 강병론의 명분을 세우기 위해 대만정벌론과 조선정벌론이 대두하였다.

1873년부터 일본 정가에선 유신과 개혁에 대한 불만을 잠재우기 위해 본격적으로 주변국 침략 전략을 세웠다. 그 일환으로 1874년에 대만을 침략하였고, 1875년에는 조선 영해에서 무력시위를 감행했는데, 이것이 곧 운요호 사건이다.

일본과 강화도 조약을 맺고
나라의 관문을 개방하다

- 고종 13년(1876년) 1월 5일에 대관 신헌과 부관 윤자승에게 교섭하라고 명하다.

의정부에서 아뢰었다.

"일본 군함에 대하여 사정을 물어본 내용에 대한 보고를 연이어 받아보니, '그들이 기어코 우리나라의 대관을 만나보겠다.'라고 하였습니다. 먼 지방에서 온 사람을 친절히 대우하는 뜻에서 그들의 소원대로 한 번 만나서 말해보는 것도 좋을 것 같습니다. 판부사 신헌을 내려가게 할 것이며, 접견할 장소는 편한 대로 하는 것이 어떻겠습니까?"

윤허하였다.

또 아뢰었다.

"접견 대관은 방금 계품하여 윤허받았습니다만, 부관이 없어서는 안 될 것이니 부총관 윤자승으로 하여금 함께 내려가게 하는 것이 어떻겠습니까?"

윤허하였다.

- 2월 3일에 대관 신헌과 일본 사신 구로다 기요타카가 수호조관에 서명하다.

접견 대관이 아뢰었다.

"오늘 3일 진시辰時(오전 7시에서 9시)에 일본국 특명 전권 변리대신 구로다 기요타카, 특명 부전권 변리대신 이노우에 가오루와 수호조관 2책에 상호 간 서명 날인하고, 이어서 영하의 연무당에서 연회를 차렸으며 따르는 관원들도 참여하였습니다.

연회가 끝나고 오시에 그들 일행이 출발하여 배로 돌아갔으며, 미야모토 고이치 이하 및 남은 병사 70여 명은 잠시 이전에 주둔하고 있던 곳에 머물러 있습니다.

그리고 수호조규의 한문과 일본문 역본 각각 1책, 비준한 원본 1책, 일본 전권대신이 의안하여 비준한 것 1책, 조규 원본 1책, 일본 사신이 준 편지 1본, 미야모토 고이치의 수록 1본을 의정부에 올립니다."

일본과 수호조약을 맺고 개방을 본격화하다

운요호 사건 이후 일본은 지속적으로 무력시위를 하면서 조일 양국 간에 통상조약을 맺고 개항할 것을 요구하였고, 결국 조선 조정은 이에 응하여 교섭에 나서게 된다. 이때 교섭단장으로 나선 인물은 판부사 신헌이었고, 부단장은 부총관 윤자승이었다.

일본에서는 교섭을 위해 구로다 기요타카를 단장으로, 이노우에 가오루를 부단장으로 내세웠다. 구로다 일행이 교섭을 위해 경기도 남양만에 도착한 날은 1월 2일이었고, 조선 정부에서 신헌과 윤자승을 파견한 날은 1월 5일이었다. 1월 17일부터 양측이 만나 교섭을 시작했다.

이렇게 일본과 통상교섭이 진행되자, 최익현은 척사 상소를 올려 일본과의 교섭을 중단할 것을 주장했다. 하지만 고종은 최익현을 흑산도에 유배시키며 교섭을 강행했다. 그리고 2월 3일에 마침내 양국 사이에 교섭이 성사되어 수호조약을 맺게 되었다.

당시 조일 양국이 맺은 수호조규의 초안 내용은 다음과 같았다.

〈수호조규〉

대일본국은 대조선국과 본디 우의를 두터이 하여온 지가 여러 해 되었으나 지금 두 나라의 정의情意가 미흡한 것을 보고 다시 옛날의 우호 관계를 닦아 친목을 공고히 한다.

이는 일본국 정부에서 선발한 특명 전권 변리 대신 육군 중장 겸 참의 개척 장관 구로다 기요타카와 특명 부전권 변리 대신 의관 이노우에 가오루가 조선국 강화부에 와서 조선국 정부에서 선발한 판중추부사 신헌과 부총관 윤자승과 함께 각기 받든 유지에 따라 조관條款을 의정한 것으로서 아래에 열거한다.

제1관: 조선국은 자주 국가로서 일본국과 평등한 권리를 보유한다. 이후 양국은 화친의 실상을 표시하려면 모름지기 서로 동등한 예의로 대해야 하고, 조금이라도 상대방의 권리를 침범하거나 의심하지 말아야 한다. 우선 종전의 교제의 정을 막을 우려가 있는 여러 가지

규례들을 일체 혁파하여 없애고 너그럽고 융통성 있는 법을 열고 넓히는 데 힘써 영구히 서로 편안하기를 기약한다.

제2관: 일본국 정부는 지금부터 15개월 뒤에 수시로 사신을 파견하여 조선국 경성에 가서 직접 예조 판서를 만나 교제 사무를 토의하며, 해사신該使臣(해당된 사신)이 주재하는 기간은 다 그때의 형편에 맞게 정한다.

조선국 정부도 수시로 사신을 파견하여 일본국 동경東京에 가서 직접 외무경外務卿을 만나 교제 사무를 토의하며, 해사신이 주재하는 기간 역시 그때의 형편에 맞게 정한다.

제3관: 이후 양국 간에 오가는 공문公文은, 일본은 자기 나라 글을 쓰되 지금부터 10년 동안은 한문으로 번역한 것 1본本을 별도로 구비한다. 조선은 한문을 쓴다.

제4관: 조선국 부산 초량항에는 오래 전에 일본 공관이 세워져 있어 두 나라 백성의 통상 지구가 되었다. 지금은 종전의 관례와 세견선歲遣船 등의 일은 혁파하여 없애고 새로 세운 조관에 준하여 무역 사무를 처리한다. 또 조선국 정부는 제5관에 실린 두 곳의 항구를 별도로 개항하여 일본국 인민이 오가면서 통상하도록 허가하며, 해당 지역에서 임차한 터에 가옥을 짓거나 혹은 임시로 거주하는 사람들의 집은 각각 그 편의에 따르게 한다.

제5관: 경기 충청 전라 경상 함경 5도道 가운데 연해의 통상하기 편리한 항구 두 곳을 골라 지명을 지정한다. 개항 시기는 일본력 명치明治 9년 2월, 조선력 병자년(1876년) 2월부터 계산하여 모두 20개월로 한다.

제6관: 이후 일본국 배가 조선국 연해에서 큰 바람을 만나거나 땔나

무와 식량이 떨어져 지정된 항구까지 갈 수 없을 때에는 즉시 곳에 따라 연안의 지항支港(작은 항구)에 들어가 위험을 피하고 모자라는 것을 보충하며, 선구船具(노나 닻 키 따위의 배에 쓰이는 도구)를 수리하고 땔나무와 숯을 사는 일 등은 그 지방에서 공급하고 비용은 반드시 선주船主가 배상해야 한다. 이러한 일들에 대해서 지방의 관리와 백성은 특별히 신경을 써서 가련히 여기고 구원하여 보충해 주지 않음이 없어야 할 것이며 감히 아끼고 인색해서는 안 된다. 혹시 양국의 배가 큰 바다에서 파괴되어 배에 탄 사람들이 표류하여 이르면 곳에 따라 지방 사람들이 즉시 구휼하여 생명을 보전해주고 지방관에게 보고하며 해당 관청에서는 본국으로 호송하거나 가까이에 주재하는 본국 관원에게 교부한다.

제7관: 조선국 연해의 도서와 암초는 종전에 자세히 조사한 것이 없어 극히 위험하므로 일본국 항해자들이 수시로 해안을 측량하여 위치와 깊이를 재고 도지圖志를 제작하여 양국의 배와 사람들이 위험한 곳을 피하고 안전한 데로 다닐 수 있도록 한다.

제8관: 이후 일본국 정부는 조선국에서 지정한 각 항구에 일본국 상인을 관리하는 관청을 수시로 설치하고, 양국에 관계되는 안건이 제기되면 소재지의 지방 장관과 토의하여 처리한다.

제9관: 양국이 우호 관계를 맺은 이상 피차의 백성들은 각자 임의로 무역하며 양국 관리들은 조금도 간섭할 수 없고 또 제한하거나 금지할 수도 없다. 양국 상인들이 값을 속여 팔거나 대차료貸借料를 물지 않는 등의 일이 있을 경우 양국 관리는 포탈한 해당 상인을 엄히 잡아서 부채를 갚게 한다. 단 양국 정부는 대신 상환하지 못한다.

제10관: 일본국 인민이 조선국 지정의 각 항구에 머무르는 동안 죄

를 범한 것이 조선국 인민에게 관계되는 사건은 모두 일본국관원이 심리하여 판결하고, 조선국 인민이 죄를 범한 것이 일본국인민에게 관계되는 사건은 모두 조선 관청에 넘겨 조사 판결하되 각각 그 나라의 법률에 근거하여 심문하고 판결하며, 조금이라도 엄호하거나 비호함이 없이 공평하고 정당하게 처리한다.

제11관: 양국이 우호 관계를 맺은 이상 별도로 통상 장정章程을 제정하여 양국 상인들이 편리하게 한다. 또 현재 논의하여 제정한 각 조관 가운데 다시 세목細目을 보충해서 적용 조건에 편리하게 한다. 지금부터 6개월 안에 양국은 따로 위원委員을 파견하여 조선국의 경성이나 혹은 강화부에 모여 상의하여 결정한다.

제12관: 이상 11관 의정 조약은 이날부터 양국이 성실히 준수하고 준행하는 시작으로 삼는다. 양국 정부는 다시 고치지 못하고 영원히 성실하게 준수해서 화호和好를 두텁게 한다. 이를 위하여 조약서 2본本을 작성하여 양국 위임 대신이 각각 날인하고 서로 교환하여 신임을 명백히 한다.

대조선국 개국開國 485년 병자년(1876년) 2월 2일

대관大官 판중추부사 신헌

부관 도총부 부총관 윤자승

대일본국 기원 2536년 명치明治 9년 2월 26일

대일본국 특명 전권 변리 대신 육군 중장 겸 참의 개척 장관 구로다 기요타카

대일본국 특명 부전권 변리 대신 의관議官 이노우에 가오루

⟨**본국 비준책**批準冊⟩

병자년(1876년) 2월 1일 판중추부사 신헌, 도총부 부총관 윤자승이 상주하기를, "금년 2월 2일 대일본국 특명 전권 변리 대신 구로다 기요타카, 대일본국 특명 부전권 변리 대신 이노우에 가오루와 신臣 신헌, 신 윤자승이 강화부江華府에 회동하여서 조약문 1통을 서로 교환하려 합니다." 하였다.

조항마다 타당하므로 내가 비준하니 오래도록 시행하여 친목을 더욱 두터이 할 것이며, 이 조약 안에 있는 행해야 할 각각의 일은 그대들 모든 관리와 백성이 이 뜻을 받들고 일체 조약에 따라 처리하라.

대조선국 주상主上

⟨**일본 사신이 의안**擬案**한 비준책**⟩

보유천우 천만세일계지제조保有天佑踐萬世一系之帝祚 대일본국 황제는 이 글을 그대들 여러 신하들에게 선시宣示한다.

짐의 좋은 벗인 대조선국 군왕은 본디 이웃 나라와 교제를 두터이 하여 왔다. 이번에 흠명欽命 전권대신 아무개가 대조선국에 가서 전권대신 아무개와 체결한 조관을 짐이 열람하니 조항마다 타당하므로 비준하였다. 그대들 모든 관리들은 짐의 이 뜻을 받들어 일체 조약에 비추어 처리하라.

신무 천황 기원 2536년 명치明治(9년 ○월 ○일) 동경 황궁에서 친히 국새를 찍는다.

조일 양국은 이런 내용을 초안으로 한 12조로 된 조일수호조규를 체결하였다. 주요 내용은 1조의 '조선이 자주국으로서 일본과 평등한 권리를 갖는다', 5조의 '부산항 외에 두 개의 항구(원산, 인천)를 개항한다', 7조의 '일본의 해안 측량 허용', 불평등 조약인 10조의 '영사 재판권 인정' 등이다.

어쨌든 이 조약의 체결로 조선은 쇄국정책을 끝내고 개항함으로써 세계무대에 본격적으로 등장하는 계기를 마련했고, 일본은 식민주의적 침략의 첫발을 내디딘 셈이었다. 이후 조선은 본격적으로 개방의 시대를 맞이하였고, 이로 인해 개화세력과 위정척사세력 사이에 심각한 대립 양상이 전개되었다.

한편, 이때 맺은 수호조규는 5개월 뒤인 7월 6일에 부록 및 무역장정 조인이 이뤄짐으로써 통상조약이 완성되었다. 이를 흔히 강화도조약이라고 하고, 정식 명칭으론 병자수호조약이라고 한다.

김기수를 파견하여
일본의 실정을 알아보다

- 고종 13년(1876년) 2월 22일에 김기수를 수신사에 임명하다

 의정부議政府에서 아뢰었다.

 "지난번에 일본 사신의 배가 온 것은 전적으로 우호를 맺기 위한 것이었으니, 선린하려는 우리의 뜻에서도 마땅히 이제 전권 사신을 파견하여 신의를 강조해야 하겠습니다. 사신의 칭호는 수신사라고 할 것이며, 응교 김기수를 특별히 가자하여 차하差下(벼슬에 임명하다)하되 따라가는 인원은 일에 밝은 사람으로 적당히 선택하여 보낼 것입니다. 그런데 이것은 우호를 맺은 뒤 처음 있는 일이니, 이번에는 특별히 당상堂上이 서계書契(국가 간 주고받는 문서)를 가지고 들어가도록 하고, 이후부터는 서계를 종전대로 동래부에 내려 보내어 강호江戶(일본 동경)에 전달하게 하는 것이 어떻겠습니까?"

 이에 윤허하였다.

- 2월 30일에 사역원에서 역관 이용숙과 현석운을 수신사의 행차에 파견하다

  사역원에서, "한학 당상 역관 이용숙李容肅, 왜학 당상 역관 현석운을 수신사의 행차에 특별히 파견하여 보냈습니다."라고 아뢰었다.

  4월 4일에 하직인사를 온 수신사 김기수를 소견하였다.

  하교하였다.

  "이번 길은 단지 멀리 바다를 건너가는 일일 뿐 아니라 처음 가는 길이니, 모든 일은 반드시 잘 조처하고 그곳 사정을 반드시 자세히 탐지해 가지고 오는 것이 좋겠다."

  이에 김기수가 아뢰었다.

  "삼가 하교에 따라 받들어 거행하겠습니다."

  하교하였다.

  "대체로 보고할 만한 일들은 모름지기 빠짐없이 하나하나 써서 오라."

  김기수가 아뢰었다.

  "삼가 하교하신 대로 받들어 거행하겠습니다."

- 윤5월 18일에 수신사 김기수가 부산포에 돌아와 일본 외무경의 회답 서계 등을 보내다

  수신사 김기수가 아뢰었다.

  "4월 29일 부산포에서 배를 떠나 5월 7일 동경에 도착하였으며, 원료관에 20여 일 동안 머물러 있다가 5월 27일에 동경을 떠나 윤5월 7일 진시에 부산포에 돌아와 숙박하였으며, 일본 외무경의 회답 서계 및 공문 1통과 한문으로 번역한 문서 1통을 해조의 당상에게 올려 보냈고, 역관 현석운은 임소에 뒤쳐져서 있습니다."

- 6월 1일에 돌아온 수신사 김기수를 소견하다

김기수, 일본을 시찰하고 돌아와 고종에게 보고하다

강화도조약 성립 직후 조선 조정은 김기수를 수신사로 삼아 일본에 사절단을 파견했다. 김기수가 4월 4일에 고종에게 인사를 오자, 고종은 일본의 사정을 면밀히 살펴서 그 내용을 소상히 적어 올리라고 당부했다. 이후 김기수는 역관 이용숙과 현석운을 대동하고 부산으로 내려가 4월 29일에 부산포에서 일본으로 향했다. 일본에 도착한 사절단은 5월 7일에 수도 동경에 도착하여 원료관에서 이십여 일 동안 숙박하면서 일본을 두루 살폈다. 이후 일본의 회답서계와 공문 1통을 받아 돌아와서는 윤5월 7일에 고종에게 귀국 보고를 하고, 6월 1일에 한성으로 올라와 고종에게 상세한 보고를 하였다.

사실 조선이 일본에 사절단을 보낸 것은 처음이 아니었다. 조선 초부터 일본과의 외교를 위해 각 왕대마다 꾸준히 통신사를 파견했다. 그러다 임진왜란으로 일시적으로 통신사 행렬이 중단되었다가, 임진왜란 후 권력을 잡은 도쿠가와 막부의 간청으로 국교를 재개한 뒤 고종 초년까지 계속 통신사를 보냈다. 물론 일본 역시 꾸준히 사절단을 보내왔고, 그 결과로 부산엔 왜관이 설치되고, 왜관을 통한 무역도 활발하게 이뤄졌다.

그런데 일본은 메이지유신 이후 서구 문화를 급속히 받아들였고, 또한 조선을 대하는 태도도 달라졌다. 이에 고종 즉위 초의 실권자 흥선대원군은 일본에 의해 조선이 침탈될 것을 염려하여 일본과의 국교를 단절했다. 이후 조선과의 국교 회복을 노리고 있던 일본은 흥선대원군이 퇴진하자 운요호 사건을 빌미로 조선에 개방을 요구했고, 결국 강화도조약으로 조선이 개방된 것이다.

강화도조약 이후 일본은 조선에 사신을 파견해줄 것을 요청했고, 조선 조정은 일본의 요청을 받아들여 김기수를 수신사로 삼아 사절단을 파견한 것이다.

일본에 간 조선의 사절단은 수신사 김기수를 위시하여 총 76명이었다. 이들 수신사 일행은 부산포에서 일본 기선 고류마루黃龍丸호를 타고 부산을 떠났다. 그리고 이튿날인 4월 30일에 시모노세키항에 도착하였다. 이후 약 한 달여 동안의 시찰을 마치고 윤5월 7일에 부산에 돌아와 6월 1일에 서울에 도착한 뒤 고종에게 그동안의 일을 보고하였다. 당시 조정에서 김기수가 고종에게 보고하는 상황을 《승정원일기》는 다음과 같이 기록하고 있다.

유시酉時(오후 5시에서 7시 사이)였다.
상이 자미당紫微堂(경복궁의 자경전 서쪽에 있는 전각)에 나아갔다. 수신사가 입시할 때, 좌부승지 김영목, 가주서 박두양, 기주관 백시흡·허륜, 수신사 김기수가 차례로 나와 엎드렸다.
상이 말했다.
"사관은 좌우로 나누어 앉으라."
이어 수신사에게 앞으로 나오라고 명하였다.
"만 리나 되는 먼 타국을 잘 다녀왔는가?"
김기수가 아뢰었다.
"무사히 다녀왔습니다."
"사행 중에도 모두 탈이 없었는가?"
"모두들 아무 탈이 없었습니다."
"생각했던 것보다 좀 더 지체되었다."

"처음 생각으로는 15일을 넘지 않을 것으로 보았으나 일의 형세가 여의치 않아 20일이나 걸리게 되었습니다."

"이번에 가서 보니 전일의 통신사의 행차 때와 비교하여 접대하는 의절은 어떠하던가?"

"대동소이하였습니다."

"왜왕(목인睦仁, 무쓰히토)은 보니까 사람됨이 어떠하던가?"

"잠시 동안 접견하였으므로 자세히 알지는 못하겠으나 사람됨이 자못 깨끗하고 밝았습니다."

"보고 들은 것을 적어 올린 별단別單(임금에게 올리는 문서에 덧붙이는 문서) 이외에 들을 만한 얘기를 아울러 자세히 아뢰도록 하라."

"별단 외에 별로 아뢸 만한 말씀은 없으나, 그들의 의복은 대개 서양의 복장이었습니다."

"군병들의 복색도 그러하던가?"

"역시 그러하였습니다."

"그 외에 들어볼 만한 풍속에 관해서도 갖춰 아뢰도록 하라."

"그들의 풍속은 대체로 부국강병을 힘쓰고 있었습니다."

"그 나라 사람들의 품성이 대개 강한 것을 힘쓰는데, 군용軍容도 역시 그렇다는 것이군. 청나라 사람들도 있던가?"

"많이 보았습니다."

"노서아魯西亞라고 하는 것은 어느 땅인가?"

"이는 러시아 나라입니다."

"그렇다면 무엇 때문에 노서아라고 부르는 것인가?"

"노서아는 곧 러시아의 또 하나의 이름입니다."

"여기 《영해환지략瀛海環地略》과 《해국도지海國圖誌》에 있는가?"

"그렇습니다."

"사신 일행이 묵었던 관사는 성 밖에 있는가, 성 안에 있는가?"

"그것은 성 밖에 있었습니다. 성은 4중으로 되었는데 성마다 호壕가 있었으며, 호는 깊고 넓었습니다."

"그렇다면 네 겹의 성 안이 그 이른바 '황궁皇宮'이라는 곳인가?"

"그렇습니다."

"네 겹의 성에는 모두 호와 참塹이 있던가?"

"그렇습니다."

"이번의 왜사倭使(일본 사신)는 언제쯤 나오겠는가?"

"이달 열흘 사이에는 나오지 못할 것 같습니다."

"그렇다면 지금 이미 출발을 하였겠는가?"

"이미 출발하였을 텐데, 올 때 초량관草梁館에서 잠깐 머물겠다고 합니다. 그러나 초량관(왜관)에 머물더라도 동래부에는 통지를 하지 않겠다고 합니다."

"초량관은 우리나라의 진鎭이 아닌가? 왜관에 와서는 어찌 통지하지 않는다는 것인가? 혹시 접대의 폐단 때문인가?"

"그런 것 같습니다."

"저들 땅에 있는 여러 나라의 영사관들은 각기 처소가 있던가?"

"각기 처소가 있었으며, 집을 짓고 거주하는 자도 있었습니다."

"거주하는 곳에는 역시 모두 표表가 있던가?"

"듣자하니 십자패十字牌가 있다고 합니다."

"왜국은 그러한 것 같지 않았는가?"

"왜국은 그렇지 않았습니다."

"서양의 학문을 하는 자도 있던가?"

"서양의 학문을 하는지에 대해서는 자세히 알지 못하겠으나, 군사를 기르고 논밭을 경작하는 데에 모두 서양의 기술을 사용하고 있었습니다."

"관백關伯이 강등되어 종4위從四位가 되었다고 하는데, 위位 자와 품品 자는 서로 다르지 않다고 하던가?"

"그렇습니다."

"그들 군사의 병기는 매우 강하던가?"

"매우 강하였습니다."

"저들은 돈을 주조한다고 하던데, 그렇던가?"

"화폐를 주조하고 있었습니다."

"그 이른바 자기황自起磺(문지르거나 부딪치면 불이 일어나도록 화약에 다른 물질을 섞어서 만든 고체 황)이라는 것을 보았는가?"

"보지 못하였습니다만, 혹시 보았더라도 졸지에 바로 배울 수 있는 것이 아니기 때문에 애당초 물어보지 않았습니다."

"이번의 사행은 부득이해서였지만, 그래도 사행 중에 그 법에 대해 들은 것이 있는가?"

"이번의 사행은 저들의 강청强請(강요함)에 따라 부득이 사행하게 되었다는 뜻을 보이기 위하여, 이러한 여러 기술에 대해서는 하나도 물어보지 않았습니다."

"매우 잘하였다. 만약 그 기술에 대해서 듣고 그 기술을 얻을 수 있다면 이로운 것이겠지만, 그렇지 못하게 되면 한갓 체모만 잃게 된다."

"성상의 말씀이 지당하십니다."

"전선電線(전류가 흐르는 선), 화륜火輪(추진기)과 농기계에 대하여 들은 것은 없는가? 저들 나라에서 이 세 가지 일을 가장 급선무로 힘쓰고 있다고 하는데, 그러하던가?"

"과연 그러하였습니다."

"그들 말을 어떻게 하면 배울 수 있는가?"

"훈도訓導와 별차別差(통역사)가 가까이 초량관에 있으니, 초량관에서 배우는 것이 좋을 것 같습니다."

"이 말이 옳다. 오래오래 배우게 되면 저절로 익숙해질 것이다."

"성상의 말씀이 지당하십니다. 어찌 배워서 익숙해지지 않는 것이 있겠습니까?"

"화륜선火輪船(물레바퀴 모양의 추진기를 단 증기선)은 어느 나라에서 처음 사용하였다고 하던가?"

"미리견米利堅(미국)에서 시작되었다고 합니다."

"기계는 모두 어느 곳에서 만들어진 것이며, 일본에서는 지금 모두 배워 익혔다고 하던가?"

"각국의 기계들을 이미 모두 배웠다고 합니다."

"재주가 이미 정묘하고 학문에 또한 부지런하면 이와 같이 쉽게 배울 수 있는가?"

"과연 그렇습니다."

"이외에 또 볼 만한 일이나 들을 만한 일이 있던가?"

"비록 들을 만하고 볼 만한 일이 있더라도 한 번도 물어보지 않았습니다."

"이 역시 잘 처신한 것이다. 그들의 병사는 얼마나 되겠던가?"

"매우 많은 것 같지는 않았습니다."

"초모招募(군사를 구하여 모으다)하는 군사들이 매우 많은데, 녹봉은 모두 어느 곳으로부터 나오기에 이와 같이 하고 있단 말인가? 토지에서 나오는 소출은 필시 전에 비해 많이 늘어나지 않았을 것이다."
"성상의 말씀이 지당하십니다."
"하이국蝦夷國(대만)의 땅을 함께 아울렀다고 하던데, 그러한가?"
"과연 그러합니다."
"그렇다면 그 땅에도 역시 왕이 있었던 듯한데, 땅은 얼마쯤 되는가?"
"가히 사방 천리가 된다고 합니다."
"그 땅을 얻어서 전답을 아울러 경작한다고 하던가?"
"그렇다고 하였습니다."
"무릇 사용하고 있는 기계들이 모두 정밀하고 편리한데, 가르치고 익히는 방법도 모두 익숙하던가?"
"과연 익숙하였습니다."
"총銃의 크기는 어떠하던가? 그리고 모두 육혈총六穴銃(탄환을 재는 구멍이 여섯 개 있는 총)은 아니던가?"
"육혈총은 보지 못하였습니다."
"현재 보는 바로는 부강한 형편이라고 할 만하던가? 그 이른바 부용국附庸國이라고 하는 나라는 하이국을 말함인가?"
"그렇습니다."
"하이국이 현재 이미 합병되었다면, 하이국에서는 다만 그 토지를 경작할 뿐이라고 하던가?"
"하이국은 모두 도망가 흩어졌다고 하는 것 같습니다."
"세 가지 절목節目에 대해서는 다시 말하는 것이 없던가?"
"듣지 못하였는데, 저들은 무릇 의논하고 모의하는 일에 매우 비밀스러웠습니다."

"저들 나라의 관제官制의 등급에서는 품品 자를 쓰지 않고 위位 자를 써서 1위니 2위니 한다고 하던데, 그러하던가?"

"그러합니다. 정위正位라는 칭호는 보지 못하였는데, 그들 대신도 종1위라고 한답니다."

"그렇다면 궁본소일宮本少一은 우리나라의 품계로는 몇 품品에 해당되며, 저들 나라에서는 몇 위位인가?"

"저들 나라에서 4, 5위에 해당하며, 우리나라의 품계로는 종2품입니다."

"흑전청륭黑田淸隆은 몇 위인가?"

"3, 4위에 불과합니다."

"저들의 정2위나 종2위는 모두 어떤 관직인가?"

"모두가 대신인 것 같았습니다."

"대신은 몇 사람이나 되던가?"

"4, 5인 될 듯합니다."

"이외에 다시 자세히 알고 있는 것은 없는가?"

"다시 아뢸 만한 것이 없습니다."

"이렇게 무더운 때를 당하여 무사히 다녀왔으니, 무엇보다도 다행이다."

"모두 성상의 덕택입니다."

《승정원일기》의 이 내용은 고종이 김기수의 별단을 모두 상세히 살핀 뒤에 나눈 대화에 대한 기록이다.

김기수와의 이 대화를 통해 알 수 있듯이, 고종은 한시라도 빨리 일본처럼 서양 문물을 받아들여 조선을 부강한 나라로 만들고 싶어 했다. 고종은 특히 일본에서 운항하고 있던 화륜선火輪船(증기선)과 전기, 농기구 등에 관심이 많았다. 그리고 일본이 대만을 정벌하여 차지한 것에도 매우 민감한 반응을 보였다. 일본이 갑자기 강국으로 부상한 이면에 대만 땅에서 얻은 식량의 역할이 있을 것으로 보았기 때문이다.

고종은 김기수를 1차 수신사로 일본에 파견한 이후, 1880년에는 김홍집을 2차 수신사로 파견하게 된다.

5장

1877년~1882년

친위부대 무위소에
전군에 대한 통솔권을 부여하다

- 재위 14년(1877년) 4월 9일에 우부승지 박용대에게 전교하였다.
"본소本所(무위소)의 설치는 실로 오위五衛(조선 전기 왕의 친위부대 제도)의 제도를 모방한 것이니, 숙위宿衛(임금을 호위하며 궁궐에 상주하는 군대)를 전담할 뿐만 아니라, 일반 융무戎務(병력에 관한 업무)에 관계되는 모든 사항 역시 통할하여 검속하지 않아서는 안 된다. 지금부터는 세 개의 영營(군영)을 더 설치하고, 제조는 도통사가 으레 겸임하되 구전口傳(말로 전함)으로 단부單付(한 명만 추천하여 관원으로 정하는 것)하며, 용호영과 총융청도 일체 겸하여 관할하라고 분부하라."(승정원일기)

무위소의 확대, 무소불위의 권력

1873년 11월에 흥선대원군을 권좌에서 밀어내고 실질적인 친정을 시작한 고종은 재위 11년(1874년) 6월 20일에 무위소를 창설하며 이런 교지를 내렸다.

"파수군把守軍(수비병)의 칭호를 무위소로 하되, 훈련대장이 그대로 맡아보도록 하라."

무위소는 무위청과 훈련도감에서 선발된 정예 병력 500명으로 구성되었다. 그리고 일단 무위소의 지휘는 훈련대장에게 맡겼다. 그런데 불과 보름도 지나지 않아 무위소의 지휘관을 훈련대장에서 금위대장으로 바꾸며 이렇게 말했다.

"숙위군宿衛軍(임금을 호위하며 궁궐에 상주하는 군대)을 때에 따라 증설한 것은 열성조에 이미 시행한 전례가 많이 있었기 때문에 이번에 무위소를 설치한 것이다. 숙위하는 중요한 곳은 통솔하는 사람이 없어서는 안 된다. 국초의 도통사 제도를 본떠서 무위도통사는 금위대장 조영하가 특별히 겸찰하도록 하라."

결국 무위소는 도성의 파수 병력을 강화하는 차원에서 창설된 것이 아니라 숙위 병력, 즉 왕의 친위부대를 강화하는 차원에서 창설된 것이었다.

당시 고종은 내심 정조가 운영했던 장용영과 유사한 친위부대를 만들어 군권을 완전히 장악하려는 계획을 가지고 있었다. 정조는 즉위 초에 친위부대인 장용위를 창설한 뒤, 후에 장용위를 장용영으로 확대하고 전군을 장용영의 지휘 체계 아래 놓이게 만들었다. 이는 결과적으로 정조의 왕권을 절대화하였는데, 고종이 정조의 전철을 밟고자 했던 것이다.

고종은 자신의 계획대로 무위소를 확대해 나갔다. 500명이던 무위소 병력은 1,200명으로 확대시키는 한편, 훈련도감과 금위영 그리고 어영청의 표하군標下軍(각 군영의 대장이 직접 통솔하는 군대)과 복마군復馬軍(말을 다루는 부대)을 무위소에 이속시키는 조치를 취했다.

이러한 조치는 조영하에게 무위소 도통사를 겸임하게 한 지 불과 7일 후인 7월 11일에 이뤄졌다. 표하군은 각 군영의 대장이 직접 통솔하는 군대를 말하고, 복마군은 말을 다루는 부대를 통칭한다. 말하자면 훈련도감과 금위영, 어영청의 핵심 부대를 무위소에 예속시킨 것이다. 이는 이 세 군영을 무위소 산하에 두겠다는 의미였다.

고종의 무위소에 대한 확대 정책은 여기서 그치지 않았다. 금위대장이 겸하던 무위도통사를 겸직이 아닌 단독 직책으로 바꾸고 자신의 최측근인 민규호를 무위도통사로 임명했다. 또한 무위도통사에게 도성의 치안을 담당하는 포도대장 추천권을 주기까지 했다. 말하자면 군권과 경찰권을 무위소에 몰아주고, 무위도통사에 최측근을 임명하여 고종 자신이 군권과 경찰권을 직접 관할하고자 한 것이다.

그리고 마침내 재위 14년(1877년) 4월 9일에 무위소를 더욱 확대하여 세 개의 영을 더 설치하고 무위도통사가 금위영·어영청·훈련도감 등 3영의 제조를 겸하도록 하였고, 용호영과 총융청까지도 통솔하도록 했다. 거기다 포도청까지 예하에 둠으로써 한성부의 치안 업무까지 모두 관여할 수 있도록 했다. 그야말로 무위도통사는 무소불위의 권력자가 된 것이다.

무위소의 확대는 거기서 그치지 않았다. 재위 16년(1879년)에 이르면 북한산성에 있던 경리청과 총융청 소속의 북한성관장 이하의 모든 관원을 무위소에 소속시키게 된다. 이렇게 함으로써 무위소는 궁궐 숙위와 한성부의 치안 업무는 물론 수도 방위를 총괄하는 기관이 되었다.

그리고 재위 18년(1881년) 11월에 고종은 무위소를 무위영으로 승격시킨 뒤, 종래의 5군영을 무위영과 장어영의 2영 체제로 개편한다. 훈련도감·어영청·총융청·금위영·수어청으로 이뤄진 5군영 가운데 훈련도감·금위영(용호영)·호위청을 합하여 무위영으로 하였고, 어영청과 수어청을 합하여 장어영이라 하였다.

원래 5위영 중에서 훈련도감·어영청·금위영은 도성을 직접 방어하는 중앙군영이며, 총융청과 수어청은 서울의 외곽을 방어하는 임무를 맡고 있었다. 그런데 이를 무위영과 장어영의 2영 체제로 개편함으로써 무위영은 도성을 직접 방어하는 중앙군이 되었고, 장어영은 도성 외곽을 방어하는 외곽 병영이 된 것이다.

이렇듯 고종의 친위부대였던 무위소는 무위영으로 확대되어 정조 시대의 장용영을 능가하는 거대한 군사조직이 되었다. 이는 고종이 병권을 집중화해 왕권을 강화하려는 의도에서 이뤄진 군제 개혁 조치였지만, 무위도통사에게 권력이 집중되는 문제를 안고 있었다.

김홍집을 수신사로 삼아
일본에 2차 시찰단을 보내다

- 재위 17년(1880년) 3월 23일에 김홍집을 수신사에 임명하여 일본국에 갈 것을 명하다.

  5월 28일에 수신사 김홍집을 소견하였다. 하직인사를 하기 위해 왔기 때문이다.

  8월 28일에 돌아온 수신사 김홍집을 소견하였다.

  9월 8일에 수신사 김홍집이 일본에서 《조선책략》 1책을 증정하므로 가지고 귀국하다.

김홍집을 일본에 파견하다

강화도조약 이후 일본은 미야모토宮本小一를 보내 조약에 따른 세목 협정을 지속하였다. 그리고 1879년에 하나부사花房義質를 변리 공사辨理公使(공사관 직급 3등으로 공사를 대신하지만 급이 낮은 외교관)로 파견하여 상주하게 하였다. 당시 일본은 부산과 원산을 개항시킨 다음 인천항을 개항할 것을 강요하던 중이었다. 그리고 관세와 쌀 교역 문제 등 여러 가지 통상 관련 사항들을 일본에 유리한 상황으로 몰고 가려 했다.

조선 조정은 이러한 제반 문제를 논의하고 동시에 일본의 문물 개방 상황을 시찰하기 위해 김홍집을 제2차 수신사로 삼아 일본에 파견하게 된다. 1880년 3월 23일에 수신사로 임명된 김홍집은 5월 28일에 고종에게 하직 인사를 고하고, 6월 25일에 부산에서 일본 기선 센자이마루호를 타고 일본으로 떠났다.

당시 사찰단의 총인원은 김홍집을 위시하여 58명이었다. 김홍집은 일본의 여러 외교 인사들과 접촉하면서 일본의 요구 사항에 대해 확답을 피하는 전략을 썼다. 그리고 체류 중에 일본의 청국 공관을 방문하여 청국공사 하여장, 참찬관 황준헌 등과 필담을 나누며 국제 정세를 알아보기도 했다. 이 과정에서 김홍집은 유럽과 미국의 사정에 밝은 황준헌의 외교 정책에 이끌리게 되었다. 그래서 황준헌이 쓴 《조선책략》을 받아 귀국하게 된다.

《조선책략》에서 황준헌은 조선이 부국강병을 이루기 위해서는 우선 러시아의 남하를 막아야 하며, 이를 위해서는 중국과 친하게 지내면서 일본과는 결속해야 하고, 미국과도 협력해야 한다고 주장했다. 김홍집은 황준헌의 이런 전략이 옳다고 보고, 귀국하여 《조선책략》을 고종에게 바치게 되는 것이다.

김홍집이 일본에서 돌아와 고종에게 귀국 보고를 한 것은 하직

인사하고 떠난 지 3개월 후인 8월 28일이었다. 이 자리에서 고종은 김홍집에게 다양한 부분을 비교적 세세하게 물었다. 그 내용의 대략을 정리하면 다음과 같다.

김홍집과 고종의 대화

왕이 물었다.
"세금을 정하는 일을 아직 바르게 귀결 짓지 못하고 돌아왔는가?"
김홍집이 아뢰었다.
"그 나라에서 한창 조약을 수정하는 일이 있다는 말을 들었기 때문에 갑자기 정할 수가 없었습니다."
"개항 등에 관한 일을 다시 먼저 말하던가?"
"하나부사 요시모토花房義質가 한 번 사적으로 묻기에 조정의 의견은 전과 다름이 없다고 대답했더니 더는 말하지 않았습니다."
"러시아가 두만강에서부터 곧바로 산동山東으로 향해 간다고 하는데, 만일 정말 전쟁이 일어난다면 응당 멀지 않은 듯하던가?"
"일본 사람들은 그렇게 말하나 여러 청나라 사신에게 물어보니, 중국의 일은 잘 마무리될 듯합니다."
"그렇다면 응당 무사할 것이라고 말하던가?"
"이리伊犁 지방을 끝내 러시아에게 허락하고서야 끝날 듯하다고 하였습니다."
"일본에서 각국의 말을 배우는 학교를 널리 설치하여 가르친다고 하는데, 그 학교의 규모는 어떻던가?"

"각국의 언어를 모두 학교를 설치하여 가르친다고 합니다."

"우리나라의 역학譯學과 같던가?"

"그렇습니다. 그 나라 조사朝士(조정의 관리)의 자제들은 모두 취학하게 하였습니다."

"남쪽 섬에서 검은 연기가 난다고 하는데, 그런가 안 그런가?"

"그 지역에 화산이 있기 때문에 항상 지진이 많다고 합니다."

"지진이 과연 잦고 크게 나던가?"

"몇 달 간격으로 문득 지진이 일어나며, 10여 년쯤 사이를 두고 큰 지진이 나 집과 사람과 물건들이 손상을 많이 입는다고 합니다."

"몇 해 전에 사쓰마薩摩州 사람이 우리나라를 침범하려고 하는 것을 그 대신 이와쿠라 도모미岩倉具視가 막아서 뜻을 이룰 수 없었다고 하는데, 이 일이 사실인가?"

"이 말은 진실로 확실합니다."

"저 나라의 66개 주州를 지금 모두 통합하였다고 하던가?"

"66개 주를 폐지하고 나누어 36개 현縣으로 만들었으며, 현에는 합合(행정 단위)을 둔 것이 마치 우리나라의 감사監司 제도와 같았습니다."

"각 주를 세습世襲하던 사람들이 지금은 모두 지위를 상실했는데, 원망하는 뜻이 없던가?"

"그들이 마음속으로는 좋아하지 않는 듯하나, 모두 녹봉을 후하게 받으면서 도성 아래에서 산다고 합니다."

"육군을 조련調練하는 것은 그 방법이 어떻던가?"

"모든 동작이 자못 군사 규범에 맞았습니다."

"저 나라는 과연 러시아를 몹시 두려워하던가?"

"온 나라에 그것을 위급하고 절박한 걱정거리로 여기지 않는 자가 없었습니다."

"저들이 통상하는 것이 17개국이라고 하던가?"

"전하는 말이 그렇습니다."

"저들의 무기가 지금 서양 각국을 대적할 수 있다고 하던가?"

"저들이 배운 것이 서양의 병법兵法이므로 스스로 서양에 미치지 못한다고 합니다."

"그 병법에는 마땅히 다시 네덜란드阿蘭陀를 따라야 한다고 하였는데, 이는 어떤 나라인가?"

"네덜란드는 서양에서도 가장 작은 나라로서 면적이 우리나라의 4분의 1에 지나지 않는다고 합니다."

"나라는 이처럼 작은데 무슨 방법으로 능히 이와 같은가?"

"나라가 크건 작건 관계없이 무기가 정예한 것은 또한 스스로 강하게 하고 실제에 힘쓰는 것에 달려 있을 따름입니다."

"순사들이 거리를 단속하는 것이 자못 엄숙하다고 하던가?"

"그렇습니다."

"저 나라에서는 각기 그 재주에 따라서 사람을 가르치기 때문에 비록 부녀자와 어린아이라도 모두 공부시키니, 그렇다면 한 사람도 버릴 만한 사람이 없을 것이다."

"그렇기 때문에 한 사람도 놀고먹는 백성이 없었습니다."

"건축 제도가 달라진 것이 많이 있던가?"

"지붕은 간혹 서양식 제도를 쫓은 것이 있기도 했으나 역시 옛날 제도대로 지은 것이 많았습니다."

"더러는 아직도 옛날식 옷을 입고 그 풍속을 고치지 않는 사람들이 있다는데, 그중에는 틀림없이 볼 만한 사람이 있을 것이다."

"그 가운데에는 문사文士들이 많았으니, 자못 숭상할 만합니다."
"다른 나라로 나가서 머무는 전권공사와 영사관은 그 숫자가 일정하지 않다고 하던가?"
"상세히 듣지는 못하였지만 간혹 해당 나라에 대한 사무가 많고 적음으로 인하여 그런 것 같습니다."
"조선에만 유독 변리공사를 두고 하나부사 요시모토를 변리辦理로 승진시켜 임명한 것은 무엇 때문인가?"
"이것은 품계를 올리려고 그런 것 같습니다."
"우리나라와 상의하지도 않고 한 것은 그 뜻이 국서國書를 보내려고 그러는 것인가?"
"변리공사는 응당 국서를 가지고 간다고 들었기 때문에 신이 하나부사 요시모토에게 묻기를, '병자년(1876년)에 국서를 가지고 다니지 말 것을 약속했는데, 지금 어째서 우리나라와 상의하지도 않고 갑자기 시행하는가? 단지 외무성의 서계書契만 가지고 오는 것이 좋을 것이다.'라고 하니, 그의 대답도 자못 그렇게 생각한다고 하였습니다."
"저곳에 연로沿路의 시장과 백성들의 거주지가 과연 어떻던가?"
"보이는 것이 자못 번화하고 풍성하였습니다."
"저들도 농사에 힘써서 올가을에 큰 풍년이 들었다는데, 과연 무슨 곡식을 중하게 여기던가?"
"그들도 쌀을 중히 여깁니다."
"러시아가 중국을 침략하려고 하는데, 어느 길을 경유할 것이라고 하던가?"
"저 나라에서 들은 바로는 대체로 우리나라의 동남 바닷길을 거쳐 중국으로 돌아 들어갈 것이라고 하였습니다."

"그들의 동정을 살피건대, 저 나라는 우리나라에 대하여 과연 악의가 없던가?"

"지금 본 바로는 우선 가까운 시일 안으로는 걱정할 것이 없습니다. 신이 이 일에 대해서 청나라 사신에게 물어보니, 또한 실정은 그러하다고 하였습니다."

"그렇다면 영원히 별일이 없으리라는 것을 보장할 수 있겠는가?"

"이 일은 신이 감히 확정지어 대답할 수 없지만, 향후에 우리가 그들을 응접하는 것에 옳은 방도를 얻는 데에 달려 있을 따름입니다. 이 때문에 청나라 사신도 스스로 힘쓰라는 말로 권면하였습니다."

"스스로 힘쓴다는 것은 바로 나라를 부강하게 만드는 것을 말한 것인가?"

"나라를 부강하게 만드는 것만 스스로 힘쓰는 것으로 되는 것일 뿐 아니라 우리의 정사와 교화를 잘 닦아서 우리의 백성과 나라를 보호함으로써 외국과의 관계에서 불화가 생기지 않도록 하는 것, 이것이 바로 실로 스스로 힘쓰는 데에 제일 급선무인 것입니다."

"청나라 사신도 또한 러시아 때문에 근심하고 있는데, 우리나라 일을 많이 도와줄 의향이 있던가?"

"신이 청나라 사신을 몇 차례 만났는데, 말한 것이 다 이 일이었으며 우리나라를 위한 정성이 대단했습니다."

"저 사람들이 비록 우리나라와 한마음으로 힘을 합치고자 하나, 이것이 어찌 깊이 믿을 만한 것이겠는가? 요컨대 우리도 또한 부강해질 방도를 시행해야 할 뿐이다."

"저들의 마음을 참으로 깊이 믿을 수는 없지만, 오직 우리나라가 바깥일을 모르고 있는 것을 안타깝게 여기고 있었습니다."

"유구국琉球國은 그동안에 나라를 회복하였다고 하던가?"
"이 일은 혐의가 있어서 일찍이 사람들에게 물어보지는 못하였으나, 전하는 말로는 벌써 그 나라를 폐하고 현縣으로 만들었다고 합니다."

이렇듯 고종은 김홍집에게 국제 정세와 일본의 상황에 대해 매우 꼬치꼬치 캐묻고 있다. 고종이 알고자 한 것은 첫째 강화도조약에 따른 일본의 요구 상황을 확인하는 것이었고, 둘째는 러시아의 남하정책에 따라 러시아와 청국 사이에 고조되는 전쟁 분위기를 정확하게 파악하는 것이었으며, 셋째는 일본의 발전 속도와 사회 변화, 그리고 외교 관계 등에 관한 질문이었다. 그리고 넷째는 일본이 정벌하여 장악한 유구국의 상황이 어떻게 되었는가 하는 것이었다.

이런 질문들 속에서 확인할 수 있는 것은 고종이 일본이 조선을 침략할 것인지에 대한 우려를 표명하고 있다는 점이다. 고종은 비록 강화도조약으로 일단 일본과 교류하기로 했지만, 여전히 일본을 믿지 않고 있음을 엿볼 수 있으며, 이 때문에 국제 관계를 잘 이용하여 유구처럼 일본에게 나라를 빼앗기는 일은 없도록 하려고 미리 방도를 강구하고 있었던 것이다.

이를 위해 고종은 일본이 서양 문물을 수입하여 성공적으로 발전하였는지 확인하고, 만약 그것이 사실이라면 하루라도 빨리 일본처럼 서양문물을 수입하여 성공적인 발전을 도모하려 했던 것이다.

황준헌의 《조선책략》 유입에 따라 격화되는 내부 갈등

이런 고종의 마음을 확인한 김홍집은 일본에서 얻은 황준헌의 《조선책략》을 고종에게 바쳤다. 김홍집은 황준헌의 책략이 조선의 자주 발전에 도움이 될 것으로 생각하고 고종이 황준헌의 주장을 받아들이길 바랐다.

고종은 《조선책략》을 읽고 여러 면에서 공감하는 부분이 있었던 모양이다. 그래서 영의정 이최응을 불러 논의했다. 그 내용의 대략은 이렇다.

"수신사 편에 가지고 온 책자는 청나라 사신이 전한 것이니, 그 후한 뜻이 일본보다 더하다. 그 책자를 대신大臣도 보았는가?"

이최응이 대답했다.

"일본이 오히려 이처럼 성의를 다하는데 청나라 사람이야 더 말할 나위가 있겠습니까? 반드시 들은 것이 있었기 때문에 우리나라로 하여금 대비하게 하는 것입니다. 우리나라의 인심은 본래부터 의심이 많아 장차 그 책을 덮어 놓고 연구하지도 않을 것입니다."

"그 책을 보니 과연 어떻던가?"

"신이 과연 그 책을 보았는데, 그가 여러 조항으로 분석하고 변론한 것이 우리의 심산心算과 부합되니, 한 번 보고 묶어서 시렁 높이 얹어둘 수는 없습니다. 대체로 러시아는 먼 북쪽에 있고 성질이 또 추운 것을 싫어하여 매번 남쪽을 향해 나오려고 합니다. 다른 나라의 경우에는 이득을 보려는 데 지나지 않지만 러시아 사람들이 욕심내는 것은 땅과 백성에 있으며, 우리나라의 백두산 북쪽은 바로 러시아의 국경입니다. 비록 큰 바다를 사이에 둔 먼 곳이라도 한 척의 돛단배로 순풍을 타면 오히려 왕래할 수 있는데, 하물며 두만강을 사이에 두고 두 나라의 경계가 서로 접한다면 더 말할 것이 있겠습니까? 보통 때에도 숨 쉬는 소리까지 서로 통할 만한데 얼음이 얼어붙으면 비록 걸어서라도 건널 수 있을 것입니다. 바야흐로 지금 러시아 사람들은 병선 16척을 집결시켰는데 배마다 3,000명을 수용할 수 있다고 합니다. 만약 추워지게 되면 그 형세는 틀림없이 남쪽으로 향할 것입니다. 그 의도를 진실로 헤아릴 수 없으니, 어찌 대단히 위태롭지 않겠습니까?"

"일본 사람들의 말을 보면, 그들이 두려워하는 바는 러시아로서 조선이 대비하기를 요구하는 듯하지만, 사실은 조선을 위한 것이 아니라 그들 나라를 위한 것이다."

"사실은 초楚 나라를 위한 것이고 조趙 나라를 위한 것은 아닌 것 같습니다. 조선이 만일 방비하지 않으면 그들 나라가 반드시 위태롭기 때문입니다. 비록 그렇더라도 우리나라야 어찌 러시아 사람들의 뜻이 일본에 있다고 핑계대면서 심상하게 보고만 있겠습니까? 지금 성곽과 무기, 군사와 군량은 옛날만 못하여 백에 하나도 믿을 것이 없습니다. 마침내 비록 무사하게 되더라도 당장의 방비를 어찌 조금이라도 늦출 수 있겠습니까?"

"방비 대책은 어떠한가?"

"방비 대책에 대하여 우리 스스로가 어찌 강구한 것이 없겠습니까마는, 청나라 사람의 책에서 논한 것이 이처럼 완벽하고 이미 다른 나라에 준 것은 충분한 소견이 있어서 그런 것입니다. 그중 믿을 만한 것은 믿고 채용해야 할 것입니다. 그러나 우리나라 사람들은 틀림없이 믿지 않을 것이니, 장차 휴지가 되고 말 뿐입니다."

《조선책략》을 받아본 고종은 나름 황준헌의 전략이 일견 타당하다고 생각했다. 하지만 황준헌의 《조선책략》에 대한 위정척사 세력의 반발이 만만치 않았다. 위정척사 세력의 중심에 있던 유림은 전국적인 규모로 상소를 올리기 시작했는데, 그중에서도 영남 유생 이만손을 필두로 한 '만인소'와 강원도 유생 홍재학의 복합상소가 그들의 뜻을 가장 잘 드러냈다.

이렇듯 과격한 상소가 빗발치자, 고종은 한발 물러나 일시적으로 김홍집을 인책하고, 한편으로는 이만손, 홍재학 등 과격분자를 처형하기에 이른다.

이후 《조선책략》을 사이에 두고 개화세력과 위정척사세력 사이의 갈등이 더욱 격화된다. 그런 가운데 고종은 유림들의 맹렬한 반대에도 불구하고 통리기무아문을 설치하고 다시 일본에 시찰단을 파견한다.

5장. 1877년 ~ 1882년

03

군사 업무와 일반 국정을 총괄하는 통리기무아문을 설치하다

- 재위 17년(1880년) 12월 21일에 통리기무아문을 설치하다.

의정부에서 아뢰었다.

"아문衙門을 설치하는 일에 대해 건치建置하기에 합당한 것을 절목節目을 써서 들입니다."

1. 아문의 호칭은 통리기무아문統理機務衙門으로 한다.

1. 이미 설치한 아문은 기무에 관계되므로 구별해서 살피지 않아서는 안 되니, 당상堂上과 낭청을 차정差定하여 각각 그 일을 담당하게 한다.

1. 사대사事大司는 사대문서事大文書와 중국 사신을 접대하는 일과 군무변정 사신을 차송差送하는 일 등을 담당한다.

1. 교린사交隣司는 외교문서와 왕래하는 사신을 맞이하고 전송하는 일 등을 담당한다.

1. 군무사軍務司는 중앙과 지방의 군사를 통솔하는 일 등을 담당한다.
1. 변정사邊政司는 변방의 사무와 이웃 나라의 동정을 염탐하는 일 등을 담당한다.
1. 정부政府는 종래의 변방 사무를 이전대로 주관한다.
1. 통상사通商司는 중국 및 이웃 나라와의 통상에 관한 일 등을 담당한다.
1. 군물사軍物司는 병기의 제조에 관한 일 등을 담당한다.
1. 기계사機械司는 각종 기계의 제조에 관한 일 등을 담당한다.
1. 선함사船艦司는 서울과 지방의 각종 선박의 제조와 통솔에 관한 일 등을 담당한다.
1. 기연사譏沿司는 연해 포구에 왕래하는 선박의 순시에 관한 일 등을 담당한다.
1. 어학사語學司는 역학譯學(통역과 외국어), 각국各國의 언어 문자 등에 관한 일을 담당한다.
1. 전선사典選司는 인재를 선발하여 각사各司에 등용하는 일 등을 담당한다.
1. 사대사는 교린사를 겸임하고 군무사는 변정사를 겸임하며, 선함사는 기연사를 겸임하고 군물사는 기계사를 겸임하며, 전선사는 어학사를 겸임하고 통상사는 전임한다.
1. 신설한 아문은 중앙과 지방의 군사와 정사의 기무를 통솔하니, 체모體貌가 자별自別하므로 정1품 아문으로 하고, 대신 중에서 총리總理를 마련하여 통제하거나 정무 보는 것은 의정부와 같은 규례로 한다.
1. 당상은 10원員(명)까지로 하고, 낭청은 18원(명)까지로 하되, 문관

文관文官·음관蔭官·무관武官에 구애되지 말고 가려 차임差任한다.

국내외 군국기무 총괄 관청

1880년 12월 21일, 고종은 국내외 정세에 대응하기 위해 국내외의 군국기무를 총괄하는 정1품 관청인 통리기무아문을 설치하였다. 아문의 절목은 총 22항으로 이뤄져 있으며, 그 속에는 통리기무아문 아래 12사를 두었다.

그리고 다음 날 총리기무아문의 총리대신으로 영의정 이최응을 임명하고, 경기감사 김보현, 지중추부사 민겸호, 예조참판 김홍집 등 10명의 당상을 임명하였다.

고종이 통리기무아문을 설치한 것은 개방 정책을 강화하기 위함이었다. 기존의 의정부와 6조 체계로는 밀려드는 외국 문물을 수용하는 데 한계가 있다고 판단하고, 외국 문물을 수용하기에 적합한 새로운 정부 기구를 만든 것이다.

12사로 출범한 통리기무아문은 1881년 11월에 이르면 각 사를 통폐합하여 동문, 군무, 통상, 이용, 전선, 율례 등 7사로 개편된다. 하지만 1882년에 임오군란이 일어나면서 대원군에 의해 통리기무아문이 폐지되기에 이른다. 이후 대원군이 실각하자 통리기무아문의 후신인 기무처가 설치되고, 기무처는 다시 통리아문이 되었다가 통리교섭통상사무아문으로 개칭된다.

통리교섭통상사무아문장정은 총 23항으로 되어 있으며, 장교掌交·정각征搉·부교富敎·우정郵程 등 4사와 동문학同文學이 설치되었다. 관원으로는 독판督辦·회판會辦 각 1인, 협판·참의 각 4인 및 각 사 주사 8인, 동문학의 장교·주사 각 1인으로 구성되었다.

그러다 1887년 4월에 다시 개편되어 총무·통상·교섭·번역·기록·회계 등 6사로 개편되었다. 그리고 갑오개혁 시기인 1894년 7월 20일에 통리교섭통상사무아문은 폐지되고 외무아문이 창설된다. 외무아문에는 총무·통상·교섭 이하 6국이 설치되었으며, 관원으로는 대신 이하 협판·참의·주사 등을 두어 교섭통상사무를 관장하고 또한 주외공사·영사를 감독하게 하였다.

이후 외무아문은 1905년까지 존속되다가 그해 을사늑약이 체결되면서 외교권이 박탈되었고, 1906년에는 외부의 사무가 의정부 외사국으로 이관되면서 완전 폐지되기에 이르렀다.

5장. 1877년 ~ 1882년

04

신사유람단을 일본에 파견하고
청나라에 유학생을 보내다

- 재위 18년(1881년) 8월 30일에 동래부 암행어사 박정양 등을 소견하다.

  동래부 암행어사 박정양, 조준영, 강문형, 심상학, 이헌영, 엄세영을 소견하였다. 복명하였기 때문이다.

- 12월 14일에 동래부 암행어사 어윤중을 소견하다.

  동래부 암행어사 어윤중을 소견하였다. 복명復命했기 때문이다.

  [이해 정월 중에 비밀 명령으로 조준영, 박정양, 엄세영, 강문형, 조병직, 민종묵, 이헌영, 심상학, 홍영식, 어윤중 등이 전에 일본에 가서 시찰하였는데, 명칭을 '동래부 암행어사'라고 하였기 때문에 국사에는 다만 '복명하였다.'라고만 기록되었다. 그들의 복명에는 각각 문견기聞見記(시찰 보고서)를 올린 것이 있으나 번다하므로 다 기록할 수 없다.]

- 2월 10일에 참획관을 일본에 파견하여 총과 포, 선박을 살펴보게 하다.

통리기무아문에서 아뢰었다.

"무기의 제조법을 배워오는 일과 관련하여 중국에 사신을 파견하도록 명하셨으니 삼가 마련해서 들여보내야 합니다. 하지만 일본 공사 역시 총, 포, 선박 등의 일로 묘당에 상소를 올리기까지 하였으니 그 뜻을 무시하기 곤란할 뿐 아니라 다른 나라의 무기에 대해서도 널리 보고 들을 방도가 있을 것입니다. 그러므로 본 아문에서 추천받은 전 부사 이원회를 참획관으로 임명하여 참모관 이동인을 데리고 출발한다는 내용으로 서계를 만들어 보내겠습니다. 노자는 편의대로 할당해서 지급하고, 도로 연변의 마을에서 접대하는 일은 백성과 고을들에 민폐를 끼칠 우려가 있으니 일체 그만두라는 내용으로 지나는 제도諸道(지방 관청)에 분부하는 것이 어떻겠습니까?"

이에 윤허하였다.

신사유람단·청나라 유학생·별기군 등으로 개방정책에 박차를 가하다

통리기무아문 설치 직후인 1881년 1월 11일, 고종은 젊고 유능한 인재 12명에게 밀명을 내려 일본을 시찰하고 돌아올 것을 명령했다. 그들의 공식 명칭은 일본시찰단이 아니라 동래부 암행어사였다. 개방정책에 반대하는 유림의 눈을 피하기 위한 고종의 비밀 정책이었다.

이때 파견된 조사시찰단은 위원 12명, 수행원 26명, 하인 등 도합 60여 명으로 구성되었다. 그들의 면면은 모두 양반 출신의 소장 인물들로, 조선의 미래를 이끌고 갈 젊고 유능한 인재들이었다. 그들은 흔히 '신사유람단'으로 불리지만, 그들의 사명은 단순히 일본을 유람하는 것이 아니었다. 그들의 임무는 일본 내부에서 벌어지는 사회 변혁과 정부 부처의 대응 능력을 조사하고 평가하는 것이었다. 메이지유신 이후 서양 문물에 대해 적극적인 개방을 시작한 일본의 변화상과 일본 정부 조직의 역할을 심도 있게 취재하는 것이 그들의 목표였다.

그들은 일본에 파견된 이후 74일 동안 일본 정부와 사회를 조사하고 취재했다. 그리고 그들이 일본에 머무는 동안 고종의 또 하나의 계획이 실행되었다. 일본의 총포와 선박 등에 대해 좀 더 심도 있게 조사하기 위해 또 하나의 시찰단을 파견한 것이다. 이번에는 공식적인 파견이었다. 일본 영사의 의견에 따라 통리기무아문에서 공식적인 요청을 한 일이었다.

또 다른 시찰단은 박정양 등의 신사유람단을 보낸 지 한 달 만인 2월 10일에 파견되었다. 시찰단장은 참획관 이원회였고, 참모관은 개화 승려 이동인이었다. 특히 이동인은 고종으로부터 또 하나의 밀명을 받은 터였다. 이는 은밀히 총포와 함선을 수입하는 것이었다. 이동인은 일본을 여러 차례 다녀온 터라 일본 사정에 매우 밝은 인물이었다. 그래서 특별히 함선과 총포의 구입 임무를 맡긴 것이었는데, 불행히도 이동인은 총포 구입 과정에서 행방불명되고 말았다. 아마도 암살된 것으로 보인다.

한편, 고종의 밀명을 받고 일본에 갔다 돌아온 신사유람단은 일본의 정부와 사회에 대해 집중적으로 조사한 내용을 담은 시찰보고서 100여 권을 고종에게 제출했다.

고종의 개방정책은 청나라를 통해서도 이뤄졌다. 1881년 10월 25일, 김윤식을 영선사로 삼아 청나라 텐진에 유학생 38명을 보냈다. 그들 38명은 학생과 장인으로 구성되어 있었다. 유학의 목적은 청나라에 유입된 서구의 기계와 군수 물자, 그리고 함선 등에 대한 기술을 전수받는 것이었다. 물론 이는 북양대신 이홍장을 위시한 청나라 정부 당국의 조언과 협조에 따른 조치였다.

고종은 개방정책의 일환으로 무위영에 별기군을 설치하기도 하였다. 별기군은 일본의 권고에 의해 형성된 최초의 근대식 신식군대였다. 일본은 조선이 신식군대를 조직할 계획이 있음을 미리 탐지하고 각종 소총을 기증하면서 별기군 창설을 권고했다. 그리고 별기군을 창설할 경우 일본 장교를 교관으로 파견할 수 있다고도 했다.

당시 통리기무아문의 군무사 경리 당상이었던 민겸호는 이러한 일본의 요청을 고종에게 보고했고, 고종이 이를 수용함으로써 별기군은 창설되기에 이르렀다. 고종은 별기군 선발과 조련을 책임질 장령을 선발하되, 문관과 무관을 가리지 말라고 지시했다. 그래서 별군관으로 선택된 인물은 윤웅렬이었다.

윤웅렬은 무과 출신으로, 별기군 창설 당시 이미 마흔을 넘긴 중년이었으나 수신사 김홍집의 수행원으로 일본을 다녀온 경력이 있었으며 매우 개방적인 인물이었다. 윤웅렬이 별군관이 되자, 그를 중심으로 강 군문에서 신체가 강건한 지원자 80여 명을 선발하여 무위영에 소속시켰다. 그리고 그들의 명칭을 별기대 또는 별기군이라 불렀는데, 한편으론 일본인 교관에 의해 훈련된다고 하여 '왜별기'라고도 했다. 당시 일본군 교관은 일본공사 하나부사가 추천한 호리모토 레이조掘本禮造(일본 육군 소위)이었다.

이렇듯 고종의 개방정책은 급속도로 진행되었고, 신사유람단에 참여한 12명의 젊은 인재들과 청나라 유학을 다녀온 유학생, 별기군을 주도한 윤웅렬 등의 무장들은 개방정책의 중심에 놓이게 되었다.

5장. 1877년 ~ 1882년

05

대원군 세력과 유림 세력이 결합하여
고종 폐위를 도모하다

- 재위 18년(1881년) 8월 29일에 안기영, 권정호, 채동술을 의금부에서 형구를 채워 잡아와 남간에 가두라고 명하였다.
  재위 9월 3일에 추국 죄인 안기영 등과 스스로 추국장에 나타난 이재선을 봉초捧招하고 그대로 가두었다.
- 9월 5일에 시임 대신과 원임 대신이 연명으로 상소를 올려 옥사의 문제를 아뢰다.
  시임 대신과 원임 대신이 올린 연명 차자의 대략은 이렇다. [영돈녕부사 홍순목, 판돈녕부사 한계원, 좌의정 김병국이다.]
  "다만 신들이 혼미하고 노쇠한 탓에 옥체를 크게 그르친 것이 있습니다. 일전에 이재선이 국초鞫招(공초)에 나왔으므로 그가 스스로 와서 나타난 뒤에는 응당 형구刑具(형틀)를 채워 남간南間에 가두고 법에 비추어 공초를 받아야 할 것입니다. 그런데 국정鞫庭(심문 장소)에 스스로 나타난 것은 바로 처음 있는 일이라 우선 서간西間에 엄하게 가두게 한 것이니, 또한 갑작스러워 살피지 못한 데에서 나온 것입니다. 옥체가 얼마나 엄중한 것입니까? 그런데 이처럼 일을 그르쳤으니 마음 가득 황송하여 어찌할 바를 모르겠습니다. 이제 바야흐로 남간에 옮겨 가두어 거행하겠습니다만, 애당초 살피지 못한 잘못은 해당 처벌을 면하기 어렵습니다. 속히 엄벌을 내려서 모든 관료들을 경계하소서."

이에 비답하였다.

"옥체의 신중하고 엄함이 이와 같지만 어찌하여 연명으로 차자를 올려 자인自引(자책)까지 한단 말인가? 경들은 잘 헤아리라."

- 10월 26일에 이재선을 제주목으로 안치하고 추국청을 철폐하라고 명하다.

전교하였다.

"이재선의 이름이 국초에서 나왔다니 너무도 놀랍고 한탄스러워 말하고 싶지도 않다. 진실로 미쳐서 실성한 것이 아니라면 어찌 흉악한 역적 무리들의 손아귀에 놀아나고 그들의 소굴 내에 출몰하는 것이 이 지경에 이를 수 있단 말인가? 그들이 바친 공초를 보면 거짓되고 허망한 말이어서 대부분 귀착점이 없으니 참으로 가련한 일이며 그를 벌주기에는 부족하다. 지금 이 처분이 어찌 단지 그의 목숨을 온전히 보전하기 위해 그런 것이겠는가? 이미 미쳤다고 말했으니, 그렇다면 또한 똑같이 형법을 적용할 필요는 없다. 남간에 가둔 죄수 이재선을 특별히 목숨만은 살려주고 제주목에 안치하되 당일로 압송하라."

또 전교하였다.

"추국推鞠(국문)을 철폐하라."
- 10월 27일에 이재선을 사사할 것을 명하다.

전교하였다.

"이재선의 일에 대해서 오히려 무엇을 말하겠는가? 본래 어리석고 무지한 사람으로서, 부모의 가르침을 받들지 않고 잡된 부류들과 결속하여 마침내 흉악한 역적 무리들이 의지할 만한 기화奇貨(기이한 사건의 빌미)가 되었으니, 이것이 어찌 떳떳한 성품으로서 감히 할 수 있는 일이며 보통의 인정으로 생각할 수 있는 일이겠는가? 국안鞫案(추국 공초안)을 볼 때마다 마음이 몹시 상한다. 오늘의 처분은 또 차마 할 수 없는 일이기는 하지만 공론을 돌아보지 않을 수 없고 국법도 생각하지 않을 수 없다. 남간에 가둔 죄수 이재선을 사사賜死(사약을 내림)하라."

- 재위 44년(1907년) 7월 15일(양력)에 죄인 이재선의 죄명을 취소하고 임명장을 돌려주다.

조령詔令(왕명)을 내렸다.

"죄인 이재선의 사건은 이미 지나간 문제에 속하는 것이고 또 혈육의 의리로 생각해 볼 때 참작할 것이 없지 않으니, 죄명은 원래 대장에서 지우고 직첩을 돌려줌으로써 휼전恤典(은전)을 보여주라."

이재선 역모사건이 발생하다

1881년 8월 29일, 이풍래의 밀고로 안기영, 권정호 등 남인 출신 인물들이 역모를 획책하다 체포되었다. 이들은 남인 출신으로 흥선대원군파에 속한 세력이었다. 특히 안기영은 형조참의를 지내다 대원군의 실각과 함께 유배까지 다녀온 인물로, 대원군의 최측근이었다. 그들의 죄목은 유림과 백성들을 이용해 왕을 폐위하고 흥선대원군의 서장자 이재선을 옹립하려 했다는 역모죄였다.

당시 유림은 고종의 개방정책에 반대하며 전국적으로 척왜상소운동을 전개하고 있었다. 유림들의 척왜상소운동의 중심에는 최익현이 있었다. 최익현이 이끌던 유림과 대원군은 원래 서원철폐, 당백전, 청전 유통 등의 문제로 대립 관계에 있었으나, 이 무렵에 이르러 반외세·척왜라는 측면에서 의견이 일치했다. 이런 상황에서 대원군 계열의 안기영, 권정호 등이 '척사토왜', 즉 서양 세력을 배척하고 일본을 토벌한다는 명분을 내걸고 고종 폐위를 도모한 것이다.

안기영 등이 고종을 내쫓고 옹립하려던 인물은 대원군의 서장자 이재선이었다. 이재선은 비록 서자였지만 대원군이 처음 얻은 아들이었다. 그런데 적자가 아니라는 이유로 요직을 얻지 못하고 별군직이라는 한직에 머물러 있었다. 그 때문에 이재선은 불만이 많았는데, 안기영 등이 그의 불만을 이용해 역모를 도모한 것이다.

안기영 등은 지방의 유림들과 긴밀히 연락을 취하면서 일종의 봉기를 준비했다. 그들 유림 세력의 일부인 강달선, 이종학 등은 1881년에 초시가 실시되는 경기도의 과거 응시장에 잠입하여 응시자들에게 '척사토왜'를 내세워 일거에 봉기할 것을 호소했다. 또한 그들은 봉기한 선비들을 중심으로 병력을 조직해 왕궁을 습격하고 국왕을 폐위하는 것은 물론, 외척과 정승들을 죽이고 일본공사관과 별기군을 습격하여 일본인을 살해한 후 무기를 탈취하려는 계획도 세웠다.

이런 거사 계획은 대원군에게도 전달되었다. 그러나 대원군은 거사 계획이 너무 무모하다고 판단하고 강달선, 이종학 등을 스스로 잡아 형조에 넘겼다. 그런데 거사 계획에 참가했던 광주산성장교 이풍래가 8월 28일에 포도청에 역모 계획을 밀고함으로써, 이재선을 포함한 20여 명이 체포되어 이재선 역모 사건의 전말이 드러나게 되었다.

이풍래의 밀고로 잡혀온 안기영·권정호·강달선 등은 모두 사형되었고, 고종의 서형인 이재선은 제주도에 유배되었다가 홍문관과 조정 대신들의 요청에 따라 41세에 사약을 받고 죽었다.

이 사건 후 흥선대원군과 유림의 입지는 한층 약화되었고, 고종의 개방정책은 더욱 탄력을 받게 되었다. 하지만 유림은 이후에도 지속적으로 척왜상소를 이어갔으며, 이는 1883년의 대대적인 척왜상소 운동으로 확대된다.

한편, 고종은 이때 사사된 이재선을 1907년에 이르러 죄를 사면하고 복권시켜 주었다.

06

민태호의 딸을
왕세자빈으로 삼다

- 고종 19년(1882년) 1월 26일에 세자빈의 혼사를 좌찬성 민태호의 집으로 정하라고 명하였다.
전교하였다.
"세자빈의 혼사를 좌찬성 민태호의 집으로 정하려고 한다. 경들의 뜻은 어떠한가?"
빈청賓廳에서 아뢰었다.
"삼가 성교를 받들건대, 신인神人(하늘과 임금)의 소망에 부합하니, 이는 바로 종사宗社(종묘사직)와 백성들의 복입니다. 신들은 더없는 기쁨으로 축하하고 싶은 마음을 금할 수 없습니다."
2월 19일에 인정전에 나아가 왕세자빈의 책빈례를 거행했다.

조정의 실권자로 부상한 민태호

1882년 2월 19일, 민태호의 딸이 세자 이척(훗날의 순종)의 빈으로 책봉되었다. 혼례 당시 세자 이척은 아홉 살, 세자빈 민씨(훗날의 순명효황후)는 열한 살이었다.

민태호는 세자빈의 장인이 된 후 조정의 실세로 부상했다. 사실, 민태호는 원래 보잘것없는 인물이었다. 그런데 1874년에 고종의 왕비 민자영의 수양오빠 민승호가 의문의 폭탄에 의해 암살된 후, 민태호의 아들 민영익이 민승호의 양자로 입적하게 되면서 순식간에 출세하게 되었다.

처음에 민태호는 아들 영익을 민승호의 양자로 보내는 것을 반대했다. 왜냐하면 영익은 민태호의 유일한 아들이었기 때문이다. 그런데 민태호의 동생 민규호가 강압하다시피 하여 영익을 민승호의 양자로 보내게 하였다.

이에 대하여 황현은 《매천야록》에서 다음과 같이 기록했다.

민승호는 아들이 없어서 명성후가 양자를 세우려 하였다. 그 당시 모든 민씨들을 열거한다면 민겸호, 민두호, 민관호는 모두 아들이 있어서 그들을 양자로 세우려 하였으나 명성후의 마음에 드는 사람이 없었다.

민태호가 아들을 하나 두었으니 민영익이다. 촌수가 조금 멀기는 하나 영리하고 숙성해서 왕후는 그를 양자로 삼았으면 했다. 그러나 민태호가 반대했는데, 그의 동생 민규호가 형을 협박하면서 말했다.

"천의天意(하늘의 뜻, 여기서는 왕비 민씨의 뜻)를 어떻게 어기겠소? 양자를 보내 부귀를 누리는 것만 같지 못하오."

그리하여 민태호는 하는 수 없이 허락했다. 그래서 민태호의 아들 영익은 민승호의 양자로 들어갔으며, 이에 민규호는 이조판서 겸 도통사가 되었다.

당시 민규호에게는 아들이 없었다. 그 때문에 조카인 영익을 민승호의 양자로 보낸 것이었는데, 이는 민규호 자신이 권좌를 차지하기 위한 계략이었다. 이에 대해서도 《매천야록》은 이렇게 적고 있다.

"민태호는 민영익의 생부여서 민승호를 대신해 정권을 잡을 자는 응당 민태호여야 했다. 그런데 민규호가 역량과 모략, 문필이 다 형보다 나았다. 또한 왕후가 민영익이 양자로 들어온 것이 민규호의 뜻에 의한 것이라 생각하고 그를 매우 좋아하니, 마침내 그 형의 자리를 빼앗게 된 것이다."

《매천야록》의 기록처럼 민규호는 민영익이 민승호의 양자가 된 이후 이조판서와 무위도통사를 겸하게 되어 조정의 핵심 권력이 되었다. 그러나 민규호가 갑자기 고위직에 오른 것은 아니었다. 그는 민승호가 죽기 전에 이미 예조판서를 거쳐 의정부 우참찬에 올라 있었다. 따라서 급작스럽게 벼슬이 오른 것은 아니었다.

다만 인사권을 쥔 이조판서와 병권을 쥔 무위도통사를 겸하게 됨으로써 권력의 중심에 서게 된 것은 사실이었다. 말하자면 민승호가 누릴 권력을 조카 민영익 덕분에 민규호가 누린 셈이었다.

이후 민규호는 1878년 10월 7일에 우의정이 되었다. 그러나 그의 운명은 거기까지였다. 우의정이 된 지 불과 8일 만인 10월 15일에 지병으로 세상을 떠났다.

한편, 민규호가 죽을 당시 민영익의 생부 민태호는 경기관찰사로 있었다. 그는 민영익을 민승호의 양자로 보내기 전에는 황해관찰사로 있었으며, 민영익이 양자가 된 이후에도 여전히 지방 관직에 머물러 있었다. 그러나 동생 민규호가 죽자 비로소 이조참판이 되어 요직에 등용되었고, 이어 홍문관 제학·형조판서·이조판서·판의금부사 등을 지내며 승승장구했다. 말하자면 그간 동생 민규호에게 가려 요직에 오르지 못하다가 민규호가 죽자 비로소 중앙 정계에 복귀해 권세를 잡게 된 것이다.

그리고 마침내 민태호는 딸을 세자빈에 오르게 함으로써 조정에서 가장 권세가 강한 핵심 인사로 떠올랐다. 벼슬도 병조판서와 무위도통사를 겸하게 되어 그야말로 조정의 실권자가 되었다.

서구 열강과 통상무역협정을 잇따라 체결하다

- 재위 19년(1882년) 4월 6일에 조미조약을 체결하다.
- 4월 21일에 조영조약을 조인하다.
- 5월 15일에 조독조약을 조인하다.

미국을 시작으로 서구 열강에 문호를 개방하다

강화도조약 이후 급속히 추진되던 개방정책은 1882년에 미국과 통상조약을 맺은 것을 시작으로, 영국·독일·러시아 등에도 문호를 개방하는 것으로 이어졌다.

조선과 가장 먼저 통상조약을 맺은 미국 측 대표는 로버트 윌슨 슈펠트 해군 제독이었다. 그는 1866년 셔먼호 사건을 빌미로 조선에 미국과의 수교를 압박했던 인물이었다.

슈펠트는 일본에게 조선과의 중재를 부탁했으나, 일본은 쉽게 나서지 않았다. 그 때문에 그는 다른 중재자를 찾아야 했고, 그때 청나라 북양대신 이홍장이 긍정적인 신호를 보냈다. 당시 청은 미국을 이용해 일본의 조선 침략과 러시아의 남진을 견제하고자 했으며, 그 일환으로 조미 수교를 알선하려 한 것이었다.

이후 슈펠트는 1880년에 이홍장을 만나 조선과의 수교를 적극적으로 추진하겠다는 약속을 받아내는 데 성공했다. 슈펠트는 곧 이 내용을 미국 정부에 보고했고, 미국 정부는 그를 조미조약 체결을 위한 특사로 임명했다.

한편, 이홍장은 조선 정부에 밀서를 보내 미국과의 조약 체결이 매우 요긴한 일임을 역설했다. 이에 조선 조정에서는 찬반 양론이 맞섰지만, 고종은 미국과의 수교에 우호적이었다. 그러나 위정척사파의 완강한 반대가 있었기 때문에 고종은 청의 지원을 받아 비밀리에 미국과의 수교를 추진했다.

그 결과 1882년 음력 4월 6일(양력 5월 22일), 제물포에서 조선 전권대신 신헌과 김홍집, 그리고 미국 전권특사 슈펠트 사이에 '조미수호통상조약'이 체결되었다.

이 조약은 조선이 서구 국가와 맺은 최초의 조약이었으며, 이를 계기로 영국과 '조영수호통상조약', 독일과 '조독수호통상조약'이 체결되었다. 1884년에는 이탈리아와 '조이통상조약', 러시아와 '조러통상조약', 1886년에는 프랑스와 '조불통상조약'이 잇따라 맺어졌다. 이로써 조선은 당시 세계 열강과 모두 조약을 맺고 문호를 개방하게 되었다.

한편 러시아는 1888년 8월에 별도로 '조로육로통상조약'을 체결했다. 러시아는 1884년 조러통상조약을 맺었지만, 당시 조약 내용은 미국이나 일본과의 조약과 거의 같았다. 즉 인천·원산·부산 등 세 항구를 개방한다는 조건이었다. 그러나 당시 조선의 항구 개방 조약은 러시아에겐 실효성이 없었다. 조선으로 직접 연결되는 항구가 없었기 때문이다.

러시아가 진정으로 원한 것은 육로를 통한 무역이었다. 조로육로통상조약이 바로 러시아가 바랐던 조약이었다. 그러나 조선이 쉽게 육로조약을 받아들이지 않았기 때문에, 러시아는 우선 외교적 영향력을 확보하기 위해 해로조약이라도 체결했던 것이다. 이후 지속적인 요구 끝에 마침내 1888년에 조로육로통상조약이 체결되었다.

각국 공사관 개관과 서양인의 자유 왕래

조미수호통상조약이 맺어지자, 미국 정부는 곧 조선에 공사를 파견했다. 첫 주조미국공사로 부임한 인물은 루시어스 하우드 푸트 Lucius Harwood Foote(1826~1913년)였다. 푸트는 조선 정부로부터 덕수궁 서편에 있던 민계호와 민영교의 집을 사들여 공사관으로 꾸몄다. 그는 이 집들을 2,200달러에 구입했으며, 이후 주변의 집들도 여러 채 매입해 공사관의 공간을 확장했다.

당시 푸트는 "조선의 집은 실내에서 모자가 천장에 닿는다"며 불편을 호소하며, 양식 건물을 짓게 해달라고 미국 정부에 공사관 건축 자금을 요청했다. 그러나 미국 정부는 "조선에서는 실내에서 모자를 쓰지 않는다"는 이유로 자금 지원을 거절했다. 결국 푸트는 한옥을 그대로 공사관으로 사용할 수밖에 없었다고 전한다.

 푸트는 뉴욕 원필드 출신으로 목사 루시어스 푸트와 일렉타 하우드의 아들이며, 부인은 로즈 프로스트 카터였다. 그는 1856년부터 4년간 캘리포니아주 지방판사를 지냈고, 1861년부터 4년간 미합중국 관세국장을 역임했다. 이후 1878년부터 1881년까지 칠레 발파라이소 총영사를 지내다가 1883년에 조선 주재 특명공사로 임명되어 서울에 왔다. 그는 1885년 2월까지 조선에 머물렀으며, 체류 중에는 '복덕' 또는 '복특'이라는 한국식 이름을 사용했다.

 서울에 미국 공사관이 설치되고 공사가 부임함에 따라, 공사관 근무 인력과 선교사들도 함께 입국했다. 이로써 미국인들은 자유롭게 조선을 왕래할 수 있게 되었다.

 미국에 이어 영국·독일·러시아·프랑스·이탈리아 등의 공사관도 차례로 설치되었으며, 그들 나라 사람들 또한 자유롭게 조선을 방문할 수 있게 되었다.

5장. 1877년 ~ 1882년 08

임오군란에 의해
조선 조정이 무력화되고,
청과 일본의 영향력이 강화되다

- 재위 19년(1882년) 6월 5일에 홍순목이 급료를 제대로 받지 못한 군자감 군사들의 불만에 대하여 아뢰다.

  차대次對(국가 중대사를 임금에게 아뢰는 것)를 행하였다. 영의정 홍순목이 아뢰었다.

  "추수 후의 농사 형편은 물론 미리 예견할 수 없습니다만, 대체로 기전畿甸(경기도)은 틀림없이 흉년을 면치 못할 것 같습니다. 앞으로 도하都下(도성 안팎)의 백성들이 겪을 우환이 실로 심할 것입니다.

  그런데 종전에는 이러한 때면 매달 양곡을 발매하여 기근을 구제하였으나, 지금 선혜청에 저축된 곡식이 있습니까? 다만 전날 군자감에서 급료를 내줄 때의 일만 가지고 말하더라도, 도감都監(훈련도감)의 군졸들이 받은 곡식이 섬이 차지 않는다면서 두 손으로 각각 1섬씩 들고는 '13개월 동안 급료를 주지 않다가 겨우 한 달분을 분급한 것이 이와 같은가?'라고 하며 해당 고지기를 구타하여 현재 생사를 분간하기 어렵습니다. 이어 대청 위에 돌을 마구 던져 해당 낭관이 도피하기까지 하였으니, 이 어찌 작은 문제이겠습니까?"

이에 하교하였다.

"13개월이나 급료를 내주지 못한 것도 이미 민망스러운 일인데, 게다가 섬이 차지 않은 것은 또한 무슨 까닭인가?"

홍순목이 아뢰었다.

"도봉소에서 획송劃送(분기마다 보내는 일)을 하면 중간에서 축나는 일이 없을 수 없다고 합니다. 비록 그렇다 하더라도 이는 크게 기율에 관계되는 일이므로 즉시 무위영 대장에게 전하여 엄하게 조사한 다음 법률을 적용하게 하였습니다. 그러나 이것은 아마 군사들의 가슴속에 억울함이 쌓인 데에서 비롯된 듯합니다.

신이 궁중宮中과 부중府中(한성부 안)이 함께 일체라는 뜻으로 지난날에 진술을 올린 바가 있습니다. 그런데 무위소의 군사가 받는 것은 완전하고, 훈련도감의 군사가 받는 것은 이처럼 완전하지 않았으니, 어찌 천장을 쳐다보며 한탄하는 일이 없겠습니까?

10년을 양성하여 하루 동안에 쓰는 것은 마찬가지인데, 그 사이에 후함과 박함의 차이가 있다면 평소에 원망이 쌓이지 않겠습니까? 근래 전하께서 행차할 때마다 군사들에게 건호궤乾犒饋(군사들의 수고를 위로하기 위해 내리는 위로금)을 하라는 명이 있었으나, 해영該營(해당 병영)에서 돈이 모자라 나누어주지 못하였으니, 이는 유명무실한 문서일 뿐 혜택이 아래에 미치지 못한 것입니다.

그들이 먹여줄 것을 바라는 식량은 아홉 말의 쌀에 불과한데, 이것조차 일 년이 지나도록 충분히 주지 않아서 스스로 의식을 마련하며 분주히 복역하면서도 감히 군령을 어기지 않았으니, 오히려 기율이 있다고 말할 수 있습니다."

이에 전교하였다.

"그렇다. 군졸들이 군령을 어기지 않는 것은 역시 가상한 일이다."

- 6월 9일에 무위대장 이경하에게 동별영에서 소란을 일으킨 군졸들을 조사하도록 하다.

전교하였다.

"무위대장 이경하는 동별영에 달려가 소란을 일으킨 군졸을 불러들여 조사하고, 잘 타일러서 물러가게 한 다음 입품入稟(임금에게 아뢰는 것)하라."

6월 9일에 군사들이 의금부에 돌입하여 옥문을 부수고 남간에 갇힌 백낙관을 데리고 가다.

의정부에서 아뢰었다.

"방금 듣자니 수백 명의 군사들이 의금부에 돌입하여 옥문을 부수고, 남간南間에 갇힌 죄인 백낙관을 끌어내어 겹겹이 옹호하며 데리고 갔다고 합니다. 어찌 이런 변괴가 있단 말입니까? 속히 좌포청과 우포청으로 하여금 포교와 포졸을 많이 보내 기간을 정해 잡아내어 형구刑具(형벌 도구)를 채워 다시 가두게 할 것입니다. 그리고 소란을 일으킨 군졸에 대해서는 심상히 처리해서는 안 되니, 해영의 장신將臣(장교)들로 하여금 엄하게 조사한 뒤 품처하게 하는 것이 어떻겠습니까?"

이에 윤허하였다.

- 6월 9일에 난민들이 청수관을 습격하여 일본인을 살해하는 등의 변고가 발생하다.

경기감사 김보현의 장계에, "난민들이 청수관清水館에 있던 일본인을 죽이고 인근의 집들에 방화한 뒤 본영에 몰려들어 무기고를 부수고 무기를 훔쳐 냈습니다. 전에 없던 변고가 본영에서 발생하였으므로 황공한 마음으로 대죄합니다."라고 하였다.
이에 전교하였다.
"대죄하지 말라."

- 6월 9일에 이재면(고종의 친형)을 무위대장에 임명하다.
  전교하였다.
  "전 무위대장 이경하, 도봉소 당상 심순택, 선혜청 당상 민겸호에게 모두 파직하는 법을 시행하라."
  6월 10일에 난병들이 범궐犯闕하였다.(창덕궁을 침범하였다)

- 6월 10일에 군사들의 변란을 자책하다.
  전교하였다.
  "오늘의 일에 대해 어찌 차마 말할 수 있겠는가? 다만 부덕한 내가 외람되이 크나큰 왕업王業을 이어받아 백성들을 제대로 돌보지 못한 결과, 전에 없던 이런 변고를 초래하였다.
  이것이 어찌 그들이 일부러 죄를 범하고 화禍를 즐겨 그런 것이겠는가? 첫째도 나의 잘못이고, 둘째도 나의 잘못이다. 말이 이에 미치니 절로 한심해진다. 승정원에 있는 승지들은 일일이 효유曉諭(잘 알아듣도록 타이르다)하여 그들로 하여금 물러가게 하라."
  6월 10일, 선혜청 제조 민겸호와 지중추부사[전 선혜청 당상이다.] 김보현이 난군에 의해 살해되었다. [민겸호와 김보현은 마침 대궐 안에 있었는데, 난군이 돌입하여 살해하였다.]
  6월 10일, 영돈녕부사 이최응(흥선대원군의 셋째 형)이 졸하였다. 난군에 의해 살해된 것이다.

전교하였다.

"이 대신의 서거 단자가 갑자기 이르니, 이것이 무슨 일인가? 평소 바르고 단정한 몸가짐과 인후仁厚(너그럽고 자비로운)한 성품을 지닌 데다, 그 처지가 자별自別(특별히 가까운 사이)하니 더 말할 것이 있겠는가? 놀라움과 슬픔이 더할 나위 없으니 무슨 말로 다 할 수 있겠는가?

졸한 영돈녕부사의 예장禮葬(예에 따른 장례) 등의 일은 규례대로 거행하라. 동원 부기 1부를 수송하고, 녹봉은 3년을 기한으로 그대로 지급하라. 또한 성복成服(상복을 입는 의식)하는 날 승지를 보내어 치제하라."

- 6월 10일, 중궁전이 승하하여 거애 절차를 마련하도록 하다.

전교하였다.

"중궁전이 오늘 오시午時(낮 12시경)에 승하하였다. 거애擧哀(슬픔을 드러냄) 절차는 규례대로 마련하고, 망곡처는 명정전 뜰로 하라."

또 전교하였다.

"총호사는 영의정으로 하라."

또 전교하였다.

"빈전은 환경전으로 하라."

6월 10일 갑자甲子에 난병들이 대궐을 침범하니, 중궁은 밖으로 달아났고, 이최응·민겸호·김보현 등은 모두 살해되었으며, 대원군 이하응이 정사를 돌보았다.

임금은 중궁이 어디로 갔는지 모른 채 변란의 상황을 듣고, 필시 참화를 면치 못하리라 생각하여 떨면서 감히 말도 제대로 하지 못했다. 김병시는 임금을 업고 조영하는 그 뒤를 부축하여 별전으로 피신했

다.(《매천야록》)
- 6월 10일, 무위영을 훈련도감이라 호칭하고 각 영도 옛 규례를 복구하도록 하다.

  전교하였다.

  "무위영은 종전대로 훈련도감이라 호칭하고, 그 나머지 각영도 일체 옛 규례를 복구하도록 하라."
- 6월 10일, 기무아문을 혁파하고 삼군부라고 칭하도록 하다.

  6월 11일에 의정부에서 대원군을 존경하여 받드는 의절에 대한 별단을 아뢰었다

  1. 대신大臣은 '시생侍生'이라 하고, 보국숭록대부 이하는 '소인小人'이라 칭한다.

  1. 교자轎子(가마)는 팔인교八人轎로 한다.

  1. 흉배는 거북 무늬를 쓴다.

  1. 품대는 청색 가죽에 수정을 박은 것을 쓴다.

  1. 초선蕉扇(부채)은 일산日傘으로 대신하되, 흰 바탕에 푸른색으로 테두리를 한다.

  1. 부대부인의 품대는 청색 가죽에 수정을 장식한 것으로 마련한다.
- 6월 14일에 중궁전의 옥체를 찾을 수 없으므로 옷을 가지고 장사지내도록 하다

  시임 대신과 원임 대신이 예조의 당상을 데리고 입시하자, 하교하였다.

  "곤전坤殿(왕비전)의 체백體魄(육신과 혼백)을 사방에 찾아보았으나 끝내 그림자조차 없어 더욱 어찌할 바를 모르겠다. 또 그때의 형편은 내가 직접 목도하였다.

  이런 상황에서는 입던 옷을 가지고 장사를 지내는 수밖에 다른 방

법이 없다.

이 문제는 극히 중대한 일이므로 감히 말하기 어려우나, 이미 우리 왕조에 인용할 만한 전례가 있기에 내가 직접 말하는 것이다. 제반 절차는 입던 옷으로 장사를 지내는 것으로 마련하라."

[처음에 반란군이 갑자기 대궐을 침범하였을 때 그 기세가 매우 사나워 대궐 안이 발칵 뒤집히듯 몹시 놀라 상하가 들끓었으나, 결국 중궁전의 소재를 알 수 없었다 한다.]

영의정 홍순목이 통곡하며 아뢰었다.

"지금 삼가 전하의 하교를 받들어 보니 망극한 중에 더욱 망극하여, 기가 막혀 무어라 우러러 아뢸 수가 없습니다. 하교는 이러하오나, 만일 온갖 방도를 다해 찾는다면 신명이 감격하여 반드시 도와줄 것이니, 끝내 흔적을 찾아내지 못할 리가 있겠습니까?"

이에 판중추부사 김병국이 통곡하며 아뢰었다.

"이 하교를 받드니 기가 막혀 어찌할 바를 모르겠습니다. 곤전의 옥체를 끝내 재궁梓宮(임금이나 왕비의 관)에 봉안할 수 없다면, 망극한 중에 더욱 망극한 일입니다. 다시 널리 수소문한다면 신명이 어찌 도와주지 않겠습니까?"

이에 하교하였다.

"찾을 방도에 대해 나도 온갖 힘을 다 써보았으나, 더 이상 방법이 없다."

- 6월 18일에 대행왕비의 성복成服(상복을 입는 의식)을 행하다.

  6월 27일에 대행왕비의 능호 단자를 환입換入(다시 올림)하라고 명하였다. '희릉熙陵'으로 개서改書(이름을 고쳐 씀)하여 내렸기 때문이다.

  7월 7일에 편전에 나아가 일본 공사 하나부사 요시모토를 접견하였다.

- 7월 9일에 중국 사신 마건충이 수도에 들어올 때 영접관으로 조준영을 임명하다.

  7월 11일 전교하였다.

  "중국의 흠차 제독이 내일 도성에 들어온다고 하니, 훈련대장이 표하병만 거느리고 영접하라."

- 7월 12일에 중국 제독 오장경이 도성에 들어오므로 조병하를 영접관에 임명하다.

- 7월 12일, 중국 사신 정여창·오장경·위윤선이 도착하였음을 영접관이 아뢰다.

  영접관이 아뢰었다.

  "중국 사신 정여창이 수행원 5명과 병력 100명을 거느리고 오늘 오시쯤에 관소로 들어왔습니다."

  또 아뢰었다.

  "흠차 제독 오장경의 일행 가운데 통령 1명, 차관 1명, 양창대 500명과 기병·도병·화병 등 모두 200명이 오늘 미시쯤에 동별영으로 들어왔습니다."

  또 아뢰었다.

  "중국의 부흠차 위윤선이 군사와 통역을 거느리고 동별영에 들어와 자리를 잡았다가 오늘 유시쯤에 하도감으로 옮겨가 머물고 있습니다."

- 7월 13일에 중국 사신 오장경·정여창·마건충이 운현궁에 나아가다.

  7월 13일에 대원군이 천진으로 행차하였다.

  [오늘 오후에 대원군이 정여창·마건충 두 사람이 머물고 있던 둔지미의 청나라 군영에 가서 답례 방문을 하고 사의를 표한 다음 병선을 타고 중국으로 떠났다. ○황제의 명을 받고 조선의 사변을 처리하는 마건충·오장경·정여창·위윤선의 효유문에

이르기를, "조선은 중국의 속국으로서 본래부터 예의를 지켜왔다. 근래 권신들이 실권을 잡아 나라의 정사가 사가의 문에서 나오더니, 마침내 올해 6월의 변고가 있게 되었다. 이 변고가 황제께 보고되자 황제께서는 장수들에게 명하여 군사를 파견하셨다. 먼저 대원군을 중국으로 불러들여 일의 진상을 직접 물으시고, 한편으로 죄인들을 잡은 뒤에는 엄하게 징벌하되, 그 수괴는 처단하고 추종한 자는 석방하여 법을 정확히 준수하도록 하였다.

이제 북양수군을 통솔한 정鄭(정여창) 제독이 잠시 대원군과 함께 바다를 건너 황제께서 계신 곳으로 갔다. 남의 혈육지간의 일에 대하여 은정을 온전히 하고 의리를 밝히는 것은 우리 대황제께서 참작하여 알맞게 처리하실 것이요, 대원군에게는 대단한 추궁을 하지는 않으실 것이다.

그런데 행차가 갑자기 있었으므로 혹시 상하 신민이 이 뜻을 알지 못하고, 원나라에서 고려의 충선왕과 충혜왕을 잡아간 전례와 같은 것으로 생각한다면 황제의 높고 깊은 뜻을 저버리는 것이다.

이 밖에 지난번 난을 일으킨 무리들이 혹시 다시 음모를 꾸민다면, 지금 대군이 바다와 육로로 일제히 진출한 것이 이미 20개 영營이나 되니, 너희는 화와 복을 깊이 생각하고 일찌감치 해산하라. 그릇된 악감을 고집하여 스스로 죽음을 재촉하지 말라.

아! 대국과 조선은 임금과 신하의 관계이므로 정의情誼(정의와 의리)가 한 집안과 같다. 본 제독은 황제의 명을 받고 왔으니, 곧 황제의 지극히 어진 마음을 체득하는 것이 군중의 규율이다. 이것을 믿을 것이다. 특별히 절절하게 타이른다."라고 하였다.]

7월 13일 정유에 대원군을 붙잡아 서쪽으로 데리고 갔다.

이해 봄, 어윤중은 상해에서 천진으로 가서 김윤식이 있는 곳에서 머무르다가 6월 중에 본국에 사변이 있었고, 중전이 시해당했다는 소식을 들었다. 그는 김윤식과 함께 이홍장을 방문하여 "죄를 물어야 한다"고 간청하였다. 이홍장 또한 중국이 오랫동안 세력을 펴지 못했기 때문에, 한 번쯤 조선에 위엄을 보이는 것이 좋겠다고 여겨 마건충과 정여창 등을 파견하였다. 그리하여 해군 수천 명을 선발해 밤에 우리나라로 오게 하였다.(《매천야록》)

- 7월 17일에 조일 강화조약과 조일 수교 조규 속약을 체결하다.(제물포조약)
- 8월 1일에 중궁전이 환어還御(돌아와 거처함)하였다.
- 8월 17일에 이재덕을 대원군 문후관에 임명하다.(대원군이 청의 보정부에 유폐되다)

전교하였다.

"대원군이 행차한 지 이미 오래되었으니, 나의 개인적인 감정은 갈수록 근심스럽고 우울하다. 행호군 이재덕을 문후관問候官(문안을 맡은 관리)으로 차하差下(임명)하여 빠른 시일 안에 떠나게 하고, 그 까닭을 자문咨文(공문)에 갖추어 들여보내라. 호행관護行官(수행관)은 이미 제때에 모시고 가지 못하였으니, 지금은 우선 그만두게 하라."

- 8월 23일에 조선과 청 사이에 상민수륙무역장정을 체결하다.
- 8월 24일에 국청에서 죄인 김장손 등을 법대로 처형하다.

국청鞫廳(추국청)에서 아뢰었다.

"죄인 김장손·정의길·강명준·홍천석·유복만·허씨동·윤상룡·정쌍길 등을 모두 모반대역부도로 결안結案(사건을 마무리함)하고, 법대로 처형하였습니다." [올해 6월 10일에 대궐을 침범한 죄인들이다.]

군란을 빌미로 정권을 장악한 대원군이 청나라로 납치되다

1882년 임오년 6월, 무위영과 장어영 소속 군인들이 급료 체불과 급여 양곡의 변질, 양곡 정량 부족에 격분하여 난동을 일으키면서 이른바 임오군란이 발발하였다.

당시 군인들은 13개월 동안이나 군료를 받지 못해 불만이 극에 달해 있었다. 이런 상황에서 1882년 6월 초, 전라도에서 세금으로 거둔 쌀이 도착하자 6월 5일에 봉급 지급소인 도봉소에서 우선 무위영 소속의 구 훈련도감 군인들에게 한 달분의 군료를 지급했다.

그런데 지급된 쌀에는 겨와 모래가 섞여 있어 정량의 절반밖에 되지 않았다. 이 때문에 포수 김춘영과 유복만 등이 선혜청 창고 관리자와 무위영 영관에게 항의하면서 시비가 격렬해졌다. 그러자 다른 군병들도 합세하여 도봉소는 순식간에 아수라장이 되었다.

병조판서이자 선혜청 제조를 겸하고 있던 민겸호(흥선대원군의 처남)는 이 소식을 듣고 김춘영·유복만 등 주동자를 포도청에 가두었으며, 혹독한 고문을 가한 뒤 그중 두 명을 처형했다.

이 소식을 들은 김춘영의 아버지 김장손과 유복만의 동생 유춘만은 통문을 돌리고 군인들에게 결집을 호소했으며, 이에 호응한 군인들은 6월 9일 대규모 폭동을 일으켰다.

그들은 먼저 선혜청 당상 민겸호의 집을 습격했으나, 민겸호가 궁궐에 있었기 때문에 붙잡는 데 실패했다. 그러자 난군들은 흥선대원군을 찾아가 자신들을 이끌어줄 것을 호소했다. 이에 대원군은 그들의 청을 받아들여 심복 허욱에게 난군 지휘를 맡겼다.

허욱은 곧 난군을 이끌고 동별영과 경기감영의 무기를 습격하고,

포도청을 들이쳐 감옥에 갇혀 있던 동료들을 구출하였다. 또한 개화파 관료들의 집을 습격하고 일본 공사관을 공격하였다.

난군의 폭동은 둘째 날인 6월 10일 더욱 격렬해져, 대원군의 형인 영돈녕부사 이최응을 살해하고 창덕궁을 침범하여 궁궐에 있던 민겸호와 선혜청 당상 김보현을 살해했다.

이어 난군들은 모든 원인이 민씨 척족과 개화세력에 있다고 보고, 그 세력의 우두머리로 인식되던 왕비 민자영을 제거하고자 했다. 그러나 그들이 왕비를 찾았을 때, 이미 그녀는 궁궐 밖으로 몸을 피한 뒤였다.

한편, 흥선대원군은 난군을 등에 업고 정권을 장악하였으며, 고종은 군란을 수습하기 위해 대원군에게 정권을 맡길 수밖에 없었다. 이후 정권을 잡은 대원군은 군제를 과거의 5위영 체제로 되돌리고, 통리기무아문을 혁파하여 삼군부를 부활시켰다. 또한 장자 이재면을 훈련대장 겸 호조판서·선혜청 당상에 임명하여 국가 재정과 병권을 장악하게 하고, 민씨 세력을 조정에서 완전히 몰아냈다.

흥선대원군은 이렇듯 국정을 장악한 후, 사라진 왕비 민씨를 죽은 것으로 치부하고 국장을 단행했다. 민씨의 시신을 찾지 못하자, 빈관에 옷만 넣고 장례 절차를 진행했는데, 이는 혹 민씨가 살아 돌아오더라도 죽은 사람으로 만들기 위한 것이었다.

대원군이 민씨를 죽은 사람으로 만들고자 한 것은, 그녀가 개방정책을 주도하는 개화파의 중심에 있다고 판단했기 때문이다. 그러나 실제로 개방정책을 주도하고 있던 인물은 고종이었다. 고종은 민씨 척족 및 개화세력을 앞세워 서양 문물을 빠르게 수입·정착시켜 부국강병을 이루고자 했다.

하지만 대원군은 왕비 민씨만 제거하면 민씨 척족과 개화세력이 더는 준동하지 못하리라 판단했다. 그러나 강화도조약 이후 개방정책은 오히려 가속화되었고, 개화세력은 정부 곳곳의 요직에 포진해 있었다. 특히 외교를 담당하는 인물들은 모두 개화파였다. 대원군은 이런 현실을 제대로 파악하지 못한 채, 민씨 척족을 제거하고 삼군부와 5군영을 부활시키면 모든 것이 옛 모습으로 돌아갈 것이라 착각했다.

그는 시신 없는 왕비의 국장을 강행하는 데 지나치게 집착해 시간을 허비하였다. 관료들이 강력히 반대했으나, 대원군은 고집을 꺾지 않고 국장을 강행했다. 그 사이, 청나라에 있던 개화파 외교관 어윤중과 김윤식이 북양대신 이홍장을 만나 조선의 군란을 해결해달라고 요청했다. 이에 이홍장은 마건충과 정여창에게 병력을 주어 조선으로 급파했다.

함선에 3,000 병력을 실은 마건충과 정여창은 대원군을 만나 그를 제물포의 청나라 함선으로 유인해 납치했고, 결국 대원군은 6월 10일 군란으로 정권을 잡은 지 불과 33일 만인 7월 13일, 청나라 보정부로 끌려가 유폐되는 신세가 되고 말았다.

이후 대원군은 1885년 8월 27일 환국할 때까지 3년 이상 보정부에 유폐되어 있어야 했다.

죽었다던 왕비가 살아서 돌아오다

대원군이 청나라로 끌려간 지 17일 만인 8월 1일, 죽었다던 왕비 민씨가 살아서 궁궐로 돌아왔다.

그녀가 궁궐을 빠져나간 경위에 대해서는 정확한 기록이 남아 있지 않다. 《매천야록》에 따르면 왕비 민씨는 흥선대원군과 함께 입궁한 부대부인 민씨의 배려 덕분에 탈출할 수 있었다고 한다. 부대부인 민씨는 입궐하자 곧 자신이 타고 온 가마를 왕비에게 내주었고, 왕비는 그것을 타고 궁궐을 빠져나가려 했다.

하지만 그녀가 궁궐을 빠져나가는 과정은 결코 순탄치 않았다. 왕비가 밖으로 나가려는 것을 눈치챈 궁녀 하나가 고갯짓으로 왕비가 가마에 탔음을 알리자, 군인들이 가마의 휘장을 찢고 그녀를 끌어냈다는 것이다.

이때 가마를 수행하던 홍재희라는 무예별감이 나서서 그녀를 "상궁으로 있는 자신의 누이"라고 둘러댔고, 그 바람에 군인들이 그녀를 놓아주었다. 홍재희는 곧 그녀를 업고 급히 궁문을 빠져나가 왕비의 목숨을 구했다고 한다. 이때 왕비의 목숨을 구한 홍재희는 뒤에 이름을 홍계훈으로 바꾸고, 민자영의 총애에 힘입어 출세가도를 달리게 된다.

어쨌든 민자영은 구사일생으로 궁궐을 빠져나온 뒤, 한양 관광방 화개동에 있던 윤태준이라는 인물의 집에 몸을 숨겼다. 이후 그녀는 곧 측근 민응식과 이용익을 호출했고, 이어 민응식의 본가가 있던 충주 장호원으로 은신처를 옮긴 뒤 숨어 지내다가 대원군이 청으로 납치되었다는 소식을 듣고 자신이 살아 있음을 알렸다.

이후 왕비 민자영은 다시 환궁하여 중궁의 자리를 되찾았으나 조정은 이미 청나라 군대의 손아귀에서 놀아나야 했다.

일본과는 제물포조약을 맺고 청과는 조청상민수륙무역장정을 체결하다

청이 군대 3,000을 동원하여 대원군을 납치하고 조선을 장악하는 동안 일본 또한 군대를 동원하여 조선을 압박하였다. 군란 과정에서 일본 공사관이 공격당했고 여러 명의 인명 피해도 입었으니, 일본은 이에 대한 보상을 요구했던 것이다.

일본은 하나부사 요시모토를 파견하여 일본의 피해에 대한 보상을 요구하는 한편, 함선을 파견해 무력시위를 벌였다. 그 결과 흔히 제물포조약이라고 부르는 조일강화조약 및 조일수호조규 속약이 체결되었다. 조약의 내용은 다음과 같았다.

〈강화조약〉

일본력 7월 23일, 조선력 6월 9일의 변고 때 조선의 흉도들이 일본 공사관을 습격하여 사무를 보는 인원들이 많이 난을 당하였고, 조선에서 초빙한 일본 육군 교사도 참해입었다.

일본국은 화호 和好(화평의 뜻)을 타당하게 협의 처리하고, 조선은 아래의 6개 조관 및 따로 정한 속약 續約(속편 조약) 2개 조관을 실행할 것을 약속하여 징벌과 뒷마무리를 잘한다는 뜻을 표시하였다. 이에 양국 전권대신은 이름을 기입하고 도장을 찍어 신용을 밝힌다.

제1관: 지금부터 20일을 기한으로 하여 조선국은 흉도들을 잡아 그 수괴를 엄격히 심문하고 엄하게 징벌하며, 일본국이 파견한 인원과 공동으로 조사·처리한다. 기한 내에 잡지 못할 경우 일본국에서 처리한다.

제2관: 해를 당한 일본 관서 官胥(관리)는 조선국에서 후한 예로 매장

하여 장례를 지낸다.

제3관: 조선은 50만 원(현재 가치 약 250억 원)을 지출하여 해를 당한 일본 관서의 유족과 부상자를 특별히 돌본다.

제4관: 흉도들의 포악한 행동으로 인해 일본국이 입은 손해와 공사를 호위한 해군 및 육군의 비용 중 50만 원을 조선국이 보충한다.(매년 10만 원씩 지불하여 5년간 청산한다.)

제5관: 일본 공사관에 군사 일부를 두어 경비를 서게 한다.(병영을 설치하거나 수선하는 일은 조선국이 맡는다. 조선의 군사와 백성이 규약을 지킨 지 1년이 되어 일본 공사가 직접 경비가 필요치 않다고 판단할 때에는 군사를 철수해도 무방하다.)

제6관: 조선국 특파대관이 국서를 가지고 일본국에 사과한다.

〈수호조규속약〉

일본국과 조선국은 앞으로 더욱 친선을 표시하고 무역을 편리하게 하기 위해 속약 2관을 아래와 같이 정한다.

제1관: 부산, 원산, 인천의 각 항구 통행 이정을 이제부터 사방 각 50리로 넓히고 (조선의 이里 거리를 따른다.) 2년이 지난 뒤 (조약이 비준된 날부터 계산하여 한 돌을 1년으로 한다.) 다시 각각 100리로 한다. 지금부터 1년 뒤에는 양화진을 개시開市(시장 개방)로 한다.

제2관: 일본국 공사와 영사 및 그 수원과 가족은 마음대로 조선의 내지 각지를 유력遊歷(여행)할 수 있다.(유력할 지방을 지정하면 예조에서 호조護照(여권)를 발급하고, 지방 관청은 호조를 확인해 호송한다.)

이상은 양국 전권대신들이 각각 유지에 따라 조약을 맺고 도장을 찍은 뒤, 다시 비준을 청해 2개월 내에 (일본 명치 15년 10월, 조선 개국 491년

9월) 일본 도쿄에서 교환하기로 한다.

이렇듯 일본이 임오군란에 대한 배상 책임을 물으며 제물포조약을 통해 이익을 챙겨가자, 청나라 또한 조청상민수륙무역장정을 체결하여 자국의 이익을 도모했다. 이 장정은 1882년 음력 8월 23일 조선과 청이 맺은 것으로, 임오군란 이후 조선에 대한 청의 영향력이 확대되는 과정에서 체결되었다.

이 장정의 본래 명칭은 중국조선상민수륙무역장정으로, 그 내용을 살펴보면 조선을 청의 속국으로 명문화하고 있다. 또한 이 조약으로 청은 조선에 대한 경제적 침투를 본격화하였다.

장정의 본문은 총 8개 조로 이루어졌으며, 그 전문은 다음과 같다.

〈중국조선상민수륙무역장정〉

조선은 오랫동안의 제후국으로서 *(조공과 외교 예절 등)* 전례에 관한 정해진 제도가 있다는 것은 다시 의논할 여지가 없다.

다만 현재 각국이 수로水路를 통하여 통상하고 있어 해금海禁*(바다를 막던 금지령)*을 속히 열어 양국 상인이 상호 무역하여 함께 이익을 보게 해야 한다. 변계邊界*(국경)*에서 호시互市*(서로 교역)*하는 규례도 시의時宜*(시대의 형편)*에 맞게 변통해야 한다.

이번에 제정한 수륙무역장정은 중국이 속방을 우대하는 뜻이며, 각국과 일체 같은 이득을 보도록 하는 데 있지 않다. 이에 각 조항을 아래와 같이 정한다.

제1조: 앞으로 북양대신의 신임장을 가지고 파견된 상무위원은 개항한 조선의 항구에 주재하면서 전적으로 본국 상인을 돌본다. 해

원과 조선 관원이 내왕할 때에는 다 같이 평등한 예로 우대한다. 중대한 사건을 맞아 조선 관원과 마음대로 결정하기가 편치 않을 경우 북양대신에게 상세히 청하여 조선 국왕에게 자문을 보내 그 정부에서 처리하게 한다. 조선 국왕도 대원大員(고위 관원)을 파견하여 천진에 주재시키고, 아울러 다른 관원을 개방한 청나라 항구에 나누어 파견하여 상무위원으로 충당한다. 해원이 도道·부府·주州·현縣 등 지방관과 왕래할 때에도 평등한 예로 상대한다. 해결하기 어려운 사건을 만나면 천진에 주재하는 대원에게 상세히 청하여 정탈한다. 양국 상무위원이 쓸 경비는 자비에 속하며 사사로이 요구할 수 없다. 이를 관원이 멋대로 고집을 부려 일처리가 부당할 때에는 북양대신과 조선 국왕이 피차 통지하고 즉시 소환한다.

제2조: 청나라 상인이 조선 항구에서 개별적으로 고소를 제기할 일이 있을 경우 청나라 상무위원에게 넘겨 심의·판결한다. 이밖에 재산 문제에 관한 범죄 사건에 조선 인민이 원고가 되고 청나라 인민이 피고일 때에는 청나라 상무위원이 체포하여 심의·판결하고, 청나라 인민이 원고가 되고 조선 인민이 피고일 때에는 조선 관원이 피고의 범죄 행위를 청나라 상무위원과 협의해 법률에 따라 심의·판결한다. 조선 상인이 개항한 청나라 항구에서 범한 일체의 재산 범죄 사건은 피고와 원고가 어느 나라 인민이든 모두 청나라 지방관이 법률에 따라 심의·판결하고, 아울러 조선 상무위원에게 통지해 등록하도록 한다. 판결한 사건에 대하여 조선 인민이 승복하지 않을 때에는 해국骸國(청국)의 상무위원이 대헌大憲(상급 기관)에 청원하여 다시 조사해 공정성을 밝힌다. 조선 인민이 본국에서 청나라 상무위원에게 혹은 청나라의 각 지방관에게 청나라 인민이나 각읍各邑(읍

단위) 아역인 등을 고소할 때에는 사적으로 한 푼의 수수료도 요구하지 못한다. 위반한 자는 조사하여 해관의 관원을 엄중히 처벌한다. 양국 인민이 본국에서 또는 피차 통상 항구에서 본국 법률을 범하고 사사로이 피차 지계로 도피한 경우에는 각 지방관이 피차 상무위원에게 통지하고 곧 대책을 세워 체포해 가까운 곳의 상무위원에게 넘겨 본국에 압송해 처벌한다. 다만 도중에 구금을 풀 수 있고 학대하지 못한다.

제3조: 양국 상선은 피차 통상 항구에 들어가 교역할 수 있다. 모든 화물과 해관 세금은 양국이 정한 장정에 따라 처리한다. 피차 바닷가에서 풍랑을 만나거나 얕은 물에 걸렸을 때에는 장소에 따라 정박하고 음식물을 사며 선척을 수리할 수 있다. 일체의 경비는 선주의 자비로 하고, 지방관은 타당한 요금에 따른다. 선척이 파괴되었을 때에는 지방관이 대책을 강구하여 구호해야 하며, 배에 탄 여객과 상인, 선원들은 가까운 항구의 피차 상무위원에게 넘겨 귀국시켜 앞서 서로 호송하던 비용을 절약할 수 있다. 양국 상선이 풍랑을 만나 손상을 입어 수리해야 할 경우를 제외하고 개방하지 않은 항구에 몰래 들어가 무역하는 자는 조사하여 체포하고 배와 화물은 관에서 몰수한다. 조선의 평안도, 황해도와 청나라의 산동, 봉천 등 성省(행정 구역) 연해지방에서는 양국 어선이 내왕하며 고기를 잡을 수 있고, 아울러 해안에 올라 음식물과 식수를 살 수 있으나 사적으로 화물을 무역할 수 없다. 위반자는 배와 화물을 관에서 몰수한다. 소재 지방에서 법을 범하는 일이 있을 경우에는 곧 해당 지방관이 체포하여 가까운 상무위원에게 넘겨 제2조에 준하여 처벌한다. 피차 어선에서 징수하는 어세魚稅(어획세)는 조약을 준행한 지 2년 뒤에 다시 모여

토의하여 작정酌定(비율을 정함)한다.

제4조: 양국 상인이 피차 개항한 항구에서 무역할 때 법을 제대로 준수한다면 땅과 방을 세내어 집을 지을 수 있게 허가한다. 토산물과 금지되지 않은 물건은 모두 교역을 허가한다. 입항하고 출항하는 화물에 대해 납부해야 할 화물세와 선세는 피차 해관 통행 장정에 따라 완납하는 것을 제외하고, 토산물을 이 항구에서 저 항구로 실어갈 때에는 이미 납부한 출항세 외에 이어 입항할 때 완납 사실을 확인하고 출항세의 절반을 납부한다. 조선 상인이 북경에서 규정에 따라 교역하고, 청나라 상인이 조선의 양화진과 한성에 들어가 영업소를 개설한 경우를 제외하고 각종 화물을 내지로 운반하여 상점을 차리고 파는 것은 허가하지 않는다. 양국 상인이 내지로 들어가 토산물을 구입하려면 피차 상무위원에게 품청하여 지방관과 연서連署(공동 서명)로 허가증을 발급하되, 구입할 처소를 명시하고 거마車馬(운반 수단)와 선척을 해당 상인이 고용하게 한다. 연도沿途(길가)의 세금은 규정대로 완납해야 한다. 피차 내지로 들어가 유력遊歷(여행)하려는 자는 상무위원에게 품청하여 지방관이 연서한 허가증을 발급받아야만 들어갈 수 있다. 연도 지방에서 범법 사건이 있을 때에는 모두 지방관이 가까운 통상 항구로 압송해 제2조에 의하여 처벌한다. 도중에서 구금을 풀 수 있고 학대하지 못한다.

제5조: 과거 양국 변계의 의주, 회령, 경원 등지에서 호시가 있었는데, 모두 관원이 주관하여 매번 장애가 많았다. 이에 압록강 건너편의 책문과 의주 두 곳을, 두만강 건너편의 훈춘과 회령 두 곳을 정하여 변경 백성들이 수시로 왕래하며 교역하게 한다. 양국은 피차 개시開市(시장 개방)하는 곳에 해관과 초소를 설치하고 비류匪類(도적 무

리)를 살피며 세금을 징수한다. 징수하는 세금은 나가는 물건이나 들어오는 물건을 막론하고 홍삼을 제외하고 모두 100분의 5를 징수하며, 종전의 객사와 식량·꼴·영송 등의 비용은 모두 없앤다. 변경 백성의 전재錢財(재산)에 관한 범죄 사건은 피차 지방관이 규정된 법률에 따라 처리하며, 상세한 장정은 북양대신과 조선 국왕이 파견한 관원이 해당 지역에 가서 조사·협의하여 품청해 결정한다.

제6조: 양국 상인은 어느 항구와 변계 지방을 막론하고 수입 아편과 토종 아편, 제작된 무기를 운반하여 파는 것을 허가하지 않는다. 위반자는 조사하여 분별하고 엄중히 처리한다. 홍삼에 대해서는 조선 상인이 으레 청나라 지역으로 가지고 들어갈 수 있도록 허가하며, 납부할 세금은 가격에 따라 100분의 15를 징수한다. 청나라 상인이 특별 허가를 받지 않고 조선 국경 밖으로 사사로이 내가는 자가 있을 경우에는 조사하여 물건을 관청에서 몰수한다.

제7조: 양국의 역로驛路(역마길)는 책문으로 통한다. 육로로 오가는 데 공급이 매우 번거롭고 비용이 많이 든다. 현재 해금이 열렸으니 각자 편의에 따라 바닷길로 왕래하는 것을 승인한다. 다만 조선에는 병상兵商(상업용 선박)이 없다. 조선 국왕은 북양대신과 협의하여 잠시 상국商局(청 상무국)의 윤선(운송선)을 매월 정기적으로 한 차례 내왕하게 할 수 있으며, 조선 정부에서는 선비船費(운송비) 약간을 덧붙인다. 이밖에 청나라 병선이 조선 바닷가를 유력하고 각 항구에 정박해 방어를 도울 때 지방 관청에서 공급하던 것은 일체 면제한다. 식량을 사고 경비를 마련하는 것은 모두 병선에서 자체 마련하며, 해당 병선의 함장 이하는 조선 지방관과 동등한 예로 상대한다. 선원들이 상륙하면 병선의 관원은 엄격히 단속해 소란이나 사건이 발생하지

않도록 한다.

제8조: 이번에 정한 무역장정은 간략하지만 양국 관리와 백성이 정한 조항을 일체 준수하고, 이후 증손增損(보완)할 일이 있을 경우 수시로 북양대신과 조선 국왕이 협의하여 적절히 처리한다.

이 장정이 체결됨으로써 청나라 상인은 언제든지 조선 내륙에서 무역을 할 수 있게 되었다. 또한 조선의 국왕은 외교관을 임명할 때 반드시 청나라의 동의를 받아야 했으며, 조선 국왕의 지위가 청나라 북양대신과 동급으로 격하되었다. 거기다 청나라 군대가 조선에 주둔할 근거가 마련되었고, 재판 관할권도 청나라가 가지게 되었으며, 결과적으로 조선은 청나라의 사실상 보호국으로 전락하였다.

이 장정은 1894년 7월 25일에 일본군이 경복궁을 침범하여 조선과 청 사이의 통상 장정을 폐기시킬 때까지 효력을 유지하였다.

5장. 1877년 ~ 1882년　　　　　　　　　　　　　　　　　09

묄렌도르프를
교섭통상사무협판으로 임명하다

- 재위 19년(1882년) 11월 17일에 전 청나라 주재 독일 영사관 묄렌도르프(목인덕)를 참의통리아문사무로 삼았다.
  12월 5일에 묄렌도르프를 협판교섭통상사무로 삼았다.

조선 최초의 외국인 고위 관료 묄렌도르프, 조선의 통상업무를 좌우하다

고종은 1882년 11월 17일 독일인 파울 게오르크 폰 묄렌도르프 Paul Georg von Möllendorff(1847~1901년)에게 벼슬을 내렸다. 묄렌도르프는 독일인으로 한국 이름은 목인덕이다. 그는 1847년 프로이센 왕국의 체데니크에서 태어났으며, 할레대학에서 동양어와 법을 전공하고 청나라 주재 독일 영사관 직원이 되었다. 이후 톈진의 독일 영사관에 근무하면서 그곳 지방관이던 이홍장을 알게 되었고, 이홍장의 추천으로 조선 관리가 되었다.

그가 조선의 관리가 된 경위를 보면, 당시 조선은 미국과 통상조약을 맺은 상태였는데, 그 과정에서 언어에 능통하고 국제적인 경험이 있는 인물이 필요했다. 그래서 이홍장에게 이런 문제에 전문적인 능력이 있는 외국인을 추천해 달라고 요청했고, 이홍장이 묄렌도르프를 추천함으로써 그는 조선의 고위직 관리가 될 수 있었다.

묄렌도르프의 첫 벼슬은 통리아문의 참의로, 정3품 벼슬이었다. 그리고 벼슬을 받은 지 불과 20일도 되지 않아 교섭통상사무협판 벼슬을 받았다. 협판은 차관급 벼슬로 종2품이었다. 당시 묄렌도르프의 나이가 불과 서른다섯 살이었으니, 아주 젊은 나이에 한 나라의 통상업무를 관장하는 기관의 차관이 된 셈이었다.

그가 맡은 임무는 세무와 항구 관리, 통상과 관계된 업무였다. 그는 1882년에 체결된 조미통상조약의 비준 업무를 비롯하여 독일, 영국, 러시아, 이탈리아 등과 통상 및 우호조약을 체결하는 데 중심적인 역할을 했다. 이 과정에서 그는 조선해관장직도 맡으면서 조선의 정치에 상당한 영향력을 행사하게 된다. 그러나 그의 행보는 수구적인 성향이 강했다. 특히 갑신정변 때는 수구파에 협조하여 독립당과 적대 관계를 형성하기도 했다.

그는 갑신정변 후 일본과의 외교 문제를 해결하기 위해 일본에 파견되었는데, 이때 일본 주재 러시아 공사 알렉산드로 다비도프 Alexandre P. Davydow를 만나 조선과 러시아 사이의 밀약을 체결한다. 밀약의 내용은 갑신정변의 여파로 청국과 일본의 양국 군대가 조선에서 철수하면, 러시아에서 조선 군대를 훈련시킬 교관 4명과 조교 16명을 파견하고, 그 대가로 조선은 러시아에 영흥만을 빌려준다는 것이었다. 이른바 '제1차 조·러 밀약'이었다.

하지만 이 밀약은 러시아의 남하 정책을 돕는 것이었기 때문에 일본과 영국, 미국, 청나라 등이 모두 반대할 것이 뻔했다. 특히 영국은 당시 러시아와 아프가니스탄에서 전쟁을 벌이고 있었기에 러시아가 조선의 영흥만을 조차하는 것에 매우 민감하게 반응했다.

그런 상황에서 러시아는 일본 주재 러시아 공사관의 서기관 스페에르를 조선에 파견하여 밀약을 정식으로 체결하려 했다. 그러자 영국, 청국, 일본이 동시에 조선을 비난했고, 조선은 그들의 압박을 의식해 러시아와의 조인을 거부했다.

한편, 청나라 북양대신 이홍장은 러시아와 밀약을 맺으려 한 조선에 경고를 보냈다. 이에 고종은 톈진에 사신을 보내 이홍장을 달래고 해명하면서 모든 책임을 묄렌도르프에게 돌렸다. 그리고 곧 묄렌도르프를 해임했다. 당시 묄렌도르프는 통리교섭통상사무아문의 협판, 해관 총세무사, 전환국 총판 등을 겸임하고 있었는데, 이 모든 직위에서 해임되었다. 이후 이홍장은 묄렌도르프를 청국으로 소환했고, 결국 묄렌도르프는 2년 10개월의 조선 고위직 생활을 청산해야 했다.

청나라로 소환된 묄렌도르프는 이홍장에게 자신은 영국의 농간에 속았을 뿐이라고 둘러댔지만, 이홍장은 그의 말을 전혀 신뢰하지 않았다. 이후에도 그는 조선으로 돌아가기 위해 다방면으로 노력했지만, 끝내 성사되지 못했다.

묄렌도르프는 이렇듯 조선에서 외교 및 통상 전문가로 활동했지만, 동시에 언어학자이기도 했다. 그는 만주어를 라틴문자로 표기하는 방법인 묄렌도르프 표기법을 창안하기도 했다.

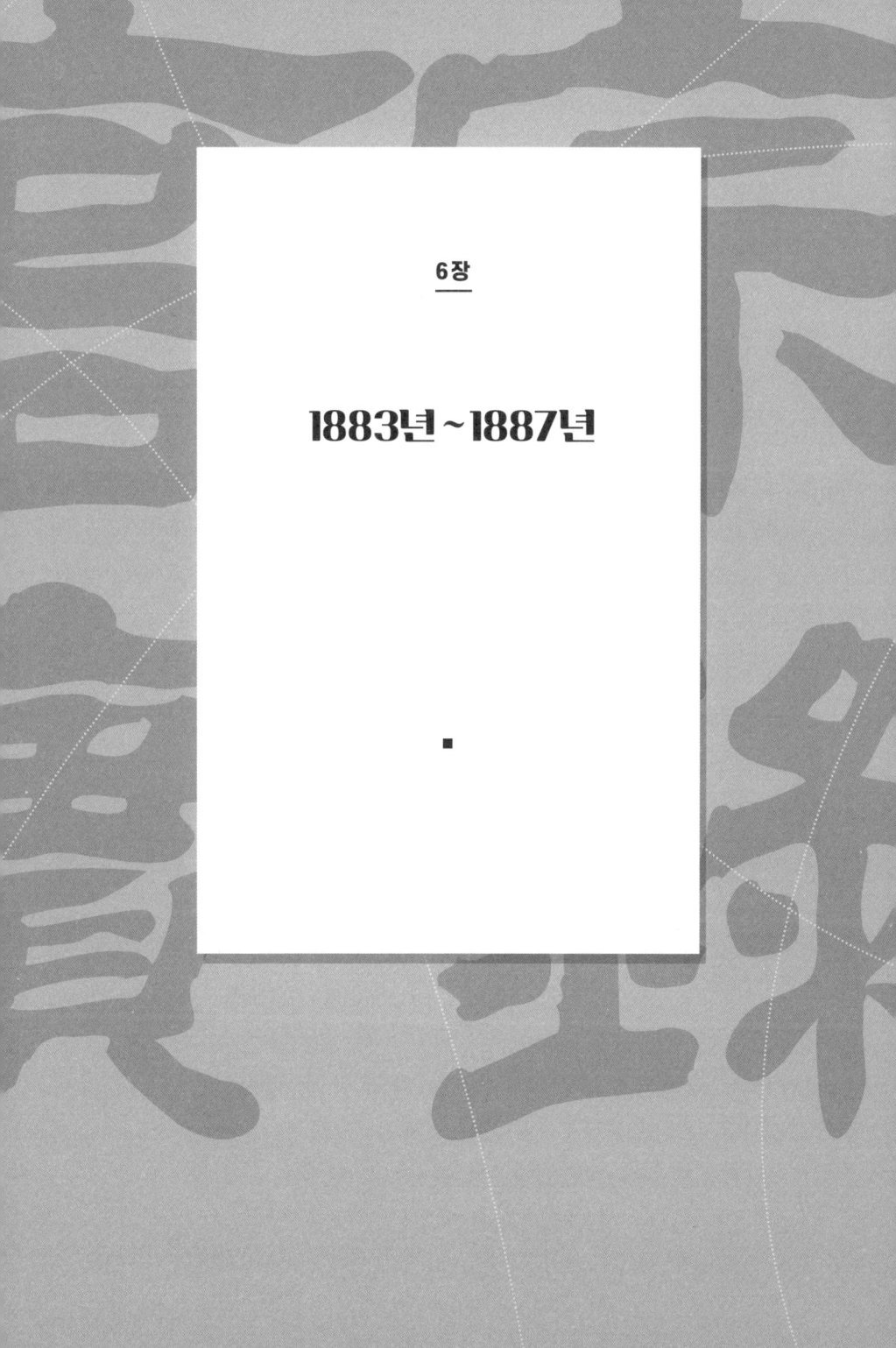

6장

1883년~1887년

태극기를 국기로 제정하여
전국에 반포하다

- 재위 20년(1883년) 1월 27일에 통리교섭통상사무아문統理交涉通商事務衙門에서 아뢰었다.
  "국기國旗를 이미 제정하였으니, 팔도와 사도四都에 행회行會하여 모두 알게 하고 사용하도록 하는 것이 어떻겠습니까?"
  이에 윤허하였다.

태극기를 나라의 상징으로 사용하다

1883년 1월 27일에 태극기를 국기로 제정하여 전국에 반포하고, 나라의 상징으로 삼았다. 하지만 태극기가 처음 사용된 것은 이때가 아니었다.

조선 조정에서 국기 문제가 처음 거론된 것은 1880년 8월이었다. 당시 일본에 수신사로 갔던 김홍집이 황준헌의 《조선책략》을 가져왔는데, 황준헌은 이 책을 통해 조선이 용문양이 그려진 중국의 용기龍旗를 사용하는 것이 어떻겠냐는 제안을 하였다. 이후 이홍장의 동의를 얻어 조선은 중국의 용기와 같은 화룡방기畫龍方旗를 사용하고자 했는데, 실제 사용했는지는 명확하지 않다.

이후 조선이 국기를 사용한 것은 조미조약 체결 때였다. 이때 사용한 국기는 화룡방기가 아닌 태극기였는데, 당시 태극기는 1882년 4월 6일에 홍로시의 4품 벼슬에 있던 이응준이 제작한 것이었다. 이응준이 제작한 태극기에는 태극문양과 사괘가 그려져 있었다.

이후에도 국기에 대한 논의는 지속되었다. 1882년 8월 9일, 일본에 수신사로 가던 박영효가 태극기 대·중·소 3본을 만들어, 그 사실을 같은 해 8월 22일에 기무처에 보고했다. 이후 1883년 1월 27일, 태극기를 정식으로 국기로 사용할 것을 널리 알렸던 것이다.

개화당이 갑신정변을 일으켜
조정의 요인들을 살해하다

- 재위 21년(1884년) 10월 17일에 민영익이 우정국 낙성식에서 피습되고 김옥균 등이 일본 공사에게 원조를 청하다.

이날 밤 우정국에서 낙성식 연회를 가졌는데 총판 홍영식이 주관하였다. 연회가 끝나갈 무렵에 담장 밖에서 불길이 일어나는 것이 보였다. 이때 민영익도 우영사로서 연회에 참가하였다가 불을 끄려고 먼저 일어나 문밖으로 나갔는데, 밖에 어떤 여러 명의 흉도들이 칼을 휘두르자 나아가 맞받아치다가 민영익이 칼을 맞고 대청 위에 돌아와서 쓰러졌다.

자리에 있던 사람들이 모두 놀라서 흩어지자 김옥균, 홍영식, 박영효, 서광범, 서재필 등이 자리에서 일어나 궐내로 들어가 곧바로 침전에 이르러 변고에 대하여 급히 아뢰고 속히 이어하시어 변고를 피할 것을 청하였다. 상이 경우궁으로 거처를 옮기자 각전과 각궁도 황급히 도보로 따라갔다.

김옥균 등은 상의 명으로 일본 공사에게 와서 지원해줄 것을 요구하자 밤이 깊어서 일본 공사 다케조에 신이치로가 병사를 거느리고 와서 호위하였다.

- 10월 18일에 김옥균 등이 생도와 장사들을 시켜 이조연 등을 죽이게 하다.

  김옥균 등이 생도 및 장사들을 시켜 좌영사 이조연, 후영사後營使 윤태준, 전영사前營使 한규직, 좌찬성 민태호, 지중추부사 조영하, 해방총관 민영목, 내시 유재현을 앞 대청에서 죽이게 하였다.

  상께서 "연거푸 죽이지 말라! 죽이지 말라!"고 하교하시는 말씀이 있기까지 하였으나, 명을 듣지 않았다. 이때 상의 곁에는 김옥균의 무리 십여 명만 있었는데, 상이 행동을 자유로이 할 수 없게 하였고 심지어는 어공御供(식사)도 제때에 하지 못하게 하였다.

- 10월 18일에 서광범 등에게 관직을 제수하다.

  서광범을 협판교섭사무로 승차하고 이어 독판을 서리하게 하였다. 김옥균을 혜상공국당상惠商公局堂上으로, 서재필을 전영정령관前營正領官으로, 사관생도 부장 12인을 모두 별군관으로 차하하였다. 홍영식을 좌우영사로, 박영효를 전후영사로 삼고, 김옥균을 호조 참판으로 삼고 이어 판서를 서리하게 하였다. 이재원을 의정부 좌의정으로 제배하였다. 홍영식을 우의정으로, 이재완을 병조판서로, 윤웅렬을 형조판서로, 김홍집을 한성부 판윤으로, 김윤식을 예조 판서로 삼았다.

- 10월 18일에 종친 이재원의 집에 이어하였다가 관물헌으로 환어하다.

- 10월 19일 밤에 북묘에 거처를 옮겼다가 청나라 오조유의 영방으로

옮기다.

밤에 상께서 북묘로 거처를 옮겼다가 그 길로 또 선인문 밖에 있는 청나라 통령 오조유의 영방으로 옮겼으며, 각전과 각궁도 노원蘆原으로 옮겼다.

이날 신시에 청나라 병사들이 대오를 나누어 궁문으로 들어오면서 총포를 쏘았고 우리나라 좌영과 우영의 병사들도 따라 들어오니 일본 병사들이 힘을 다해 막았다. 유시에 상께서 후원에 있는 연경당으로 피하였는데 각전과 각궁과 서로 연계를 잃고 옮겨 피하여 옥류천 뒤 북쪽 담 문에 이르렀다. 이때에 무예청 및 위사, 별초군이 비로소 들어와서 호위하여 문을 열고 나가 북묘로 향하였다.

일본 공사가 병사를 거느리고 궁을 떠났는데, 김옥균, 박영효, 서광범, 서재필 등은 모두 따라 나갔고, 오직 홍영식과 박영교 및 생도 7인만이 뒤따라 북묘로 갔다. 해시에 오 통령은 상께서 북묘에 계시다는 말을 듣고 대오를 거느리고 맞이하러 갔다. 홍영식 등이 어의를 끌어당기면서 가지 말라고 청하였다. 여러 사람이 상을 모시고서 사인교에 태우니 홍영식 등은 또 성을 내며 고함쳤다. 우리 병사가 홍영식과 박영교를 쳐죽이고, 또 생도 7인도 죽였다. 원세개 또한 병사를 보내어 임금을 영접하였다. 자시에 선인문 밖에 이르러 오 통령의 영방에서 머물렀다.

10월 20일에 하도감 청나라 사마 원세개의 영방으로 이차하였다. 시임 대신과 원임 대신을 소견하였다. 문안하였기 때문이다.

10월 20일, 당시 도성 안의 군민들은 일본인들을 질시하여 만날 때마다 때려서 죽이거나 상처 입히는 일이 많았다. 일본 공사 다케조에 신이치로는 병사를 거느리고 거류민을 보호하여 도성 밖으로 나갔고, 김옥균, 박영효, 서광범, 서재필 및 생도 10여 인은 모두 일본 공사관에 몸을 숨기고 있다가 머리를 깎고 양복을 입고 몰래 인천항으로 가서 곧바로 일본으로 도망쳤다.

- 10월 21일에 승정원에서 김옥균과 홍영식 등을 처형하도록 아뢰다. 승정원 회의에서 아뢰었다.

"오늘날의 변고를 차마 말할 수 있겠습니까? 승여乘輿(어가)가 두 번이나 파천하고 궁금宮禁(궁궐)이 마침내 전쟁터가 되었으니, 이는 참으로 만고에 없던 변고입니다. 저들이 군부君父(왕)를 위협하고 속여서 외병外兵을 불러들여 금정禁庭(궁궐 내부)을 짓밟고 정승들을 살해하여 우리 전하로 하여금 그들의 제재를 받게 하여 각전殿과 각궁宮에 이르기까지 일체를 장악하여 하룻밤 사이에 갑자기 하늘까지 닿을 재앙을 이루었습니다.

다만 생각건대, 난역亂逆을 하루동안 않으면 나라에 하루 동안 강상綱常도 없게 될 것이니, 김옥균, 홍영식, 박영효, 서광범, 서재필 등을 속히 나국拿鞫하여 법대로 처형하게 하소서."

이에 비답하였다.

"난적의 화禍가 예로부터 무수히 많았지만 이번 다섯 역적(김옥균, 박영효, 서재필, 서광범, 홍영식)의 변고는 역사에도 없는 일로 간담이 떨려 생각조차 할 수 없으니, 처분할 것이다."

급진개화파의 야심찬 정변, 삼일천하로 막을 내리다

1884년 10월 17일(양력 12월 4일), 김옥균과 박영효, 서광범, 서재필,

▶ 서울 우정총국 측면 전경. 국가유산청

홍영식이 주축이 된 급진 개화파가 정변을 일으켜 조정의 요인들을 살해하고 정권을 장악했다. 당시 죽은 조정 관료들은 이조연, 윤태준, 한규직, 민태호, 조영하, 민영목 등으로 모두 친청 세력들이었다. 또한 민씨 외척 세력의 핵심 인물인 민영익은 칼에 맞아 중상을 입었으나 목숨은 건졌다.

개화당이 정변을 일으킨 것은 청나라의 내정 간섭을 물리치고 자주권을 확보하기 위함이었다. 당시 청은 임오군란을 기화로 조선에 3,000여 명의 군대를 주둔시키고 조선의 내정에 깊숙이 관여하고 있었다. 청국 장수 오장경과 위안스카이(원세개)는 병권을 장악하였고, 재정고문으로 파견된 진수당은 국가 재정권을 장악했으며, 이홍장이 파견한 묄렌도르프는 해관을 장악하는 동시에 외교권을 좌우하려 했다. 특히 청은 '조청상민수륙무역장정'을 체결한 이후로 노골적으로 조선에 대한 경제적 침탈을 감행했다. 하지만 조정을 장악하고 있던 친청 세력은 청의 침탈 행위를 묵인하고 있었다.

김옥균 등의 개화당 세력은 청의 이러한 침탈 행위를 해소하고 자주적인 정치·외교권을 확보하고자 정변을 계획했다. 마침 청은 베트남에서 프랑스와 전쟁을 치르면서 조선에 주둔한 군대의 절반을 철수한 상태였고, 개화당은 이 기회를 이용해 정권을 장악하고자 했다.

청이 군대의 절반을 철수한 것은 1884년 4월이었다. 개화당이 정변을 계획한 것은 두 달 뒤인 6월이었고, 실행에 옮긴 것은 4개월 뒤인 10월 17일 밤이었다.

이날은 우정국 낙성식이 있는 날이었다. 정변에 동원된 군대는 개화당이 자력으로 확보한 사관생도 및 군인 200여 명 정도였다. 여기에 일본 공사관 병력 150여 명을 합쳐도 400명이 채 되지 않았다. 이런 병력 부족을 메우기 위해 개화당은 정변을 통해 일단 정권을 장악한 후 전후영사, 좌우영사를 지휘하여 4영의 군대 2,000여 명을 동원한다는 계획이었다. 어차피 정변을 일으키면 청나라 군대와 일전은 불가피할 것으로 예상하고 4영의 군대를 통해 청군을 저지할 요량이었다.

하지만 계획과 달리 그들은 4영의 군대를 포섭하는 데 실패했다. 4영의 병력은 청나라식 훈련을 받았고 청나라 군대와 친밀하였다. 때문에 4영의 조선군은 개화당의 예상과 달리 청군에 협조하였다. 이에 당황한 개화당 지휘부는 고종에게 급히 변란이 일어났다며 피신할 것을 요청했고, 영문을 모르는 고종과 왕비를 경우궁으로 이어시켰다. 또한 고종을 찾아온 이조연, 한규직, 윤태준, 민영목, 조영하, 민태호 등을 차례로 살해했다. 그들을 죽이는 과정에서 원래 개화당 세력이었다가 입장을 바꾼 내시 유재현도 함께 죽였다.

이들 중 민영목, 조영하, 민태호 등은 외척의 핵심 인물이었다. 개화당은 또 외척의 핵심 인물인 민영익을 제거하려 했으나 죽이지는 못하고 중상을 입히는 데 그쳤다.

이후 개화당은 급작스럽게 인사를 단행했다. 우선 고종의 사촌형 이재원에게 정변의 진정성을 설명하고 협조를 구하는 한편, 이재면, 이준용 등의 종친과 조경하, 조동면, 김문현, 홍순형 등의 외척들, 그리고 온건 개화세력인 김윤식, 김홍집 등도 끌어들여 새로운 인사 명단에 넣었다. 그러나 그들은 형식적으로 고위직만 맡았을 뿐, 요직은 모두 개화당이 차지하였다.

이런 상황에서 왕비 민씨는 이 모든 사태가 개화당의 계획적인 역모라고 판단하고 경우궁에서 나갈 방도를 모색했다. 그녀는 경우궁이 너무 좁다며 창덕궁으로 환궁할 것을 주장했고, 개화당은 끈질긴 그녀의 요구를 무시할 수 없어 일단 이재원의 계동 집으로 거처를 옮기게 하였다. 이 과정에서 김옥균은 방어에 불리하다는 이유로 경우궁을 고수하고자 했으나, 김옥균이 자리를 비운 사이 일본 공사가 고종의 환궁 요구를 받아들였다.

결국 개화당은 고종과 왕비의 거처를 창덕궁 관물헌으로 옮겼고, 이런 사실을 파악한 청나라 군대는 창덕궁을 들이칠 준비를 하였다. 이런 상황에서 개화당은 10월 19일 오전 10시쯤 개혁 정령을 발표했다. 정령은 총 80여 개 조항으로 구성되었는데, 이 조항들은 거의 망실되고 그중 14개 항만 김옥균의 《갑신일록》에 전한다.

그 무렵 청군은 군대를 정비하여 공격 태세를 갖췄고, 일본 공사 다케조에는 청군과 일본군의 충돌을 우려해 공사관 군대를 데리고 빠져나가려 했다. 김옥균은 다케조에를 설득하며 철수를 보류할 것을 요청했고, 그 사이 청군이 창덕궁으로 밀려들었다.

청군의 공격이 시작된 것은 오후 2시 반쯤이었다. 청군의 공격이 시작되자 총격전이 벌어지는 와중에 왕비와 세자, 세자빈은 먼저 궁문을 빠져나갔다. 하지만 고종은 김옥균과 함께 있었다. 김옥균은 고종을 연경당으로 데려가 일본 공사 다케조에와 함께 인천으로 피신할 것을 요구했지만, 고종은 절대 인천으로 가지 않겠다고 강력히 버텼다. 이런 상황에서 청군의 공격이 본격화되자 김옥균을 비롯한 개화당의 핵심 세력은 일본군과 함께 창덕궁을 빠져나갔다.

개화당 핵심 세력 중 홍영식과 박영교는 사관생도들과 함께 고종을 호위한 채 관우를 모신 사당인 북묘로 향하다가 도상에서 청군과 조선의 4영 군대에 의해 살해되었다. 그리고 김옥균은 다케조에를 따라 일본 공사관으로 달아났다.

한편 북묘에서 청군을 만난 고종은 청군 진영에 잠시 머물다가 정변이 완전히 종식된 10월 23일에 창덕궁으로 환궁했다. 그 무렵 왕비 민씨와 세자, 세자빈은 심상훈의 안내로 이경하의 별장에 몸을 숨겼다가 10월 24일 창덕궁으로 환궁했다.

그 무렵 김옥균, 박영효, 서광범, 서재필, 유혁로, 변수, 이규완, 정난교, 신응희 등 개화당 9명은 인천에서 일본으로 망명한 뒤였다. 이로써 개화당이 야심차게 준비했던 갑신정변은 삼일천하로 끝났고, 일본으로 망명한 개화당 핵심 인사들은 외국을 전전하며 목숨을 보전하기에 급급한 신세가 되고 말았다.

갑신정변의 실패 요인은 무엇보다 너무 성급했다는 데 있었다. 또한 청나라의 간섭에서 벗어나고자 또 하나의 외세인 일본을 끌어들인 점도 문제였다. 일본 군대를 끌어들임으로써 반일 감정이 심했던 민심에 역행하는 결과를 낳았다. 그리고 무엇보다 무력을 충분히 점검하지 않은 점이 가장 큰 패인이었다.

이런 이유로 개화당의 갑신정변은 당시 조선 백성들에게 나라를 팔고 민족을 배반한 반역 사건으로 인식되고 말았다. 정변의 실패로 개화 세력은 크게 위축되었고 개화 정책 또한 중단되었으며, 결과적으로 수구 세력의 입지만 강화되었다. 게다가 친청 세력이 조정을 장악하고 청의 내정 간섭은 더욱 심화되었다.

한편 정변에 깊숙이 가담했던 일본은 되레 정변으로 인한 자산과 인명 손실에 대해 배상하고 사죄할 것을 조선 정부에 요구했다. 조선 조정은 일본의 요구를 물리치지 못하고 한성조약을 맺었다. 또한 청과 일본은 톈진조약을 맺고 청·일 양국 군대가 모두 조선에서 철수했다.

톈진조약에는 장래 조선에서 변란이 발생할 경우 청·일 양국 중 한쪽이 파병하면 반드시 상대방에 알려야 한다는 내용이 담겼다. 이 조항은 1894년 동학농민전쟁 발발 당시 청군의 파병이 이루어지자 일본군이 파병할 근거가 되었다.

급진개화파의 성장과 갑신정변의 배경

개화사상의 뿌리는 실사구시를 추구하는 유학의 부류인 실학이었고, 특히 홍대용, 박지원 등의 북학파의 영향이 컸다. 북학파는 청나라의 앞선 문물과 우수한 기술을 받아들여 조선 사회를 혁신하자는 주장을 펼쳤는데, 박지원의 손자 박규수는 이러한 북학파의 학문을 기초로 하여 개화파의 대부가 되었다.

▶ 개화파 청년들(왼쪽 사진). 왼쪽부터 박영효, 서광범, 서재필, 윤치호 순. 오른쪽 사진은 김옥균

　박규수는 원래 서양의 학문보다는 동양의 학문이 훨씬 우월하다는 의식을 가졌던 유학자였다. 적어도 1866년의 제너럴셔먼호 사건과 1871년의 신미양요를 겪을 때까지 그는 미국의 불법 침입을 비판하고 척화를 정당화하는 논리를 폈던 인물이었다. 하지만 신미양요 후인 1872년에 청나라를 방문하고, 그곳에서 진행되고 있던 서양의 침탈 상황을 목도하면서 그는 개화론자로 변모했다.
　그러나 평양감사와 우의정까지 지낸 박규수는 관리 입장에서 개화를 주장하기에는 한계가 있었다. 때문에 박규수는 적극적으로 개화론을 펼치고 후학을 양성할 수 있는 처지는 아니었다. 오히려 개화론자들을 길러낸 인물은 박규수와 교류가 잦았던 중인 출신의 의관 유홍기였다.
　유홍기는 일찍부터 서양 문물에 관심이 많아 여러 방면으로 연구에 몰두했는데, 유홍기의 서학 연구에 도움을 준 인물은 역관 오경석이었다. 오경석은 여러 차례 청나라를 왕래하며 서양의 문물과 서적을 유홍기에게 전해주었고, 유홍기는 그것을 바탕으로 서양의 문화에 눈을 떴다.

유홍기는 서학을 기반으로 조선에 일대 정치적 혁신을 일으켜야 한다는 생각을 가지고 이를 실천할 양반 자제들을 물색했다. 그는 중인 신분이라 양반을 통하지 않고서는 정치 혁신을 꾀할 수 없었기 때문이다. 또한 양반 자제를 택한 것은 청년이 아니고서는 서학과 같은 혁신적인 내용을 수용하지 않을 것이라는 판단에서였다.

유홍기가 키운 북촌의 명문 양반 자제들은 김옥균, 홍영식, 박영교, 박영효, 서광범 등이었다. 그중에서도 김옥균은 그들의 중심 인물이었다. 유홍기로부터 서양의 신사상을 전수받은 김옥균은 당시 과거에 급제하여 홍문관 교리에 올라 있었으며, 박규수 문하에 들기도 했고 정치 혁신의 꿈을 간직하고 있던 인물이었다. 때문에 김옥균은 쉽게 유홍기의 사상에 동화되었고, 이후 개화론을 정리하여 뜻을 같이할 청년 동지들을 규합했다.

이렇듯 조선 내에서 자생적인 개화 세력이 형성되는 가운데 강화도조약이 체결되었고, 강화도조약 체결은 김옥균 일파에게 일본을 새로운 시각으로 볼 계기가 되었다. 김옥균을 위시한 개화 세력은 유홍기가 소개한 개화승려 이동인을 일본에 밀항시켜 일본의 발전 상황과 서학 서적들을 접하게 되었고, 이는 곧 일본의 메이지유신을 모범으로 조선에서도 정치 혁신을 단행해야 한다는 의지를 불태우는 계기가 되었다.

한편 일본 정부는 조선에 수신사를 요청하여 일본의 발전상을 보여주고 조선 내에 우호 세력을 양성할 기회를 엿보고 있었다. 일본의 수신사 파견 요청에 따라 고종은 1876년 김기수를 수신사로, 1880년에는 김홍집을 수신사로 파견하였다. 그리고 1881년에는 서구 문물을 배우기 위한 목적으로 신사유람단을 파견하였다.

은밀히 파견된 신사유람단은 암행어사로 위장한 12명의 전문위원과 수행원 및 통역, 하인 등 총 60명이 넘었다. 신사유람단 파견 과정에서 개화승 이동인은 암살되고 말았다.

고종의 밀명을 받고 일본에 파견된 신사유람단은 그곳에서 74일간 머물며 일본의 정부 조직에 대한 집중적인 조사를 하고, 100여 책에 달하는 시찰 보고서를 만들어 고종에게 제출했다. 이후 조선 정부는 청국과 일본에 유학생을 파견하였고, 의정부 아래 설치한 통리기무아문으로 하여금 개화정책을 주도하도록 했다. 개화정책을 주도한 인물은 신사유람단으로 일본을 다녀온 12명의 전문위원들이었고, 그 중에는 개화 세력의 핵심 인물 중 하나인 홍영식도 포함되었다.

이렇듯 조선에서 개화정책이 빠르게 이루어지던 가운데 예기치 못한 사건이 발생했다. 바로 1882년 7월에 발생한 임오군란이었다. 훈련원의 구식 군대 소속 하급 군인들의 불만이 폭발하면서 야기된 이 사건은 급기야 청나라 군대를 조선 땅에 불러들였고, 이는 개화파 세력을 크게 위축시켰다.

당시 개화파는 급진파와 온건파로 나뉘었는데, 김옥균을 위시한 급진 세력은 서양의 기술과 사상, 제도 등을 하루빨리 도입해야 한다고 주장한 반면, 김홍집, 김윤식, 어윤중 등의 온건파 세력은 현실을 감안하여 점진적인 개혁을 추진하고 민씨 세력과도 타협해야 한다고 주장했다.

이런 상황에서 급진 개화 세력의 핵심인 김옥균을 위시해 홍영식, 박영효 등은 급한 마음에 민씨 정권과 청군을 축출하기 위해 1884년 10월에 갑신정변을 일으켰던 것이다.

《갑신일록》 속 김옥균과 고종의 정세와 혁신에 관한 대화

김옥균은 《갑신일록》에 자신이 갑신정변 이전에 혁명에 대해 고종과 미리 상의했다는 내용을 남기고 있다. 이 내용이 사실인지는 알 수 없지만, 김옥균은 정변 이전에 미리 고종과 왕비를 동시에 배알하고 정치 혁신에 대한 허락을 얻었다고 주장하고 있다. 그 내용은 《갑신일록》(양력 11월 29일) 기록에 있는데, 놀라운 것은 당시 왕비였던 민자영이 직접 국정에 간여한 내용이 등장한다는 점이다. 다음은 김옥균이 남긴 《갑신일록》의 기록이다.

소명을 받고 입대했다. 마침내 곁에서 엿듣는 사람이 없었다. 나는 옷깃을 여미고 일어나 주상께 절하고 아뢰었다.
"지금 천하의 대세는 날로 엉키고 있으며, 국내 정세도 날로 위태롭고 어려워지는 형편임은 본디 전하께서 통촉하시는 바이옵니다. 그러니 지금 군더더기가 될 것은 아뢸 필요도 없습니다. 다만 신이 다시 한 번 자세히 아뢰고자 하옵는데, 들어 주시겠습니까?"
이에 주상께서 좋다고 하셨다. 그래서 나는 청과 일본이 교전하고 있는 일, 일본과 청국이 화합하지 못한 일, 노국의 동방 정략이 날로 절박한 지경에 이른 일, 십여 옛 규범에 얽매여 안온하게 스스로 지킬 수 없는 형세, 그리고 국내 정치로는 당오전의 폐단이 혹심하여 백성들이 지탱해 나갈 수 없고, 묄렌도르프를 그릇되게 고용하여 실책이 많으며, 간신이 주상의 총명을 가리고 청국을 등에 업은 채 권세를 부리는 일 등을 거침없이 아뢰었다.

그런데 중전이 갑자기 침실로부터 나와 말씀하셨다.

"내가 경의 말을 한참 동안 조용히 들었소. 사세의 절박함이 이 지경에 이르렀으니, 앞으로 어떻게 해야 하겠소?"

주상도 함께 간절히 물으시기에 아뢰었다.

"다케조에(일본 공사)가 당초 신과 의논이 맞지 않아 그의 저해를 많이 당했다는 것은 주상께서도 이미 통촉하시는 바입니다. 그런데 지금 다케조에가 다시 와서 되레 신에게 은근한 뜻을 보입니다. 신의 짐작으로는 일본의 정략이 지난날과는 많이 변한 듯합니다. 머지않아 일본과 청 사이에 큰일이 벌어질 것 같습니다. 이런 상황에서 조선은 일본과 청국의 전쟁터가 될 것이 분명하오니, 앞으로 어떤 계책으로 나라를 보전하시겠습니까?"

주상과 중전이 참으로 그렇게 될 수 있다고 여기시고 걱정스럽게 물으셨다.

"일본과 청국이 교전하면 어느 쪽이 이기겠는가?"

"일본과 청국 두 나라가 교전하면 최후 승패를 헤아릴 수는 없습니만, 일본과 프랑스가 합세하면 승산은 일본에 있습니다."

"그렇다면 우리의 독립을 위한 모책도 또한 여기에 있을 수 있다는 것이 아닌가?"

"참으로 성상의 말씀과 같습니다. 그러나 전하의 폐부와 같은 신하들은 모두 청국에 빌붙어서 청국을 위해 개나 양의 노릇을 하고 있사오니, 일본이 비록 우리 독립을 도와주려 해도 성사될 수 없을 듯합니다. 신이 이 말씀을 드리는 것은 본디 생사에 관계되는 일이오나, 나라가 지금 조석지간에 위망하게 되었기에 일신의 화를 두려워하지 않고 이렇게 함부로 아뢰는 것입니다."

이에 중전이 말씀하셨다.

"경의 이 말은 나를 의심하는 듯하오. 그러나 일이 국가의 존망에 관계되는데, 내가 일개 부인으로서 어찌 대계를 그르치겠소? 경은 숨기지 마시오."

나는 그 말이 참인지 거짓인지 알 수 없었다.

이어 주상께서 말씀하셨다.

"경이 품고 있는 마음을 내가 잘 알겠다. 무릇 국가의 대계에 관계되는 일은 위급할 때에 경의 대책에 일임할 터이니, 경은 다시 의심하지 말라."

"신이 비록 감당할 수는 없사오나, 오늘 밤의 성교가 간곡히 귀에 남아 있사온데, 어찌 감히 저버리겠습니까? 원하옵건대 전하께서 친히 쓰신 칙을 주시면, 그것을 항상 몸에 지니고 다니겠습니다."

이에 주상은 기꺼이 스시고 보압寶鴨을 그으신 뒤에 옥새를 눌러주셨다. 나는 절을 하고 그것을 삼가 받들었다. 중전이 주찬을 내와서 대접해 주셨다. 먼동이 튼 뒤에 물러나왔다.

정변 이전 개화당원들의 행보와 거사 계획

11월 29일, 야밤에 왕과 왕비의 내락을 얻어낸 김옥균은 12월 1

일에 박영효, 서광범, 홍영식과 함께 일본 공사 다케조에(다케조에 신이치로)를 만나러 간다. 그러나 약속 장소에 다케조에는 나오지 않고, 그 수하인 시마무라와 통역관 아사야마만 나왔다.

이 자리에서 김옥균은 거사 당일에 불을 지를 계획을 그들에게 알렸다. 그러자 그들은 거사일이 언제인지 물었고, 김옥균은 12월 7일, 즉 음력 10월 20일이라고 답했다. 그리고 김옥균은 그들과 헤어진 뒤 박영효의 집으로 갔다. 그곳에는 이미 동지들이 모여 있었다. 김옥균은 그들에게 10월 17일 밤 8시에서 9시쯤에 별궁에 방화하는 계책을 지시했다. 그리고 혹 그날 비가 온다면 18일로 거사일을 연기하기로 결정했다.

거사와 관련한 지시 사항의 내용을 요약하자면 이렇다.

첫째, 별궁에 방화하는 일은 이인종이 담당하고 그 휘하에 몇 명의 인원을 배치한다.
둘째, 거사 날짜를 우정국 연회가 개최되는 10월 17일로 앞당긴다. 앞당기는 이유는 혹 20일에 일본 공사관 측이 가담하지 않을 가능성이 있다는 의심 때문이었다. 그래서 일본 공사관이 참석할 수밖에 없는 연회일을 거사 날로 잡은 것이다.
셋째, 민영익은 윤경순과 이은종이 맡는다. 윤태준은 박삼룡과 황용택이 맡는다. 이조연은 최은동과 신중모가 맡는다. 한규직은 이규완과 임은명이 맡는다.
넷째, 이인종과 이희정은 나이가 많으므로 호령하는 임무만 맡는다.
다섯째, 연락과 정탐, 통신은 유혁로와 고영석이 맡는다.
여섯째, 민태호와 민영목, 조영하 세 사람이 대궐로 들어오는 것을 기다려 당장 죽인다.

일곱째, 전영 소대장 윤경완은 병정 50명을 거느리고 있다가 불이 나면 궐내로 들어오는 자들을 형세 판단에 따라 처치한다.

여덟째, 궁녀 고대수는 화약을 대통에 조금씩 넣어 가지고 있다가 외간에 불이 나는 것을 신호 삼아 통명전에서 불을 붙이기로 한다.

김옥균은 이 여덟 가지 외에도 네 가지 지시 사항을 더해 총 12가지 지시를 내렸다. 나머지 네 가지도 모두 화재를 일으킬 때 지켜야 할 사항과 임무들이었다. 이후 개화당은 다케조에에게 거사 당일 고종을 경우궁으로 모실 것이라고 알리고, 12월 4일의 거사에 임했다.

《갑신일록》에 실린 갑신정변 14개 조항 내용

개화당이 갑신정변 당시 만든 80여 개 정강 중에 현재 남아 있는 14개 조항의 내용은 다음과 같다.

1. 대원군을 가까운 시일 내에 돌려보낼 것. 조공하는 허례의 행사를 폐지할 것.
2. 문벌을 폐지하여 인민 평등의 권리를 제정하고, 사람의 능력으로써 관직을 택하게 하고, 관직으로써 사람을 택하지 말 것.
3. 전국의 지조법을 개혁하여 간사한 관리들을 근절하고 백성의 곤란을 구하며, 겸하여 국가 재정을 유족하게 할 것.
4. 내시부를 폐지하고, 그 가운데 우수하고 재능 있는 자는 등용할 것.

5. 그동안 국가에 해독을 끼친 탐관오리 가운데 죄가 심한 자는 처벌할 것.
6. 각 도의 환상還上 제도는 영구히 폐지할 것.
7. 규장각을 폐지할 것.
8. 순사巡査 제도를 시급히 설치하여 도적을 방지할 것.
9. 혜상공국을 폐지할 것.
10. 그동안 유배·금고된 사람들을 다시 조사하여 석방할 것.
11. 4영營을 합하여 1영營으로 통합하고, 그 가운데서 장정을 선발하여 근위대를 시급히 설치할 것.(육군대장은 세자궁을 추대할 것)
12. 모든 국가 재정을 호조로 하여금 관할케 하며, 그 밖의 모든 재무 관청은 폐지할 것.
13. 대신과 참찬은 합문閤門 안의 의정부에서 매일 회의를 하여 정사를 결정한 후에 왕에게 품의한 다음, 정령을 공포하여 정사를 집행할 것.
14. 정부는 6조 외에 불필요한 관청에 속하는 것은 모두 폐지하고, 대신과 참찬으로 하여금 토의하여 처리할 것.

이 내용 중 문벌을 폐지하고 인민 평등의 권리를 실현하며 능력 중심으로 관직을 유지해야 한다는 조항은 당시로서는 매우 혁신적인 내용이었다.

이 정강에 나오는 환상 제도는 환곡을 뜻한다. 또한 혜상공국이란 보부상을 보호할 목적으로 1883년에 설치된 정부 기관이었다. 혜상공국은 1885년에 내무부 소속이 되어 상리국으로 이름이 바뀐다.

묄렌도르프 부인 로잘리가 남긴 갑신정변 뒷이야기

조선 역사상 최초로 맞이한 외국인 관료 폴 게오르크 폰 묄렌도르프도 갑신정변이 일어난 역사적인 현장 속에 있었다. 갑신정변이 일어난 1884년 12월 4일(음력 10월 17일)은 목요일이었다. 묄렌도르프의 부인 로잘리Rosalie von Möllendorff는 일기에 당시 사건을 이렇게 기록해 놓았다.

12월 4일에 우정국 총판인 홍영식이 신설된 우정국에서 성대한 개국 축하 만찬회를 열었다. 홍영식과 함께 지일파로 알려진 그의 동지들인 김옥균, 박영효, 서광범 등이 참석했다. 이들 이외에도 미국 공사 후트와 그의 비서관 서커디, 조선어 통역관 윤치호, 영국 총영사 애스턴, 일본 공사관 비서관 시마무라와 그의 통역관, 청국 공사 진수당과 그의 대리인 담갱요, 나의 남편(묄렌도르프), 세 명의 장군들인 민영익, 한규설, 이조연, 영어 통역관인 두 명의 조선 청년이 있었다. 독일 공사는 당시 병중이었고, 일본 공사 다케조에는 몸이 불편하다면서 불참한다고 전해왔다.
저녁 7시에 만찬이 시작되었다. 분위기는 꽤 가라앉아 있었고, 서로 간의 담소도 활기를 띠지 못했다. 다만 민영익과 남편만이 밝은 얼굴이었다. 김옥균은 식사 중에 여러 차례 식탁을 비워두고 밖으로 나가는 것이 눈에 띄곤 했다.
그런데 만찬이 거의 끝날 무렵인 10시쯤에 갑자기 "불이야!" 하는 고함 소리가 들렸다. 장군들이 놀라 벌떡 일어났는데, 민영익이 나가보겠다고 하자 장내는 진정되었다.

화재는 박동에서 일어났다고 했다. 그 말을 듣고 남편은 민영익의 뒤를 쫓아 연회장을 떠났다. 그런데 남편이 마당으로 막 나갔을 때, 민영익이 피를 철철 흘리면서 비틀거리며 다가와 소리쳤다.

"자객들이 나를 죽이려 했습니다."

민영익은 신음 소리를 내면서 남편의 팔에 쓰러졌다. 정체를 알 수 없는 사람이 칼로 그에게 중상을 입힌 것이다. 남편은 그를 부축해 연회장 안으로 데려왔고, 그때 남편도 완전히 피투성이가 되어 있었다. 그 때문에 사람들은 끔찍한 표정으로 바라보았다. 모두들 깜짝 놀라 도망쳤고, 사람들이 들고 일어나니 위험하다고 소리쳤다.

사람들은 순식간에 사라졌고, 그곳에는 남편과 민영익, 그리고 믿을 만한 호위병 몇 명만 남았다. 다른 하인들이 이 사건에 관한 내용을 박동에 전해왔고, 한 시간 남짓 지난 뒤 당소의, 아르누스, 크니플러, 마부 등이 달려왔다. 무장을 하고서 가마에 민영익을 실어 박동 우리 집에 데려왔다.

그리고 즉시 미국인 선교사이자 의사인 알렌(Allen)을 불러 이 비운의 피해자를 치료했다.

…(중략)…

반역도들은 우정국에서 궁궐로 달려가 왕에게 반란이 일어났으니 피신해야 한다고 하며, 일본인들에게 도움을 청해야 한다고 아뢰었다. …(중략)… 환관 유재현이 왕에게 백성들은 조용하고 일본인들이 반란을 일으킨 것이라고 귀띔하자, 반역도들이 곧 그를 끌어내어 왕이 보는 앞에서 죽였다. 그다음 그들은 권세 있는 관리들을 궁으로 불러들여 차례차례 참수했다. 최초의 희생자는 젊은 민영익이었고, 이어서 민영익의 아버지 민태호, 민영목, 장군 이조연, 윤태준, 한규직, 왕비의 사촌으로 백성들에게 많은 사랑을 받던 조영하 등이 처형되었다.

역도들은 민영익과 남편은 내버려두었는데, 이들이 중상을 입거나 이미 죽은 것으로 판단했기 때문이다. …(중략)… 외아문 관리들 중 목숨을 부지한 사람은 겨우 세 명뿐이었다. 남편은 외아문 독판 김홍집에게 적절한 순간에 경고할 수 있었다. 김홍집은 그때 궁궐에 있다가 남편의 경고를 듣고 구실을 만들어 궁에서 빠져나와 곧장 시가지로 도피했다. 그들은 민영익과 남편이 이미 죽은 것으로 알고 있었기에 해를 입지 않았다.

공포의 밤이 지나고 12월 5일 아침이 되었다. 청국의 장군 원세개가 박동에 나타났다.

…(중략)…

반역도들은 홍영식과 김옥균을 필두로 새 정부를 수립하고 다케조에와 공동으로 통치했다. 그들은 12월 5일(금요일)에 외국 대표들을 궁궐로 불러 경위를 설명했다.

…(중략)…

오후 네 시에 원세개가 청국 병력을 이끌고 궁궐로 진격하여 점령했다. 일본인들은 공사관으로 달아났지만, 공사관은 이미 불에 타 버린 상태였다. 반역도 가운데 두세 명이 죽었다. 김옥균은 다른 다섯 명과 함께 일본으로 도주했고, 그의 집은 폐허가 되었다. 백성들은 극도로 흥분했고, 거리에 있던 일본인들은 모두 죽임을 당했다.

…(중략)…

12월 7일(일요일)에 일본인들은 도성을 빠져나가 제물포로 달아났다.

알렌의 일기에 기록된 민영익 치료 이야기

미국인으로 선교사이자 의사였던 호러스 뉴튼 알렌Horace Newton Allen(1858~1932년)은 갑신정변 당시 민영익을 치료했던 인물이다. 그는 12월 5일(음력 10월 18일)의 일기에 당시의 상황에 대한 기록을 남겼다. 이날 일기에서 알렌은 전날 일어난 정변에 대해 회상하고 있다.

전날 알렌은 저녁을 먹고 왕진을 다녀온 뒤 아내 파니Fannie Allen와 산책을 하고 돌아와 막 잠자리에 들었는데, 미국 공사관 비서 스커더Scudder가 찾아와 중상을 입은 급한 환자가 있으니 묄렌도르프의 집으로 가자고 했다.

칼에 맞아 중상을 입은 인물은 왕비의 조카 민영익이었다. 알렌은 당시 민영익의 상태와 치료 과정을 일기에 비교적 상세히 기록했는데, 그 내용을 옮기면 다음과 같다.

> 민영익은 우측 귀의 측두골 동맥에서 오른쪽 눈두덩까지 칼자국이 나 있었다. 목 옆쪽 경정맥도 세로로 상처를 입었지만, 다행히 경정맥이 잘리거나 호흡 기관이 절단된 것은 아니었다. 상처는 척추와 견갑골 사이로 근육 피질을 가르며 깊게 파여 있었다. 예리한 자상이 생긴 부위는 구부러져 있기도 했다.
> 나는 출혈이 있는 관자놀이 부근의 측두골 동맥을 찾아 명주실로 봉합한 뒤, 귀 뒤쪽 연골과 목 부위 그리고 척추의 상처도 모두 봉합했다.
> 민영익은 너무나 탈진한 상태였기에 무엇보다 지혈을 서둘러야 했다. 팔꿈치에서 팔뚝에 이르는 약 8인치의 깊은 상처도 명주실로 네

바늘 꿰맸지만, 상완부는 그대로 노출시켜 두었다. 그의 왼쪽 팔에도 상처가 두 곳 있었는데, 손목 바로 위와 팔뚝 부위였다. 손목 위의 상처를 그대로 노출시켜 보니 힘줄과 새끼손가락 인대가 끊어져 있었다. 나는 이 상처 부위를 깨끗이 소독하고, 더 이상 출혈이 나지 않도록 스펀지로 감싼 뒤 곡선 모양으로 2인치 정도의 붕대로 감아 두었다.

알렌은 이렇게 응급처치를 마친 뒤, 날이 밝으면 본격적인 치료를 할 작정이었다. 이미 응급치료를 마친 부위 외에도 여러 군데 상처가 더 발견되었고, 모두 봉합하고 나니 정수리에도 큰 상처가 드러났다. 둔기에 얻어맞은 것이 분명했지만, 다행히 계란 크기의 혹만 생겼을 뿐 두개골은 깨지지 않았다.

알렌은 민영익의 몸 구석구석을 치료하며 밤을 꼬박 새웠다. 그 덕분에 민영익은 목숨을 건질 수 있었다. 하지만 이후에도 치료는 계속되었다. 민영익은 상처가 벌어져 극심한 고통을 겪었고, 알렌은 모르핀 주사로 그의 통증을 가라앉혔다.

그 무렵 서울에서는 서양인들의 피난 행렬이 이어지고 있었지만, 알렌은 미국 공사관 직원들과 함께 제물포로 떠나지 않고 서울에 남았다.

그의 치료 덕분에 민영익은 여러 차례의 위기를 넘기고 건강을 회복했다. 덕분에 크리스마스 무렵, 알렌은 조선 국왕으로부터 자수 병풍과 고려청자를 하사받았으며, 민영익으로부터는 치료비로 조선 돈 1,000냥을 받았다.

처참하게 죽은 갑신정변 주역들의 가족들

갑신정변이 실패로 돌아간 뒤, 정변의 주역인 김옥균, 홍영식, 박영교, 박영효, 서광범, 서재필 등의 가족들은 모두 연좌되어 비참한 최후를 맞이했다.

묄렌도르프 부인 로잘리는 갑신정변의 주역 홍영식의 가족들이 맞은 최후를 이렇게 기록하고 있다.

"홍영식의 부친은 그 일이 벌어진 직후 만찬을 열어 18명의 친척 모두를 초대했다. 그리고 식사가 끝날 무렵, 모든 참석자들이 독을 마셨다. 이는 아들이 가족에게 남긴 오명을 씻기 위함이었다."

이렇듯 홍영식의 아버지 홍순목과 그의 일가의 죽음에 대해 로잘리는 구체적으로 기록하고 있으나 《매천야록》은 다소 다른 기록을 남기고 있다.

홍순목이 탄식하며 말했다.
"노신이 역적의 아들을 길러 세상에 죄를 지었으니, 만 번 죽은들 어찌 속죄할 수 있겠는가?"
홍영식에게는 아들이 하나 있었는데, 아직 열 살도 되지 못하였다. 홍순목은 "이 씨를 어찌 남겨 두겠는가?"라 하며 독약을 먹여 죽인 다음 대궐을 향해 머리를 숙이고 약사발을 끌어다 마시며 죽었다. 홍영식의 처 한씨도 자살했는데 홍만식(홍영식의 형)이 시켰다고 한다.

한편, 박영교와 박영효의 가족에 대해 《매천야록》은 다음과 같이 기록하고 있다.

박영교의 부친 참판 박원양은 자살했다. 영교에게는 아들 하나가 있었으니, 겨우 열 살이었다. 원양은 먼저 손자를 죽였다. 박영효는 소생이 없었다. 박영교의 중제仲弟(둘째 동생) 영호는 진사였는데, 성명을 바꾸고 진안 산중에 숨어 있다가 갑오년에 나왔다.

《매천야록》은 박영교와 박영효의 아버지 박원양이 자살했다고 했으나 《고종실록》에는 "늙고 병들어 집에 있다가 추위와 굶주림으로 죽었다"고 기록되어 있다. 한편, 김옥균 가족의 최후에 대해서도 《매천야록》은 다음과 같이 기록했다.

김옥균의 생가에는 동생이 있었는데, 이름은 김각균이다. 그는 진사가 되어 천안에 살고 있었다. 이때 그는 한강을 건너 서울에 왔는데, 형 옥균이 도주했다는 소문을 듣고 바로 망명하고자 칠곡에 이르렀다. 하지만 어사 조병로에게 잡혀 대구 감옥에서 죽었다. 생부 김병기는 눈이 멀었는데, 천안 감옥에서 6~7년 동안 옥고를 치르다가 죽었다. 옥균은 자녀가 없었다.

그리고 김옥균의 아내는 감옥에 갇혔는데, 매우 음탕한 짓을 했다고 쓰고 있다. 그러나 김병기는 김옥균의 양부이고, 김옥균의 생부는 김병태다. 《매천야록》의 기록이 틀린 셈이다.
양부 김병기와 생부 김병태는 모두 정변 직후 삭탈관직 되었다. 한편, 김옥균은 1894년 3월 상하이에서 홍종우에게 살해된 후, 시신은 서울로 옮겨져 능지처참 되었다.
《매천야록》은 서재필의 가족에 대해서는 다음과 같이 기록했다.

서재필의 생부 진사 서광언은 아내 이씨와 함께 자살하고, 형 서재형은 은진 감옥에서 죽었다. 오직 서재우는 나이가 차지 못해 기다리게 하여 죽음을 면했다.

서광범의 가족에 대해서는 《매천야록》의 기록이 다음과 같다.

서광범의 부친 서상익은 7~8년 동안 오랜 감옥살이를 하다가, 어떤 죄에 연좌되었는지도 알지 못한 채 날마다 돼지 먹이 겨를 먹다 죽었다. 아내 김씨는 옥중에서 절개를 지키다 갑오년 후 서광범과 함께 살았다.

하지만 《고종실록》은 서상익을 아들 서광범의 역모죄에 연좌되어 삭탈관직 했다고 기록하고 있으니, 서상익이 무슨 죄에 연좌되었는지도 모르고 죽었다는 《매천야록》의 내용은 사실과 다르다.

6장. 1883년 ~ 1887년   03

영국함대가 거문도를 점령하다

- 재위 22년(1885년) 3월 10일에 북경주재 영국 서리흠차대신이 교섭통상사무아문의 독판에게 조회하였는데, 조회 내용이 이러했다.

 "대영국의 서리편의행사대신으로서 조선과 교섭하는 일을 맡은 1등 참찬 오코나[歐致]는 대조선 교섭통상사무아문의 독판 대신에게 조회를 보냅니다. 본 대신은 지금 본국에서 온 자문咨文을 받았는데, '뜻밖의 일에 대응 방비하기 위하여 본국의 수사관水師官에게 대조선국 남쪽의 작은 섬인 영어로 해밀톤[哈米笔](합미돈)이라고 하는 섬을 얼마동안 차지하고 대조선국 정부에 비밀리에 이러한 내용을 통지하라.'라고 하였습니다. 위에서 제기한 사유를 서로 공문으로 알려야 하겠기에 통지하는 바이니 잘 알 것입니다. 1885년 4월 24일."

- 24년(1887년) 4월 17일에 거문도를 점거했던 영국 사람들이 철수하다.

 의정부議政府에서 아뢰었다.

"거문도를 점거했던 영국 사람들이 지금 이미 철수하여 돌아갔다고 합니다. 사례하지 않을 수 없는 만큼 앞으로 갈 사행使行 편에 방물을 갖추어 표문을 바치겠다는 뜻으로 문임文任으로 하여금 자문을 만들어 먼저 북경의 예부에 알리고, 이번에 별사別使를 보낼 때 붙여 보내는 것이 어떻겠습니까?"

이에 윤허하였다. 자문에 거문도 문제가 해결된 데 대해 말하였다.

"우리나라 거문도를 영국 사람들이 점거한 지 3년이나 되었는데 물러가라고 독촉하면 그냥 질질 끌기만 하므로, 우방들에 조절해서 처리해 달라고 요구하고 싶었으나 혹시 다른 나라와의 좋은 관계를 훼손시키고 도리어 사단을 일으킬까 염려되어 이럭저럭 우선 참고 있으면서 약한 나라의 영토가 줄어드는 것을 부끄럽게 여기고 있었습니다.

그런데 천조天朝(청나라)에서 자기의 영토처럼 특별히 생각하고 어느 날 사리에 근거하여 잘못을 책망하니, 그들도 그만 군함을 돌려세우고 모든 시설물을 철수하여 이지러진 것이 완전하게 되고 기울어졌던 것이 바로 잡혀서, 이후부터는 다른 나라들이 감히 엿볼 수 없게 되었습니다. 그러니 어찌 감격하지 않을 수 있겠습니까? 그래서 자문을 보냅니다."

영국의 거문도 점령 경위

영국이 조선과 통상조약을 맺은 이후 자신들의 영향력을 확대하기 위해 벌인 대표적인 사건이 있다면 바로 거문도 점령 사건일 것이다. 1885년에 발생한 이 사건은 조선에 대한 러시아의 영향력 확대를 막기 위해 영국 정부가 벌인 불법적인 사건이었다.

영국과 러시아의 대립 배경은 1853년에 일어난 크림전쟁으로 거슬러 올라간다. 1853년에 러시아는 흑해를 장악하기 위해 오스만 제국 내의 러시아 정교도들을 보호한다는 명목으로 지금의 루마니아 지역에 해당하는 도나우강 연안의 사르디니아 공국들을 점령했다. 이에 오스만 제국이 전쟁을 선포하며 대응하였고, 러시아의 남하를 염려하던 영국과 프랑스가 오스만 제국을 지원했다.

이후 1854년에 오스만·영국·프랑스 연합군이 러시아 영토인 크림반도의 세바스토폴을 공격하였고, 결국 러시아는 세바스토폴을 포기하고 물러났다. 이런 상황에서 오스트리아까지 연합군에 가세하여 러시아를 압박하자, 러시아는 결국 연합국이 제의한 강화회의에 참석하여 파리조약을 맺음으로써 전쟁은 러시아의 패배로 종결되었다.

이로써 러시아의 남진 정책은 좌절되었다. 그러나 이후에도 러시아는 얼지 않는 항구를 찾기 위해 노력했고, 그 일환으로 태평양 지역으로 눈을 돌렸다. 1860년에 블라디보스토크를 강제로 점령한 러시아는 일본·한국·중국의 해안 지역을 대상으로 얼지 않는 항구, 즉 부동항 확보를 위한 전략을 수립했다. 그런 상황에서 조선이 개항하자, 러시아는 조선에서 부동항을 획득하려 했다. 그리고 1884년에 조선과 통상조약을 체결하면서 러시아의 부동항 획득 계획은 더욱 구체화되었다.

조선에 대한 러시아의 영향력 확대에 크게 기여한 인물은 주한 러시아 공사였던 베베르Waeber, K. I.였다. 그는 능란한 외교 능력으로 조선과 청의 틈을 벌이는 데 성공했고, 당시 조선 정부의 고문으로 있던 독일인 묄렌도르프Möllendorff, P. G.의 주선에 힘입어 조선 정부 내에 친러 세력을 양성하는 데 성공했다.

이렇듯 러시아가 조선 영토를 활용하여 부동항 획득 계획을 실천해 나가자, 조선을 자신들의 속국이라고 주장하던 청과 조선 정벌에 대한 야욕을 품고 있던 일본, 그리고 러시아의 남하를 두려워하던 영국 등은 러시아의 조선 지배를 저지하기 위한 비상조치를 강구했다. 특히 당시 아프가니스탄 문제로 러시아와 대립하고 있던 영국은 어떻게 해서든 러시아의 남하를 막아야 하는 입장이었다.

당시 러시아의 남하 정책은 극동 지역뿐 아니라 중앙아시아와 서아시아 지역에서도 이뤄지고 있었다. 러시아는 페르시아와 아프가니스탄을 거쳐 아라비아해로 진출하려 하였고, 영국은 이를 저지하기 위해 자신들의 보호령인 아프가니스탄에서 러시아를 막아섰다.

결국 1885년 초에 영국의 지원 아래 아프가니스탄군은 러시아와 전투를 벌였고, 그 와중에 러시아가 조선의 영흥만을 점령하려 한다는 소문이 퍼졌다. 이에 영국은 러시아를 견제하려는 목적으로 조선 남단의 거문도를 불법 점령하게 되었다.

영국군의 거문도 점령에서 철수까지

거문도는 전라남도 여수와 제주도 사이에 위치한 섬으로서 고도古島·동도·서도의 세 섬으로 이루어져 있다. 주변은 수심이 깊어 대형 선박을 수용할 수 있는 좋은 조건을 갖추고 있고, 또한 대한해협의 문호로서 한·일 양국 간의 해상 통로로 이용되었으며, 러시아 동양

함대의 길목에 위치한 전략적 요충지였다. 당시 영국은 거문도를 발견자의 이름을 따서 '해밀턴항Port Hamilton'이라고 불렀다.

영국이 거문도를 점령한 날은 1885년 음력 3월 1일이었다. 그들은 조선 정부에 어떠한 통보도 하지 않고 급작스럽게 도양함대 소속 군함 세 척을 파견하여 거문도를 불법적으로 점령해버렸다. 이후 영국은 거문도에 더 많은 함대와 군대를 보내는 한편, 거문도의 영국군은 영국기를 게양하고 섬 전체를 요새화하였다. 영국군은 병영을 형성하고 포대를 배치했으며, 급수로를 만들고 전선을 가설하였고, 제방을 축조하기까지 했다.

우습게도 영국은 거문도를 점령한 사실을 조선 정부보다 일본과 청에 먼저 통보했다. 3월 1일에 거문도를 점령한 영국은 이틀 뒤인 3일에 일본과 청에 동시에 거문도 점령 사실을 통보했지만, 조선 정부에는 한 달도 더 뒤인 4월 6일에야 통고했다. 물론 조선 정부도 외신을 통해 3월 중순에 이미 영국군의 거문도 점령 사실을 알았지만, 영국 정부의 공식 통고는 이때 이뤄진 것이었다. 영국은 거문도 점령의 공식적인 이유를 러시아의 점령을 예방하기 위한 차원의 조치라고 설명했다.

거문도를 점령한 영국군의 숫자는 최대 800명 정도였다. 그들은 거문도를 요새화하는 과정에서 인력 부족을 해결하기 위해 거문도 주민들을 동원하기도 했다. 동원 과정에서 거문도 주민들과 마찰을 빚지는 않았다. 되레 영국군과 주민들의 관계는 원만했는데, 주민들은 영국군들에게 도움을 주고 보수를 받기까지 했다.

한편, 조선 정부는 청나라에 의지하여 거문도 문제를 평화적으로 해결하고자 했다. 당시 조선은 임오군란과 갑신정변을 겪으면서 청나라의 영향력 아래 있었기 때문이다. 청은 북양함대 제독 정여창으로 하여금 거문도 문제를 해결하도록 지시했고, 정여창은 자신의 군함에 정부유사당상 엄세영과 독일 출신의 외교 고문 묄렌도르프를 승선시켜 거문도에 파견했다.

엄세영과 묄렌도르프는 우선 거문도에서 사태의 진상을 파악한 뒤 일본으로 건너가 나가사키에서 영국 측과 협상을 벌였다. 이 과정에서 영국은 청과 협상하여 거문도를 조차지로 만들고자 했다. 하지만 청나라는 이를 받아들이지 않았다. 당시 청의 실권자 이홍장李鴻章은 만약 영국이 거문도를 장악할 경우, 러시아와 일본 등도 조선 땅을 점령하려 할 것이라고 판단했기 때문이다.

하지만 영국은 거문도를 포기할 생각이 없었다. 그래서 청이 아닌 조선 정부와 직접 교섭하기로 했다. 영국은 당시 조선 총영사로 있던 애스턴Aston, W. G.에게 조선 정부와 접촉하여 거문도 조차 계획을 실행하도록 명령했다. 영국 정부는 거문도를 급탄지給炭地(석탄 공급지)로 임차하고, 1년에 5,000파운드의 임차료를 지급하려는 계획이었다.

영국 정부의 훈령을 받은 애스턴은 1885년 5월 7일에 이 문제를 협상하기 위해 조선의 통리아문 관리들과 만났다. 하지만 당시 조선 정부는 되레 러시아와 밀약을 맺고 양국을 상호 보호국으로 만드는 일종의 동맹 관계로 격상시키려는 계획을 가지고 있었다. 그런데 영국과 일본에 의해 조선과 러시아의 밀약은 탄로나 버렸고, 결국 조선과 러시아의 밀약은 성사되지 못했다. 상황이 이런 탓에 영국과 조선 정부의 협상은 진행될 가능성이 전혀 없었다. 애스턴은 결국 조선 정부에 영국의 훈령을 제대로 전달도 하지 못한 상태로 협상을 중단해야만 했다.

이후로 밀약을 성사시키지 못한 러시아는 제주도를 강제로 점령할 수도 있다는 말로 조선을 협박하며 동맹을 성사시키려고 안간힘을 썼다. 하지만 주변국들의 강력한 반발과 저지 때문에 러시아의 압박은 먹히지 않았다.

상황이 이렇게 되자, 조선 정부는 영국의 거문도 점령에 대해 강경한 태도를 보일 수밖에 없었다. 거문도를 영국에 조차할 경우, 러시아 등 주변국들이 조선 땅을 무차별적으로 차지하려 할 것을 우려했던 것이다.

한편, 그 무렵 영국과 러시아 사이의 긴장 관계도 다소 완화되고 있었다. 아프가니스탄 협정이 조인되어 영국과 러시아 사이의 대립이 해결되었던 것이다. 이 때문에 영국의 거문도 점령에 대한 명분도 사라졌다. 거기다 거문도의 군사적 가치도 크지 않다는 평가까지 나왔다. 영국 해군은 거문도에 대한 군사 전략적 차원의 평가를 실시했는데, 군사 전략상의 항구나 급탄소로 적당하지 않다는 결론에 도달한 것이다.

결국, 영국은 이제 거문도에서 철수할 명분을 찾아야 했다. 그래서 영국 외상 로즈베리Rosebery는 1886년 3월에 청나라가 다른 나라들로 하여금 거문도를 점령하지 못하도록 하는 보장만 해주면 거문도에서 철수할 의사가 있다고 밝혔다. 이에 청나라의 이홍장李鴻章은 같은 해 8월 28일과 9월 2일에 주청러시아공사 라디젠스키Ladygensky와 회담을 열고, 영국이 거문도에서 철수한다면 러시아는 조선 영토를 침범하지 않겠다는 3개 조의 약속을 받아내는 데 성공했다.

이후 청은 영국에 러시아의 보증 문서를 전달하고, 영국군의 조속한 철수를 요구했다. 이에 영국은 1886년 연말부터 점차적으로 거문도에서 군대를 철수하기 시작하여 1887년 4월에 완전히 철수했다.

이렇듯 거문도 사건은 청의 주도 아래 해결되었다. 이 때문에 청나라의 조선에 대한 영향력은 더욱 확대되었고, 이는 곧 그들의 내정 간섭을 심화시키는 결과를 낳았다.

한국 최초의 서양식 국립병원
제중원을 설립하다

- 재위 22년(1885년) 2월 29일에 광혜원을 설치하도록 하다

의정부에서 아뢰었다.

"혜민서와 활인서를 이미 혁파하였는데, 이는 조정에서 널리 구휼하는 본의로 놓고 볼 때 아주 결함이 됩니다. 별도로 원院 하나를 설치하여 광혜원廣惠院이라고 이름 부르고 외서外署에서 전적으로 관할하게 하는 동시에 당상과 낭청을 차출하는 것과 일체 사무를 처리하는 것은 모두 해당 아문에서 초기草記하여 품처하게 하는 것이 어떻겠습니까?"

이에 윤허하였다.

3월 12일에 통리교섭통상사무아문에서, '광혜원을 제중원濟衆院으로 개칭하였습니다.'라고 아뢰었다.

제중원의 초대 원장이 된 알렌

1885년 2월 29일에 고종은 광혜원을 설치하기로 결정하였고, 광혜원은 얼마 뒤인 3월 12일에 명칭이 제중원으로 바뀌었다. 제중원은 조선 최초의 서양식 병원이었다. 제중원 설치를 건의한 인물은 민영익을 치료했던 호러스 뉴튼 알렌이었다.

알렌은 표면상으로는 미국의 조선 주재 공사관 소속 의사였지만, 실제로는 종교적인 사명으로 파견된 인물이었다. 흔히 한국 이름으로 안련安連이라고 불린 그는 1884년 9월에 입국함으로써 합법적인 절차를 거쳐 조선에 파송된 최초의 개신교 선교사였다. 하지만 그는 조선 정부가 어떤 태도를 취할지 알 수 없어, 표면적으로는 공사관의 서기관 또는 공사관 소속 의사라고 속이고 입국했다.

그는 미국 오하이오주 델라웨어에서 출생하여 웨슬리언 대학교에서 신학을 전공했다. 그가 대학을 다니던 당시, 미국의 개신교회는 전역을 휩쓴 제2차 각성운동의 영향을 크게 받고 있었다. 그래서 많은 대학생들이 외국의 선교 현장으로 나가곤 했는데, 알렌 또한 그런 열망을 품고 있었다.

알렌은 기독교를 전파하기 위한 수단으로 의료 선교 봉사를 할 것을 결심했고, 이를 위해 신시내티에 있는 마이애미 의대로 다시 진학했다. 그는 1883년에 의사 면허를 취득하고, 졸업 후에는 바로 결혼하여 아내와 함께 중국으로 떠났다. 미국 장로교회 의료 선교사가 되어 중국 상하이에 파송되었던 것이다.

하지만 그의 상하이 생활은 평탄치 못했다. 그래서 그는 미국 장로교 선교본부에 조선으로 파견해 줄 것을 요청하여 허락을 얻었고,

1884년 9월 16일에 조선에 왔다. 하지만 그는 신변의 안전을 위해 선교사라는 신분을 숨겨야 했다. 당시 조선 사회는 천주교는 알고 있었지만 개신교는 전혀 모르는 상태였다. 그러니 그가 개신교를 소개할 경우 어떤 상황에 처할지 알 수 없었다. 그래서 그는 미국 공사관 소속 의사로 활동해야 했다.

그가 이런 선택을 한 것은 당시 조선 주재 공사였던 푸트Foote의 조언에 따른 것이었다. 당시 조선의 왕 고종은 개신교에 대해 선교를 허락하긴 했지만, 교육과 의료 봉사에 국한했다. 이런 정치적 상황을 고려하여 푸트는 당분간 그의 선교사 신분을 감출 것을 요구했고, 알렌 또한 그 조언을 받아들였다.

알렌은 미국 공사관에 머무르면서 백방으로 개신교를 전파할 기회를 엿보았다. 그런 가운데 그에게 뜻밖의 행운이 찾아왔다. 김옥균 등의 급진 개화파가 일으킨 갑신정변 과정에서 깊은 상처를 입은 민영익을 치료했고, 덕분에 그는 왕비의 조카이자 조정의 권력자인 민영익과 친분을 쌓게 되었다.

민영익은 자기보다 두 살 많은 알렌을 친형으로 모시겠다며 깍듯이 대접했다. 이렇게 민영익과 가까워지자, 알렌은 조선에 서양식 병원을 개원할 포부를 가졌다. 민영익이 도와주기만 하면 병원 설립이 어렵지 않을 것이라고 판단했던 것이다. 그의 바람처럼 민영익은 서양식 병원 설립을 적극 지원했고, 고종과 왕비 민씨 또한 적극적이었다. 그 결과 한성 재동에 조선 최초의 서양식 병원인 광혜원House of Extended Grace을 열 수 있었다.

광혜원은 곧 제중원으로 이름을 바꿨다. 제중원의 개원은 개화혁신 작업의 일환으로 추진되었다. 조선 조정은 1876년에 강화도조약을 맺고 개화 혁신을 서둘렀는데, 서양식 병원을 개원하는 것도 이때 구상된 것이었다.

제중원의 모델이 된 것은 일본의 서양식 병원이었다. 조선 조정은 강화도조약 후 문호를 개방하면서 일본의 신문명을 시찰했는데, 이를 위해 1881년에 조사시찰단을 일본에 파견했다. 그 과정에서 일본에 건립된 서양식 병원을 탐색하였고, 결국 국가 차원에서 서양식 병원 설립을 모색하게 되었다.

제중원은 병원 기능 외에도 의과 교육기관의 기능도 겸하도록 설계되었다. 말하자면 국립병원이자 의학대학 구실을 하게 할 요량이었다. 이는 전의감 같은 국가 의료기관이 교육기관도 병행하도록 했던 전례를 따르는 일이었다. 이와 관련하여 조선 조정은 1884년에 국가 기관지인 〈한성순보〉 사설에 서양 의학 교육기관의 설립과 양의洋醫 양성의 필요성을 역설하기도 했다.

그러나 제중원 설립은 설계 단계부터 어려움을 겪었다. 인력 수급과 자금 조달이 문제였다. 서양 의사를 키우려면 당연히 서양 의사를 채용해야 했는데, 마땅한 인물이 없었다. 또 설사 서양 의사를 채용하여 제중원을 연다고 해도 운영 자금을 제대로 조달할 수 없었다. 당시 조선 조정의 재정 상태는 매우 열악했기 때문이다. 그러나 민영익이 적극적으로 추진하고, 고종과 왕비 민씨 또한 호의적이었기 때문에 가까스로 제중원의 설립은 현실화될 수 있었다.

제중원이 건립된 곳은 지금의 헌법재판소가 있는 홍영식의 집이었다. 홍영식은 갑신정변에 가담했다가 죽었는데, 대역죄인으로 처리되어 그의 재산은 모두 몰수된 상태였고, 그래서 그의 집을 병원으로 쓰게 된 것이다.

물론 제중원의 원장은 민영익을 치료했던 선교사 알렌이 맡았다. 병원 건설안을 낸 것도 바로 그였다. 알렌의 병원 건설안은 미국 공사관부 해군무관으로 재직하면서 당시 미국 대리공사를 맡고 있던 포크Focke에 의해 조선 조정에 제출되었다. 포크는 1885년 1월 27일에 알렌의 병원 설치안을 제출하면서 조선 조정에 이런 부탁을 했다.

본인은 미국공사관부 의사 알렌 박사가 서울에 병원을 설치하겠다는 제의를 했다는 사실을 알리면서 귀국 정부에 이에 선처해주시기 바랍니다.
알렌 박사의 제의는 아주 훌륭한 생각이며, 그것은 순전히 비이기적 동기이므로 귀국 국민의 복지 향상에 크게 기여하게 될 것입니다.
본인은 알렌 박사가 최근 서울에서 벌인 진료사업이 훌륭한 성과를 거두었으므로 이제 새삼스럽게 알렌 박사의 성격과 능력에 대해 찬사를 늘어놓을 필요는 없습니다.
알렌 박사의 병원 개설안을 호의적으로 수락해 주기 바라며, 이는 곧 미국 국민이 조선 신민의 복지를 향상시키는 우의의 표징이 될 것입니다.

포크는 이 글과 함께 알렌의 병원 설치안을 조선 조정에 제출했다. 알렌이 제출한 병원 설립안의 핵심은, 조선에서 서양식 병원이 꼭 필요하며 이를 위해 조선 조정에서 병원을 열어주기만 하면 봉급도 받지 않고 자체적으로 운영해보겠다는 것이었다. 그러나 병원의 명칭은 조선왕실병원이 될 것이라고 덧붙였다.
알렌의 예상대로 병원 건설안은 민영익에게 전달되었고, 덕분에 병원 설립 계획은 빠르게 현실화되었다. 그의 병원 설립 계획에 대해서는 개화 지식인들뿐 아니라 한성의 한의사들까지 찬성했다.

알렌은 조선에서 의사 생활을 원활히 하기 위해 조선어 교사를 들여 조선어 공부도 했다. 그런 상황에서 알렌은 1885년 2월 20일(양력)에 조선 조정으로부터 병원 건설안 승인 통보를 받았다. 그리고 마침내 4월 10일(음력 2월 29일)에 광혜원을 개원하고 알렌이 초대 병원장으로 취임했다.

그런데 광혜원이라는 명칭은 설립 2주 만에 폐기되고 제중원으로 간판을 바꿨다.

세브란스 병원으로 이름이 바뀌다

제중원의 운영비용은 조선 조정에서 지원했는데, 이와 관련하여 실록은 고종 22년(1885년) 3월 20일에 이런 기록을 남기고 있다.

통리교섭통상사무아문에서 아뢰었다.
"제중원이 지금 이미 설치되었으니, 원院 안의 수용需用에 대하여 조치하지 않을 수 없습니다. 전 혜민서와 활인서에 호조와 선혜청에서 획송劃送한 쌀, 돈, 무명의 조목을 제중원에 옮겨 배정하여 공용公用을 넉넉하게 하도록 하는 것이 어떻겠습니까?"
이에 윤허하였다.

이렇게 국가 비용으로 운영한 국립병원 제중원은 백성들에게 인기를 얻었다. 개원한 날 환자 20명이 찾아왔는데, 그중에는 절단 수술을 해야 할 환자도 3명이나 있었다. 그만큼 제중원은 개원 초부터 조선 백성들의 강한 신뢰를 얻었다는 뜻이다.

알렌의 명성이 날로 높아가자 환자 수는 점점 늘어났고, 환자가 많이 몰릴 때는 하루에 260명 이상 찾아오기도 했다. 그쯤 되자 알렌은 혼자서 모든 환자를 감당할 수 없다고 판단하고, 미국 감리교회 선교사인 스크랜턴Scranton, W. B.의 도움을 받기도 했으며, 추가로 파견된 선교의 헤론Heron, J. H.과 함께 진료하기도 했다. 또 개원 이듬해인 1886년에는 미국에서 여의사 엘러스Elless, A. J.가 파견되었다. 제중원에 부인부를 신설하고 왕실 여인들을 진료하기 위해서였다.

이후 제중원을 찾는 환자가 점점 늘어나자, 조선 조정은 병원을 확대 이전했다. 그래서 1886년 10월경 한성 남부 동현의 왕실 소유 부지(지금의 을지로 입구와 2가의 중간, 구 한국외환은행 본점 자리)로 제중원을 옮겼다. 이 무렵 제중원 산하에 제중원의학당을 개교하여 의료 인력을 양성하려 했지만, 별다른 성과는 거두지 못했다.

그런데 이듬해인 1887년 가을엔 제중원 진료진의 변화가 일어났다. 알렌이 미국 특파전권대사가 된 박정양의 수행원이 되어 미국으로 떠남에 따라 헤론이 원장 역할을 하게 되었다. 또 부인부를 맡고 있던 엘러스가 결혼을 하는 바람에 제중원을 그만뒀고, 여자 의사인 호르톤Horton, L. S.이 새로 부임했다.

박정양이 미국에서 돌아왔을 때 알렌도 함께 귀국했지만, 그 무렵의 알렌은 병원 진료는 하지 않고 미국 공사관 서기 업무에 주력했다. 또 1890년에 헤론이 병으로 죽자, 캐나다에서 파견된 빈턴Vinton, C. C.이 원장이 되었다. 빈턴은 이후 3년간 홀로 병원 업무를 전담하다가

1893년에 다시 추가로 파견된 에비슨Avison, O. R., 魚丕信에게 업무를 넘겨주고 떠났다.

하지만 제중원은 1894년 6월 갑오개혁의 일환으로 행정관제 개혁을 실시할 때 내무아문 아래에 위생국衛生局을 설치하면서 종두種痘 및 의약·전염병 예방 업무를 맡는 곳으로 변했다. 그러자 제중원은 미국의 선교 사업기관으로 분리되었고, 결국 경영권도 미국 북장로교 선교부로 이관되었다. 이후 미국인 사업가 세브란스Severance, L. H.의 재정 지원으로 1904년에 남대문 밖 도동桃洞에 새로 현대식 건물을 짓고 간판을 세브란스 병원으로 바꿈에 따라 제중원은 역사에서 완전히 사라지게 되었다.

6장. 1883년 ~ 1887년 · 05

노비의 세습과 매매를 금지하다

- 고종 23년(1886년) 1월 2일에 사노비의 사역을 당사자에게만 국한하게 하고 대대로 복역하지 못하도록 명하다.

전교하였다.

"내수사와 각 궁방, 각사 노비의 공물을 없애고 노비안奴婢案(노비 문서)을 불태워버린 것은 바로 우리 순조 임금이 그들을 불쌍히 여기고 돌봐준 성대한 덕과 지극한 인이었다. 그러니 누군들 그 큰 은혜에 감격하지 않았겠는가? 나도 늘 칭송하면서 그 위업을 잘 이어가려고 생각하고 있다.

그런데 개인집을 놓고 말하면, 한 번 노비의 명색을 지니게 되면 종신토록 복종해 섬기게 되며, 대대로 그 역役을 지면서 명색을 고치지 못하기까지 하는데, 이것은 어진 정사에 흠이 될 뿐 아니라 또한 화기和氣를 손상시키기에 충분한 하나의 조건이 된다.

명분은 원래 엄한 법이 있으므로 사역使役은 단지 당사자 한 몸에만 그쳐야 하고, 대대로 복역하게 해서는 안 된다는 내용으로 한성부의 당상관이 총리대신과 토의해 절목을 만들어 온 나라에 반포해서 상서로운 화기를 맞이하게 하라."

- 3월 11일에 노비 문제에 대한 절목節目(세부 규정)을 만들어 경외에 알리고 시행하도록 하다.

형조에서 아뢰었다.

"삼가 전교하신 대로 총리대신과 노비 문제에 대해 의논하여 절목을 만들어 들이니, 이런 내용을 경외에 알려 영구히 정식으로 삼아 시행하도록 하는 것이 어떻겠습니까?"

이에 윤허하였다.

1. 구활救活(중죄인의 여자 사노비로서 관아에 귀속된 여종)과 자매自賣(스스로 몸을 판) 노비, 세전世傳(대를 이은) 노비는 모두 다만 자신 한 몸에 그치고 대대로 부리지 못한다.

1. 구활과 자매 노비의 소생은 매매할 수 없다.

1. 세전 노비로서 이미 사역 중인 자도 그 한 몸에 그치며, 만약 소생이 있는데 의탁할 곳이 없어서 사역을 자원하는 경우에도 새로 사는 예로 값을 준다.

1. 자매 노비는 비록 하루 동안 사역을 당하더라도 명분이 이미 정해진 뒤에는 쉽게 모면할 수 없으며, 가주家主(주인)가 몸값을 갚으라고 허락하기 전에는 몸값을 갚겠다고 청할 수 없다.

1. 단지 자신 한 몸에 그치고 대대로 부리지 못하게 하는 만큼 매입한 돈 문제는 자연히 제기할 수 없으며, 본인이 죽은 뒤에 절대로 소생에게 징출徵出(거두어 들임)할 수 없다.

1. 약간의 돈과 쌀에 의한 숙채宿債(빚) 때문에 양인을 억눌러서 강제로 종으로 삼는 것은 일체 금지한다.

1. 노비 소생으로서 스스로 면천하겠다고 하면서 분수를 업신여기고 기강을 위반하는 자는 특별히 엄하게 징계한다.

1. 이처럼 규정을 세운 뒤에는 높고 낮은 사람을 막론하고 모든 사람들이 전철을 답습하면서 조령朝令(조정의 명령)을 어기는 경우, 적발되는 대로 법에 따라 감처勘處(처벌)한다.

사노비의 세습과 매매를 금지하는 절목을 시행하다

1886년 1월 2일에 고종은 개인 노비의 세습을 금지하는 명을 내리고, 3월 11일에는 보다 구체적인 절목節目(세부 규정)을 마련하여 공포했다. 이 절목에 따르면 노비 세습제를 폐지하고, 노비를 매매하거나 새롭게 노비를 만드는 것을 금지시켰다. 하지만 노비 신분 자체를 없앤 것은 아니었다. 다만 더 이상 노비를 새로 만들 수 없다는 의미였다. 이로써 당시에 노비였던 사람만 노비 신분이 유지되는 상황이 되었다.

조선은 순조 시절인 1801년에 공노비 중에서 왕실과 중앙 관청에 속한 이들을 해방시킨 바 있었다. 하지만 사노비와 지방 관청의 노비는 그대로 유지시켰다. 따라서 고종 시절의 이 조치는 노비로 남아 있던 사노비와 지방 관청의 공노비를 대상으로 세습과 매매를 금지하는 조치를 취한 것이다. 하지만 근본적으로 노비 제도를 없앤 것은 아니었다.

고대 이래 노비 제도는 세습과 일천즉천―賤則賤(부모 중 한쪽이라도 노비이면 자손도 노비가 되는 원칙)이라는 원리를 가지고 있었다. 이 두 가지 원칙은 자연스럽게 노비의 수를 엄청나게 증가시켰다. 그리고 노비 인구의 증가는 곧 양민의 수를 감소시키는 결과를 가져왔다. 노비는 원리상 국역을 부담하지 않았기에, 노비의 증가와 양민의 감소는 세수를 줄이고 병역 의무자를 감소시키는 문제를 야기했다.

이 때문에 고려 말엽부터 노비 수를 줄이기 위한 개혁을 시도했으나, 노비의 소유주인 양반 귀족층의 반발로 인해 좌절되곤 했다.

노비의 양적 증가 문제로 인해 야기되는 사회적 문제는 조선 후기에 이르면 더욱 심각해졌다. 거기다 18세기부터 점차 양반 중심의 사회 체제가 약화되었고, 이는 곧 노비의 신분 상승 운동을 야기했다. 또한 많은 노비들이 신분에 대한 불만을 품고 저항하여 서얼 차별 철폐 운동이 일어나기도 했고, 아예 도망하거나 도서 지역으로 숨어버리는 노비의 수도 증가했다.

그 때문에 일부 실학자들 중에는 노비 제도를 아예 폐지해야 한다는 주장을 하기도 했다. 이는 결국 1801년의 내시노비 해방으로 이어졌고, 다시 1886년의 노비 세습제와 노비 매매 금지 조치로 발전하였다. 그리고 마침내 1894년의 갑오개혁에 이르러 노비 제도는 완전히 폐지되기에 이르렀다.

근대식 학교들이 설립되다

- 재위 23년(1886년) 7월 11일에 육영공원의 학도들을 선발하여 추천하도록 명하다.
전교하였다.
"육영공원育英公院 어학을 이제 시작하여 사람을 수용해야 하겠으니, 학도들을 내외 아문의 당상과 낭청의 아들, 사위, 아우, 조카, 친척 가운데서 감당할 만한 사람을 선발하여 추천하도록 분부하라."

육영공원을 설립하다

1886년 7월 11일에 육영공원이 설립되었다. 육영공원이란 '인재를 양성하는 공립학교'라는 뜻이다. 육영공원 설립의 직접적인 목적은 영어 인재를 양성하는 데 있었다.

1882년에 조미수호조약이 체결되자, 고종은 민영익을 보빙사로 삼아 미국을 다녀오게 했다. 이후 민영익은 영어의 중요성을 강조하며, 영어를 제대로 가르칠 수 있는 학교 설립을 주장했다. 이에 고종이 그의 요청을 받아들여 육영공원의 설립을 윤허했다.

고종이 육영공원 설립을 허락한 때는 1884년이었다. 그런데 이 해에 갑신정변이 발발하여 여러 조정 대신들이 살해당하고, 민영익 또한 중상을 입어 계획을 실행할 처지가 되지 못했다. 그래서 2년 뒤인 1886년에 미국인 교사 3인을 초청하여 영어학교를 세웠는데, 이것이 곧 육영공원의 시초였다.

사실 육영공원 이전에도 조선은 영어 교육을 위한 기관을 세웠었다. 1883년에 김윤식이 청나라의 동문관을 모방하여 동문학을 세웠는데, 동문학은 통역관을 양성하기 위한 곳이었다. 이곳에서 영어도 가르쳤으니 동문학이 육영공원의 전신인 셈이다.

하지만 동문학에서 영어를 처음 가르친 교관은 중국인이었다. 그래서 영어를 깊게 가르칠 수 없는 한계가 있었고, 이를 해결하기 위해 영국인을 초청했으나, 교관의 자질이 높지 않아 학생들의 불만이 많았다.

육영공원은 교관의 질을 한층 높인 학교였다. 육영공원의 교관으로 초빙된 미국인들은 모두 명문대학교 출신이었다. 조선 조정은 이들을 초청하기 위해 미국 공사관에 공을 들였고, 당시 주한 미국공사관 무관이었던 포크Folk, G. W.가 적극적으로 도운 덕에 뛰어난 교관들을 확보할 수 있었다.

육영공원이 처음 들어선 곳은 서소문동 38번지 일대(현재 서울시립

미술관 자리)였다. 그런데 설립 후 5년 뒤인 1892년, 박동의 독일 영사관(옛 묄렌도르프 저택)과 자리를 맞교환하여 이전하였다.

육영공원의 구성을 보면, 크게 좌원과 우원으로 구분되었다. 좌원에는 젊은 현직 관리 10명을 정원으로 두었고, 우원에는 아직 관직에 나가지 않은 명문가 자제 20명을 정원으로 받았다. 교과목은 영어를 중심으로 세계사, 지리, 수학, 농학, 의학 등이었다.

3년제로 세워진 육영공원은 공립학교였기 때문에 재정은 국가에서 담당했다. 재정의 원천은 인천, 부산, 원산의 항구에서 걷어 들이는 관세였다. 학생들은 무료로 다녔다. 기숙사와 식사, 교재가 모두 제공되었고, 심지어 담뱃값까지 지급되었다. 매달 지급되는 담뱃값은 600전(6원)이었다. 당시 설렁탕 한 그릇 값이 2전 5리였으니, 6원은 결코 적은 금액이 아니었다. 현재 가치로 환산하면 약 30만 원이었다.

고종은 육영공원에 지대한 관심을 가졌다. 심지어 자신이 직접 시험 시행자가 되어 영어 과목 시험을 주관하기도 했다. 하지만 육영공원은 늘 위태로웠다. 재정이 부족했기 때문이었다. 게다가 학생들은 서양 학문에 대한 이해도가 부족했다. 대부분 고위 관료의 자제들이었기에 육영공원을 통해 관직을 얻을 것이라 기대했지만, 졸업이 곧 출세를 보장하지는 않았다. 이 때문에 학생들은 학교생활에 충실하지 않았고, 각종 핑계를 대며 결석하거나 수업에 열성적이지 않았다.

이와 관련하여 고종 26년(1889년) 3월 20일의 기사에 이런 내용이 전한다.

또 하교하였다.

"요즘 듣건대 육영공원의 학도들이 까닭 없이 병을 핑계 대고 공부를 성실히 하지 않으며, 심지어는 교사가 돌아가겠다고 말하는 지경에까지 이르렀으니 매우 놀라운 일이다.

이제부터 좌원에서는 하루 건너 원에 나가고, 우원에서는 날마다 성실히 공부하여 실지 성과가 있도록 해야 할 것이다. 이렇게 신칙한 후에 다시 종전의 버릇을 고치지 않으면, 그의 부형은 엄하게 감처함을 면하기 어려울 것이다. 만일 부형이 없으면 천주薦主(추천한 사람)를 경고할 것이며, 해당 당상도 신칙하지 않은 잘못을 면하기 어려울 것이다. 이 내용을 가지고 엄하게 신칙하는 것이 좋겠다."

고종이 이렇듯 위협까지 했지만 학생들의 태도는 쉽게 고쳐지지 않았다. 그래서 고종은 그해 5월 24일에 자신이 직접 시험 감독에 나서기도 했다. 그 내용을 실록은 이렇게 전하고 있다.

26년 5월 24일에 태화궁에 나아가 육영공원 학도들의 끝내지 못한 강론 시험을 행하였다. 이어 전교하였다.
"육영공원을 설치한 데에는 목적이 있으며, 3년 동안 학업을 전공하는 것은 일찍이 정식定式(정해진 제도)이 있다. 지금 4년 만에 다시 시험을 쳐보니, 성적이 우수하고 나쁘기가 각각 다르므로 장려하고 선발하는 뜻을 보여주는 조치가 있어야 할 것이다. 새로 들어온 학도나 종전부터 있던 학도를 물론하고 비교시험을 보아 조粗 이상한 사람들은 응제시應製試(과거 응시 시험)를 보게 하여 인재를 뽑도록 하라."

결국, 고종은 육영공원 학생들 중에서 성적이 출중한 사람을 뽑아 관리로 삼겠다고 선언했다. 하지만 고종의 이런 노력에도 불구하고 육영공원은 날로 쇠락해갔다. 문제는 정부 재정이 점점 악화되고 있었기 때문이다.

그리고 정부의 재정이 완전히 바닥난 시점인 1894년, 육영공원도 문을 닫아야 했다. 이때 육영공원은 영국인 허치슨Hutchison, W. F.에게 넘어가 관립 영어학교가 되었다가 한성외국어학교로 통합되었다.

육영공원에 근무했던 교수 중 미국인은 헐버트Hulbert, H. B., 길모어Gilmore, G. W., 번커Bunker, D. A. 등 세 명이었고, 영국인은 허치슨Hutchison, W. F.과 핼리팩스Hallifax, T. E. 두 명이었다.

또 다른 근대식 학교들이 설립되다

육영공원 외에도 그 무렵에 세워진 근대식 학교들이 있었다. 원산학사, 배재학당, 경신학교, 이화학당 등이 대표적인 곳이다.

원산학사는 어윤중이 세운 곳인데, 김윤식이 세운 동문학과 마찬가지로 개인이 세우긴 했으나 국가가 지원한 관립학교였다. 원산학사와 동문학의 가장 큰 차이는 원산학사가 중등교육기관인데 비해, 동문학은 역관을 양성하는 일종의 대학이라는 점이었다. 따라서 1883년에 세워진 원산학사는 한국 최초의 근대식 중등교육기관이라 할 수 있었다.

배재학당 또한 중등교육기관인데, 공립이 아닌 사립이라는 점이 원산학사와 다른 점이다. 배재학당은 1885년 8월 3일에 미국 감리교 선교사 헨리 아펜젤러Henry G. Appenzeller(1858~1902년)가 서울에 세운 학교였다. 배재학당에 처음 입학한 학생은 이겸라와 고영필이었다. 하지만 이때만 하더라도 학교 이름이 없었다. 배재학당이라는 이름은 1886년 6월 8일에 고종이 '배양영재培養英才'의 줄임말인 '배재'라는 교명과 액자를 내림으로써 비로소 생겼다.

이후 배재학당엔 더욱 많은 학생이 입학하여 교명을 받은 때로부터 4개월 후인 10월에는 전교생이 20명에 이르게 되었다. 이 학교 출신으로 한국 현대사에 이름을 남긴 인물로는 이승만, 주시경, 김소월, 지청천, 여운형 등이 있고, 서재필과 김규식 같은 인물은 이곳에서 교사 생활을 하기도 했다.

경신학교도 이 무렵에 설립된 사립 중등학교였다. 1886년에 미국 북장로회파 출신의 선교사 호러스 그랜트 언더우드Horace G. Underwood (1859~1916년) 목사가 설립했다. 설립 초기에는 고아원의 성격을 띠었기 때문에 언더우드 학당, 구세학당 등으로 불리다가 1905년에 이르러 예수교중학교라 하였고, 또 다시 경신학교로 교명을 바꾸었다.

경신학교는 초기엔 정동에 설립되었으나, 1902년에 선교사 게일 Gale, J. S.이 연지동으로 옮겼다. 경신학교는 한때 구세학교, 예수교중학교 등으로 불린 것에서 알 수 있듯이 설립 목적이 기독교 전도에 있었다. 말하자면 기독교를 전도할 전도사와 교사를 양성하는 것이 목표였던 것이다.

경신학교는 1915년에 이르러 '연합대학'이라는 대학 설립 인가를 받게 되는데, 이 대학을 경신학교 대학부라고 불렀다. 이 경신학교 대학부가 곧 연희전문학교의 전신이다. 그리고 연희전문학교는 세브란스 병원과 결합하여 연세대학교가 된다.

배재학당과 경신학교가 설립되던 1886년에는 한국 최초의 사립

여성 교육기관이 들어섰다. 바로 이화학당이다. 이화학당은 미국 북감리교회 여성 선교사 메리 스크랜턴Mary F. Scranton(1832~1909년)이 서울 중구 정동에 세운 학교였다.

이화라는 교명 역시 배재학당처럼 고종이 내린 이름이었다. 개교 당시 이화학당은 건평 200평 규모의 한식 기와집이었다. 이곳은 35명 정도의 학생을 수용할 수 있는 규모였고, 교실과 교사 숙소를 갖추고 있었다. 개교 당시엔 5명 이하의 아주 적은 수의 학생만 입학했으나, 1888년에 18명, 1893년에는 30명에 이르게 된다. 이후 계속 학생 수가 늘어나자 한옥 건물을 헐고 서구식 2층 건물을 짓게 된다. 그리고 1904년에는 중등과, 보통과, 고등보통과 등으로 구분되고, 1910년에는 대학과를 신설하게 된다. 그리고 1914년에 처음으로 대학교 졸업생을 배출하게 된다.

3.

몰락의 시대

1888년~1910년
(고종 재위 25년~재위 44년, 순종 1년~3년)

7장

1888년~1896년

7장. 1888년 ~ 1896년   01

북청과 영흥에서
민란이 일어나다

- 10월 16일에 안핵사 황기연이 영흥 민란에 대하여 보고하다

의정부에서 아뢰었다.

"방금 영흥부 안핵사 황기연의 사본査本(조사 기록 원본)을 보니 이렇습니다.

'대체로 난리를 조작하고 소란을 일으킨 것은 일조일석日朝一夕(하루 아침)에 생긴 일이 아닙니다. 당초 원한이 극도에 이른 것이었으므로 정상으로 보면 사실 불쌍한 일이지만, 결국 윗사람을 능범凌犯(모욕하고 범함)하는 죄를 저질렀으니 용서할 수 없는 형편입니다. 그러나 사건의 경위는 감영과 고을의 잘못으로 말미암은 것인즉 먼저 감영과 고을의 죄를 따져보고 백성들의 죄를 처벌한다면 나라의 기강이 엄숙해질 수 있으며 고약한 악습을 없애버릴 수 있을 것입니다.'

전 감사 이돈하는 한 도를 안찰하는 중신으로 신분이 자별한데, 논

핵을 입은 여러 조목의 내용이 가볍지 않은 만큼 신문하여 감단勘斷(죄인을 심리하여 처단함)해야 하니 해부該府(해당 부서)에서 나처拿處(잡아들여 처벌함)하게 해야 할 것입니다.

전전 부사 이용익은 직접 범한 허다한 죄행이 너무나 놀랍고 패악한데, 전에 남곤南梱(함경남도 병마절도사)을 맡았을 때의 죄로 그동안 이미 정배되었지만 다시 잡아다가 문목問目(심문 기록)을 갖추어 엄하게 따져서 처리해야 할 것입니다.

전 부사 정광연은 계사에 나열된 죄가 이와 같이 낭자하니 일체 나문拿問(체포하여 심문함)하여 죄를 바로잡아야 할 것입니다.

이번에 죄수들의 공술을 보면 박용근, 김재경, 장일섭 등이 앞장서서 일을 꾸미고 제멋대로 무리를 불러 모았는데, 이에 고을에 건달배들이 번성하여 이들이 곧장 엄중한 공당公堂(관청의 큰 마루)을 침범하였습니다.

그런데도 난리를 일으킨 무리들을 감싸고 돌아 죽음에서 구원하려 하였고, 조정의 명령을 무시하고 스스로 짐승 같은 죄를 저지른 것으로서 바로 사건의 우두머리인 것입니다. 그런데 모두 다 법망에서 빠져나갔으므로 더욱 통분스럽고 서럽습니다.

기일을 정해 놓고 체포하여 빨리 해당 법을 적용하도록 할 것이며, 기타 여러 죄수들은 혹 시키는 대로 따른 법조문을 적용하거나 혹 간섭한 것으로 인한 법조문에 의거해 도신(관찰사)으로 하여금 정상을 참작하여 분등分等(죄의 경중을 나누다)하여 형배刑配(형벌을 나누어 시행함)하게 할 것이며, 그 나머지 깊이 따질 것이 없는 자들은 시일을 질질 끌지 말고 특별히 석방한 뒤에 실태를 아울러 등문登聞(임금께 보고함)하도록 분부하는 것이 어떻겠습니까?"

이에 윤허하였다.

- 10월 26일에 영흥 민란과 관련하여 이돈하 등을 처벌하도록 하다. 전교하였다.

"북쪽 백성들의 소요에 대해 듣고 나서부터 근심스러워 속이 탔는데 이번 사계査啓(조사 보고서)를 보니, 통탄하고 말 정도가 아니다. 처음에는 소란을 피우고 분수를 범하더니, 나중에는 달아난 법망에서 새어 나갔다. 비록 가렴주구를 견딜 수 없는 것이 원인으로 되었겠지만, 역시 그 풍습과 버릇은 놀라운 일이다. 체포하는 대로 참작하여 처리하여야 할 것이다.

이돈하가 이리저리 나열한 것으로 말하면 명령을 선포하는 직책과 한 지방을 통제하는 책임, 근심을 나누어 맡은 처지에서 어떻게 이렇게 할 수 있단 말인가? 침해가 그토록 심하니 백성들에게 무슨 죄가 있단 말인가. 극도로 수치스러울 뿐 아니라 국체國體(국가의 체면)도 스스로 훼손되었다. 이것을 너그럽게 용서하고서야 어떻게 백성들의 마음을 위로하겠는가?

이돈하 등이 위반한 여러 가지 조항에는 경중의 차이가 있겠지만 다같이 불법행위인 것이다. 전 감사 이돈하에게 찬배竄配(유배)하는 처벌을 적용하고, 전 병사兵使 이용익에게 도배島配(섬으로 귀양)하는 처벌을 적용하며, 전 부사 정광연에게도 찬배하는 처벌을 적용하되 모두 다 당일에 배소配所(유배지)로 보내라."

10월 28일에 이돈하를 여산부에, 정광연을 상주목에, 이용익을 지도智島에 유배하였다.

민란의 죄를 물어 이용익 등을 유배하다

함경도 영흥에서 일어난 민란은 원인은 함경남도 병마사 이용익의 부정부패 때문이었다. 이용익은 함경도의 몰락한 양반 가문 출신으로 임오군란 때에 왕비 민씨와 고종 사이에서 연락책을 한 공로로 벼슬을 얻은 인물이었다. 그는 함경도 북청부사, 영흥부사 등을 지내다가 함경남도 병마절도사가 되었다. 이 무렵 그는 영흥에서 사금을 채굴하여 고종의 신임을 얻었으나 백성들에 대해서는 가혹한 수탈을 일삼았다. 그 때문에 북청에서 민란이 일어났고, 고종은 민란을 수습하기 위해 그를 파직하였다. 이에 대해 《승정원일기》는 1888년 7월 17일에 이런 기록을 남기고 있다.

이교영이 의정부의 말로 아뢰었다.
"지난번에 북청의 백성이 횃불을 올린 일을 도에서 조사하라고 계청하였는데, 지금 또 해당 고을의 백성이 연명으로 소장을 갖춰 호소한 것을 보니, 남병사(함경남도 병마절도사, 이용익)가 전후로 탐욕을 부리고 불법을 저지른 실상을 낱낱이 거론하고, 심지어 백성들이 무리를 지어 병영 아래에서 소요를 일으켰다고 하였습니다. 병사의 자리가 비록 지방관의 책무는 없다고 하지만, 만일 합당하게 시행하여 무마하고 탄압하는 것이 원칙이 있었다면, 백성들의 패악함이 어찌 이 지경에 이르렀겠습니까.
그리고 지난번에 횃불을 올린 일과 이번에 상소를 올린 것은 전연 근거가 없다고 할 수 없으니, 해당 병사 이용익을 우선 파직시키고 그 죄상을 의금부로 하여금 나문拿問하여 엄중히 처벌하도록 하소서. 그 대임은 해조로 하여금 구전으로 각별히 가려서 차임하도록 하고, 당일로 하직 인사를 하게 한 다음 말을 주어 급히 내려 보내도록 하소서."

이에 윤허한다고 전교하였다.

이후 고종은 8월 15일에 남병사 이용익을 잡아와 엄하게 문초하라며 이런 명령을 내렸다.

"지난번 남병사의 일은 충분히 헤아려보고서 심히 부득이하여 나온 처분이었는데, 지금 관찰사의 장계에 나열된 것은 가릴 수 없는 사실이고 북쪽 지방의 백성들의 울분은 더욱 격해지고 있다. 사체와 기강으로 헤아려볼 때 그대로 놔둘 수 없으니, 남병사 이용익을 해부로 하여금 잡아와 엄히 문초하도록 하라."

이후 의정부에서 9월 11일에 이렇게 아뢰었다.

"일전에 북청北靑(함경도의 북청)의 백성이 소장을 안고 횃불을 든 것으로 인하여, 남병사 이용익이 범한 죄목 13가지를 도신道臣(관찰사)으로 하여금 철저히 파헤쳐서 등문登聞(임금에게 중요한 사실이나 사건을 알림)하도록 하였습니다. 지금 전 함경 감사 이돈하의 사계査啓(조사보고서)를 보니, 이용익이 마구잡이로 재물을 허다하게 빼앗은 상황이 백성들의 소장의 내용과 거의 비슷하였습니다. 그러나 전후에 횡령한 돈의 실제 액수는 비교裨校(하급 군관)가 공술한 것 외에도 많은데 도신이 별도로 탐문한 것이라고 합니다. 그가 잡혀 오기를 기다려서 사본査本(조사서 원본)을 근거로 문목問目(심문 내용)에 보태어서 공초를 받겠습니다. 현재 도피 중인 간사한 향리 조봉원과 조기석을 기한 내에 탐문해서 잡아들이도록 도신에게 분부하는 것이 어떻겠습니까?"

고종은 의정부의 요청을 받아들여 함경도 감사 이돈하에게 사건을 철저히 조사하여 백성들의 울분을 달래라고 했지만 이돈하는 이 임무를 제대로 수행하지 않았다.

한편, 이용익의 부정부패는 북청에 한정된 것이 아니었다. 그의 부정으로 인해 피해를 입은 백성은 영흥과 그 주변까지 널리 퍼져 있었다. 이 때문에 영흥의 백성들이 민란을 일으켰고, 이 과정에서 영흥부사 정광연이 제대로 민심을 수습하지 못했다.

이런 가운데 10월 3일에 영의정 심순택이 상소를 올려 사직을 청했다. 심순택은 장문의 사직 상소를 올렸는데, 그 내용 중에 이런 말이 있었다.

"북청北靑의 민란에 대한 조사를 아직 마치지 못했는데 탐학한 관리를 통렬히 징계하여 민심에 흔쾌히 사죄하기를 하였습니까?"

고종은 이 말을 듣고 황기연을 안핵사로 삼아 북청과 영흥 민란의 원인을 철저히 조사하여 보고하도록 조치했다. 그리고 함경도 감사 이돈하와 영흥부사 정광연은 사건 처리를 제대로 못한 것에 대한 죄를 물어 각각 여산과 상주에 유배하고, 백성들의 재산을 갈취하여 민란의 원인을 제공한 이용익은 전라도 나주목 지도에 유배하였다.

하지만 이용익은 두 달 뒤인 12월 16일에 풀려났고, 1890년 윤2월 27일에 서북 광무 감리에 임명되었다가 1891년 1월 29일에 함경남도 병마절도사로 복직하였다.

02

전국 각지에서
민란과 소요가 잇달아 일어나다

- 재위 26년(1889년) 1월 13일에 길주의 백성들이 소란을 일으킨 사건에 대하여 안무사가 조사하여 보고하다.

의정부에서 아뢰었다.

"길주(함경도)의 백성들이 소란을 일으킨 사건에 대한 안무사의 사계查啓(조사보고서)에 묘당에서 품처하게 하라는 전지가 있었습니다. 대체로 이렇게 소란을 일으킨 것은 옛날에는 없던 일입니다. 관청을 부수고 사람을 죽였으며 명분을 어기고 규율을 위반했으니 죄는 진실로 용서할 수 없습니다. 품고 있는 원한과 울분이 쌓인 데 대하여 인정으로는 혹 용서할 수도 있겠지만 김창욱과 같은 자는 많은 행패를 부린 만큼 바로 소란을 일으킨 자들 중에서도 우두머리인데 아직도 그물에서 빠져있으니 극히 통분합니다. 김정욱, 남경사, 허호윤 등과 함께 모두 특별히 기찰하여 잡아 법에 따라 죄를 물어야 할 것입니다. 김병종은 바로 김창욱의 부친인데 처음에는 백성들을 추동하고 나중에는 또 아들과 조카를 권해 보냈으나 막상 체포된 후에는 공술을 거부하고 있습니다. 범죄 정상이 흉악하고 교활하니 엄히 형벌을 가하고 원악도에 정배하며, 그 밖에 갇혀 있는 죄수들과 각 반班의 두목들은 별로 깊이 따질 단서가 없으므로 해당 병영에서 징계하여 놓아 보내도록 해야 할 것입니다. 전전 목사 이근용으로 말하면 자신은 법을 위반한 일이 없더라도 적중한 조치를 취하였다면 어떻게 이런 일이 있었겠습니까? 해부에서 나처拿處(잡아들여 처벌함)하게 하는 것이 어떻겠습니까?"

이에 윤허하였다.

- 4월 14일에 정선군(강원도) 안핵사 정이섭이 소란을 일으킨 백성들의 죄를 분등하였음을 의정부에서 아뢰다.

의정부에서 아뢰었다.

"방금 정선군 안핵사 정이섭의 계본을 보니, '소란을 일으킨 백성들의 죄를 분등하였으니 묘당에서 품처하소서.' 하였습니다. 대체로 백성으로서 심한 고통과 억울한 사정이 있는 경우에 고을에 소장을 내지 못하면 순영巡營(감영)에 소장을 내면 되는 것이고, 또 순영에 정소하지 못하면 묘당(의정부)에 소장을 내면 되는 것입니다. 그런데 어찌하여 무리를 모아 소란을 일으키는 것을 예사롭게 여기면서 수령을 내쫓고 병부兵符(병력을 부릴 때의 신표)와 인장을 탈취하여 사람을 불태워 죽이고 집을 헐어버리는 것입니까? 스스로 용서 받지 못할 죄를 짓는다는 것을 알지 못했으니 비록 그 정상은 불쌍하지만 그 습성은 역시 놀라운 일입니다. 이번 조사보고에서 분등하여 구분한 것은 바로 생명을 아끼는 전하의 덕과 자세히 조사하는 뜻을 우러러 체현한 것입니다.

전군직은 조상의 무덤을 파낸 원한을 풀기 위하여 통문을 돌린 결과, 난민들이 앞을 다투어 모여 들어 여러 가지 행패를 부렸으니 먼저 발기한 사람이 없지 않을 것입니다.

김주석은 앞으로 쓸 자량資糧(식량)을 멀리까지 궁리했으니 그 뜻이 어디에 있겠습니까? 그리고 인장을 탈취했으니 그 죄는 숨길 수 없는 것입니다.

최용서는 통문에 호응했으니 같은 면面에서 선동한 자가 누구겠습니까? 그리고 차고 있는 병부를 빼앗아 손에 쥐고 있었으니 증거도 확실한 것입니다.

이상 3명의 죄수는 이미 같은 형률을 시행하고, 아울러 효수할 것을 청합니다.

유화섭은 인장을 받고 병부를 전달했으며, 최인필은 말하는 대로 통문을 썼으며, 최덕옹은 통문을 전달하는 심부름을 했고, 김기석은 처음부터 끝까지 모임에 참가했으니 추종한 죄를 면하기 어렵습니다.

신봉한은 직접 수령을 협박하고, 유성진은 뇌물을 주고 인신印信을 빼앗았으니 모두 상관을 모욕한 죄가 있습니다.

이상 6명의 죄수는 모두 엄하게 형신하고 원악도로 정배해야 할 것입니다.

좌수座首(향청의 우두머리) 최재휘와 이방 전구하는 변란이 뜻밖에 일어났음을 빙자하여 앞장서 구원하지 않으니 윗사람을 위하고 어른을 따르는 의리가 어디 있습니까? 모두 엄하게 형신하고 먼 곳으로 유배해야 할 것입니다. 그 밖의 다른 죄수들은 도신이 분등하고 참작하여 처리하게 하고 도망한 사람들은 기한을 정해 놓고 염탐해서 체포하여 법에 따라 처단해야 할 것입니다."

- 9월 17일에 광양(전라도) 사건에 대해 안핵사를 파견하여 철저히 조사하도록 하다.

  의정부에서 아뢰었다.

  "방금 완백完伯(전라도 감사)이 장계를 통해 올린 보고서를 보니, 광양 사건은 의외의 일로서 참으로 일대 괴변입니다. 오늘날 관리와 백성들이 서로 믿지 못하는 것이 어찌하여 이런 지경에 이르렀습니까? 무리를 모아 앞장서서 소란을 피워도 누구도 감히 따지지 못하며 인가를 부수고 관청 건물을 파괴하며 수령을 둥우리에서 내쫓고 나랏돈을 탈취했으니 그 광경을 상상하면 반란과 무엇이 다르겠습니까? 더구나 자리를 잡고 앉아서 해산하지 않으니 더욱 경악할 일입니다. 반드시 도신의 차후 보고가 있겠지만 법의 기강과 사체로 고찰할 때 그저 도의 조사만으로 그칠 수는 없습니다. 나주 목사 김규식을 안핵사로 임명하여 밤낮없이 그 고을에 달려가서 해당 현에서 소란이 일어난 자세한 곡절을 철저히 조사하고, 주도한 자는 우선 효수한 후에 일체 전하께 보고하도록 지시하는 것이 어떻겠습니까?"

  이에 윤허하였다.

- 10월 30일에 안핵사 김규식이 광양현의 소란에 죄인 정흥기와 박상룡을 효수하고 백성들을 경계시켰다고 보고하다.

  안핵사 김규식이 "광양현 백성들의 소란에 우두머리격인 죄인 정흥기, 박상룡을 이달 14일에 효수하였습니다."라고 아뢰었다.

- 12월 29일 통천군(강원도)의 소란에 대해 아뢰다.

  의정부에서 아뢰었다.

"방금 강원 감사 정태호의 계본啓本을 보니, '통천군에서 백성들의 소란이 다시 일어난 문제와 중한 죄수가 도망친 사연에 대하여 해군該郡(해당 군)에서 조사하고 문건으로 보고하여 왔기 때문에 뒤에 덧붙여 보고하니 묘당에서 품처하게 해 주소서.'라고 하였습니다. 소란이 다시 일어난 것은 또한 무슨 까닭이며, 중한 죄수를 멋대로 풀어주었으니 이를 차마 할 수 있단 말입니까? 윤직이라는 자가 얼마나 사나운 인물입니까? 처음에는 좌수가 되어 소란을 꾸며 협박하다가 끝내 죄수로서 통문을 돌려 선동하였으며 끝없이 사람을 위협하여 재물을 빼앗았고 못하는 짓이 없이 마음대로 흉악한 짓을 했습니다. 법은 본래 엄한 것인 만큼 만 번 죽여도 오히려 가볍습니다. 감영의 중군을 시켜 빨리 해당 마을에 달려가서 군사와 백성들을 크게 모아 놓고 효수하여 대중을 경계하게 하고, 도망친 윤영창은 특별히 기찰하라고 신칙하여 즉시 법조문을 적용한 후 전하께 보고하라고 분부하는 것이 어떻겠습니까?"

이에 윤허하였다.

- 28년(1891년) 8월 27일에 고성군(강원도)에서 승려 기월 등을 살해한 일에 대해 조사한 사실을 보고하고 먼저 주창한 권환 등을 효수할 것 등을 아뢰다.

의정부에서 아뢰었다.

"방금 강원 감사 이원일의 장계를 보니, '고성군의 대소 신민들이 일제히 모여 승려 기월이 서울에서 내려온 박일원과 본 군민 장응조와 한통속이 되어 평민을 잡아다가 여러 가지로 재물을 강요한 일 때문에 기월과 박일원을 모래 속에 묻어 함부로 죽였습니다. 어리석고 완고한 백성들의 풍습이 매우 악독하니, 맨 먼저 주창한 놈들을 잡아다가 조사관을 정하고 엄격히 조사하여 전하께 보고할 생각입니다.'라고 하였습니다.

이에 대한 판부判付(판단하여 처리함)에 묘당으로 하여금 품처하라는 명령이 있었고, 해당 도에서 조사한 문건의 보고서가 이어 또 의정부에 도착하였습니다.

고약한 무리와 간사한 중이 서로 결탁하여 지탱하기 어려운 가난한 백성들의 재산을 빼앗으려고 하다가 결국에는 모래더미 속에 묻힌 의지할 데 없는 혼이 되었는데, 재난을 빚어내고 소란을 일으킨 것은 누가 시켜서 그런 것이겠습니까? 생각이 이에 미치니 신도 모르게 놀랍고 비참한 생각이 듭니다.

대개 사람을 죽이는 변고는 예로부터 얼마든지 있었던 일이지만, 민심이 모질고 악독한 것이 어쩌면 이렇게까지 극도에 이를 수 있단 말입니까? 만일 억울한 일이 있으면 읍에 호소하거나 감영에 글을 올리는 것이 무슨 못할 일이기에 무리를 불러들이고 패거리를 규합하여 강제로 사람을 묻어 죽였단 말입니까? 이런 일은 지난날의 전적에도 없었던 일입니다. 그래도 나라에 법이 있고 백성에게 양심이 있다고 말할 수 있겠습니까?

맨 먼저 주창한 권환·정상용·심학로·최종화는 통문을 돌려 많은 백성을 불러 모은 것부터가 벌써 놀라운 일인데, 흙과 모래를 쌓아놓고 중을 묻었으니 이것이 차마 할 수 있는 짓이겠습니까? 김윤택·박수영·조성구는 자칭 계稧(계모임)의 임원이라고 하면서 죄인을 잡아두고는 심지어 서울에서 내려간 포교가 호송해 가지 못하게 했으며, 끝내 사람들이 둘러싼 장소에서 묻어 죽이는 행동을 감행하였습니다.

이상 7명의 죄수들은 감영의 중군으로 하여금 급히 해읍으로 달려가서 군민들을 많이 모아놓고 효수하여 사람들을 경계하도록 하소서. 그중 최가崔哥는 아직 도피 중이니 지극히 통분할 일입니다. 기한을 정하여 체포한 다음 형률을 적용한 후에 치문하도록 하소서. 장응조는 음험한 자로서 나쁜 전례를 만들었고, 권형원은 중간에서 소개를 하고 이익을 취하였으니 참으로 더없이 교활하고 악독합니다. 다 같이 탐문하여 잡아다가 해당 형률을 시행하도록 하소서. 그 밖의 좌수 이하 여러 사람들은 도신으로 하여금 징계한 다음 방송하도록 하소서. 해당 군수로서 수령을 겸임한 자는 도신의 보고서에서 이미 처벌할 것을 청했으니, 해부로 하여금 나처拿處(잡아 처벌함)하도록 하는 것이 어떻겠습니까?"

이에 윤허하면서 전교하였다.

"김윤택 등 세 사람은 물론 아뢴 대로 법을 적용해야 하겠지만, 조사보고서에서 이렇게 등급을 나눈 것을 보니 명백히 바로잡는 정사가 있어야 할 것이므로 특별히 그다음의 형률을 시행하여 형벌을 신중히 적용하는 조정의 뜻을 보이도록 하라."

- 3월 17일에 조균하가 정의현(제주도)의 무뢰한들을 엄하게 조사하여 처벌하였다고 아뢰다

제주 방어사 조균하가 아뢰었다.

"정의현의 무뢰한들이 패거리를 불러 모아 떼를 지어 지나가는 마을마다에서 백성들을 몰아다 얽어매고 재물을 약탈하였습니다. 여러 범죄자들을 잡아다가 엄하게 추핵하여 진상을 밝힌 후에 우두머리 이완평 등 네 명은 현장에서 죽이고, 추종한 현계환 등 여덟 명은 죄의 경중에 따라 정배하여 민심을 위로하고 보살펴서 각각 안착하

게 하였습니다만, 신이 수령으로 있으면서 평소에 잘 단속하지 못하였으므로 황공한 마음으로 대죄합니다."

이에 전교하였다.

"대죄하지 말라."

- 5월 2일에 제주 목사 조균하가 봉명한 관리가 욕을 당한 것에 대해 대죄의 장계를 올리다

제주 목사 조균하가 장계를 올려 말하였다.

"온 섬 안의 백성들이 파견되어 온 관리가 머물고 있는 곳에 갑자기 달려들어 거리낌 없이 때리고 배에 실어 내쫓았습니다. 봉명한 관리가 본 부의 가까운 곳에서 욕을 당했으니 황공한 마음으로 대죄합니다."

이에 전교하였다.

"대죄하지 말라."

충청도와 전라도에서 동학농민이 집회를 열고 척왜척양을 외치다

- 재위 30년(1893년) 2월 25일에 홍문관에서 연명으로 차자를 올려 동학의 괴수를 참수할 것을 아뢰다.
- 2월 25일에 지방 유생 박제삼 등이 상소를 올려 동학 무리들을 성토하다.

 방외 유생인 유학 박제삼 등이 올린 상소의 대략은 이렇다.

 "신들이 저 이른바 동학당의 무리들이 돌린 통문 4통과 전주 감영에 올린 소장의 글을 보니, 모두 임금을 섬기는 오늘날의 신하로서는 차마 들을 수 없고 차마 말할 수 없는 것들이었습니다. 그 심보를 따져보고 그 하는 행동을 보면 겉으로는 이단의 학설을 빙자하면서 속으로는 반역 음모를 도모하였습니다.

 선생(동학교주 최제우)을 신원(伸寃)(사면 복권)하겠다고 공공연히 말하며 새로운 명목을 표방하여 내세우고, 어리석은 사람들을 위협하거나 꾀어 들여서 같은 패거리들을 불러 모았습니다. 팔도에 세력을 뻗치니, 움직였다 하면 숫자가 만 명을 헤아리게 되었으며, 마을에서 제멋대로 행동하고 감영과 고을에서 소란을 일으켰습니다. 수령은 겁을 먹고 어찌할 바를 모르고 감사는 두려워하고 위축되어 감히 누구도 어떻게 하지 못하였습니다. 회유하고 무마하기를 마치 인자한 어머니가 교활한 자식을 기르고 연약한 상전이 억세고 사나운 종을 다루듯 하면서 구차하게 그럭저럭 눈앞의 근심만 피하려 하니, 지렁이처럼 결탁하려는 계책과 올빼미처럼 드센 형세는 들판에 타오르는 불보다 더 심하였습니다.

역참의 길목까지 연달아 미치고 여파가 성도城都에까지 흘러들었습니다. 먼저 저주와 참위讖緯(미래에 대한 예언)의 내용이 담긴 부적을 사람들이 통행하는 길가에 게시하고, 나중에는 패악하고 법도에 어긋나는 말을 감히 궐문 앞에서 부르짖었습니다. 속에 품은 흉악한 계책과 술을 빚듯 키워온 역모는 나라의 공론을 떠보고 인심을 현혹하게 하지 않음이 없으며, 마침내 도적의 나머지 술수를 드러내어 온 나라 백성들로 하여금 전하의 백성이 될 수 없게 하려고 한 것은 지혜로운 사람이 아니라도 알 수 있습니다.

아아! 문무관원들은 안락에 빠져 걱정하지 않고 대각臺閣(사헌부)의 관리들은 입을 다물고 침묵하면서 말하지 않으며 관학館學(성균관)의 유생들은 시속에 아첨만 하고 묻지 않고 있습니다. 혹 의로운 기개를 떨쳐서 눈을 부릅뜨고 말하는 사람이 있기는 하지만 의리는 오히려 밝혀지지 못하고 역량은 오히려 미치지 못하여 단지 천박한 견해만 들 뿐이니, 족히 음흉한 적의 음모를 막을 수 없습니다.

온 세상에 한 사람도 없어서 이 지경에 이른 것입니까? 요망스러운 적들이 제멋대로 날뛰고 기세를 부리면서 거리낌 없이 행동하여 그 반역 죄상이 이미 드러나고 흉계는 점점 굳어 가는데, 지금에 와서 발본색원하지 못하고 곁가지만 잘라내어 고식적인 것만 일삼아서 큰 재난을 가져오게 한다면, 종묘사직은 관에 매달린 구슬처럼 위태롭고 백성들의 운명은 염교 위의 이슬과 같이 될 것입니다. 그렇게 되면 신들이 설사 죽음을 무릅쓰고 목숨 바쳐 나서서 나라의 은혜에 만 분의 일이라도 보답하려고 한들 될 수 있겠습니까?

주자朱子가 말하기를 '창을 부여잡고 북을 치며 떠들어대면서 호랑이를 쫓는 것보다는 잠들었을 때에 얼른 죽이는 것만 못하다'고 하였습니다. 신의 어리석은 생각에는 오늘날 저 무리들은 단지 잠자는 호랑이 정도가 아니라고 봅니다. 그러므로 처단하거나 성토하는 모든 조치를 잠깐이라도 늦출 수 없으니, 속히 그 괴수와 무리를 찾아내어서 죽여야 할 자는 죽이고 효수해야 할 자는 효수하며 회유해야 할 자는 회유해야 합니다. 지나간 일을 소급하여 추궁하지 말며 스스로 새롭게 할 길을 보여준다면, 아무리 간악한 무리라도 단련하고 연마하며 떨쳐 일어나게 하는 속에서 은근히 꺾이고 없어지게 될 것입니다."

이에 비답하였다.

"경전에도 이르지 않았는가? '떳떳한 도리를 회복할 뿐이니, 떳떳한 도리가 바르게 되면 백성들이 흥하고 간사한 무리들이 없어질 것이다.'라고 하였다. 그대들은 물러가서 경전을 연구하여 밝히는 데 더욱 힘써라."

- 3월 21일에 전라 감사와 경상 감사를 소견하고 이 지역에 동학을 없애도록 명하다.

선무사 어윤중이 동학교도들을 설득하다

1892년 12월 1일, 전라도 삼례역에서 동학교도들이 모여 동학의 교조 최제우의 사면 복권을 요구하고 동시에 동학교도에 대한 탄압을 중지할 것을 진정했다. 이어 이듬해인 1893년 2월 12일엔, 동학교도인 손병희, 박광호 등 40여 명이 광화문 앞에서 교조 최제우의 사면과 복권을 요구하며 3일 동안 돌아가면서 상소를 올렸다.

이렇듯 동학교도들이 잇따라 집회를 열자, 지방의 유생과 관료들이 동학교도들을 성토하며 주모자들을 잡아들이라고 상소했다. 하지만 고종은 섣불리 동학교도들을 제압했다간 큰 소란으로 이어질 수 있다고 판단하고 매우 신중하게 대응했다. 그러다 사헌부와 의정부에서 지속적으로 동학을 없애야 한다고 주장하자, 고종은 마침내 결단을 내리고 1893년 3월 21일에 전라도와 경상도 감사를 불러 소견하게 하고 동학을 없애라는 명령을 내렸다.

그러나 동학의 무리가 워낙 많아 지방의 관군으로는 쉽게 통제가 되지 않았다. 오히려 동학을 제거하라는 명령을 내린 뒤에 호남은 물론이고 충청도 보은에서도 동학교도 2만여 명이 운집하였다. 또한 동학교도들의 요구 사항은 단순히 교조 최제우를 신원하고 동학을 탄압하지 말라는 차원이 아니었다. 그들은 척왜척양, 즉 일본과 서양 세력을 물리칠 것을 주장했다. 심지어 그들은 '척왜척양'의 벽보를 서울 시내와 외국 공관에 붙이기까지 했다. 결국, 조정에서는 동학교도들을 진압하기 위해 어윤중을 선무사로 임명하여 보은으로 파견했다.

한편, 고종은 3월 25일에 중신들을 모아놓고 대책회의를 했다. 이 자리에서 고종이 신하들에게 나무라듯이 말했다.

"요즘 동학당의 소란은 몹시 놀랍고 통분할 일이다. 지난번에 이 무리들이 상소를 올린다고 할 때에 즉시 엄하게 징계하였으면 혹 오늘날같이 창궐하는 폐단은 없지 않았겠는가?"

그러자 영의정 심순택이 대답했다.

"이 무리들이 패거리를 모아 한 곳에 웅거하고 여러 날이 지나도록 흩어지지 않고 있으니, 지극히 통탄스럽습니다."

이어 좌의정 조병세가 덧붙였다.

"지난번에 설사 엄하게 징계하였다고 하더라도 반드시 오늘날처럼 패거리들을 불러 모았을 것입니다. 이것은 전적으로 관리들이 탐오한 짓을 자행하여 그 침해와 학대를 견디지 못해서 그런 것입니다."

우의정 정범조도 조병세의 말을 거들었다.

"소란을 일으킨 근본은 탐욕스러운 관리들에 기인한 것입니다."

이에 심순택은 나름의 대책을 내놓았다.

"기호 지역의 수령들과 각 진의 영장들 중 병으로 임무를 감당할 수 없거나 늙어서 직무를 수행할 수 없는 자에 대해서는 안면과 개인 사정에 구애되지 말고 맞이하고 보내는 것을 혐의하지 말고, 일일이 적발하여 즉시 장계로 보고하도록 하소서. 그리고 그 후임을 해당 기관으로 하여금 자격에 따르지 말고 평소에 현저한 공적이 있는 사람을 각별히 택하여 임명하게 하소서."

고종이 심순택의 대책에 호응하며 하교했다.

"수령을 신중히 택해야 하는 것은 어느 때인들 그렇지 않겠는가마는, 더구나 지금 거짓말을 퍼뜨려 인심을 동요시켜서 생업을 잃은 백성이 많으니, 이것이 가장 안타까운 일이다. 아뢴 대로 각 해당 도신 및 전조銓曹(인사권을 담당하는 이조)의 관리에게 조칙操飭하여 조심스럽게 명령을 잘 받들어 시행하도록 하는 것이 좋겠다."

결국, 대책은 탐관오리들을 척결하고, 동학교도들을 달랜다는 것이었는데, 결코 쉬운 일이 아니었다. 최제우를 사면복권하거나 동학교도들에 대한 탄압을 중지하면 동학의 교세는 더욱 늘어날 것이 분명했다. 또한 개방정책을 실시하는 상황에서 척왜척양의 요구는 현실적으로 받아들일 수 없는 것이었다. 그래서 우선 탐관오리를 찾아내 쫓아내고 유능하고 청렴한 지방관을 파견하여 백성들의 마음부터 달래보자는 것이었다.

그 무렵인 3월 26일, 선무사로 파견된 어윤중은 보은 장터에 가서 동학교도들을 상대로 해산할 것을 설득했다. 어윤중은 보은집회를 주도한 동학의 지도자 서병학을 만나 설득했고 마침내 서병학은 어윤중의 설득을 받아들이고 보은집회를 해산하기로 결정했다.

당시 동학에 대해 대부분의 관리는 비적의 무리라며 속히 진압해야 한다는 입장이었다. 하지만 어윤중은 동학을 민당, 즉 백성의 무리라고 지칭하며 그들의 입장에 섰고, 그들의 요구 사항에 대해서도 충분히 듣고 수렴하는 자세를 취했다. 덕분에 보은집회를 해산시키겠다는 대답을 이끌어낸 것이다.

어윤중이 3월 30일에 보은집회는 해산하기로 했다는 보고서를 올리자, 고종은 윤음綸音(왕이 백성들에게 타이르는 말)을 내려 말했다.

"어윤중을 선무사로 임명하여 나를 대신하여 달려가게 하였으므로 이에 명령을 선포한다. 이것은 먼저 교화하고 그 다음에 형벌을 주는 뜻이니 너희들은 부모의 가르침을 들은 것 같이 여기고 반드시 유연油然(기름처럼 매끄럽게)히 감응하여 서로 권고하여 해산하라. 너희들의 협박을 받고 추종한 사람들은 다 양민이다. 이제 만일 괴수를 사로

잡아 바치거나 그 종적을 탐지하여 신고하는 사람에 대해서는 그에 따라 후한 상을 주겠다. 각기 스스로 도망쳐 돌아온 사람도 그의 토지와 재산을 찾아서 돌려주어 생업에 편안히 종사하게 하겠으니 의심하거나 겁내지 말라."

　이렇게 개유開諭(사리를 알아듣도록 잘 타이르다)한 이후에도 너희들이 잘못을 고치지 않고 해산하지 않는다면 나는 마땅히 큰 처분을 내릴 것이니, 어찌 너희들이 다시 이 세상에 용납될 수 있겠는가? 너희들은 즉시 허물을 고치고 스스로 나라의 법을 위반하지 말도록 하라."

　고종의 윤음이 내려진 후, 4월 3일에 보은집회는 완전히 해산했다. 그런데 그 무렵, 전라도 김제의 금구에서도 척왜척양을 외치는 집회가 열리고 있었다. 어윤중은 금구집회도 참석하여 백성들을 설득한 끝에 4월 22일에 집회를 해산시키는 데 성공했다.

　이렇듯 어윤중의 활약으로 가까스로 동학교도들의 분노를 잠재웠지만, 그것은 일시적인 미봉책에 지나지 않았다. 거기다 조정에서는 여전히 동학을 불온한 집단으로 여기며 반드시 우두머리와 소두들을 잡아들여야 한다는 입장을 유지하고 있었다.

7장. 1888년 ~ 1896년   04

동학농민봉기가
일어나다

- 재위 31년(1894년) 1월 9일에 이조에서 고부 전 군수 조병갑이 포흠浦
欠(공공의 물건을 사사롭게 써버리다) 한 것을 정리하고 있으니 전라 감사
김문현을 잉임시킬 것을 아뢰다.

  이조에서 전라 감사 김문현이 '고부 전 군수 조병갑이 오랫동안 포
흠逋欠(공공의 물건을 사사롭게 써버리다) 한 것이 많아 지금 차례로 장부
를 정리하고 있는데, 조세를 받는 일이 바야흐로 벌어져서 일에 갈
피를 잡을 수 없다고 하면서 잉임仍任(기한이 다 된 관리를 그대로 두는 것)
시킬 것을 장계로 올렸습니다.'라고 다시 보고하니, 아뢴 대로 하라
고 하였다.

- 2월 15일에 고부 민란을 처리할 것 등을 아뢰다.

  의정부에서 아뢰었다.

  "방금 전라 감사 김문현이 올린 장계의 등보謄報(원본을 베낀 보고서)를

보니, 고부의 난민은 아직 잡지 못해 명백히 조사하지 못하였고, 단지 해당 백성들이 올린 소장에 폐단을 설명한 조목과 해당 읍의 수령을 논죄하여 파직하고 잡아오도록 하는 것, 해당 관속들에 대해 공초를 받아 감처해 달라는 요청만 있었습니다.

요즘 백성들이 소란을 일으키는 것은 대체로 관리와 백성이 서로 믿지 못하는 데 원인이 있지만 나라의 기강이 허물어지고 백성의 풍습이 고약한 것으로는 역시 고부처럼 심한 경우가 없습니다.

가령 고통을 견딜 수 없었다고 하더라도 무리를 불러 모아 제멋대로 법을 무시하고 본분을 어긴 죄는 용서할 수 없습니다. 응당 먼저 제창한 사람과 추종한 사람이 있을 것이니 조사하고 구별해야 할 것입니다. 그런데 도道를 안찰하는 지위에 있으면서 단지 역마만 번거롭게 하는 보고서만 올릴 뿐 난민의 두목이 날뛰도록 내버려두고 고약한 습성에 대해서는 여전히 징계를 미루고 있으니 이것을 어찌 조정의 명령을 받들고 나라의 체모를 보존한다고 말할 수 있겠습니까?

대개 이번 소란은 사실 원한이 쌓이고 화기和氣(화목한 기운)를 상하게 하는 정사에서 나온 것이니, 하루 이틀에 그렇게 된 것이 아닐 것이 뻔합니다. 해당 수령이 직책을 제대로 수행하지 않고 일을 그르쳤다는 것은 말하지 않아도 알 수 있습니다. 그런데 처음에는 표상하였다가 나중에는 파직하고 잡아왔으니 어찌 앞뒤가 이렇게 서로 판이합니까? 매사가 개탄할 일이므로 경고하지 않을 수 없으니 전라 감사 김문현에게 우선 월봉 삼등의 형전을 시행하소서.

고부 군수 조병갑이 소란을 초래하고 범장犯贓(횡령)한 죄는 이미 도신의 계사에 열거되어 있으니 왕부王府(임금의 명령을 받고 범죄를 조사하는 관청, 즉 의금부)로 하여금 나문拿問(신문)하여 정죄하게 하소서.

고부 군수의 후임은 해조로 하여금 일반 격식에 구애되지 말고 각별히 가려 선임하게 하며 하직 인사를 올린 다음에 역마를 주어 당일로 내려 보내소서.(이조에서 박원명을 선임하였다.)

지금 듣건대 민란이 다시 일어났다는 소문이 자자합니다. 이른바 난민이라고 하는 것이 어찌 다 자기 본성을 잃어서 그런 것이겠습니까? 단지 위협하는 것에 겁을 먹고 때를 틈타 불평을 풀려는 데 불과할 따름이니, 이것은 철저히 조사하여 법으로 처리하지 않을 수 없습니다.

장흥부사 이용태를 고부군 안핵사로 임명하여 그로 하여금 밤을 새워 달려가서 엄격히 조사하여 등급을 나누고 구별하여 보고하게 하소서. 고을 폐단을 바로잡을 방책에 대해서는 일체 자세히 논의하여 열거하도록 해야 하는데, 지금 한창 바쁜 농사철에 경내에 소란이 퍼지면 반드시 살길을 잃고 농사철을 놓치는 사람이 있을 것입니다. 먼저 제창한 사람 외에 일체 속임을 당하였거나 위협에 못 이겨 추종한 사람들은 될수록 공정하게 하고 일일이 깨우쳐주어 각각 생업에 안착하게 하여 조정에서 보살펴주는 뜻을 표시하라고 삼현령三懸鈴(봉투에 동그라미 세 개를 표시한 긴급 공문)으로 내려보내 시행하도록 하는 것이 어떻겠습니까?"

이에 윤허하였다.

- 5월 1일, 청나라에 구원을 요청하여 섭지초葉志超가 청의 군사를 거느리고 아산만에 도착하였으므로 이중하를 영접관으로 임명하여 일을 처리하도록 하다.

의정부에서 아뢰었다.

"중국 군함이 곧 와서 정박한다고 하니, 영접하는 절차를 조금도 늦출 수 없습니다. 공조참판 이중하를 영접관으로 임명하여 일을 처리하게 하는 것이 어떻겠습니까?"

이에 윤허하였다.

[이때 전주가 이미 함락되고 적의 세력이 성해지니, 정부에서 비밀리에 원세개와 의논하고 청나라 조정에 구원을 청하였다. 청나라 조정에서는 제원과 양위 두 군함을 파견하여 인천과 한성에 가서 청나라 상인을 보호하게 하는 동시에, 제독 섭지초와 총병 섭사성으로 하여금 세 군영의 군사 1,500명(실제로는 2,800여 명)을 인솔하고 아산에 와서 상륙하게 하였다.]

동학농민군, 전주성을 점령하다

1893년 11월에 동학교도 전봉준 등 60여 명이 두 차례에 걸쳐 고부군수 조병갑에게 학정의 시정을 요구하는 진정서를 올렸다.

진정서 첫머리에 이름을 올린 전봉준은 전라도 고부 지역의 동학 접주였다. 그리고 조병갑은 당시 고부 군수였는데, 그는 대원군 집권기에 영의정을 지낸 조두순趙斗淳(풍양 조씨가 아닌 양주 조씨 가문)의 조카로, 권세를 믿고 터무니없는 세금으로 백성들의 고혈을 짜내며 학정을 일삼던 인물이었다. 그의 학정은 날이 갈수록 심해졌고, 이를 참지 못한 고부 주민들은 전봉준의 아버지 전창혁을 내세워 관아에 면세를 요구하는 탄원서를 제출했다. 이에 조병갑은 전창혁에게 심하게 매질을 가하였고, 전창혁은 매를 맞고 풀려난 지 한 달 만에 장독으로 사망했다.

그런 가운데 조병갑은 자신의 아버지를 기리는 비각을 세우기 위해 농민들로부터 1,000냥이나 되는 세금을 거둬들였고, 또 주민들에게 갖가지 죄를 뒤집어씌워 벌금으로만 2만 냥을 긁어내기도 했다. 거기다 대동미를 대신하여 돈을 거두고, 만석보라는 저수지를 만든답시고 쌀 700석을 착복하기도 했다.

전봉준 등이 관아에 제출한 진정서는 이런 부당한 세금을 걷지 말라는 것이었는데, 조병갑은 백성들의 진정을 수용하기는커녕 농민 대표들을 잡아들여 하옥시키고 고문을 가하기까지 했다.

이쯤 되자 농민들도 더 이상 참지 않았다. 탄원과 진정으로 학정을 멈출 수 없다고 판단한 농민들은 결국 조병갑을 내쫓기로 결심했고, 마침내 전봉준 등 농민 지도부는 사발통문을 돌려 봉기하기에 이르렀다.

농민들은 조병갑을 처단하는 것은 물론이고, 전주 감영까지 함락시킬 것을 결의했다. 이른바 동학농민군의 봉기는 1894년 1월 10일에 시작되었다. 이날 새벽 1,000여 명의 농민군은 이마에 흰띠를 두르고 죽창과 농기구를 무기로 삼아 말목장터에 집결하였다. 전봉준은 그 전날 밤에 태인의 최경선과 함께 300여 명의 농민들을 이끌고 야음을 틈타 40리 길을 행군하여 말목장터에 미리 당도해 있었다.

대열을 가다듬은 농민군은 가장 먼저 고부 관아를 습격하여 점령하였다. 그리고 무기고를 부수고 무장한 후, 그동안 억울하게 빼앗겼던 세곡들을 창고에서 꺼내 농민들에게 나눠주었다. 그러나 고부군수 조병갑을 생포하는 일은 실패하였다. 조병갑은 농민군이 쳐들어온다는 소식을 듣고 황급히 전주 감영으로 피신하고 없었기 때문이다.

고부 관아가 농민군에게 점령당했다는 소식을 들은 조정은 조병갑을 처벌하고, 새로 장흥부사 이용태를 안핵사로 삼고, 용산현감 박원명을 신임 고부군수로 임명하여 사태를 수습하고자 했다.

이 무렵 전봉준이 이끄는 농민군은 세를 확대하여 백산으로 이동하여 그곳에 주둔하고 있었다. 그리고 안핵사로 내려온 이용태가 동학교도들에 대한 대대적인 탄압을 자행하자, 그해 3월 전봉준은 인근 각지의 동학교도들에게 통문을 보내 봉기할 것을 호소하였다. 이에 따라 백산에 집결한 농민군은 일시에 1만으로 불어났다.

집결한 교도들에 의해 농민군의 동도대장으로 추대된 전봉준은 손화중과 김개남을 총관령, 김덕명과 오시영을 총참모, 최경선을 총솔장, 송희옥과 정백현을 비서로 삼고 조직적인 전투 준비에 돌입했다.

그는 싸움에 앞서 살인은 물론 방화나 재물 탈취 같은 폭력 행위를 일체 금지하는 한편, 일본군과 권력 귀족들을 몰아내는 것을 목표로 하는 4대 강령을 발표하고, 규범 12조로 농민군의 규율을 바로잡고 군사 훈련을 강화하였다.

이후 전봉준이 이끄는 농민군은 4월 4일 부안을 점령하고, 4월 7일 황토현에서 관군을 대파하는 한편 정읍, 흥덕, 고창 지역을 장악하였다. 그리고 영광, 함평, 무안 일대를 거쳐 마침내 4월 27일(양력 5월 30일)에 전주성을 점령하는 데 성공하였다.

한편 이 무렵 조정은 홍계훈을 초토사로 임명하여 동학군을 진압하게 하였다. 하지만 홍계훈이 전주에 도착했을 때는 이미 전주성이 함락된 뒤였다. 농민군의 기세가 워낙 강해져 진압이 불가능한 상황이었다. 조정에서는 동학의 우두머리 몇 명만 제거하면 난이 해결될 것으로 판단했지만, 관군은 전봉준을 비롯한 동학의 지도부를 체포할 여력이 없었다. 되레 시간이 지날수록 농민군의 숫자는 점점 늘어났고, 기세는 더욱 하늘을 찔렀다.

전라도 전역에 농민군 자치기구 집강소가 설치되다

전주가 함락될 무렵에 조선 조정은 위안스카이에게 청나라 군대를 요청했고, 위안스카이는 이홍장에게 조선의 뜻을 전했다. 이에 이홍장은 위안스카이의 요청을 받아들여 병력 파견을 결정했다. 이후 청군은 전함 두 대에 병력 2,800여 명을 싣고 아산만으로 들어왔다.

이와 관련하여 《매천야록》은 당시 상황을 이렇게 기술하고 있다.

청나라에 구원병을 청했다. …(중략)… 임금과 왕후는 크게 노하여 난적들을 빨리 평정하지 못하면 점차 말로 하기 힘들 정도로 어려운 일이 발생할 것이라고 생각했다. 그래서 민영준閔泳駿(민영휘)을 불러 중국에 전보를 보내서 원병을 청하자는 계책을 정했다.
민영준이 말했다.
"지난해 천진조약을 맺을 때, 청일 양국이 조선에 파병할 일이 있으면 쌍방이 서로 통지하도록 했습니다. 청국은 진실로 우리를 위하니, 악의가 없음을 보장할 수 있습니다. 그러나 일본은 오랫동안 틈을 엿보고 있으니, 조약의 내용을 빙자해서 부르지도 않았는데 그들이 들어온다면 형세가 매우 험악할 것입니다. 그러니 어떻게 해야 하겠습니까?"
중궁(왕비 민씨)은 난적들의 글을 꺼내어 욕하며 말했다.
"용렬한 무리들이 정녕 왜와 작당을 할 수 있겠는가? 다시는 임오년처럼 참지는 않겠다. 내가 패하면 너도 멸할 것이니 여러 말 할 것 없다."

민영준이 원세개에게 원군을 청하니 원세개는 북양대신 이홍장에게 이 사실을 알렸다. 이에 이홍장은 허락하겠다는 회답을 보내왔다.

이때 원세개에게 청군의 파병을 요청한 민영준(1901년에 민영휘로 개명)은 당시 고종과 왕비 민씨가 매우 신임하던 인물이었다. 당시 여흥 민씨 일가는 핵심이었던 민승호, 민태호, 민겸호, 민규호 등이 죽고 없는 상황이었다. 또한 민영익은 갑신정변 때 큰 상처를 입은 데다 1886년에 조선과 러시아 사이의 밀약을 청에 밀고하고 홍콩에 망명하였다가 돌아온 뒤라 왕비 민씨와 관계가 애매한 상황이었다. 때문에 민영준은 왕비 민자영과 15촌이라는 아주 먼 친척이었지만 여흥 민씨의 중심으로 여겨지고 있었다.

민영준은 당시 친청 세력이었기에 청에 대한 믿음은 있었으나 일본에 대해서는 매우 적대적이었다.(훗날 민영휘는 친일 세력으로 돌아선다) 때문에 민영준은 청나라 군대가 들어오면 텐진조약에 따라 일본군도 조선에 진주할 수 있다는 염려를 하고 있었다. 민영준의 염려는 결코 기우가 아니었다. 청나라 군대가 조선에 들어온다는 소식이 들리자마자 일본 또한 군대를 조선에 보냈다.

이렇듯 청나라 군대에 이어 일본 군대까지 조선에 진주하자 농민군은 국가의 운명이 위태로워지고 있다고 판단하고 초토사 홍계훈과 화의를 약속하며 교섭에 들어갔다.

교섭에 들어가 농민군 대표 전봉준은 폐정 개혁을 골자로 하는 27개 조에 달하는 조건을 내놓았고, 이에 관군 대표인 홍계훈이 무조건 수용함으로써 '전주화약'이 성립되었다. 그리고 동학군은 각 지방에 집강소를 설치하여 잘못된 정치의 개혁을 위한 행정 관청 구실을 하게 하였다.

집강소의 행동 강령은 총 12개조로, 양반 중심의 봉건 사회를 혁파하고 신분 차별을 없애며 인습에 갇혀 사는 여성들을 해방시켜 농민의 생활을 풍족하게 만든다는 것을 골자로 하고 있었다. 이 같은 집강소 행동 강령은 17세기 이래 진보적인 실학자들이 내걸었던 개혁안과 1884년 김옥균 등의 개화파가 주장했던 정책보다 훨씬 진보된 내용이었다.

그만큼 시대를 멀리 내다보았던 전봉준의 개혁 사상은 봉건 사회인 조선이 도저히 수용할 수 없는 혁명적인 기치를 내걸고 있었다.

농민군이 해산되고 집강소가 설치된 후 전봉준은 20여 명으로 기마대를 조직하여 전라도 내 각지를 순회하며 집강소 설치를 지도하고 개혁 정책의 실시 상황을 점검하였다. 그 결과 전라도 내에는 53군에 모두 집강소가 설치되었다. 전라도 관찰사 김학진은 집강소의 원만한 운영을 협의하기 위해 전봉준을 전주 감영으로 초청했고, 감영 내에 '대도소'를 설치하기로 합의하였다. 동학 세력의 힘을 두려워한 전라감사는 자신의 집무소인 선화당을 대도소로 내주고 자신은 그 곁의 작은 건물로 옮겨갔다.

그러나 집강소의 설치 과정에서 양반들의 강한 반발에 부딪쳤다. 그들은 집강소의 행동 강령 속에 들어 있는 '빈부의 차이를 없애고 상전과 노비의 구별을 없애며, 또한 양반과 유림의 방자함을 허락하지 않는다'는 내용들을 도저히 받아들일 수 없었던 것이다. 그래서 그들은 '집강소는 인륜을 저버리는 것이므로 양반과 유교의 적'이라고 규정했다. 특히 양반 세력이 강했던 나주, 남원, 운봉의 세 곳에는 좀처럼 집강소를 설치하지 못했다.

이에 전봉준은 마침내 무력으로 집강소를 설치할 것을 결심하고 김개남, 김봉득, 최경선 등에게 각각 3,000명의 병력으로 남원, 운봉, 나주를 접수하도록 했다. 남원과 운봉은 쉽게 함락시키고 집강소를 설치하였으나 나주의 저항은 완강하였다. 나주 관아에는 많은 동학교도가 붙잡혀 있었고, 또한 나주 목사의 저항이 만만치 않은 상태였기 때문에 최경선은 나주 입성을 감행하지 못했다. 이 보고를 들은 전봉준은 단신으로 나주 목사를 만나 그를 설득하고 동학교도들을 석방시킨 뒤 나주에 집강소를 설치할 수 있었다.

이렇듯 전라도 지역 전역은 집강소에 의해 농민군의 자치 구역이 된 셈이었다.

7장. 1888년 ~ 1896년　　　　　　　　　　　　　　　　　　　05

일본이
청일전쟁을 일으키다

- 1894년 6월 21일(양력 7월 23일), 일본 군사들이 새벽에 영추문으로 대
궐에 난입하다.
일본 군사들이 대궐로 들어왔다. 이날 새벽에 일본군 두 개 대대가
영추문으로 들어오자 시위 군사들이 총을 쏘면서 막았으나 상이 중
지하라고 명하였다. 일본 군사들이 마침내 궁문을 지키고 오후에는
각영에 이르러 무기를 회수하였다.
[지난번 청나라 원병이 아산에 주둔했는데, 일본 공사 오토리 게이스케는 마침 본국
으로 돌아갔다가 변고를 듣고 5월 7일에 임소로 돌아왔다. 일본 정부에서는 곧바로
제물포 조약에 의하여 공관을 보호한다는 이유로 군사를 출동시켰다. 이렇게 되자
청나라 공사 원세개는 5월 16일에 경성을 떠나 본국으로 돌아갔다. 같은 달 23일 오
토리 게이스케 공사는 임금을 알현하고 세계의 대세를 논하고 내정을 개혁할 의견을
진술한 다음 다섯 개 조항으로 된 안을 올리니, 내무독판 신정희, 내무협판 김종한과

조인승에게 명하여 노인정老人亭(정무를 의논하던 정자)에서 일본 공사와 만나 토의하게 하였다. 일본 군사가 6월 21일 입궐하여 호위하였다. 이날 대원군이 명을 받고 입궐하여 개혁을 실시할 문제를 주관하였는데, 일본 공사 오토리 게이스케도 뒤에 입궐하였다.]

일본군, 경복궁을 공격하다

이홍장은 조선에 군대를 파견한 후 톈진조약에 따라 일본에 파병 사실을 통고했다. 이때 이미 일본은 서울 주재 임시 대리공사 스기무라로부터 조선이 청국에 파병을 요청했다는 보고를 받은 후였다. 일본 정부가 조선이 청에 파병을 요청한 것을 안 날은 1894년 6월 2일(양력)이었고, 이홍장이 파병 사실을 일본에 알린 날은 나흘 뒤인 6월 6일이었다.

청이 조선에 군대를 파병한다는 사실을 안 일본은 곧 조선에 대한 파병 결정을 내렸다. 동시에 일본은 청과 전쟁을 치르기 위한 준비에 돌입했다. 일본은 이홍장의 파병 통고 하루 전인 6월 5일에 이미 선발대를 출발시켰고, 일본군 선발대는 9일에 인천에 상륙했다. 이후 일본은 군대를 더욱 증강하여 총 8,000여 명을 조선에 파병했다.

일본군이 조선에 들어오자 조선 정부는 즉각 일본 정부에 군대 철수를 요구하는 한편, 일본의 파병 명분을 없애기 위해 동학농민군과 화의를 진행했다. 그리고 6월 11일에 마침내 농민군과 전주화약全州和約(조약)을 성사시켰다.

이렇듯 농민군과 정부군이 내전을 종결하자 일본과 청은 조선에 더 머물 명분이 없었다. 이에 일본공사 오토리와 청국의 위안스카이는 세 차례 회담을 통해 양국이 함께 조선에서 철수하기로 합의했다. 하지만 일본은 곧 철수 합의를 철회하고 청과 일본이 함께 조선을 개혁하자는 새로운 안을 제시했다. 이에 청이 거절하자 일본은 단독으로 조선의 내정 개혁을 단행하기로 결정하였고 동시에 청에 외교의 단절을 의미하는 절교서를 보냈다.

일본의 행동에 당황한 청의 이홍장은 러시아와 미국에 중재 요청을 하였고, 미국과 러시아는 일본 정부에 군대 철수를 요구했다. 그러나 일본은 다시 청에 재차 절교서를 보내는 한편, 영국의 지원을 얻기 위해 영국과 영일신조약을 체결했다. 이는 미국과 러시아의 압력을 영국을 통해 막으려는 일본의 외교 전략이었다.

이후 일본은 청과 전쟁 하기로 결정하고 조선 주재 일본 공사 오토리에게 조선 궁궐을 공격하라고 명령했다. 이에 따라 오토리는 7월 23일(음력 6월 21일), 경복궁을 침범하였다. 일본의 경복궁 공격은 곧 청에 대한 전쟁 선포를 의미했고, 이로써 청일전쟁의 서막이 올랐다. 경복궁을 장악한 일본은 곧 흥선대원군을 앞세워 왕권을 장악하고 김홍집 내각을 구성하여 친일 정권을 세웠다.

일본이 청일전쟁에서 승리하다

경복궁을 장악한 일본군은 곧 청국 군대를 공략할 기회를 엿보다가 7월 25일에 해군을 동원하여 풍도 앞바다에서 청국 함대를 기습했다. 기습을 받은 청국 군함은 격침되었고, 또한 청군 증원군을 태운

영국 수송선 가오슝호도 격침되었다. 한편 일본 육군 또한 7월 29일 아산에 상륙했던 청국군을 공격하여 격파함으로써 개전 5일 만에 조선에 파병된 청국 군대를 완전히 궤멸시켜 버렸다.

이후 사흘 뒤인 8월 1일에 일본은 정식으로 청국에 선전포고를 하였고, 청국 또한 대일 선전포고를 함으로써 본격적인 청일전쟁이 시작되었다. 이후 청나라는 평양에 육군 1만 4,000을 파병하고 황해에 해군 함대를 진격시켰다. 하지만 9월 15일에서 17일 사이에 벌어진 평양 전투에서 청국군 1만 4,000은 일본군에게 패배하고 말았다. 또한 황해에 진출한 청국 함대도 일본 해군에 의해 격침되고 말았다.

이후 일본은 청국 본토 공략을 준비했다. 그리고 10월에 일본의 제1군은 압록강을 건너 육로로 진격하고, 제2군은 바다를 통해 랴오둥반도에 상륙하여 요동 지역을 공략하였다. 그 결과 뤼순과 다롄을 점령하였고, 이어 1895년 2월 초에는 산둥반도의 북양함대 기지를 공략했다.

이렇듯 일본군이 파죽지세로 공격을 지속하자 당황한 청국은 휴전을 모색하며 전권대신 장인환을 일본에 파견하여 강화회담을 요청했다. 하지만 일본은 장인환을 두 차례 만나 회담을 진행한 후 교섭 거부 선언을 했다. 전시 상황이 유리한 입장이라고 판단한 일본은 더 많은 이익을 얻기 위해 전쟁을 지속하기로 결정했던 것이다.

이후 일본군은 공세를 강화하여 결국 3월에 이르러서는 랴오둥반도를 완전히 장악하였고, 이에 겁먹은 청은 전권대신을 북양대신 이홍장으로 교체한 후 일본에 강화회담을 요청했다. 양국 간의 강화회담 대표는 이홍장과 이토 히로부미였고, 두 사람은 3월 20일부터 강화회담을 시작했다. 하지만 3월 24일에 이홍장 저격 사건이 발생하는 바람에 강화회담은 일시 중단되었다.

그 무렵 청일전쟁을 지켜보던 영국, 러시아, 미국 등 서구 열강들은 전쟁 중단을 요구하기 시작했다. 전쟁이 지속되면 중국에 대한 일본의 영향이 더 확대될 것이 분명했고, 이는 서구 열강들이 원하는 바가 아니었다. 일본 또한 서구 열강의 간섭 의지를 확인하자 결국 종전을 결정하고 청일 강화조약에 나섰다. 그 결과 4월 17일에 시모노세키 조약이 성립됨으로써 청일전쟁은 종결되었다.

청일 간의 시모노세키조약 핵심을 요약하면, 첫째 청의 조선에 대한 종주권 포기, 둘째 청은 랴오둥반도와 대만·펑후열도 등을 일본에 할양할 것, 셋째 청은 전쟁 비용 배상금으로 은전 2억 냥(엔화로 약 3억 엔)을 일본에 지불할 것 등이었다.

하지만 이 세 가지 중에서 랴오둥반도 할양은 성사되지 않았다. 러시아, 프랑스, 독일 등 유럽 삼국이 이른바 삼국간섭을 통해 일본 정부에 랴오둥반도는 청국에 반환하라고 강압했기 때문이다.

이에 따라 일본은 랴오둥반도를 포기하고 배상금 3,000만 냥을 받는 것으로 만족해야 했다. 그렇다고 랴오둥반도가 청국에게 되돌아간 것도 아니었다. 러시아는 랴오둥반도 남부를, 영국은 청국 북양함대의 본부가 있던 웨이하이웨이와 그 주변 지역을, 독일은 자오저우만 주변 지역을 차지했다. 물론 조차租借(빌림) 형식이었지만 실질적으로는 각자 이곳을 차지한 것이나 다름없었다.

한편 일본은 조선에서도 여러 가지 이권을 챙겼다. 경부선과 경인선 철도 부설권을 확보하고 군용 전신선 관할권도 챙겼다. 또 일본 고문관과 군사 교관을 조선 정부 내에 배치한다는 약속을 얻어냈고, 조선 정부 제도를 일본식으로 바꾸는 데도 성공했다.

06

동학농민군이
다시 일어났으나 패전하다

- 재위 31년(1894년) 6월 23일, 동학 무리들을 구제할 방도를 강구하여 안착시키도록 명하다

  전교하였다.

  "지난번에 자주 특별히 신칙한 바 있지만, 이른바 동학 무리들이 아직도 양호兩湖(호남과 기호 지방)에서 더욱 소요를 일으키고 있다. 생업에 안착하려 하였지만 거의 다 생업을 잃었고, 귀순하였다고는 하지만 도리어 교화에 순종하지 않고 있다. 그들도 떳떳한 성품을 함께 가지고 있으니, 어찌 혹시라도 어리석고 몽매하여 깨달을 줄을 모르겠는가? 그것은 틀림없이 곤궁하여 의탁할 데가 없어서 그러는 것이다.

  두 도의 도신(감사) 및 각 해당 수령들로 하여금 속히 더 무휼하고 편안히 머물러 살게 하며 구제할 방도를 강구하는 한편 성심으로 설

득하고 가르침으로써 다 같이 새로운 길로 나아가도록 하려는 조정의 지극한 뜻을 알게 하라."

- 7월 30일, 의정부에서 아직 출몰하고 있는 동학 무리들의 처리를 아뢰다

의정부에서 아뢰었다.

"방금 전라 우수사 이규환의 장계를 보고한 것을 보니, 동학의 무리 수천 명이 뜻밖에 성 안에 난입하여 무기고를 부수고 보관하고 있던 무기를 일일이 뒤져내어 가고, 장교들이 차고 있던 환도와 민가의 세간 도구를 전부 빼앗아 갔으며, 심지어 공금까지 빼앗기는 지경에 이르렀다고 합니다.

요즘 비적들이 바닷가의 고을에 출몰하면서 무기를 약탈하는 일이 곳곳에 있습니다. 여러 수령들은 모두 감사나 수사의 계청啓請(임금에게 청하는 보고)에 의하여 잡아다가 신문하겠지만, 수영水營(수군의 본영)과 같은 중요한 곳에서까지 사전에 방비 대책을 잘 세우지 못하여 약탈하는 대로 내맡기고 막아내지 못할 줄이야 어찌 짐작하였겠습니까? 군사에 관한 정사로 보아 지극히 놀랄 일입니다.

판부判付(결정하여 처리함)한 내용에는 처분을 기다리지 말라는 명이 있었으며, 뜻밖에 생긴 일이라고 해서 완전히 용서할 수는 없습니다. 해당 수사水使(수군의 지휘관)의 과오를 우선 엄하게 추고推考(잘못을 따져 조사함)하는 동시에, 그 관하 고을과 진鎭(군영)들에 그 비적들을 기한을 정하여 체포하고 먼저 머리를 베고 나중에 보고하도록 엄하게 신칙하며, 잃어버린 무기 등 물건은 일일이 도로 찾아서 무기고에 넣은 후에 보고하되, 혹시라도 지체하여 엄중히 추궁하는 죄를 범하는 일이 없도록 삼현령三懸鈴(긴급 명령)으로 시행하도록 하는 것이

어떻겠습니까?"

이에 윤허하였다.

- 9월 30일, 안성 군수 성하영이 동학의 두목 유구서 등을 잡아 처형하였다고 보고하다

  양호 도순무영에서, "경리청 부령관 겸 안성 군수 성하영의 첩보 내에, '본군本郡(안성군)의 동학도의 두목 유구서와 접주 김학여, 진천의 동학도 김금룡 등 세 놈을 기찰하여 체포해 이달 27일에 백성들을 많이 모아 놓고 우선 처형하였다.'고 하였습니다."라고 아뢰었다.

- 11월 3일, 도순무영에서 공주 서산에서 비적들을 격파하였다고 보고하다

  양호 도순무영에서, "방금 출진한 영관 안성 군수 홍운섭의 첩보를 보니, '지난 10월 23일에 후원 참령관 구상조와 함께 군사를 거느리고 공주의 효포에서 파수하고 있었는데, 비적 전봉준이 옥천의 비적들을 대교에 모았다고 하였기 때문에 그 말을 듣고 가보니, 숲 기슭에 모여서 깃발을 세우고 둘러선 자가 족히 수만여 명이 되었습니다. 몰래 뒤쪽으로 가서 먼저 숲에 의지한 적을 습격하여 총을 쏘며 추격해서 20여 명을 죽이고 여섯 놈을 사로잡았는데, 마침 해가 저물어서 군사를 공주에 머물게 하였습니다. 위에 든 여섯 놈은 효수하여 많은 사람들을 경계하였고, 노획한 군수 물자는 성책하여 올려보내겠습니다.'라고 하였습니다.

  또 선봉장 이규태가 보고한 바를 보니, '통위영의 군사 두 개 소대를 거느리고 떠나 비적들이 모여 있는 공주의 효교, 납교 등지까지 찾아가서 나아가 싸우게 하였는데, 대관 신창희와 오창성은 분발하여 자신을 돌아보지 않고 위험을 무릅쓰고 맞서 싸워서 비적 다섯, 여

섯 명을 쏘아 죽였고, 부상자는 그 수를 헤아릴 수 없었습니다. 적들은 이에 기가 꺾여 퇴각하여 달아났다고 합니다.

서산 군수 성하영은 대관 윤영성 등과 함께 세 갈래로 진군하였는데, 적들의 우두머리라고 하는 자가 가마를 타고 일산을 펴들고 깃발을 날리며 나팔을 불기에 일시에 진격하여 70여 명을 쏘아 죽이고 두 놈을 사로잡았으며 대포와 무기를 노획하였습니다. 경리청經理廳(군사와 재정을 담당하던 관청)의 군사들은 적들이 방비하지 않는 틈에 엄습하여 회선포 한 좌를 노획하였습니다. 두 번의 싸움에서 다 이겼는데 우리 군사는 한 사람도 부상하지 않았으니, 성상의 정성이 미친 것으로서 천만다행한 생각을 금할 수 없습니다. 노획한 군수 물자는 성책하여 올려보내겠습니다.'라고 하였습니다. 군수 물자는 따로 별단을 갖추어 들입니다."라고 아뢰었다.

- 11월 11일, 의정부에서 비적의 두목을 잡은 엄태영에게 포상할 것을 아뢰다
- 12월 10일, 전라 감사가 비적의 두목인 전봉준을 사로잡았다고 보고하다

전라 감사 이도재가 전보로, "이 달 9일에 비적의 괴수 전봉준을 산 채로 잡아서 압송하여 올려 보내겠습니다."라고 아뢰었다.

재위 32년(1895년) 3월 29일에 비적 무리 전봉준 등 다섯 명을 교형에 처하다

법무 대신 서광범이 아뢰었다.

"비류인 전봉준, 손화중, 최경선, 성두한, 김덕명 등을 신의 아문에서 잡아 가두고 신문한 결과 진상을 자복하였습니다. 그러므로《대전회통》〈추단조〉〈군복기마 작변관문률〉의 법조문에 적용시켜 교형

에 처하는 것이 어떻겠습니까?"

이에 윤허하였다.

- 재위 35년(1898년) 7월 18일에 최시형을 교형에 처하도록 하다

법부 대신 조병직이 아뢰었다.

"방금 고등재판소(전신은 의금부)의 문의서를 보니, '피고 최시형崔時亨의 공초에, 「병인년(1866년)에 간성에 사는 필묵 상인 박춘서에게 동학의 선도와 병을 치료하는 주문과 강신문降神文(신을 내리게 하는 글)을 받아 가지고 각 도의 여러 군을 두루 돌아다녔습니다. 시천주조화정영세불망만사지侍天主造化定永世不忘萬事知 13자의 주문과 지기금지원위대강至氣今至願爲大降」 8자의 강신문과 동학의 원문인 제1편 포덕문, 제2편 동학론, 제3편 수덕문, 제4편 불연기연문, 그리고 궁궁弓弓과 을을乙乙 자를 새긴 부적으로써 백성들을 현혹시켰으며 도당을 체결하였습니다. 또 복주된 최제우의 「만년토록 뻗어 있는 가지에 천 송이의 꽃이 피고 사해四海(온 세상)의 구름 속에 달이 한 번 비친다萬年枝上花千朶 四海雲中月一鑑」는 시구를 숭상하고 사모하여 법형, 법제의 칭호를 법헌이라는 칭호로 바꾸어서 불렀으며, 해월이라는 인장을 새겼고 교장, 교수, 집강, 도집, 대정, 중정 등의 두목에게 각 지방을 맡겨 두었습니다. 또한 포장회布帳會(천막을 치고 모이는 집회)를 설치하였는데, 모인 무리들이 수천, 수만 명을 헤아릴 정도였으며 최제우의 원통함을 푼다고 하였습니다.

지난 계사년(1893년)에 그 도제徒弟(제자) 수천 명과 함께 대궐에 나아가 상소하고 곧바로 해산하였으며, 또 보은군의 포장회 안에 많은 무리들이 모였을 때는 순무사의 가르침과 설득으로 인하여 각각 스스로 흩어져 갔습니다. 「갑오년(1894년) 봄에 피고 전봉준은 고부

지방에서 패거리들을 불러 모아서 기회를 틈타 관리를 살해하고 성과 진을 함락시키는 바람에 호서와 호남 지방이 결딴이 나고 뒤흔들리는 지경에 이르렀습니다.」라고 하였습니다.

피고가 지시하고 화응한 일은 없지만 그 변란이 일어나게 된 근원을 따져 보면 피고가 주문과 부적으로 백성들을 현혹시킨 데 있습니다. 피고 최시형은 《대명률》〈제사편 금지사무사술조〉의 일체 좌도로써 바른 도를 어지럽히는 술책과, 혹은 도상圖像(그림)을 숨겨 놓고 향을 피워 사람들을 모으고 밤에 모였다가 새벽에 흩어지며, 거짓으로 착한 일을 닦는다는 명목으로 백성들을 현혹시키는 데에서 우두머리가 된 자에 대한 형률에 비추어 교형에 처할 것입니다.' 하였습니다.

해당 범인 최시형을 원래 의율한 대로 처리하는 것이 어떻겠습니까?"

이에 윤허하였다.

동학농민운동의 지도자들이 체포되어 교수형에 처해지다

일본이 경복궁을 장악하고 청일전쟁을 일으키자 동학농민군은 다시 봉기하였다. 이에 전봉준을 중심으로 한 남접은 교주 최시형의 북접에 도움을 청해 연합 전선을 펼쳤다.

제2차 봉기에 동원된 농민군은 남접 10만과 북접 10만을 합해 약 20만 병력이었다. 하지만 동학농민군은 수적으로만 우세할 뿐 훈련을 받은 군인도 아니었고, 병기도 원시적이어서 신식 무기로 무장한 일본군과 관군의 상대가 되지 않았다.

9월에 본격화된 제2차 봉기는 10월 중순에 10만 부대를 형성하며 공주성을 포위하고 대공격전을 전개하였으나 패퇴하였다. 이후 11월 다시 공주 부근의 우금치 전투에서 패배하여 후퇴하게 된다. 그리고 나머지 농민군도 금구 싸움을 마지막으로 일본군과 관군에 진압되어 전봉준은 쫓기는 신세가 되었다.

동학군과의 싸움에서 승리한 일본군과 관군은 전봉준을 생포하면 막대한 상금을 준다는 포고문을 내걸었다. 전봉준은 정읍과 순창 등지를 전전하며 몸을 피하다가 과거 자신의 부하였던 김경천의 밀고로 체포되어 한양으로 압송되었다.

그리고 1895년 3월 29일 조선 정부는 전봉준을 비롯하여 손화중, 최경선, 김덕명, 성두한 등 동학군을 이끌던 다섯 명을 교수형에 처했다. 이로써 동학농민운동은 완전히 종결되었다.

또한 1898년 7월에는 동학의 2대 교주 최시형을 체포하여 역시 교수형에 처했다.

7장. 1888년 ~ 1896년

07

김홍집 내각에 의해
갑오개혁이 실시되다

- 재위 31년(1894년) 6월 25일(양력 7월 27일)에 판중추부사 김홍집을 제 배하여 의정부 영의정으로 삼았다.

6월 25일, 군국기무처 회의총재에 김홍집을 임명하여 사무를 협의하여 거행하도록 하다

전교하였다.

"군국기무처 회의총재는 영의정 김홍집이 맡고, 내무 독판 박정양, 협판 민영달, 강화 유수 김윤식, 내무 협판 김종한, 장위사 조희연, 대호군 이윤용, 외무 협판 김가진金嘉鎭, 우포장 안경수安駉壽, 내무 참의 정경원·박준양·이원긍·김학우·권형진, 외무 참의 유길준·김하영, 공조 참의 이응익, 부호군 서상집을 모두 회의원으로 임명하여 날마다 와서 모여 크고 작은 사무를 협의하여 품지하여 거행하도록 하라."

- 8월 5일, 시임 대신과 원임 대신이 연명으로 박영효에 내린 명령을 취소할 것을 청하다

"신 등은 방금 내린 전교를 보고서야 비로소 죄인 박영효朴泳孝의 죄명을 말소하라고 명한 것을 알았습니다. 신 등은 서로 돌아보면서 깜짝 놀라서 더없이 걱정스럽고 통탄한 마음을 금할 수 없습니다. 아! 이 죄인은 죄가 더없이 큰데도 10년이라는 오랜 세월을 도망쳐 요행히 법망을 빠져나갔으며, 방자하게 한 장의 억울함을 호소하는 글을 감히 대궐에다 올렸으니, 기탄함이 없는 것이 어찌 이 지경까지 이를 수 있단 말입니까?

이번에 내린 큰 성인의 특별한 처분에 대하여 비록 신 등의 얕은 소견으로는 감히 헤아릴 수 없지만, 국법이 더없이 엄하고 여론이 더욱 비등하는 데야 어찌하겠습니까? 어리석은 생각이 복받쳐 감히 같은 목소리로 하소연하니 성명께서는 빨리 이미 내리신 명을 중지하시고, 이에 적용하지 못한 형률을 적용함으로써 나라의 법을 바로잡으소서."

이에 비답하였다.

"이번 처분은 사실 생명을 귀중히 여기는 일이니, 노성老成(연륜이 깊은 사람)한 사람으로서는 응당 해량하여야 할 것이다."

- 11월 21일, 칙령 제1호에서 제8호까지 보고하다

제4호, 박영효를 내무 대신으로, 조희연을 군무 대신으로, 서광범을 법무 대신法務大臣으로, 신기선을 공무 대신으로, 엄세영을 농상 대신으로, 이중하를 내무 협판으로, 이완용을 외무 협판으로, 안경수를 탁지 협판으로, 고영희를 학무 협판으로, 권재형을 군무 협판으로, 정경원을 법무 협판으로, 김가진을 공무 협판으로, 이채연을 농

상 협판으로, 윤웅렬尹雄烈을 경무사로 삼도록 하라고 명하였다.

- 12월 17일, 총리대신 등이 왕실의 존칭을 새 규례로 갖추어 아뢰다

  총리대신 김홍집, 내무 대신 박영효, 학무 대신 박정양, 외무 대신 김윤식, 탁지 대신 어윤중, 농상 대신 엄세영, 군무 대신 조희연, 법무 대신 서광범, 공무 대신 서리 김가진이 아뢰었다.

  "왕실에 관한 존칭에 대하여 새 규례를 갖추어 아뢰니 재결하기를 삼가 바랍니다."

  주상 전하를 대군주 폐하로 하자는 데 대해서는 아뢴 대로 윤허하였고, 왕대비 전하를 왕태후 폐하로 하자는 데 대해서도 아뢴 대로 윤허하였으며, 왕비 전하를 왕후 폐하로, 왕세자 저하를 왕태자 전하로, 왕세자빈 저하를 왕태자비 전하로 하고, 전문箋文(임금께 올리는 글)을 표문表文(임금에게 올리는 공식 문서)이라고 하자는 데 대해서도 모두 그대로 윤허하였다.

- 재위 32년(1895년) 4월 27일에 박영효에게 내각 총리대신의 사무를 서리하라고 명하다.

- 윤5월 14일, 박영효를 법부에서 엄하게 조사하여 정죄하게 하다

  조령을 내렸다.

  "짐은 박영효의 갑신년(1884년) 문제에 대해서 혹시 용서해 줄 수 있기 때문에 이전 죄를 기록하지 않고 특별히 좋은 벼슬에 임명하여 충성을 다함으로써 스스로 속죄하게 하였다. 그런데 도리어 끝까지 나쁜 생각을 고치지 않고 반역을 은근히 꾀하여 그 사실이 이미 드러났으므로 바야흐로 법부에서 엄격히 신문하여 정죄를 하게 하였는데, 고약한 우두머리를 잡았으니 나머지 사람들은 모두 내버려 두고 따지지 않음으로써 널리 용서해 주는 은전을 보이라."

재위 33년(1896년) 2월 11일(양력)에 전 내각 총리대신 김홍집, 전 농상공부 대신 정병하가 백성들에게 살해되었다.

김홍집 내각의 1차 개혁

일본은 1894년 6월 21일(양력 7월 23일)에 경복궁을 침입하여 고종에게 압력을 행사한 후 군국기무처를 설치했다. 이후 내각을 개편하여 영의정 김홍집을 회의총재로, 박정양과 김윤식, 조희연, 김가진, 안경수, 김학우, 유길준 등 17명을 의원에 임명하고 내정 개혁을 단행했다. 이른바 갑오개혁, 또는 갑오경장이라고 불리는 혁신 조치였다.

갑오개혁은 세 차례에 걸쳐 이뤄졌는데, 제1차는 1894년(양력) 7월 27일부터 12월 17일까지 실시되었다. 제1차 개혁은 비교적 일본의 간섭이 크지 않은 상황에서 군국기무처가 주도했는데, 이 기간 동안 약 210건의 개혁안을 제정하여 실시했다. 주요 내용은 청에 대한 사대정책을 반대하고 서양과 일본의 문물을 수용하는 혁신적 방안이었다.

제1차 개혁의 주요 목표는 국왕의 인사권과 재정권, 군사권 등을 제약하고 궁중의 여러 부서를 궁내부 산하에 통합한 후 그 권한을 축소시키는 데 있었다. 이는 곧 왕권을 약화시키고 내각의 영향력을 강화하는 조치로 이어졌는데, 내각을 의정부 아래 육조 체계 대신 내무, 외무, 탁지, 법무, 학무, 공무, 농상 등의 여덟 아문으로 개편하여 신하들의 힘을 확대하였다. 또한 사헌부, 사간원, 홍문관 등의 삼사를 폐지하고 내무아문 아래 경찰기구인 경무청을 신설하였다.

이렇듯 중앙정부를 개편한 후 관료제도도 18등급의 관등품계를

12등급으로 축소하고 명칭도 칙임관勅任官(정종 1·2품), 주임관奏任官(정종 3에서 6품), 판임관判任官(정종 7에서 9품)으로 구분하였다. 그리고 과거제도를 폐지하고 의정부의 총리대신과 각 아문의 대신들이 주임관과 판임관의 임용권을 가지도록 했다.

한편 사회제도에 대해서는 문벌과 반상제도 및 공사의 노비 제도를 없앴으며, 천인들을 면천시키고 죄인연좌법을 폐지했다. 또한 조혼을 금지시키고 과부의 재가를 허용했다. 이어 경제정책으로는 전국적으로 도량형을 통일하고, 신식 화폐장정을 의결하여 은본위제를 채택하였으며, 물건으로 세금을 내는 물납세제를 돈으로 세금을 내는 금납세제로 바꿨다.

이러한 제1차 개혁 조치에 대해 흥선대원군은 강하게 반발했다. 그는 여전히 수구적인 태도를 취하고 있었고, 왕비 민씨를 제거해야 한다는 의지가 강했다. 그 때문에 그는 고종을 밀어내고 자신의 적손 이준용을 왕위에 앉히려는 음모를 꾸미기도 했다. 또한 청국군과 은밀히 내통하고 한편으론 농민군에게도 손을 내밀었다. 두 세력을 이용하여 일본군을 내쫓으려 했던 것이다. 하지만 대원군의 계획은 모두 무산되었고, 청일전쟁은 일본의 승리로 끝났다. 이후 대원군은 유명무실한 존재가 되었다.

김홍집, 박영효 연립내각의 2차 개혁

이후 제2차 개혁이 실시되었는데, 제2차 개혁은 1894년(양력) 12월 17일부터 1895년 7월 7일까지 이뤄졌다. 제2차 개혁은 김홍집과 박영효의 연립내각에 의해 추진되었다.

일본은 제2차 개혁을 위해 주조선 일본 공사를 이노우에로 교체하였는데, 이노우에는 조선에 오자마자 우선 흥선대원군부터 정계에서 밀어냈다. 또한 제1차 개혁 기구였던 군국기무처를 폐지하고, 갑신정변으로 일본에 망명했던 박영효와 서광범을 내무대신과 법무대신으로 임명하였다. 이로써 제2차 내각은 기존의 김홍집 내각과 박영효의 연립내각이 형성된 셈이었다.

제2차 개혁의 핵심은 개혁안인 《홍범십사조》에 수록되었다. 《홍범십사조》의 주요 내용은 청나라와 절연하고, 국왕은 법에 따라 정치를 행하며, 내정에 종친과 왕비의 간여를 배제한다는 것이었다.

제2차 개혁안의 정치 제도 부분에서 가장 눈에 띄는 것은 의정부와 각 아문의 명칭 변화였다. 의정부는 내각으로, 각 아문은 부로 바뀌었고, 농상아문과 공무아문이 농상공부로 통합되어 전체 내각은 7부로 축소되었다.

이 외에도 지방 행정 조직의 개편과 군사 및 경찰 제도의 변화가 이뤄졌으며, 사법권의 독립을 강화하기 위한 조치도 시행되었다. 또한 교육 제도의 혁신을 위해 교육입국조칙을 반포하였으며, 이에 따라 '한성사범학교관제', '외국어학교관제'가 제정되었다. 이후 114명의 양반 출신 유학생이 일본에 파견되기도 했다.

제2차 개혁 조치 속에는 친일적인 성향이 강한 내용도 있었다. 일본인 고문관과 군사교관을 초빙하는 한편, 일본 화폐의 유통권을 허용하고 방곡령防穀令 반포 금지 조치가 실시된 것이다.

방곡령이란 국내의 쌀 생산량이 부족할 경우 외부 유출을 금지하는 제도였다. 이 때문에 조선에서 흉년이 발생하면 일본으로 쌀 수

출을 금지하곤 했는데, 일본은 이에 대해 강력하게 반발하였고, 심지어 방곡령에 따라 자신들이 경제적 피해를 입었다며 손실 보상금을 요구하여 받아 가기도 했다.

한편 제2차 개혁 세력은 척왜를 기치로 일어난 제2차 동학농민운동을 폭도들의 반란으로 간주하고 일본군과 함께 농민군을 진압하기도 했다. 이러한 제2차 개혁안을 실시하는 과정에서 박영효는 독자적인 성향을 강하게 드러내며 김홍집 일파를 내각에서 퇴진시키기도 했는데, 이 때문에 고종의 반발을 불러와 결국 박영효는 반역 도모 혐의를 받고 다시 일본으로 도피해야 했다.

박영효가 실각하고 일본으로 도피한 이유에 대해 《매천야록》은 그가 왕후 민씨에 대한 암살을 계획했다가 실패했기 때문이라고 기록하고 있다. 갑오개혁 이후 왕권은 약화되고 내각의 힘이 강화되었으며, 제2차 개혁 이후에는 박영효가 김홍집을 실각시키고 권력을 장악하는 상황이 전개되었다. 이에 고종은 왕후 민씨를 통해 러시아의 힘을 끌어들여 왕권을 회복하고자 했고, 이를 못마땅하게 여긴 박영효는 일본 군대를 통해 민씨를 암살할 계획을 세웠다는 것이다. 그리고 박영효는 이를 유길준에게 발설하게 되는데, 유길준은 은밀히 고종을 찾아가 박영효의 왕후 암살 계획을 누설하였다. 이 때문에 박영효는 황급히 도성을 빠져나가 일본으로 도주하게 됐다는 것이다.

실패로 끝난 김홍집의 3차 개혁

1895년 8월 24일부터 1896년 2월 11일까지 제3차 개혁이 추진되었다. 제3차 개혁은 을미개혁이라고도 불린다. 제3차 내각은 김홍집 내각에 의해 추진되었는데, 이 무렵엔 삼국간섭에 의해 일본의 입김이 크게 약화된 상태였다. 그 때문에 초기에는 박정양 중심의 친미·친러파가 득세했다.

그러나 이노우에의 후임으로 부임한 미우라 일본 공사에 의해 을미사변이 발발하면서 상황은 급변했다. 을미사변 후 친미·친러파의 힘은 급격히 약화되었고, 김홍집 내각은 친일적 성격이 강화되었다.

제3차 개혁의 핵심은 태양력을 사용하고 단발령을 실시하며 독립 연호를 사용하는 것이었다. 하지만 을미사변으로 민심이 극도로 나빠졌고, 단발령에 대한 반발도 심했다. 또한 고종도 김홍집 내각에 대한 믿음을 잃고 외국 공관으로 도피할 계획을 세우고 있었으며, 급기야 아관파천이 단행됨으로써 김홍집 내각은 붕괴되고 말았다.

이로써 19개월 동안 지속되던 갑오개혁은 큰 성과를 거두지 못한 채 좌절되고 말았고, 김홍집과 정병하는 성난 백성들에 의해 살해되었다. 그리고 김홍집 내각의 주요 인사인 유길준, 조희연 등은 일본으로 망명하였다.

김홍집의 죽음에 대해 《매천야록》은 다음과 같은 기록을 남겼다.

임금이 경무관에게 명하여 김홍집 등을 죽이라 하였다. 그 홍집은 그때 직방直房(조방이라고도 하는데, 조정의 신하들이 모여 조례를 기다리는 곳)에 있었는데, 사람들이 도망치라고 권고하였다. 그러자 김홍집은 탄식하며 말했다.
"죽을 뿐이다. 어찌 박영효를 본받아 역적의 이름을 얻겠는가?"
그러면서 정병하와 함께 체포되었다. 정병하도 또한 죽을 것을 알고 분규하며 말하였다.

"우리 대신들을 어찌 감히 마음대로 죽이겠는가? 재판을 거쳐서 죽기를 원한다."

이에 김홍집이 돌아보며 말했다.

"어찌 말이 많은가? 나는 정말 마땅히 죽을 것이다."

이 두 사람은 죽임을 당한 후 그 시신이 저자에 전시되었다. 도성 사람들이 김홍집이 단발령을 주관했다고 원망하며 다투어 기왓장과 돌멩이를 던졌다. 그들의 몸을 베어 살점을 씹는 자도 있었다.

김홍집과 정병하 외에도 백성들에 의해 피살된 이가 또 있었다. 바로 탁지부 대신이었던 어윤중이었다. 어윤중은 김홍집이 죽었다는 소식을 듣고 피신하다가, 평소 송사 문제로 원한을 품고 있던 정원로가 동원한 머슴들에게 붙잡혀 몽둥이에 맞아 죽었다.

개혁의 소용돌이 속에 일어난 단발령 소동

제3차 개혁 과정에서 조선 정부는 1895년 11월 15일에 단발령과 함께 의관 제도에 대한 고시를 하였는데, 그 내용은 이렇다.

이제 단발은 양생에 유익하고 일하는 데 편리하기 때문에 우리 성상 폐하가 정치 개혁과 민국의 부강을 도모하며 솔선궁행하여 표준을 보인 것이다. 무릇 우리 대조선국 민인은 이러한 성상의 뜻을 우러러 받들되 의관 제도는 아래와 같이 고시한다.

1. 나라의 상사喪事를 당하였으니 의관은 나라의 거상 기간에는 그 전대로 백색을 쓴다.
1. 망건網巾은 폐지한다.
1. 의복 제도는 외국 제도를 채용하여도 무방하다.

단발령 고시를 한 이날, 고종은 태자와 함께 단발을 감행했다. 또한 다음 날에는 정부의 모든 관료와 군인, 순검 등이 단발을 하였고, 11월 17일에는 모든 백성에게 단발 실시를 강제하였다. 심지어 서울에서는 거리에서 단발을 하지 않은 자를 강제로 단발하기도 하였다.

하지만 단발령에 대한 반발은 만만치 않았다. 학부대신 이도재는 단발에 반대하며 대신 직을 사임하였고, 은퇴한 원로 특진관 김병시는 단발령에 반대하며 이렇게 상소했다.

"신도 물론 폐하가 즐겨 하는 일이 아니라는 것을 알고 있으니, 그렇다면 누가 위력에 의지해서 이권利權으로 권한 것입니까? 요즘 변고가 많아 헤아릴 수 없는데 또 오늘 이런 해괴한 조치가 있으리라고는 짐작도 못하였습니다."

그리고 여러 고사를 늘어놓은 뒤, 김병시는 이렇게 덧붙였다.

"신은 지금 병들고 혼미하여 죽을 날이 멀지 않지만, 어리석은 생각이 북받쳐 어리석음을 무릅쓰고 우러러 말씀드립니다. 삼가 바라건대 폐하는 분연히 조심하고 가다듬어 무망无妄한 거조를 가지고 그대로 영원히 변치 않을 법으로 만들지 말며, 종묘사직의 중함을 생각하여 해와 달이 바뀌듯이 특별히 마음을 전환하시어 이미 내린 명을 도로 취소하소서. 이것은 비단 우리나라의 다행일 뿐만 아니라 또한 이웃 나라의 수치를 면하는 것인 만큼 신은 비록 죽는 날이라도 오히려 살아 있는 때와 같이 땅에 엎드려 손을 모아 빌 뿐입니다."

이에 대해 고종은 이런 비답을 내렸다.

"요즈음의 일은 시세時勢를 헤아려서 결단하여 시행한 것이다. 경의 깊은 지식과 원대한 생각으로 어찌 근본을 보지 않는가? 특진관의 벼슬을 사직하는 문제에 대해서는 전번 비답에서 이미 다 이야기하였으니, 경은 그리 이해하라."

이렇듯 고종은 완강한 태도를 보이며 단발령을 유지하려 하였다. 이후 유길준은 당대 유림의 거두 최익현을 체포하여 단발을 강행하려 했다. 이에 최익현은 단호히 단발을 거부하며 말했다.

"내 머리를 자를 수 있을지언정 내 머리털은 자를 수 없다."

이렇듯 완강하게 단발을 반대하는 사람들은 문을 걸어 잠그고 집 안에 숨어 지내거나 지방으로 도피하기도 했다. 하지만 단발령은 지속되었고, 심지어 거리에 통행하는 사람은 물론 집 안에 숨어 있는 사람조차 찾아내어 단발을 강행하기도 했다.

이렇게 되자 단발령은 친일 세력이 행한 조치라는 인식이 널리 퍼져 반일 감정을 키우는 기폭제 역할을 하게 되었다. 그러던 중 그해에 고종의 왕후 민씨가 시해되는 을미사변이 일어나자, 유생들을 중심으로 의병이 일어났다. 이른바 을미의병이 봉기한 것이다.

그런 가운데 1896년에 아관파천이 일어났고, 이후 고종은 러시아 공사관에서 지내다 환궁한 뒤 재위 34년(1897년) 8월 12일에 이런 명령을 내렸다.

"을미년 11월 15일에 내린 조령과 조칙은 모두 취소하라."

이로써 단발령 소동은 일단락되었다.

왕후 민씨가
일본인들에 의해 시해되다
- 을미사변

- 재위 32년(1895년) 8월 20일 묘시에 왕후가 곤녕합에서 붕서하다.

묘시酉時(새벽 5시에서 7시경)에 왕후가 곤녕합에서 붕서崩逝(왕이나 왕비가 죽음)하였다.

[이보다 앞서 훈련대 병졸과 순검이 서로 충돌하여 양편에 사상자가 발생하였다. 19일 군부 대신 안경수가 훈련대를 해산하자는 의사를 밀지로 일본 공사 미우라 고로三浦梧樓에게 가서 알렸으며, 훈련대 2대대장 우범선도 같은 날 일본 공사를 만나 이를 알렸다. 이날 날이 샐 무렵 전 협판 이주회가 일본인 오카모토 류노스케岡本柳之助와 함께 공덕리(대원군의 별장이 있는 곳)에 가서 대원군을 호위해 대궐로 들어오는데, 훈련대 병사들이 대궐문으로 마구 달려들고 일본 병사도 함께 들어와 갑자기 변이 터졌다. 시위대 연대장 홍계훈은 광화문 밖에서 살해당하고, 궁내 대신 이경직은 전각 뜰에서 해를 당했다. 난동은 점점 더 심해져 드디어 왕후가 거처하던 곳을 잃게 되었는데, 이날 피살된 사실을 뒤늦게 알았기 때문에 즉시 반포하지 못하였다.]

- 8월 22일, 왕후 민씨를 서인으로 강등시키다.

조령을 내렸다.

"짐이 보위에 오른 지 32년에 정사와 교화가 널리 펴지지 못하고 있는 중에 왕후 민씨가 자기의 가까운 무리들을 끌어들여 짐의 주위에 배치하고 짐의 총명을 가리며 백성을 착취하고 짐의 정령政令을 어지럽히며, 벼슬을 팔아 탐욕과 포악이 지방에 퍼지니 도적이 사방에서 일어나 종묘사직이 위태로워졌다.

짐이 그 죄악이 극대하다는 것을 알면서도 처벌하지 못한 것은 짐이 밝지 못하기 때문이기도 하나, 역시 그 패거리를 꺼려서이기도 하였다. 짐이 이것을 억누르기 위하여 지난해 12월 종묘에 맹세하기를, '후빈과 종척이 나라 정사에 간섭함을 허락하지 않는다'고 하여 민씨가 뉘우치기를 바랐다. 그러나 민씨는 오래된 악을 고치지 않고 그 패거리와 하찮은 무리들을 몰래 끌어들여 짐의 동정을 살피고, 국무대신을 만나는 것을 방해하며 또한 짐의 나라 군사를 해산한다고 짐의 명령을 위조하여 변란을 일으켰다. 사변이 터지자 짐을 떠나 몸을 피하여 임오년(1882년)의 일을 되풀이하였으며, 찾아도 나타나지 않았다. 이것은 왕후의 작위와 덕에 타당하지 않을 뿐 아니라, 그 죄악이 가득 차 선왕들의 종묘를 받들 수 없는 것이다. 이에 짐이 할 수 없이 짐의 가문의 고사故事를 본받아 왕후 민씨를 폐하여 서인으로 삼는다."

[이때 탁지부 대신 심상훈이 벼슬을 버리고 시골로 내려갔으며, 내부 대신 박정양은 회의에 참가하지 않았다.]

- 8월 23일, 왕태자(이척, 훗날의 순종)가 상소하였다.

"신은 나이가 어리고 배운 것이 없는 몸으로 외람되게 저사儲嗣(태자)의 자리에 있다 보니 마음이 늘 송구스러운데, 어제 내린 칙지를 받고 놀랍고 두려워 어찌할 바를 모르겠습니다. 생각건대 폐하의 이 조치는 큰 의리로 결단한 것이니, 신과 같은 어린 처지로는 감히 사사로운 정을 말할 때가 아닙니다. 그러나 태자의 지위는 중요한 만큼 오늘날의 신의 처지로는 잠시도 그대로 있기 어렵습니다. 그래서 감히 피눈물을 흘리며 우러러 하소연하는 바입니다. 엎드려 바라건대, 하늘 땅 같은 부모는 특별히 불쌍히 여기는 처분을 내림으로써 사사로운 명분을 편안히 해준다면 더없이 다행하겠습니다."

이에 비답하였다.

"너의 정리를 내가 어찌 모르겠는가? 응당 처분을 하겠다."

- 8월 23일, 폐서인 민씨에게 빈의 칭호를 특사하다.

  조령을 내렸다.

  "짐은 왕태자의 정성과 효성, 정리를 고려하여 폐서인 민씨에게 빈의 칭호를 특별히 내린다."

- 10월 10일, 왕후 민씨의 위호를 회복시키고 조령을 격소하다.

  조령을 내렸다.

  "왕후 민씨의 위호位號를 회복시키고, 이달 8월 22일 조령을 격소繳銷(없애다)하라."

- 10월 22일, 대행 왕후의 시호 망단자를 순경, 전호 망단자를 덕성, 능호 망단자를 숙릉으로 하다.

7장. 1888년 ~ 1896년

아관파천과
명성황후 복위

- 재위 33년(1896년) 양력 2월 11일(음력 1895년 12월 27일) 러시아 공사관으로 주필을 이어하다.(이때부터 양력 사용)

  임금과 왕태자는 대정동의 러시아 공사관으로 주필駐蹕(외부에 행차한 어가)을 이어하였고, 왕태후와 왕태자비는 경운궁에 이어하였다.
  - 아관파천

- 2월 11일, 을미년 8월 22일과 10월 10일 명령은 역적 무리들이 위조한 것이므로 취소하다.

  조령을 내렸다.

  "8월의 변고乙未事變(을미사변)는 만고에 없었던 것이니 차마 말할 수 있겠는가? 역적들이 명령을 잡아쥐고 제멋대로 위조하였으며, 왕후가 붕서하였는데도 석 달 동안이나 조칙을 반포하지 못하게 막았으니, 고금 천하에 어찌 이런 일이 있을 수 있겠는가? 어쩌다가 다행히 천벌이 내려 우두머리가 처단당한 결과 나라의 예법이 겨우 거행되고 나라의 체면이 조금 서게 되었다. 생각하면 뼈가 오싹하고, 말하면 가슴이 두근거린다. 만약 하늘이 종묘사직을 돕지 않았더라면 나에게 어찌 오늘이 있을 수 있겠는가?

역적 무리들이 물들이고 입김을 불어넣은 자들이 하나둘만이 아니니, 앞에서는 받들고 뒤에서는 음흉한 짓을 할 자들이 없을 줄을 어찌 알겠는가? 사나운 돼지가 날치고 서리를 밟으면 얼음이 얼게 된다는 경계를 갑절 더해야 할 것이다. 모든 신하와 백성들은 이 명령 내용을 명심해야 할 것이다."

또 조령을 내렸다.

"을미년(1895년) 8월 22일 조칙과 10월 10일 조칙은 모두 역적 무리들이 속여 위조한 것이니 다 취소하라."

- 재위 34년(1897년) 양력 1월 6일, 대행 왕후의 시호를 문성으로, 능호를 홍릉으로, 전호를 경효로 의논하여 정하다.

  양력 2월 20일, 왕이 경운궁으로 환어하였다.

- 양력 3월 2일, 대행 왕후의 시호를 명성으로 개망하다.
- 11월 6일, 빈전에 시호를 올린 것에 대하여 조서를 반포하다.

  봉천 승운 황제는 조서를 내렸다.

  "예로부터 어진 황후가 하늘을 받들고 도를 따라서 궁내에서 바른 자리에 앉아 풍속과 교화의 기틀을 잡는 것을 시작으로 온 나라를 교화하여 아름다운 덕이 밝게 나타나 후세까지 가르침을 남기게 된다. 이에 반드시 행적과 공로를 표창하여 한 번 시호를 올림으로써 백대에 증거를 남기는 것은 떳떳한 윤리이고, 아름다운 법으로서 역대의 큰 전례 典禮 이다.

생각건대 황후 민씨閔氏는 영특하고 슬기로우며 착하고 온화하며 단정하고 엄숙한 자품으로 왕비에 간택되어 왕실의 빈嬪이 되었다. 아름다운 신정왕후를 계승하여 정성과 효도가 두터웠고 종묘를 공손히 받들어 엄숙하게 게을리하는 일이 없었다.

궁중에서는 새벽부터 정사에 부지런해야 한다고 짐을 일깨웠고, 태자를 낳아 자손들이 번성하게 될 복이 깃들게 하였으며, 경서와 역사를 널리 알고 옛 규례에 익숙하여 나를 도와 궁중 안을 다스림으로써 짐에게 큰 도움이 되었다. 어려운 때를 거듭 만나서 온갖 근심을 다 맛보았으며, 사변에 대처하여서는 경도經道와 권도權道에 합치되었고, 황후로서의 위의를 손상시키지 않으면서도 위태로운 상황을 편안한 데로 인도하여 태평의 기반을 다졌으니 어찌 거룩하고 아름답지 않겠는가?

내가 임금 자리에 오른 지 32년이 되는 을미년(1895년) 8월 20일에 세상을 떠났는데, 이런 궁내의 사변은 너무나 불측스러운 것이어서 만고에 없었던 일이다. 원수를 갚지 못한 채 상복을 벗은 지금, 나의 슬픔과 동궁의 애통함은 끝이 없다.

생각건대 오늘날 큰 왕업을 중흥하여 자주 국권을 찾은 것은 실로 황후가 도와준 성과이다. 하늘의 보살핌이 극진하고 조상들의 음덕이 있었기 때문에 내가 황제의 칭호를 받게 되고 황후도 따라서 높아졌으니, 새로운 천명을 이어받아 선대를 빛내고 후대에 은택을 끼치게 되었다. 훌륭한 공적이 드러났으니 진실로 시호를 올려 높이는 것이 마땅하다.

이에 해당 관청에 신칙하여 자세히 법을 상고해서 공경히 천지, 종묘, 태사太社, 태직太稷에 고하도록 한다.

이 해 음력 10월 11일에 명성 황후明成皇后라는 시호諡號를 올렸다.
예의와 정리에 부합되므로 큰 은택을 널리 베푸노라."

일본 공사 미우라가 일본군을 동원하여 조선의 왕후를 살해하다

1895년 음력 8월 20일(양력 10월 8일) 새벽에 조선 주재 일본 공사 미우라 고로三浦梧樓가 일본 영사관 수비대와 행동대원들을 거느리고 경복궁 경내의 왕과 왕비의 거처로 사용하던 건청궁에 난입하여 왕후 민씨를 죽이고, 그 시신을 불태우는 만행이 벌어졌다. 이른바 을미사변乙未事變이 발발한 것이다. 이 사건의 전말에 대해 실록은 자세한 기록을 남기지 못했는데, 이는 《고종실록》이 일제의 감시 아래 편찬된 까닭이다. 따라서 을미사변의 배경과 배후에 대해서는 의견이 분분하다. 이에 당시 사건에 대한 여러 기록을 소개함으로써 보다 객관적인 시각을 제공하고자 한다.

우선 고종시대를 기록한 대표적인 야사인 《매천야록》은 이렇게 쓰고 있다.

> 8월 20일에 일본 공사 삼포오루(미우라 고로)가 대궐에 침범해서 왕후 민씨가 피살당하고, 궁내부 대신 이경직과 대대장 홍계훈도 적에 대항하다 죽었다.
> 왕후는 오랫동안 정사에 간여하지 못하다가 일본 공사 정상형井上馨(이노우에 가오루)에게 후한 뇌물을 바치고 다시 전날과 같이 정사에 간여하려 하니, 박영효가 그를 질시하여 5월의 음모(왕후 살해 미수 사

건)가 있었다. 신임 영사 삼포오루는 이런 정황을 박영효에게 먼저 듣고 일을 도모하려 했던 것이다.

이렇듯《매천야록》은 당시 왕후 민씨가 러시아와 은밀히 연결하여 일본의 영향력을 약화시키려 하자 우선 박영효가 그녀를 제거하려다 실패하였고, 이어서 미우라 일본 공사가 다시 왕후 제거 작업에 돌입하여 을미사변을 일으켰다고 설명하고 있다.

한편, 캐나다인으로 영국 신문 〈데일리 메일〉 극동 특파원으로 활동했던 프리드릭 아서 매켄지Frederick Arthur McKenzie의《조선의 비극 The Tragedy of Korea》에는 당시 상황에 대한 좀 더 자세한 기록이 남아 있다. 다소 장황하게 기록된 매켄지의 글 중 중요 내용만 옮기자면 이렇다.

9월(1895년) 초순이 되자, 이노우에가 일본 공사에서 물러나고 군인 출신 미우라 고로가 후임으로 조선에 왔다.
미우라는 자신이 지속적으로 왕비의 반대에 부딪치고 있음을 알았다. 그는 사사건건 왕비의 방해를 받아왔다. 나약하고 결단력 없이 자신의 목표를 쉽게 바꿔버리는 왕은 양측(대원군과 일본)으로부터 보잘것없는 존재로 취급되었다.
왕비는 일본이 두려워하지 않을 수 없는 존재라는 것은 미우라는 잘 알고 있었다. 미우라가 어떤 방법으로 왕비를 무너뜨렸던가?
신임 일본 공사는 (왕비의 최대 정적인) 대원군과 손을 잡았다. 대원군은 실권을 회복하고 싶었고, 일본 공사는 기울어가는 일본의 영향력을 강화하고 싶었다. 오직 한 작은 여인이 이 두 사람이 바라는 것을 가로막고 있었다. 일단 왕비만 사라진다면 모든 일은 잘 풀린 것이 분명했다. 그래서 이들은 자신들의 행동 방향에 대해 의견을 나누기 위해 몇 차례 모임을 가졌으며, 모든 일은 업무 방식에 따라 이루어졌다.

10월 8일 새벽 3시 즈음에 대원군은 오카모토岡本柳之助가 이끄는 일본인 무리와 함께 그의 공덕동 별장을 출발했다. 오카모토는 세자궁 문 밖에 있는 부하들을 모아놓고 소리쳤다.

"여우(왕비)를 처단하라!"

군대가 담을 넘어 궐문 안으로 들어가자, 대궐이 소란스러워졌다. 일부 조선 수비대가 저항하였지만, 몇 사람이 사살되자 다른 사람들은 달아났다.

몇몇이 왕을 잡고서 왕비와 이혼하고 인연을 끊겠다는 약속을 하라는 내용의 문서를 내밀었다. 하지만 왕은 온갖 위협에도 그 문서에 서명하지 않았다.

다른 무리들은 왕비의 침소로 들어가고 있었다. 궁내부 이경직이 그들을 저지하려다 그 자리에서 살해되었다.

앞장서 가던 오카모토는 방 모퉁이에 몸을 숨기고 있는 작은 여인을 발견하자, 머리를 뒤로 젖히면서 왕비가 아니냐고 물었다. 그 여인은 이를 부인하고 몸을 뿌리치며 낭하로 도망치면서 비명을 질렀다. 그 자리에 있던 세자는 세 번이나 자기의 이름을 부르는 모후의 목소리를 들었다. 그러나 더 소리치기 전에 일본인들이 그녀를 덮쳐 죽였다. 몇 사람의 시녀들이 끌려와 시체를 보고 왕비임을 확인했고, 그들 중 세 명이 살해되었다.

난적들은 석유를 나르고, 아직 죽지 않았을 수도 있는 왕비를 이불

보로 싼 뒤, 그곳으로부터 멀지 않은 녹원의 숲속으로 운반했다. 그들은 그곳에서 시신에 기름을 붓고 그 주위에 나뭇단을 쌓은 다음 불을 질렀다. 그들이 타오르는 불길에 계속 석유를 부었고, 모든 것은 타고 몇 조각의 뼈만 남았다.

 매켄지의 이런 기록들을 종합할 때, 당시 미우라 고로는 왕후 민씨를 살해하기 위해 나름 치밀한 계획을 세웠으며, 이 계획을 일본 정부의 소행으로 보이지 않기 위해 대원군을 이용했던 것으로 판단된다. 말하자면 조선 정부 내부의 권력 다툼으로 조장하고, 그 사건에 일부 일본의 낭인들이 가담한 것처럼 꾸미려 했던 것이다.
 하지만 당시에 일본 군대가 을미사변을 주도했던 정황을 담은 문서가 있다. 당시 조선 시위대의 부령을 역임했던 현흥택의 보고서가 그것인데, 그 내용을 옮기자면 다음과 같다.

 개국 504년 음력 8월 20일 오전 2시, 대궐 담장을 순시하던 두 명의 시위대 병사가 내게 보고하길, 200여 명의 일본군이 방금 대궐 앞 삼군부로 들어갔다고 했다. 나는 이를 확인하기 위해 병사들을 보냈는데, 그 말이 사실임을 알았다. 4시가 되었을 때, 일본군이 서북문을 포위하고 대궐의 정원으로 향하는 북쪽 언덕 한가운데를 기어오르고 있었다.
 조선 군대 일부가 대궐의 앞문을 부수고 있다는 보고를 받고 그들을 저지하기 위해 전체 대궐 경내에 시위대를 배치했다. 이후 일본군이 서북문의 벽을 넘고 있다는 보고를 받고 달려갔더니 백 명의 일본군이 이미 대궐 후원에 들어와 있었다. 나는 후원으로 들어오는 문을 달고 시위대와 더불어 일본군을 막을 태세를 취했으나, 그때 일본군은 이미 열린 앞문에서 총을 쏘며 치고 들어오고 있었다.

그들은 나를 잡아 결박하고 계속 때리면서 왕비가 어디 있느냐고 캐물었다.

"당신들이 나를 죽인다고 해도 왕비가 계신 곳을 모른다."

그러나 나의 대답을 듣고, 그들은 나를 어전에 끌고 가서 누가 왕비인지 가리켜보라고 강압했다. 하지만 나는 그때도 모르겠다는 대답만 하였다.

그들은 나를 향원정으로 끌고 가서 마구 두들겨 팼다. 그때 갑자기 왕의 처소에 있던 일본인들이 함성을 내지르는 소리가 들려왔고, 나를 붙잡고 있던 무리들은 그 소리를 듣고 나를 놓아주고 그쪽으로 달려갔다.

나도 그곳으로 달려가 보니, 왕이 밖으로 끌려나오고 있었다. 나의 예측대로 왕비는 작은 방에 시체로 누워 있는 것이 보였다. 그때 일본인들은 나를 밖으로 내몰았다.

시간이 좀 지난 뒤에 왕비의 시신을 동편 정원 가까이서 태우고 있다는 소리를 듣고 그리로 달려갔다. 나는 타고 있는 시체의 옷이 여인의 것임을 분명히 보았다.

이렇듯 현흥택은 일본군이 주도하여 왕비 민씨를 죽였다고 명백히 증언하고 있고, 을미사변 당시 현장에 있었던 미국인 선교사 호머 베절릴 헐버트도 《대한제국의 몰락The Passing of Korea》에서 현흥택의 말을 옹호하고 있다.

미우라는 왕비에 대한 국태공(대원군)의 반감을 점점 부추기면서 비위를 맞추는 동시에, 이 두 강자 사이에 자꾸만 벌어지는 불화를 해소하려고 노력하기보다는 오히려 일본에 이롭다는 생각으로 이들 사이가 벌어지는 것을 이용하려 했다.

10월 8일 새벽 3시에 몇몇의 낭인을 포함한 여러 명의 일본인은 몇 사람의 한인들과 함께 한강 근처에 있던 대원군의 처소로 가서 그를 데리고 서울로 전진했다.

일본군들이 왕과 왕비가 거처하는 궁궐에 도착했을 때, 그들 중의 일부는 군명에 따라 그곳을 둘러싸고 접근하는 사람들을 감시만 했을 뿐, 궐내로 들어가지는 않았다. 대체로 낭인으로 믿어지는 일본의 민간인들과 중무장한 상당수의 조선인들이 왕의 침실로 몰려들어 그들 중 일부가 무기를 휘두르면서 왕의 처소로 들어갔다. 그러나 왕이나 그의 옆에 있던 황태자를 직접 다치게 하지는 않았다.

그들 가운데 다른 한 무리가 궁녀들을 붙잡고 왕비의 소재를 물으면서 그녀의 처소로 달려갔다. 그들은 왕비의 처소 앞에서 궁내부 대신 이경직을 만나자 한칼에 찔러 쓰러뜨렸으나, 이경직은 기어코 왕의 처소로 가려다가 일본군의 손에 죽임을 당했다.

왕비는 그가 쓰던 여러 개의 방 가운데 한 침실에서 발견된 후 무참히 난도질당했다. 칼을 휘두른 사람이 누구냐 하는 문제에 관해서는 정확하게 설명할 수 없다. 다만 무장한 일본군이었으리라는 것이 지배적인 추측이다.

시신은 몇 개의 천으로 싼 다음 석유를 뿌리고 왕의 처소 앞에 있는 호수의 동쪽에 있는 소나무 숲의 모퉁이에서 불태워졌다.

명성황후에 대한 당시 외국인들의 평가

　명성황후 민자영에 대한 평가는 아주 극단적으로 갈라져 있다. 한쪽에서는 당시 약소국의 왕비로서 외세를 적절하게 잘 이용한 매우 뛰어난 인물로 묘사하는 반면, 다른 쪽에서는 민씨 외척 정권의 우두머리로서 조선 왕조 몰락의 주범이라고 비난하기도 한다. 또한 한쪽에서는 매우 검소하고 조용하며 고종을 영리하게 내조한 왕비라는 평가가 있는 반면, 다른 쪽에서는 무속에 빠져 국가 재정을 함부로 낭비한 인물이라고 비난하기도 한다. 거기다 임오군란 때 청나라 군대를 끌어들인 장본인이라는 주장이 있는가 하면, 당시엔 숨어 있던 처지라 청나라를 끌어들일 처지가 아니었다는 주장을 하는 이도 있다. 또 설사 청나라 군대를 끌어들였다 하더라도 대원군과 군인들의 쿠데타를 해결하기 위해서는 불가피한 조치였다고 주장하는 이도 있다.

　하지만 이런 평가들이 모두 정확한 사실에 바탕하고 있다고 단언할 수는 없다. 그래서 당대에 그녀를 만나고 경험했던 외국인들이 그녀에 대해 어떤 평가를 했는지 알아보는 것으로 보다 객관적인 시각을 제공하고자 한다.

　우선 조선에 일본 공사로 왔던 우노우에의 평가부터 살펴보자. 헐버트에 의하면 우노우에는 "일본 정부가 조선에 보낸 인물 중에서 가장 강직하고 고결했으며, 탁월한 수완을 가진 인물"이라고 한다. 그는 일본으로 돌아간 뒤 조선 왕비 민씨에 대한 보고서를 의회에 제출한 바 있는데, 거기서 그녀에 대해 이런 평가를 내놓았다.

　"민비는 적이 많았지만 비상한 능력을 가진 여자였다. 흠이 있다면 미신을 좋아한다는 것이다. 그녀는 세자의 신변을 걱정하며 늘 부처님에게 세자의 안전을 빌고 있다."

이렇듯 우노우에는 공개적으로 명성황후를 비상한 능력이 있는 인물로 평가하고 있다. 하지만 우노우에 후임으로 일본 공사관으로 온 미우라 고로는 같은 말을 전혀 다르게 표현한다. 미우라는 명성황후에 대해 이렇게 단정한다.

"민비는 과거 20년 동안 조선에서 엄청나게 많은 과오를 저지른 악의 중심이다. 그러니 우리 일의 성패는 그녀를 제거하느냐 못하느냐에 달려 있다. 조선 궁궐에 들어가는 즉시 민비를 죽여야 하는 이유가 바로 이것이다."

미우라의 이 말은 당시 명성황후가 일본에겐 어떤 수단을 동원해서라도 제거해야만 하는 가장 무서운 정적이었다는 뜻이다. 비록 미우라는 정적이기 때문에 그녀를 제거해야 한다고 말했지만, 그 말의 진정한 의미는 그녀를 제거하지 않고는 조선을 손아귀에 넣는 것이 불가능하다는 것이다. 그렇다면 미우라 역시 우노우에와 마찬가지로 명성황후를 매우 비상한 인물로 판단했다는 뜻이다. 비록 그녀가 조선을 집어삼키는 데 걸림돌이 되기 때문에 제거하지만, 그녀의 뛰어난 정치적 수완은 인정한 셈이다.

조선에 선교사로 온 여인 릴리아스 호튼 언더우드는 자신의 저서 《상투 튼 나라, 조선에서의 15년》에서 명성황후를 만난 첫인상을 이렇게 서술하고 있다.

약간 창백하고 아주 가냘프며, 어느 정도 뚜렷한 얼굴과 명석하고 날카로운 눈을 가진 그녀는 언뜻 보기에도 아름답게 보이지는 않았지만, 어느 누가 보기에도 그 얼굴에서 보이는 힘과 지적이고 강한 성격을 읽을 수 있었다. 그녀는 말을 시작했을 때 쾌활함과 순수함, 그리고 기지 등이 그녀의 용모를 밝게 만들었으며, 단순한 육체적인 아름다움보다 훨씬 크고 놀라운 매력을 주었다.

이후 릴리아스는 여러 차례 왕비를 접했고, 그녀의 행동 방식과 태도, 그리고 정치적인 사안들을 처리하는 것을 본 뒤에 다시 그녀를 이렇게 평가했다.

그녀는 섬세하고 유능한 외교가였으며, 자신에 대해 아주 적대적인 무리들의 허를 찌르기 일쑤였다. 더욱이 그녀는 폭넓고 진보적인 정책에 탁월성을 보였고, 애국적이었으며, 또 자기 조국의 최대 이익에 헌신했고, 동양의 왕비들에게 기대되는 것보다 훨씬 더 적극적으로 백성들의 이익을 챙겼다.

이렇듯 릴리아스가 본 명성황후는 매우 지적이고 진보적이며 국가의 이익에 헌신하는 인물이었다. 그래서 릴리아스는 명성황후를 단적으로 '매우 애국심으로 가득한 똑똑한 왕비'라고 표현한다. 또한 명성황후와 일본의 관계에 대해서는 '조선의 일본화 계획에 쉽사리 따르지 않으려는 사람'이라고 했으며, '일본의 계획에 방해물이 되는 존재'라고 분석했다.

그녀가 이토록 명성황후에 대해서 긍정적으로 평가한 것은 명성황후가 당시 조선에 와 있던 외국 여인들을 매우 잘 챙겨줬기 때문인지도 모른다. 그녀는 명절이면 어김없이 외교 공사관 부인들이나 선교사들에게 선물을 보내주곤 했기 때문이다. 또한 그들의 실수에 대해서도 항상 관대했다. 때문에 조선에 머물던 외국 여인들에겐 매우 좋은 평가를 받았다.

무속에 빠져 국고를 탕진한 왕과 왕비

일본 공사 이노우에는 명성황후가 매우 명민한 사람이었다고 하면서도 미신에 빠져 있었다는 말을 덧붙였다. 그리고 이노우에는 그 미신의 구체적인 내용이 세자를 위해 불공을 드린 것이라 밝혔다. 하지만 세간에는 명성황후가 어느 무당을 지나치게 신뢰하여 그녀에게 진령군이라는 군호도 내리고, 툭하면 굿판을 벌여 국고를 축내고 있다는 소문이 파다했다. 그렇다면 명성황후가 무속에 빠져 지냈다는 이 소문은 어디까지가 사실이고, 어디까지가 과장된 것이며, 만약 과장이 있었다면 그 과장의 진원지는 어디였을까?

명성황후뿐 아니라 고종까지 무속에 빠져 국고를 탕진했다는 내용은 무당 진령군 이야기로부터 비롯됐다. 그리고 실제 진령군이라는 무당은 실록에도 등장한다. 다음은 고종 31년(1894년) 7월 5일에 형조참의를 지낸 지석영이 올린 상소문인데, 여기에 진령군이 등장한다.

신이 전국의 억만 백성의 입을 대신하여 자세히 진술하겠습니다. 정사를 전횡하고 임금의 총명을 가리며 백성을 수탈하여 소요를 초래하고 원병을 불러들이게 만들며 난이 일어나자 먼저 도망친 간신 민영준閔泳駿(민영휘)과 신령의 힘을 빙자하여 임금을 현혹시키고 기도한다는 구실로 재물을 축내며 요직을 차지하고 농간을 부린 요사스러운 계집 진령군眞靈君에 대하여 온 세상 사람들이 그들의 살점을 씹어 먹으려고 합니다.

아! 저들의 극악한 행위가 아주 큰데도 한 사람은 귀양을 보내고 한 사람은 문책하지 않으며 마치 아끼고 비호하는 것처럼 하니 백성들의 마음이 어찌 풀리겠습니까. 삼가 바라건대, 빨리 상방검으로 두 죄인을 주륙하고 머리를 도성문에 매달도록 명한다면 민심이 비로소 상쾌하게 여길 것입니다. 그렇게 한 다음 숨어 있는 우수한 인재를 모두 뽑아서 각각 합당한 직무를 맡기고 협력하여 충성을 바치게 한다면 빠른 시일 내에 나라가 부유하고 군사가 강해질 것입니다.

지석영의 이 상소는 일본이 경복궁을 침범하고 물러간 뒤, 민영준과 진령군이 충주로 달아났다는 소문이 퍼진 뒤에 올린 것이다. 상소의 내용으로 봐서 진령군이라는 무당에 혹하여 고종과 명성황후가 국고를 축내고 있었던 것으로 보인다. 하지만 당시 고종은 지석영의 이 지적에 대해 대수롭지 않게 이렇게 비답한다.

"원래 참작한 것이 있다."

고종의 이 말은 매우 애매하다. 진령군으로 인해 재물이 축나고 있다는 사실을 부정하지는 않으면서, 그에 대한 합당한 이유가 있다는 말로 들린다.

실록엔 또 진령군에 대한 다른 기록도 보인다. 고종 44년(1907년) 1월 21일, 법부대신 이하영이 이유인 등을 처벌해야 한다고 아뢰면서 이런 말을 하고 있다.

"안효제는 갑오년(1894년) 연간에 상소하여 진령군을 누이니 아우니 하였다는 말을 들추어내었습니다."

이 상소에서 '진령군을 누이니, 아우니' 했다고 하는데, 그렇다면 누가 무녀 진령군을 누이나 아우로 불렀다는 뜻일까? 이에 대한 내용은 사간원 정언을 지낸 안효제가 고종 30년(1893년) 8월 21일에 올린 상소에 나타난다. 그는 이때 상소를 올려 궁궐에서 이치에 맞지 않는 제사를 지나치게 많이 지낸다고 비판한 바 있고, 그 제사의 중심에 진령군이 있음을 지적하고 있다.

안효제의 상소 내용의 대략은 이렇다.

옛날 선조 때 임진왜란 이후 명나라 장수가 관왕關王(관우)의 신령이 나타나서 몰래 도와준 일이 있다고 하여 비로소 동쪽과 남쪽에 두 개의 관왕 사당을 지었습니다. 대개 관왕의 곧고 충성스러운 절개는 해와 별과 같이 빛났으므로 우리 열성조도 제사를 지냈다는 것이 중사의 규례에 기록되어 있습니다. 이것은 실로 숭상하고 찬양하는 뜻을 표시한 것이지 오로지 복을 빌기 위해서 설치한 것은 아닙니다.
우리 전하가 북관왕묘北關王廟(서울 동서문 안에 있던 관우의 사당)를 더 지은 것도 다 같이 훌륭한 뜻에서 나온 것인데, 어찌하여 근래에 와서는 시속이 거짓과 야박한 것을 숭상하고, 굿을 하는 것이 풍속을 이루어 제사지내는 위풍당당한 곳을 주문을 외우며 기도를 드리는 장소와 같이 여기는 것입니까?
요사이 일종의 괴이한 귀신이 몰래 여우 같은 생각을 품고 성제聖帝의 딸이라고 거짓말을 하며 스스로 북관왕묘의 주인이 되어 요사스럽고 황당하며 허망한 말로 중앙과 지방의 사람들을 속이고 함부로 '군' 칭호를 부르며 감히 임금의 총애를 가로채려 하였습니다.
또한 잇속 늘이기를 즐겨하며 염치가 없는 사대부들을 널리 끌어들여서 아우요, 아들이요 하면서 서로 칭찬하고 감춰 주며 가늠할 수 없이 권세를 부려 위엄을 보이거나 생색을 내니, 왕왕 수령이나 감사들도 많은 경우 그의 손에서 나옵니다.

아! 부당한 제사를 지내기 좋아하며 귀신을 모독하면서 복을 구하니 도리어 이런 죄를 짓는 것은 멸망의 길입니다. 비록 일반 백성 중에서 사리를 좀 아는 사람이라도 이런 무리들에게 속지 않을 것인데, 더구나 총명한 전하가 오히려 깨닫지 못하겠습니까?

안효제의 말인즉, 왕과 왕비가 서울에 관우의 사당인 북관왕묘를 짓고, 그곳에서 자칭 진령군이라는 무녀가 사대부를 상대로 무속 장사를 하는데, 이런 행동을 왕이 동조하면 되겠느냐는 비판이었다.

나라의 언론 관청인 사간원 출신이 이런 상소를 올린 것으로 봐서 당시 진령군이라는 무당이 존재했고, 왕과 왕비가 그 무당에게 빠져 숱하게 많은 굿판을 벌인 것이 사실이었던 것으로 보인다.

그렇다면 도대체 왜 이런 굿판을 벌인 것일까? 그 첫째 이유는 이노우에의 말대로 세자의 안녕을 빌기 위해서였을 것이다. 그리고 다음으론 당시 가뭄으로 흉년에 시달린 데다 전국 곳곳에서 민란이 일어났기 때문에 국가의 안녕을 위한 제사의 일환이었을 것이다. 세 번째로는 명성황후의 건강을 기원했을 것으로 보인다. 당시 명성황후는 아주 오랫동안 불면증에 시달리고 있었다. 명성황후가 불면증에 시달리기 시작한 것은 1874년에 상자 폭탄에 의해 어머니와 오빠, 조카를 한꺼번에 잃었을 때부터였다. 그리고 1882년에는 임오군란으로 하마터면 목숨을 잃을 뻔하였고, 그녀의 자취가 오리무중인 가운데 장례식까지 치러졌으니 또 한 번 그녀는 엄청난 정신적 충격을 받았다. 이후에도 갑신정변 때는 믿고 의지하던 민태호 등의 신하들을 모두 잃고, 조카로 입양한 민영익은 중상을 입고 사경을 헤매다 겨우 회생하면서 또 한 번 마음에 큰 상처를 입었다. 이후 불면증이 매우 극심해져 미국 의사 알렌이 아편이 섞인 수면제를 처방했을 정도였다.

명성황후뿐 아니라 고종도 정신적 고통에 시달리긴 매한가지였다. 아버지 흥선대원군과의 대립, 그리고 임오군란과 갑신정변, 거기다 전국 각지에서 연이어지던 민란 등으로 엄청난 스트레스에 시달리고 있었다.

고종과 명성황후가 자주 제사를 지내고, 때론 굿을 하면서까지 진령군에게 매달린 것은 그런 정신적 충격을 위로하기 위한 일종의 치료 행위였을 가능성이 높다. 하지만 한 나라를 이끌고 있는 왕과 왕비로서 무속에 의지하여 내탕고를 탕진하는 것은 용납할 수 없는 일이 분명했다. 거기다 왕과 왕비의 절대적인 신임을 얻은 무녀는 백성들을 상대로 굿판을 벌이며 돈을 벌어들이고, 심지어 매관매직까지 벌이고 있는 상황이었다. 그런 의미에서 안효제와 지석영의 비판 상소는 고종이 마땅히 받아들여야 하는 것이었다.

《매천야록》에 의하면 진령군이라는 그 무당은 임오군란 당시 명성황후가 충주 장호원에 피난해 있을 때 만났다고 한다. 그리고 명성황후는 그녀를 신뢰하여 환궁할 때 그녀를 서울로 데리고 왔다는 것이다. 무녀 진령군의 능력에 대해 《매천야록》은 이렇게 쓰고 있다.

몸이 좋지 않을 때 무당의 손이 아픈 곳을 만지면 증세가 점점 줄어들어 날로 효험이 커졌다. 그녀는 매일 중궁전에 머물렀으며, 중궁은 그녀의 말이라면 듣지 않은 것이 없었다고 한다. 무당이 말하기를 자기는 관운장의 영을 받은 딸이니, 마땅히 사당을 지어 받들게 해 달라고 하자 중궁이 그대로 따랐고, 그 무당을 진령군으로 봉했다.

《매천야록》은 또 진령군을 누이라고 부르던 인물들을 조병식, 윤영신, 정태호 같은 높은 벼슬아치들이라고 하였다. 그리고 진령군의 세도는 십여 년 동안 계속되어 1894년에는 극에 이르렀고, 이 때문에 안효제가 왕과 왕비에게 진령군을 죽이라고 상소했으며, 이 일로 안효제는 추자도에 유배되었다고 쓰고 있다.

《매천야록》에 따르면 진령군은 1894년에 일본군이 경복궁을 침범했을 때 충주로 달아났다고 쓰고 있다. 이후 지석영이 상소를 올려 진령군을 처형해야 한다는 주장을 했다고 한다. 이후 진령군은 죽은 것으로 기록되었는데, 정확하게 언제 어디서 어떻게 죽었는지는 기록되지 않았다. 《매천야록》 1906년 12월 기사에 이런 내용이 전한다.

경무사 김사묵에게 계속해서 직임을 맡도록 명하였다. 이보다 먼저 김창렬의 어미 진령군이 죽자, 김사묵이 의붓아들로서 복을 입었다. 김사묵이 경무사에서 쫓겨나게 생겼는데, 임금이 진령군을 생각해서 교체하지 말 것을 명했다.

《매천야록》의 이 기록이 사실인지 알 수는 없으나, 실록에 의하면 김사묵은 1905년 9월 27일에 경무청 경무국장에서 경무사로 승진했다. 이후 그는 경상도 관찰사를 거쳐 순종 대에는 경기도 관찰사가 되었다. 따라서 《매천야록》의 기록이 사실이라면 고종은 진령군을 매우 총애했고, 그 총애는 그녀가 죽은 뒤에도 이어졌던 셈이다.

7장. 1888년 ~ 1896년

고종이 러시아 공사관으로 이어하다
- 아관파천

- 재위 32년(1895년) 음력 10월 11일에 임최수와 이도철을 신문하고 처리하게 하다.

  법부에서 시종 임최수와 참령 이도철 등을 잡아다 신문하고 처리하기를 아뢰니 윤허하였다. 임최수 등은 역적을 쳐서 복수하는 일로 내각에 들어가려다가 일이 드러나서 체포된 것이다.

- 재위 33년 2월 11일에 러시아 공사관으로 주필을 이어하다.

  임금과 왕태자는 대정동의 러시아 공사관으로 주필駐蹕(외부에 행차한 어가)을 이어하였고, 왕태후와 왕태자비는 경운궁에 이어하였다.

- 2월 20일(양력), 임최수와 이도철에게 관작을 회복시켜 주다.

  조령을 내렸다.

  "개국 504년 10월 11일 사건은 창의 복수를 위한 것으로서 망동한 잘못은 없지 않으나 용서할 만한 것이 있다. 그런데 흉당의 모함을 입어 원통한 죽음까지 당하였으니 어찌 슬프고 불쌍하지 않겠는가? 유배와 징역에 처하였던 여러 죄인은 이미 석방되었으니, 임최수와 이도철도 모두 그 관작을 회복하라."

- 3월 11일(양력), 졸한 임최수와 이도철에게 위로금을 주도록 하다.
 고 시종 임최수와 고 참령 이도철이 의리를 제창하여 원수를 갚다가 흉악한 무리들의 모함에 빠져 참혹하고 억울하게 죽은 데 대하여 돌보아주는 돈을 주라고 명하였다. 내각의 계청으로 인한 것이었다.

친미, 친러세력의 고종 구출 작전이 실패하다 – 춘생문 사건

을미사변으로부터 두 달이 채 못 된 1895년 음력 10월 15일(양력 11월 28일), 일군의 군대가 경복궁 잠입을 시도하고 있었다. 그들은 친위대 제1대대 소속 중대장 남만리와 제2대대 소속 중대장 이규홍 휘하 800여 명의 장졸들이었다. 그들의 잠입 목적은 고종을 경복궁 밖으로 빼돌린 후, 친일 정권으로 인식된 김홍집 내각을 타도하고 새로운 정권을 세우는 것이었다.

그들 군인들 외에도 이 모의에 참여한 인물들은 더 있었다. 시종 원경 이재순, 시종 임최수, 참령 이도철, 정위 이민굉, 중추원 의원 출신 이충구, 중추원 의관 안경수 등의 근왕 세력과, 친러·친미 세력으로 구성된 정동파 관료 이범진, 이윤용, 이완용, 윤웅렬, 윤치호, 이하영, 민상호, 현흥택 등과 언더우드Underwood, H. G., 에비슨Avison, O. R., 헐버트Hulbert, H. B., 다이Dye, W. Mc., 알렌Allen, H. N. 등의 미국인들, 그리고 러시아 공사 베베르Weber, K. I.도 함께했다.

하지만 남만리와 이규홍이 이끌던 부대는 처음엔 안국동을 거쳐 건춘문으로 진입하려는 계획이었다. 그러나 이 계획이 무산되자, 삼청동으로 올라가 경복궁 후원 동쪽 문인 춘생문 담장을 넘어 진입하려 했다. 그런데 그들이 춘생문에 이르자 궁성을 지키고 있던 또 다른 친위 부대가 함성을 질러대며 공격을 가해왔다. 그들은 이미 남만리와 이규홍이 이끄는 부대가 대궐을 공격할 것이라는 정보를 미리 입수했던 것이다. 이 바람에 남만리와 이규홍 부대는 패퇴하고 말았다.

그들의 경복궁 잠입 계획이 유출된 것은 거사에 동참하기로 했던 친위대 대대장 이진호의 배신 때문이었다. 이진호는 함께하기로 했던 약속을 어기고 군부 대신 서리 어윤중에게 밀고했던 것이다.

결국 친러·친미 세력이 계획한 고종 구출 작전, 즉 춘생문 사건은 실패로 종결되었다. 이 사건으로 체포된 임최수와 이도철은 사형을 당했고, 이민굉, 이충구 등은 종신 유배형에 처해졌으며, 이재순, 안경수, 김재풍, 남만리 등은 태 100대에 징역 3년형을 받았다. 그리고 그 외의 가담자들은 모두 미국과 러시아 공사관 또는 선교사들의 집에 숨거나 해외로 탈출했다.

다음은 춘생문 사건 판결 선고서에 나타난 사건 경위를 주요 피고인별로 정리한 내용이다.

1. **임최수:** 피고 임최수는 이해 8월 20일(을미사변) 이후 나라에 사변이 있을 때를 틈타서 창의한다는 명색 아래 밀지를 위조하고 이도철, 홍병진, 이충구, 이민굉 등 무리들과 음모를 짜서 이해 10월 11일 저녁에 같은 무리 30여 명을 훈련원에 모아 놓고는 중궁 폐하를 동소문 밖에서 맞이한다고 선언하였다. 그리고는 이도철과 이민굉을

단속하여 군복 차림으로 먼저 달려가 동별영에 곧바로 들어가서 칙령을 거짓으로 전하게 하였으며 제1대 중대장 남만리와 제2대 중대장 이규홍을 위협하여 군사를 동원시켰다.

애당초 피고가 무리를 불러 모아 일을 꾸민 원인은 중궁을 맞이한다는 핑계 아래 허망한 말을 꾸며대어 사람들을 유혹하고, 조령을 거짓으로 전달하여 나라의 군사를 제 마음대로 동원해 정부를 뒤집어엎으려는 것이었다.

2. 이도철: 피고 이도철은 이해 8월 20일 사변 후에 임최수와 우연히 상종하여 자연히 들어맞았기 때문에 이해 10월 11일 밤에 임최수의 지휘를 따라 훈련원에 모여서는 양복을 걸치고 대대장으로 가장하였다. 동별영으로 군사를 동원시킬 때 중대실에 먼저 돌입하여 두 중대장에게 칼을 휘둘러 위협하기를 '칙령이 있다'고 하고는 일제히 군사를 동원하여 춘생문으로 곧바로 들어가 태화궁에 군사를 머물렀다. 그리고 두 중대의 군사를 위협하기를 각국의 공사가 대궐에 들어와 담판하면 대궐문이 열릴 것이니, 대궐에 들어간 후 칙령에 따라 정부의 각 대신을 살해하라고 하였다. 임최수와 음모를 짜고 병영의 군사를 위협하여 함부로 동원하였으며, 각국의 공사를 핑계대고 군사들의 마음을 현혹시켰다.

3. 이민굉: 피고 이민굉은 이해 10월 10일에 홍병진의 집에서 임최수와 서로 만나 그 흉악한 음모에 비로소 참가하였으며, 그 이튿날인 11일 밤에 미국 공사관에 가서 이범진에게서 "큰일을 장차 거사하려 한다"는 말을 달갑게 들었다. 그리고 훈련원에 미리 가서 이덕순, 김진호, 홍진길과 함께 동별영에 돌입하여 군사를 함부로 동원시켜 춘생문으로 돌입하려고 하다가, 함성이 대궐 안에서 갑자기 터지

는 것을 듣고는 몸을 빼어 집으로 돌아갔다고 하였다.

4. 이충구: 피고 이충구는 이해 9월 7일에 홍병진의 집에서 임최수와 서로 만나 "중궁을 맞이할 계책이라"고 하고 충분히 짰으며, 10월 10일에 홍병진의 집에서 약속하고 모여 다음날 밤에 거사할 방책을 의논하였다. 이때 피고는 우리나라 말을 서양 사람에게 가르치기 때문에 서양 사람들과 널리 친하여 각국의 공사관과 통한다고 빈말로 자랑을 늘어놓아 임최수와 배짱을 맞추었다. 그리고 탄환 80개를 홍병진에게 주면서 말하기를, "이것도 서양 공사관에서 얻은 것인데 우선 급할 때 쓰도록 하되 이후에 많이 얻는 것도 어렵지 않다."라고 하였다. 10월 11일 저녁에 홍병진의 집에 모였다가 훈련원으로부터 동별영까지 옮겨가서 군사를 일으켜 출발하는 것을 보고는 홍가의 집에 되돌아왔다. 홍병진의 아버지 홍준영을 이끌고 일이 성공하는가 실패하는가를 관망하려고 태묘문 밖에서 머뭇거리다가, 대궐로 쳐들어갔던 군사들이 괴롭게 부르짖으며 퇴각해 달아나는 광경을 보고는 각각 자기 집으로 돌아갔다고 하였다. 피고는 서양 사람의 어학 교사로 정동에 왕래하며 각 공사관과 널리 아는 체하고, 각 공사관에 의탁하여 흉기를 흉악한 무리에게 주어 음흉한 모의를 부추겼으니, 은밀히 흉계를 짠 것이 매우 음험하다.

5. 안경수: 피고 안경수는 이해 10월 11일 오후에 이충구가 피고의 집에 와서 말하기를, "우리가 한창 의리를 제창하려고 하는데 이런 때에 큰 기대를 거는 것은 대감 한 사람입니다. 이제 앞장서서 제창하면 저들이 뒷받침을 할 것입니다. 공모한 자는 정동의 공사관에 피신한 이범진 등과 임최수, 홍종영들로서 각 병영의 장관과 결탁하여 오늘밤에 군사를 일으켜 대궐에 들어가 정부를 뒤집어엎는 일은

정녕코 깰 수 없습니다."라고 하였다.

피고는 이 말을 듣고 즉시 미국 공사관에 가서 이범진과 이윤용 등을 찾아보고 사유를 탐지한 다음, 이민굉, 김재풍과 함께 홍병진의 집에 옮겨가 임최수 등을 만나 동정을 살펴보니 그 처사가 오합지졸들이 하는 것과 같았으므로 계책을 써서 외부대신 김윤식에게 고발하였다고 한다.

그러나 그날 밤 외부대신에게 고발한 것도 두루뭉술하게 말하여 완만한 말로 사람을 속이는 재주를 부린 것이다. 그리고 이민굉의 공술과 대질할 때 이민굉을 위협하여 물러나지 못하게 한 것, 또 안군부가 앞에서 길을 인도한다는 말을 이미 10일에 들었다고 한 것, 피고가 미국 공사관에 도망쳐 있는 사람들과 종전에 두 차례 편지를 주고받은 원인을 참작하면 피고가 좌우로 형편을 관망하면서 이 글을 덮어두려고 한 것은 여러 사람의 공술에서 확실한 증거가 이미 나타난 만큼 죄상을 덮어버리기는 어렵다.

이렇듯 판결 선고서는 임최수와 이도철을 거사의 핵심 인물로 판단하고 있다. 거사를 처음 기획한 인물은 시종 임최수이며, 이에 가장 적극적으로 가담하여 군대를 동원하는 데 결정적인 역할을 한 인물은 이도철이라고 한 것이다.

임최수는 거사 과정에서 을미사변으로 이미 죽은 왕후 민씨가 살아 있는 것으로 믿게 하려 했던 것으로 보인다. 그가 이런 계획을 짠 것은 민씨가 살아 있을 경우 거사의 성공 가능성이 훨씬 높았기 때문이다. 그리고 그는 거짓 칙령을 통해 군대를 동원하기도 하였다. 칙령을 거짓으로 꾸민 것은 고종으로부터 거사를 이미 허락받았다고 믿게 하려는 의도로 보인다.

이렇듯 임최수는 나름대로 치밀한 계획을 세우고 동조자를 하나둘 포섭하였고, 그 범위는 상당히 넓었다. 근왕 세력은 물론 친위대와 친러 세력, 친미 세력으로 구성된 정동파 정치 관료들, 미국 공사관, 러시아 공사관까지 끌어들인 것이다. 따라서 만약 친위대 대대장 이진호의 배신만 없었더라면 성공할 수도 있었던 계획으로 평가할 수 있다.

고종, 러시아 공사관으로 몸을 피하다

비록 춘생문사건은 실패로 끝났지만, 이범진 등의 정동파 정치인들은 고종 구출계획을 포기하지 않았다. 그리고 마침내 두 달 보름이 채 지나지 않은 1896년 2월 11일에 고종을 러시아 공사관으로 이어시키는 데 성공했다. 이른바 아관파천이 발발한 것이다.

아관파천 계획은 외국으로 달아났던 친러파 이범진이 비밀리에 입국하면서 본격화되었다. 그는 친러파인 이완용, 이윤용, 러시아 공사 베베르 등과 고종을 궁궐에서 빼돌릴 계획을 모의했다. 그리고 러시아는 아관파천 하루 전인 2월 10일에 인천항에 정박 중이던 러시아 함대에서 120명의 병력을 서울 러시아 공사관으로 이동시켰다.

이후 그들은 고종이 왕후 민씨가 죽은 이후에 정신적으로 의탁하던 후궁 엄상궁을 통해 고종에게 은밀히 접근하였다. 그리고 고종에게 흥선대원군이 왕의 폐위를 공모하고 있다며, 러시아 공사관으로 일단 몸을 피해야 한다고 했다. 이에 고종은 그들의 계획에 동조하여 러시아 공사관으로 갈 것을 결심했다. 그리고 1896년 2월 11일 새벽, 고종은 왕태자 척과 함께 몰래 궁녀의 교자를 타고 경복궁 영추문을 빠져나가 러시아 공사관으로 몸을 옮겼다.

이렇듯 고종은 러시아 공사관으로 파천播遷(왕이 난을 피하는 것)한 후, 정국은 급변했다.

고종은 파천하자마자, 김홍집 내각을 와해시키고 주요 인물들에 대한 체포 명령을 내렸다. 이 과정에서 총리대신 김홍집과 농상공부대신 정병하가 군중들에게 맞아죽었고, 탁지부대신 어윤중은 도피 중에 평소 앙심을 품고 있던 자에게 살해되었으며, 외부대신 김윤식은 제주도로 유배되었다. 그리고 내부대신 유길준을 비롯한 십여 명은 일본으로 도피했다.

이렇듯 친일적 성격을 띠었던 김홍집 내각이 무너지자, 정동파로 구성된 친러, 친미 세력이 정권을 장악했다. 아관파천을 주동한 이범진은 법부대신과 경무사를 겸했고, 이완용, 이윤용, 박정양, 조병직, 윤용구, 이재정, 안경수, 권재형, 윤치호, 이상재, 고영희 등이 요직을 차지했다.

이후 친러내각은 갑오개혁의 주요 사업들을 모두 폐지하고, 단발령에 대해서도 유보하는 조치를 내렸다. 또한 을미사변 이후에 일어난 의병들을 회유하여 본업으로 돌아가게 하였고, 각종의 공세를 탕감하는 정책으로 인심을 누그러뜨렸으며, 춘생문 사건으로 사형된 임최수와 이도철을 비롯하여 유죄 판결을 받은 인물들을 모두 복권시켰다. 또한 일본인 고문관은 러시아인 고문관으로 대체하였고, 러시아 학교를 설립하는 등 친러정책을 본격화했다.

한편, 일본은 러시아와 베베르·고무라 각서를 체결하고 아관파천과 친러정권을 인정했다. 또한 을미사변에 대한 일본의 책임을 시인하고 일본군 병력을 감원하거나 철수하는 조치를 취했다. 이후 일본과 러시아는 양국이 조선을 공동 점거할 수 있다는 내용을 담은 로바노프·야마가카 의정서를 체결했다. 이 의정서 체결 이전엔 일본은 39도선을 중심으로 조선을 양국이 분할 지배하자는 주장을 했는데, 이 의정서로 더는 조선 영토 분할론은 주장할 수 없게 되었다.

아관파천 후, 고종은 1897년 2월 20일까지 약 1년 동안 러시아 공사관에 머물렀는데, 이 기간에 모든 정책은 친러파와 러시아 공사관이 주도했다. 덕분에 러시아는 알렉시예프Alexiev,K.를 조선 정부의 탁지부 고문으로 앉히고 조선의 재정권을 장악했으며, 경원·종성 광산 채굴권과 인천 월미도 저탄소 설치권, 압록강 유역과 울릉도 삼림 채벌권 등 여러 가지 경제적 이권도 챙겼다.

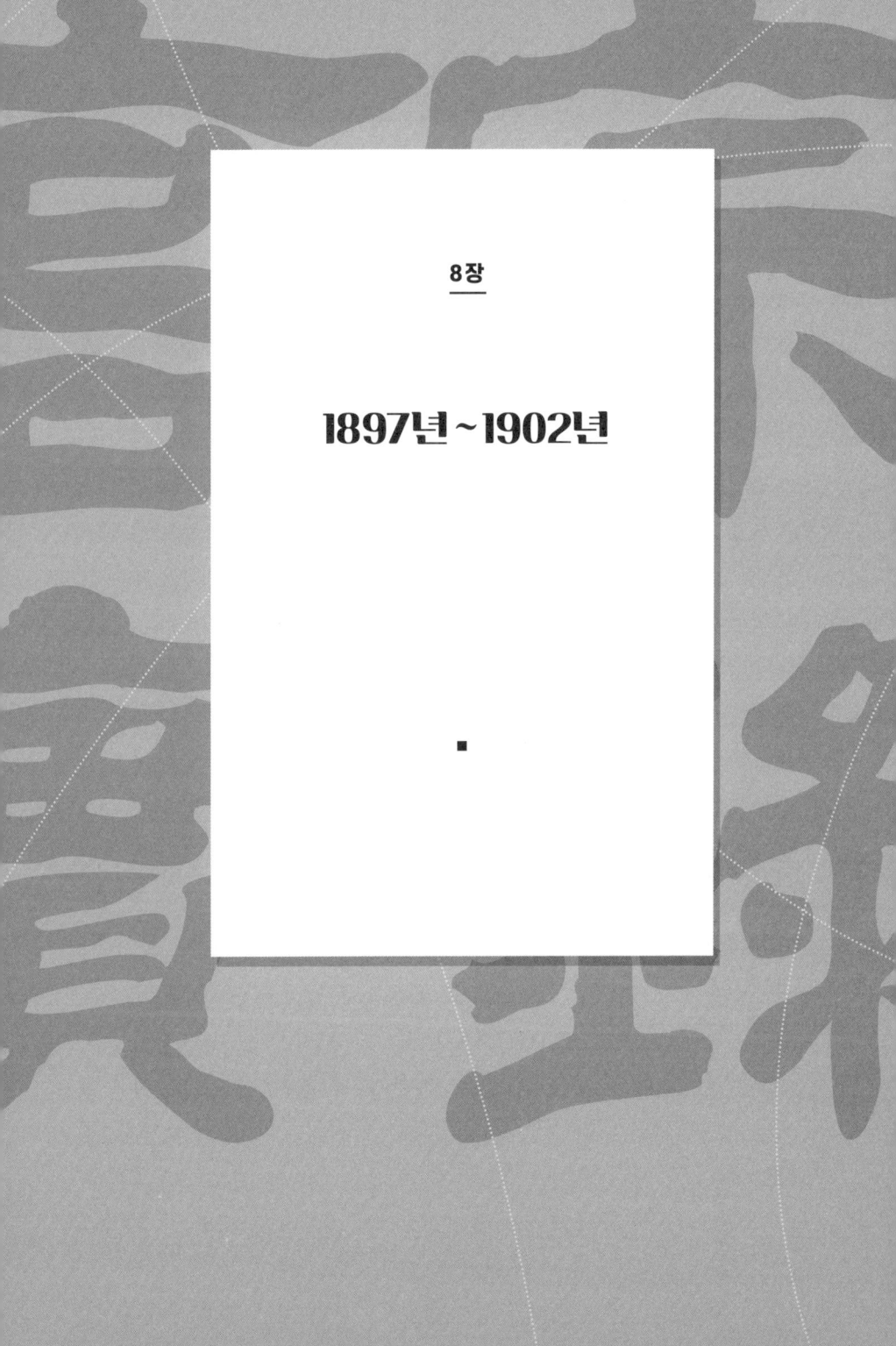

8장

1897년~1902년

고종이 러시아 공사관에서
경운궁으로 환궁하다

- 재위 33년(1896년) 10월 31일에 상이 일렀다.

  "진전과 빈전을 이미 이봉한 만큼 짐도 이제 경운궁으로 이어할 것이다."

  의정 김병시가 아뢰었다.

  "먼저 경운궁으로 이어하시는 것이 오히려 나을 것입니다."

  이에 총호사 조병세가 아뢰었다.

  "온 나라의 신하와 백성들이 애타게 바라는 것은 바로 환어還御(임금이 궁으로 돌아가는 것)하시는 한 가지 문제인데, 지금 하교를 받들고 보니 너무도 기뻐서 더 할 말이 없습니다. 단지 빨리 수리하고 좋은 날을 받아서 이어하시기를 더없이 간절히 바랄 뿐입니다."

- 재위 34년(1897년) 2월 1일, 조성훈이 경운궁에 환궁할 것을 주청하다.

  유학幼學(벼슬하지 않은 유생) 조성훈이 올린 상소의 대략이다.

"아! 작년 8월에 있은 사변은 이 세상에 없었던 큰 변고입니다. 저 무리들의 흉역의 심보가 날이 갈수록 더 심해지더니 또다시 단발의 논의를 가지고 위협하였습니다. 김홍집과 유길준의 무리들이 아무런 거리낌이 없었고 못할 짓이 없었으니 귀신과 사람들이 모두 분노합니다.

지난번에 정도와 권도를 써서 아국(러시아) 공사관에 나가 계시면서 시원히 주벌을 행하여 조정의 기강을 다시 엄하게 하시니, 이것은 성인의 능숙한 권도입니다. 그렇지만 두고두고 정상적인 법으로 삼을 수 없음이 명백합니다.

지난봄부터 겨울까지의 기간이 지났는데도 환궁이 아직도 지체되니, 온 나라 신민들의 걱정과 의구심이 끝이 없습니다. 속히 경운궁(덕수궁)에 환궁하시어 위로는 묵묵히 도와주시는 조종의 영령을 안심시키며 아래로는 백성들의 위태로운 마음을 진정시켜 주소서. 그리고 또한 왕태자 전하로 하여금 아침저녁으로 빈전에 성의를 표시하게 한다면 하늘에 계신 대행 왕후의 영령께서 저 지하에서 기뻐하실 것입니다."

이에 비답하였다.

"작년 가을에 있은 역적들의 변란에 대해서 어찌 차마 말할 수 있겠는가? 너희들의 말은 지성에서 나온 것이니 매우 가상하다. 마땅히 유념하겠다."

2월 20일, 경운궁으로 환어하였다. 왕태자가 함께 환어하였다.

고종이 황제에 올라 국호를 대한제국으로, 연호를 광무로 정하다

- 재위 34년(1897년) 5월 1일에 이최영 등이 황제로 즉위할 것을 주청하다.

  전 승지 이최영 등이 올린 상소의 대략은 이렇다.

  "예로부터 임금이 더없이 존귀한 것은 천하 사람들이 감히 뛰어넘을 수 없다는 것을 보인 것이고, 또한 신하와 백성들이 존경하고 사모하여 높이 받들기 때문입니다.

  폐하의 훌륭한 덕과 대단한 업적으로 오늘날 자주독립의 시대를 만나서 조서와 칙서로서 이미 황제의 제도를 시행하고 있는데, 아직도 군주의 지위에 있습니다. 군주와 황제는 바야흐로 지금 천하에 통용되는 규례이므로 살펴보면 그 법은 한 가지입니다마는, 본국의 신하와 백성들이 좁은 소견으로 모두 원하는 것은 제帝라고 칭하는 것만 한 것이 없습니다."

이에 비답하였다.

"그대들의 말은 매우 옳지 못하다."

- 10월 3일, 시임 의정과 원임 의정 이하가 황제 국가의 제도에 대해 아뢰다.

시임 의정과 원임 의정 이하를 소견하였다. [의정부 의정 심순택, 궁내부 특진관 조병세, 장례원 경 김영수, 참정 내부대신 남정철, 찬정 궁내부대신 민영규, 찬정 외부대신 민종묵, 찬정 탁지부대신 박정양, 찬정 군부대신 이종건, 찬정 법부대신 조병식, 찬정 학부대신 조병직, 찬정 농상공부대신 정낙용, 찬정 이윤용, 심상훈, 윤용선, 참찬 민병석이다.] 청대請對(신하가 급한 일로 임금에게 뵙기를 청하는 일)하였기 때문이다.

상이 일렀다.

"지난번 경연 석상에서 말을 주고받을 때 거의 짐의 의사를 알았을 것인데 대궐 뜰에서 크게 호소를 하고 또다시 거듭하기를 그치지 않았다. 그래서 비록 마지못해 억지로 따르긴 하였으나 짐의 마음은 부끄럽다. 그리고 끝내 그렇게 할 필요는 없었다."

이에 심순택이 아뢰었다.

"간절히 바라던 끝에 삼가 윤허한다는 분명한 처분을 받들었으니, 어찌 한갓 조정에 가득한 신하들만 기뻐하고 경축하겠습니까? 온 나라의 백성들이 모두 고무되고 서로 축하하면서 말하기를, '우리는 이제 제국帝國의 신하와 백성이 되었다.'고 하니, 기쁨에 겨워하는 뭇사람의 심정을 대체로 알 수 있습니다. 신들은 늘그막에 다행히 오늘과 같은 때를 만났으니, 더욱 우러러 칭송하는 정성을 누를 길이 없습니다."

그리고 조병세가 아뢰었다.

"연일 윤허를 받지 못하여 신들의 답답한 심정이 실로 어떠하였겠습니까? 온 나라의 백성들이 얼마나 갈망하고 있는지를 상상할 수 있습니다. 그러다가 마지못해 따른다는 비지批旨를 받들게 되어서는 신은 저도 모르게 벌떡 일어나 춤을 추었습니다. 신이 삼가 생각건대, 이것은 우리나라가 500년 만에 처음 있는 성대한 시기일 뿐만 아니라, 장차 하루하루 세상에 알려져 조정의 기강이 더욱 떨쳐지게 될 것이라고 봅니다. 신은 이 때문에 더욱 우러러 흠앙하고 찬송하는 것입니다."

상이 일렀다.

"오늘의 일은 온 조정의 논의일 뿐만 아니라 온 나라 군사와 백성들의 소원이니, 또한 막을 수 없는 것이 있기 때문에 마지못해 따르기는 하였지만 짐의 마음에는 아무래도 편치 못한 점이 있다. 또 나라에 처음 있는 전례典禮인 만큼 그 의절儀節을 행할 때 반드시 고례古禮를 순전히 따라 쓸 필요는 없으니, 우리의 예에서 참작하여 변통해서 그 간편한 점을 취하는 것이 좋겠다."

심순택이 아뢰었다.

"이것은 본래 황제 국가의 제도에 있고 책에 적혀 있습니다. 심지어 큰 깃발, 수레, 각종 깃발에 대해서도 모두 도식圖式이 있으니, 장례원으로 하여금 자세하게 살펴서 마련하여 거행하는 것이 어떻겠습니까?"

이에 윤허하였다.

김영수가 아뢰었다.

"삼가 역대의 전례에 따라 마련하되 참작하는 절차는 마땅히 품지하여 거행할 것입니다. 황제의 자리에 오르고 황후를 책봉하며 황태자를 책봉할 길일을 언제쯤으로 잡습니까?"

상이 일렀다.

"이달 안으로 잡아서 들이도록 하라."

- 10월 13일, 국호를 대한으로 하고 임금을 황제로 칭한다고 선포하다. 반조문頒詔文에 이렇게 알렸다.

"봉천 승운 황제奉天承運皇帝(천명에 따라 황제의 명운을 계승한다는 뜻)는 다음과 같이 조령을 내린다. 짐은 생각건대, 단군과 기자 이후로 강토가 분리되어 각각 한 지역을 차지하고는 서로 패권을 다투어 오다가 고려 때에 이르러 마한, 진한, 변한을 통합하였으니, 이것이 '삼한三韓'을 통합한 것이다.

우리 태조가 왕위에 오른 초기에 국토 밖으로 영토를 더욱 넓혀 북쪽으로는 말갈의 지경까지 이르러 상아, 가죽, 비단을 얻게 되었고, 남쪽으로는 탐라국을 차지하여 귤, 유자, 해산물을 공납으로 받게 되었다. 4,000리 강토에 하나의 통일된 왕업을 세웠으니, 예악과 법도는 당요와 우순을 이어받았고 국토는 공고히 다져져 우리 자손에게 만대토록 길이 전할 반석 같은 터전을 남겨 주었다.

짐이 덕이 없다 보니 어려운 시기를 만났으나 상제上帝(하늘)이 돌봐주신 덕택으로 위기를 모면하고 안정되었으며 독립의 터전을 세우고 자주의 권리를 행사하게 되었다. 이에 여러 신하들과 백성들, 군사들과 장사꾼들이 한목소리로 대궐에 호소하면서 수십 차례나 상소를 올려 반드시 황제의 칭호를 올리려고 하였는데, 짐이 누차 사양하다가 끝내 사양할 수 없어서 올해 9월 17일(양력 10월 12일) 백악산의 남쪽에서 천지에 고유제를 지내고 황제의 자리에 올랐다.

국호를 '대한大韓'으로 정하고 이해를 광무光武 원년으로 삼으며, 종묘와 사직의 신위판을 태사와 태직으로 고쳐 썼다. 왕후 민씨를 황후로 책봉하고 왕태자를 황태자로 책봉하였다."

8장. 1897년 ~ 1902년　　　　　　　　　　　　　　　　　　　　03

흥선대원군 이하응이
죽다

- 재위 35년(1898년) 2월 22일에 흥선대원군이 훙서하였다.
  조령을 내렸다.
  "흥선대원군이 음력 2월 2일 술시에 훙서하였으니, 애통한 마음을 어떻게 비유하겠는가? 응당 행해야 할 모든 절목을 장례원에서 참고하여 마련하도록 하라."

한 시대를 풍미한 흥선대원군 이하응

　1898년 2월 22일, 흥선대원군 이하응이 파란만장한 일생을 마쳤다. 그의 아내 민씨는 14일 전인 2월 8일에 사망했으니, 고종으로선 부모의 장례를 함께 치르는 처지가 되었다.

흥선대원군은 인조의 셋째 아들인 인평대군의 6대손인 남연군의 넷째 아들이다. 남연군이 어릴 때 사도세자의 둘째 아들 은신군의 양자로 입적되었기에, 촌수로 따지면 흥선대원군은 영조의 고손자가 되는 셈이다. 그의 이름은 하응이며, 자는 시백, 호는 석파였다. 열두 살에 어머니를 여의고 열일곱 살에 다시 아버지를 여읜 뒤 사고무친의 상태에서 불우한 청년기를 보냈다.

스물한 살 되던 1841년 흥선정이 되었고, 1843년 흥선군에 봉해졌으며, 1846년 수릉천장도감의 대존관이 된 뒤 종친부의 유사당상, 오위도총부의 도총관 등의 한직을 지내며 안동 김씨의 세도정치 아래 불우한 시절을 보냈다.

철종 시대에는 안동 김씨가 권력을 독점하며 왕실과 종친에게 갖가지 통제와 위협을 가했으므로, 그는 호신책으로 '천하장안'이라 불린 시정의 무뢰한 천희연, 하정일, 장순규, 안필규 등과 어울려 파락호 생활을 한 것으로 전한다. 또 이때 안동 김씨 가문을 찾아다니며 구걸도 서슴지 않았기에 '궁도령'이라는 비웃음을 사기도 했다. 하지만 그는 시정잡배와 어울려 지내는 호신 생활을 통해 서민의 삶을 체험했고, 민심이 무엇을 원하는지 깨달았다.

그러던 흥선군은 1863년 12월 자신의 아들 명복이 왕위에 오르고, 자신 또한 흥선대원군으로 봉해져 신정왕후로부터 섭정의 대권을 위임받자 대대적인 개혁을 단행하였다. 서원 정리, 무명잡세 폐지, 법전 편찬, 비변사 폐지 등을 시행하면서 안동 김씨의 세력을 눌러 왕권을 강화하고, 외부적으로는 철저한 쇄국정책을 추진하였다.

그의 이러한 혁신으로 조선 사회는 조금씩 제 모습을 찾아가고 있었지만, 한편으로는 경복궁의 무리한 중건과 과도한 쇄국정책으로 인한 천주교 박해 등으로 안팎의 어려움이 초래되었다.

결국 그는 1873년 11월, 아들 고종에 의해 권좌에서 밀려났다. 당시 고종은 이미 22세의 성년으로 친정을 원하고 있었고, 왕비 민씨는 은밀히 대원군 축출 작업을 추진하여 마침내 최익현의 탄핵 상소를 이끌어냈다. 그 결과 1873년 11월 창덕궁의 대원군 전용 출입문이 왕명으로 폐쇄되었고, 대원군은 하야하여 양주 곧은골에 은거하였다. 그러나 타의로 축출된 그는 이때부터 왕비 민씨에 대한 강한 반감을 품고 끊임없이 정계 복귀를 꾀하게 된다.

1881년《조선책략》반포를 계기로 고종의 개화 시책을 비난하는 전국 유림의 척사상소운동이 격렬히 일어나자, 대원군 계파 안기영은 고종의 이복형 재선을 옹립해 민씨 척족 정권을 타도하려는 국왕 폐립 음모를 꾸몄다. 대원군은 재집정을 위해 이 계획에 가담했으나 사전에 발각되어 오히려 척사상소운동을 탄압할 빌미를 제공했고, 자신의 입지도 더 위축되었다.

그러나 1882년 구식 군대 폐지와 봉량미 문제로 일어난 임오군란 때 난병들에게 정국 수습을 요청받아 왕명으로 재집권하였다. 그는 왕비 민씨의 사망을 공포하고 다시 정국을 주도하려 했으나, 고종의 요청으로 조선에 들어온 청국군에 의해 납치되어 청나라로 연행되었다. 그는 청에서 3년간 바오딩에서 유수 생활을 해야 했다.

1885년 2월, 조선통상사무전권위원으로 부임하는 원세개와 함께 귀국한 뒤에도 정계 복귀를 꾀했다. 그러나 1886년 조·러조약 체결에 불만을 품은 원세개와 결탁해 큰아들 재황을 옹립하려다 실패하였다. 이후 정국을 관망하다가 1894년 동학혁명이 일어나자 농민 세력과의 연합을 시도했으나, 동학농민운동이 실패하면서 뜻을 이루지 못했다.

청·일전쟁 이후 김홍집 내각이 구성되고 갑오개혁이 추진될 때, 그는 군국기무를 총괄했으나 일본의 간섭 속에서 결국 배제되었다.

그는 이후에도 정계 복귀를 시도했으나 '대원군존봉의절'이 제정되어 사람들과의 접촉이 제한되었고, 외국 사신들과의 만남도 제약받았다.

그런 가운데 을미사변이 발발하여 일본인들에 의해 왕비 민씨가 시해되자, 일본의 요청에 따라 입궁해 일시적으로 재집권하였다. 그러나 고종이 러시아 공사관으로 옮겨가는 아관파천이 단행되자 다시 실각해 곧은골로 내려왔다. 그리고 그로부터 3년 후인 1898년 2월, 79세를 일기로 생을 마감했다. 죽은 뒤 부대부인 민씨와 함께 공덕리에 안장되었고, 1907년 대원왕에 추봉되었다.

그는 어린 아들 고종을 대신해 10년 동안 조정을 운영하며 60년 외척정권의 병폐를 해소하는 데는 성공했으나, 무리한 경복궁 중건과 시대착오적인 쇄국정책에 집착하는 어리석음을 드러냈다. 또한 물러나야 할 때 물러나지 못하고, 아집과 노욕으로 권력에 집착한 나머지 정국의 혼란을 야기해 일본의 침략 전술에 이용당하면서 조선의 몰락에 일조하는 결과를 낳았다.

8장. 1897년 ~ 1902년

04

독립협회와 만민공동회
그리고 김홍륙 독다사건

- 재위 33년(1896년) 11월 21일에 독립협회에서 독립문의 기공식을 행하다.

  독립협회에서 전 영은문 근처에 독립문을 창건하려고 이 날 기공식을 행하였다.

- 재위 35년(1898년) 9월 12일에 황제와 태자의 건강이 나빠진 원인을 경무청에서 규명하게 하다.

  궁내부 대신 이재순이 아뢰었다.

  "방금 삼가 듣건대, 폐하와 태자가 동시에 건강을 상하였다고 하는데 수라를 진공할 때 애당초 신중히 살피지 못하여 몸이 편치 않게 되었으니, 너무나 놀랍고 송구합니다. 거행한 사람들을 모두 법부로 하여금 철저히 규명하여 밝히게 하고, 근본 원인을 조사하여 나라의 형률을 바로잡게 하는 것이 어떻겠습니까?"

이에 비답하였다.

"경무청으로 하여금 근본 원인을 엄히 밝혀내게 하겠다."

[음력으로 올해 7월 10일 김홍륙이 유배 가는 것에 대한 조칙을 받고, 그날로 배소로 떠나는 길에 잠시 김광식의 집에 머물렀는데, 가지고 가던 손 주머니에서 한 냥의 아편을 찾아내어 갑자기 흉역의 심보를 드러내어 친한 사람인 공홍식에게 주면서 어선에 섞어서 올릴 것을 은밀히 사주하였다. 음력 7월 26일 공홍식이 김종화를 만나서 김홍륙에게 사주받은 내용을 자세히 말하고 이 약물을 어공하는 차에 섞어서 올리면 마땅히 1,000원의 은으로 수고에 보답하겠다고 하였다. 김종화는 일찍이 보현당의 고지기로서 어공하는 서양 요리를 거행하였었는데, 잘 거행하지 못한 탓으로 태거된 자였다. 그는 즉시 그 약을 소매 속에 넣고 주방에 들어가 커피 찻주전자에 넣어 끝내 진어하게 되었던 것이다.]

- 재위 35년(1898년) 11월 4일에 독립협회와 여러 회들을 해산하고 당시 6개 조항을 논한 상소를 올리는 데 찬성한 대신들을 모두 파면시키라고 명하다.

조령을 내렸다.

"지난번에 독립협회에 관해 한계를 정하고 그 이상 활동하지 못하도록 신칙한 것은 따뜻하고 정중히 한 것일 뿐만 아니라 지혜를 발달시키고 개명한 데로 나아가도록 한 것이며 회의 순서를 정하고 규정을 따르도록 한 것이었다. 이것은 깨우쳐 인도하는 지극한 뜻에서 나온 것인데, 발길을 돌리지 않고 그 자리에서 패거리를 모아 더욱 위세를 부리고 명령을 거역함이 갈수록 방자해져서 심지어는 조정을 꾸짖고 대신을 쫓아내는 데까지 이르렀다.

대궐을 떠나지 않으면서 상소를 올렸을 때의 일을 생각하면 간절한 칙령을 여러 차례 내렸건만 울부짖는 소리가 온 도성 안을 떠들썩하게 하였으니, 만약 신민으로서 조금이라도 양심이 있다면 어찌 이럴 수가 있겠는가? 마지막에는 바로 폐단을 수습한다고 빙자하여 네거리에 목책을 치고 백성들을 지휘하여 움직여서 높은 벼슬아치를 위협하고는 결재할 것을 청하도록 다그쳤다. 그리하여 난리의 싹과 재앙의 기미가 당장 나타나게 되었다. 생각이 이에 미치게 되니 나도 모르게 한심하다. 이것을 심상히 처리해서는 안 될 것이니, 이른바 협회라고 이름한 것은 모두 혁파하라.

내부, 법부, 경무청, 한성부로 하여금 일체 단속하고 신칙하도록 하되 각 회 중에서 가장 드러나게 남들을 부추겨 현혹시키고 사리에 어그러지게 흉악한 짓을 한 자에 대해서는 사실을 명백히 조사하고 엄격히 잡아다 그날로 법에 따라 다스리라. 해당 관원은 높고 낮음을 막론하고 만일 털끝만치라도 인정에 끌려서 용서해 주고 숨겨주는 폐단이 있으면 보고되는 대로 범한 모든 죄를 결단코 용서하지 않을 것이다. 그 밖에 선비와 백성으로서 나이가 어리고 지각이 없는 무리들 중 덩달아 따라다닌 자들은 모두 죄를 따지지 말고 그대로 놔두고 각별히 신칙하고 풀어 주어서 편안히 생업에 종사하도록 하라."

또 조령을 내렸다.

"일전에 관민회에서 여섯 가지 조항을 논하여 진술한 것은 아닌 게 아니라 뽑아 쓸 만한 것이 있으며, 또한 조목별로 나눈 규정 중에도 있다. 대신은 이미 직책상 알지 못할 리가 없으나 잘못을 충고하는 의리로 볼 때 혼자서 보고하거나 여러 명이 연명으로 상소를 올려도 안 될 것이 없는데, 민회로부터 재촉을 받고 나서 손 가는 대로 옳다고 쓰고 갑자기 결재할 것을 청하였으니, 짐에게 불안한 점이 있다. 이에 그대로 둘 수 없으니, 당시의 시임 대신을 모두 본관에서 파면

시키도록 하라."

[의정부 참정 박정양, 법부 대신 서정순, 의정부 찬정 이종건, 농상공부 대신 김명규, 탁지부대신서리협판 고영희, 의정부 참찬 권재형이다.]

- 11월 6일, 명령이 내려간 이후 여전히 패거리를 모으는 자들은 법조문을 적용하도록 명하다.

조령을 내렸다.

"모든 회會라고 이름한 것은 일체 없애버렸는데, 요즘 이른바 '만민공동회'라는 것은 무슨 명목이기에 어리석은 백성들을 부추겨 현혹시키고 터무니없는 거짓말로 속이는가? 하는 짓이 놀랍고 패역함이 이보다 더 심한 것이 없다. 칙령이 내려진 이후에도 여전히 패거리를 모으는 자들은 법부法部에서 엄격히 잡아서 법에 따라 조치하라."

- 12월 25일, 민회에 칙유하다.

민회에 대하여 다음과 같이 칙유하였다.

"왕은 다음과 같이 말한다. 너희 백성들은 짐의 말을 분명히 들으라. 단문端聞에서 대궐 문에 직접 유시한 지 며칠 안 되었기에, 짐은 너희들이 다시 이런 행동을 하리라고 생각하지 못하였다. 아! 너희들의 죄는 너희들 자신이 알고 있을 것이다.

관소를 이탈하여 모임을 개최하는 데 대해서 이미 금령이 있었는데도 도처에서 모여들며 전혀 그만둘 줄 모르는 것이 첫 번째 죄이고, 독립협회에 대해서는 이미 승인하였는데 '만민공동회'라는 명목을 마음대로 내건 것이 두 번째 죄이고, 신칙하기도 하고 비지를 내리기도 하여 물러가도록 타일렀는데 줄곧 명령에 항거하면서 갈수록 더욱 심해지는 것이 세 번째 죄이고, 쥐를 잡으려다 그릇을 깰까 염려하는 것은 옛사람들이 경계하던 것인데 대신을 능욕하는 것을 다반

사로 여기는 것이 네 번째 죄이고, 임금의 잘못을 드러내는 것은 사람으로서 감히 할 수 없는 일인데 외국 공관에 투서를 하여 스스로의 죄를 숨기려고 한 것이 다섯 번째 죄이고, 백성과 관리는 체모體貌가 원래 다른데 관리를 위협하여 억지로 모임에 나오도록 한 것이 여섯 번째 죄이고, 부府와 부部의 행정은 어떤 경우에도 비워서는 안 되는데 관청에 난입하여 사무를 보지 말라고 외친 것이 일곱 번째 죄이고, 재판 사건은 힘겨루는 일이 아닌데 소송할 것이 있다는 핑계를 대고 무리를 지어 사단을 일으킨 것이 여덟 번째 죄이고, 군병을 파견하여 문을 막으라는 명령이 원래 있었는데 분풀이로 돌을 던져 중상을 입힌 것이 아홉 번째 죄이고, 여러 차례 명령으로 소환을 했으므로 즉시 와서 대령했어야 하는데 요사스러운 말로 선동하며 줄곧 명을 거역한 것이 열 번째 죄이고, 도망간 역적은 용서할 수 없으며 사람마다 누구나 죽일 수 있는데 많은 사람들이 모인 자리에서 말을 꺼내어 임용할 것을 기도한 것이 열한 번째 죄이다. 기타 자질구레한 범죄는 일일이 셀 수 없을 정도이다.

아! 너희들은 스스로 위에 열거한 죄상에 입각할 때 죄를 받아야 한다고 생각하는가, 받지 말아야 한다고 생각하는가? 너희들 역시 스스로 모면할 말이 없을 것이다. 나라에 떳떳한 법이 있고 하늘이 매우 진노하고 있는 만큼 엄격한 징벌을 가할 도리가 없는 것은 아니지만, 너희들의 본뜻을 세세히 따져 볼 때 어찌 진실로 죄에 빠지는 것을 달갑게 여겨 그런 것이겠는가? 처음에는 임금에게 충성하고 나라를 사랑한다는 취지에 입각하여 착하지 않음이 없었는데, 결국에는 도리에 어긋나고 나라를 어지럽힌다는 죄명에서 피할 수가 없게 되었으니, 의구심이 이 때문에 생긴 것이다.

짐은 너희들의 부모로서 단지 너희들이 처음에 착했던 것만을 알 뿐이다. 그러므로 너희들이 그동안 저지른 모든 죄를 일체 너그럽게 용서할 것이니, 너희들은 더 머뭇거리지 말고 서로 이끌고 물러갈 것이다. 아! 너희들 중 짐의 이 말을 듣고 눈물 흘리지 않을 자가 있겠는가? 본연의 양심이 반드시 왕성하게 일어나야 할 것이니, 각각 이전의 잘못을 씻어버리고 모두 함께 새롭게 나아갈 것이다. 짐은 더 말하지 않겠다."

한국 시민운동의 모태, 독립협회의 출범

갑오경장과 동학혁명 이후 조선 사회에는 이른바 민주주의 정권을 염원하는 시민 계급이 형성된다. 이들은 외세에 의한 국권 침탈과 지배층에 의한 민권 유린 상황을 극복하고, 자주국권·자유민권·자강개혁사상에 의하여 민주주의·민족주의·근대화운동 등을 전개한다. 그리고 이러한 운동 역량을 하나로 결집하기 위한 사회단체를 결성하게 되는데, 그것이 바로 독립협회다.

독립협회는 1896년 7월 2일 독립문의 건설과 독립공원 조성을 창립사업으로 하여 발족하였다. 이 단체의 창립자인 서재필은 원래 개화파로서 박영효 등과 함께 갑신정변을 주도했던 인물이다. 하지만 갑신정변이 삼일천하로 끝나자 미국에 망명하여 민주주의와 과학문명을 익히게 된다. 그러던 중에 갑신정변의 주모자들에 대한 사면령이 내리고 조선에 개화정부가 들어섰다는 소식을 접하고 1895년에 귀국하였다.

그의 귀국 목적은 자신이 미국에서 보고 배운 자유주의와 민주주의를 조선에 전파하여 개혁을 실천하기 위함이었다. 민주주의 사상을 민중들에게 널리 전파하여 민중의 힘으로 조선을 자주독립국가로 만들고자 하였던 것이다.

이를 위한 첫 번째 사업으로 그는 1896년 4월 7일 〈독립신문〉을 창간하였고, 이 같은 역량을 바탕으로 같은 해 7월에 독립협회를 창립했다. 독립협회는 당시 사회에서 누구나 공감할 수 있는 자주독립과 충군애국의 강령을 내걸고, 구미파의 총본산인 정동구락부세력(정동파), 갑오개혁의 주동자들의 모임인 건양협회세력, 자주개혁정책을 추구하는 실무급 중견관료층세력, 당시 막 형성되고 있던 각계각층의 신흥 사회세력의 힘을 결집한 것이었다.

이들 세력은 대개 서구 민주주의 제도를 동경하던 지식층으로서 최초의 시민 계급이라고 할 수 있다. 말하자면 단순한 백성의 의미를 넘어 정치·사상적으로 어느 정도 성숙한 지식인 계층이었던 것이다.

특히 이 세력들 속에는 시민 계급의 모태라고 할 수 있는 상인 계층들이 다수 포진하고 있었다. 시전 상인이 중심이 된 이들 상인 세력은 신흥 사회세력으로 부상하고 있었는데, 일본 및 외국 열강들의 경제적 침투로부터 자신들의 권익을 보호하고 전근대적 체제의 속박으로부터 벗어나기 위해 독립협회 결성에 참여했다.

독립협회는 이처럼 신지식인들의 사상과 신흥 시민층인 상인들의 자본이 결합되는 양상을 보이고 있었다.

독립협회의 중심인물은 창립자인 서재필 이외에도 윤치호, 이상재 등이 최고 지도층을 이루었고, 개신유학의 전통을 이어받은 남궁억, 정교 등이 중간 간부층을 이루었다. 그리고 중견관료 및 상인 세력이 하부 조직을 형성함으로써 명실공히 최초의 시민 조직의 틀을 갖추었던 것이다.

독립협회는 대변지인 〈독립신문〉을 비롯하여 〈독립협회보〉, 〈황성신문〉 등의 언론 매체를 통하여 새롭게 성장하고 있던 광범위한 사회 세력을 끌어안으려 하였다. 이를 위해 독립협회는 많은 토론회와 강연회를 마련하기도 하였고, 회원 확보를 위한 홍보 행사를 벌이기도 하였다.

시기에 따른 독립협회의 활동 내용

독립협회의 활동은 그 활동 내용에 따라서 대략 4기로 구분해 볼 수 있다. 제1기는 창립한 이후로부터 첫 토론회를 개최하기 전인 1897년 8월 28일까지인데, 이 시기에는 서재필의 주도 아래 독립문·독립공원·독립관 등을 건립하여 주로 창립사업에 몰두하였다. 이 시기에는 회원의 대부분이 영향력 있는 인사들로 구성되어 있었는데 그러다 보니 고급 관료의 사교 모임 같은 성격이 짙었다. 하지만 회원은 2,000명을 넘어서고 있어서 당시 사회에 큰 반향을 불러일으켰음을 말해주고 있다.

제2기는 독립협회가 정기적인 토론회를 개최한 1897년 8월 29일부터 구국운동 선언 이전인 1898년 2월 20일까지로 민중계몽기라 할 수 있다. 이 기간 동안엔 서재필과 윤치호의 지도 아래 토론회와 강연회를 자주 열어 회원들로 하여금 민주적인 행동 성향을 체득하게 하는 한편, 일반인들을 대상으로 적극적인 계몽운동을 벌여 협회의 하부 구조를 다졌다. 따라서 이 시기의 독립협회는 사회계몽단체의 성향을 드러내는 애국단체라고 볼 수 있다.

제3기는 구국운동을 선언한 1898년 2월부터 김홍륙 독다사건 이전인 그해 9월까지로 민중주도기라고 볼 수 있다. 독립협회는 이 시기에 구국운동을 선언하고 만민공동회를 개최하여 민중의 정치 활동을 행동화하고, 민의를 국가 정책에 반영토록 압력을 행사하였다. 또한 외세의 이권 침탈과 내정 간섭을 배제하려는 국익·국권·국토 수호를 포괄하는 자주국권운동과 신체와 재산권의 자유 및 인권 보장을 위한 자유민권운동, 관민의 합력기구로서 의회 설립을 추구하는 국민참정운동을 전개하게 된다.

이렇게 되자 전국 각지에서 독립협회를 모방하여 공주의 독립협회, 인천의 박문협회, 찬양회, 보민협회, 황국중앙총상회 등이 생겨났다. 하지만 독립협회의 팽창을 우려한 반대 세력은 황국협회를 조성하여 독립협회를 와해시키려고 하였다.

제4기는 김홍륙 독다사건이 발생한 1898년 9월 11일부터 민회금압령이 내려진 그해 12월 25일까지로 민중투쟁기 또는 민권투쟁기라 할 수 있다.

김홍륙 독다사건과 독립협회의 민권투쟁

김홍륙 독다사건이란 김홍륙 일당이 고종을 암살하기 위해 고종과 태자의 커피잔에 독을 탄 암살 미수 사건을 일컫는다.

김홍륙은 원래 친러시아파로 고종의 총애를 받던 인물이었다. 그는 러시아의 힘을 믿고 권력을 남용하여 백성들의 규탄을 받기도 하였는데, 1898년 친러시아파가 몰락하자 흑산도로 유배되었다. 유배된 후 그는 고종에게 앙심을 품고 있다가, 고종의 생일에 자신의 측근 공홍식으로 하여금 고종과 태자가 마시는 커피에 아편을 타게 하였다. 이에 공홍식은 궐내에서 근무하던 김종화를 매수하여 고종과 태자의 커피잔에 아편을 타는 데 성공한다. 하지만 고종은 냄새가 이상하다 하여 커피를 마시지 않았고, 태자는 마시다가 토하고 쓰러졌다. 이 바람에 암살 계획은 실패로 돌아가고 김홍륙, 공홍식, 김종화 등은 사형에 처해졌다.

이 사건을 계기로 독립협회·황국중앙총상회·만민공동회 등이 중심이 되어 민주주의 정치를 실현할 것을 주장하며 고종과 정부에 정면으로 도전하게 된다. 지나치게 외세에 의존하는 고종의 정치 행태로 인해 김홍륙 사건과 같은 어처구니없는 일이 발생했고, 이 같은 상황을 해결하기 위해서는 무엇보다 민주주의 정권을 일궈내는 것이 급선무라는 주장이었다.

이후 독립협회는 힘의 과시로 보수 내각을 붕괴시키고 진보 내각을 구성토록 하였으며, 언론·집회의 자유를 위한 투쟁을 승리로 이끌고 관민공동회를 열어 인민헌의안을 수락하게 만들었다. 그 외에도 인민참정권을 공인하게 하는 등 민권투쟁에 있어 괄목할 만한 성과를 거두게 되었다.

이 시기의 독립협회는 4,000여 명의 회원과 전국적인 지회, 각종 민권단체와 수많은 민중의 열띤 지지와 호응을 받은 전 국민의 대표 기관이었다.

독립협회의 해산과 박정양 내각의 붕괴

이처럼 독립협회의 힘이 막강해지자 위기의식을 느낀 보수 세력은 고종을 움직여 독립협회에 의해 형성된 박정양 내각을 붕괴시키고, 보수파인 조병식 내각을 조직하게 된다. 그리고 이들 보수 세력은 익명서를 붙여 독립협회가 왕정을 폐지하고 박정양을 대통령, 윤치호를 부통령으로 하는 공화제를 추진하고 있다는 소문을 퍼뜨렸다.

이 때문에 독립협회를 비롯한 모든 민회가 혁파되고 이상재, 남궁억, 정교 등 독립협회 주요 간부 17명이 체포되었다.

독립협회가 혁파되자 만민공동회는 단체를 상설화하여 격렬한 정치 변혁 운동을 전개하였다. 만민공동회는 먼저 구속 인사들의 석방을 위하여 민중 집회를 열고 밤낮으로 농성하여 독립협회 17인의 요인을 석방시키는 데 성공했다. 그리고 경복궁 앞의 민중 대회를 통하여 익명서 사건의 진상 규명과 관련자 처벌, 독립협회의 복구를 요구했다. 또한 어용단체이자 보부상 조직인 황국협회의 혁파를 요구하였다.

황국협회는 개화 세력인 독립협회에 대항하기 위해 수구파 관료들의 후원 아래 1898년 6월 30일에 결성된 보부상 조직이었다.

한편 정부 대신들은 만민공동회의 요구를 거부하고 되레 황국협회를 동원하여 만민 집회장을 습격토록 했다. 이 때문에 유혈 충돌이 일어나 많은 사상자가 발생하면서 사태는 한 치 앞을 내다볼 수 없을 만큼 급박하게 돌아갔다.

이에 위기감을 느낀 정부는 고종이 참석하고, 정부 관원과 각국 외교 사절이 참관한 가운데 만민 대표 200명과 부상 대표 200명을 불러 화해의 자리를 마련하였다.

    이 자리에서 고종은 독립협회의 복설, 익명서 사건의 관련자 처벌, 부상 혁파 등 만민공동회의 모든 요구 조건을 들어주겠다는 칙어를 내리게 된다.

    그러나 고종의 이 약속은 지켜지지 않았다. 이 때문에 다시 만민공동회는 요구 사항을 관철하기 위하여 실력 행사에 돌입하였다. 이에 고종과 보수 내각은 1898년 12월 28일 민회금압령을 내리고 무력으로 민회 활동을 탄압·금지함으로써 독립협회의 활동은 종막을 고하게 된다.

    하지만 독립협회가 19세기 말 한반도를 둘러싼 열강의 세력 균형이 이뤄졌던 시기에 자주국권·자유민권·자강개혁의 사상을 가지고 추진한 민권운동은 국민들의 시민의식을 성장시키는 촉매제가 되었으며, 일제 강점기의 항일운동 정신의 모태가 되었다.

8장. 1897년 ~ 1902년　　　　　　　　　　　　　　　　　　　　　　　　　05

한성에 전차가 개통되고,
경인철도도 개통되다

- 재위 36년(1899년) 5월 27일에 전차가 운행되면서 백성들 중 사상자가 발생하다.

조령을 내렸다.

"방금 들으니 전차電車를 운행할 때 백성들 중 사상자가 많다고 하니 매우 놀랍고 참혹하다. 내부內部에서 낱낱이 찾아내어 구휼금을 넉넉히 지급함으로써 조정에서 근심하고 측은하게 여기는 뜻을 보여 주도록 하라.

의정부에서는 농상공부, 경무청, 한성부에 특별히 신칙하여 법을 만들어 보호하고 거듭 효유하여 전차를 운전할 때는 반드시 사람들이 철길에 들어오지 않았는가 살펴서 다시는 차에 치어 다치는 폐단이 없도록 하라."

[이달 17일 한성전기회사에서 전차 개통식을 시작하였는데, 26일 전차가 종로 거리

를 질주할 때 다섯 살 난 아이를 치어 죽였다. 여러 사람이 격노하여 차체를 파괴하고 기름을 뿌려 불태워 버렸다. 또 전차가 전복되어 죽거나 다친 사람이 몇 명 있었다. 그래서 이런 조령이 있었다.]

- 재위 33년(1896년) 3월 29일에 미국 사람 모오스Morse, James R.에게 경인철도 부설권을 허락하였다.

7월 17일, 농상공부 협판 이채연을 경인철도 사무로 임명하였다.

재위 34년(1897년) 11월 16일에 탁지부의 요청에 의하여 예비금 가운데서 경인철도 경계선의 경성으로부터 강머리까지 땅값 5만 6,786원(현재 돈으로 약 30억 원)을 지출하도록 허락하였다.

재위 37년(1900년) 11월 12일에 경인철도합자회사에서 경성·인천 간 철도 개통식을 행하였다.

[지난번에 경인철도를 인수한 조합에서 해당 철도 부설권을 미국인 모오스에게서 매수하여 광무 3년(1899년) 5월에 그 조직을 변경하고 명칭을 '경인철도합자회사'라고 하였으며, 일본 사람 남작 시부자와 에이치가 사장이 되어 공사를 진행하였다. 이때 와서 한강철교가 완공되자 경인철도가 비로소 통하게 된 것이다.]

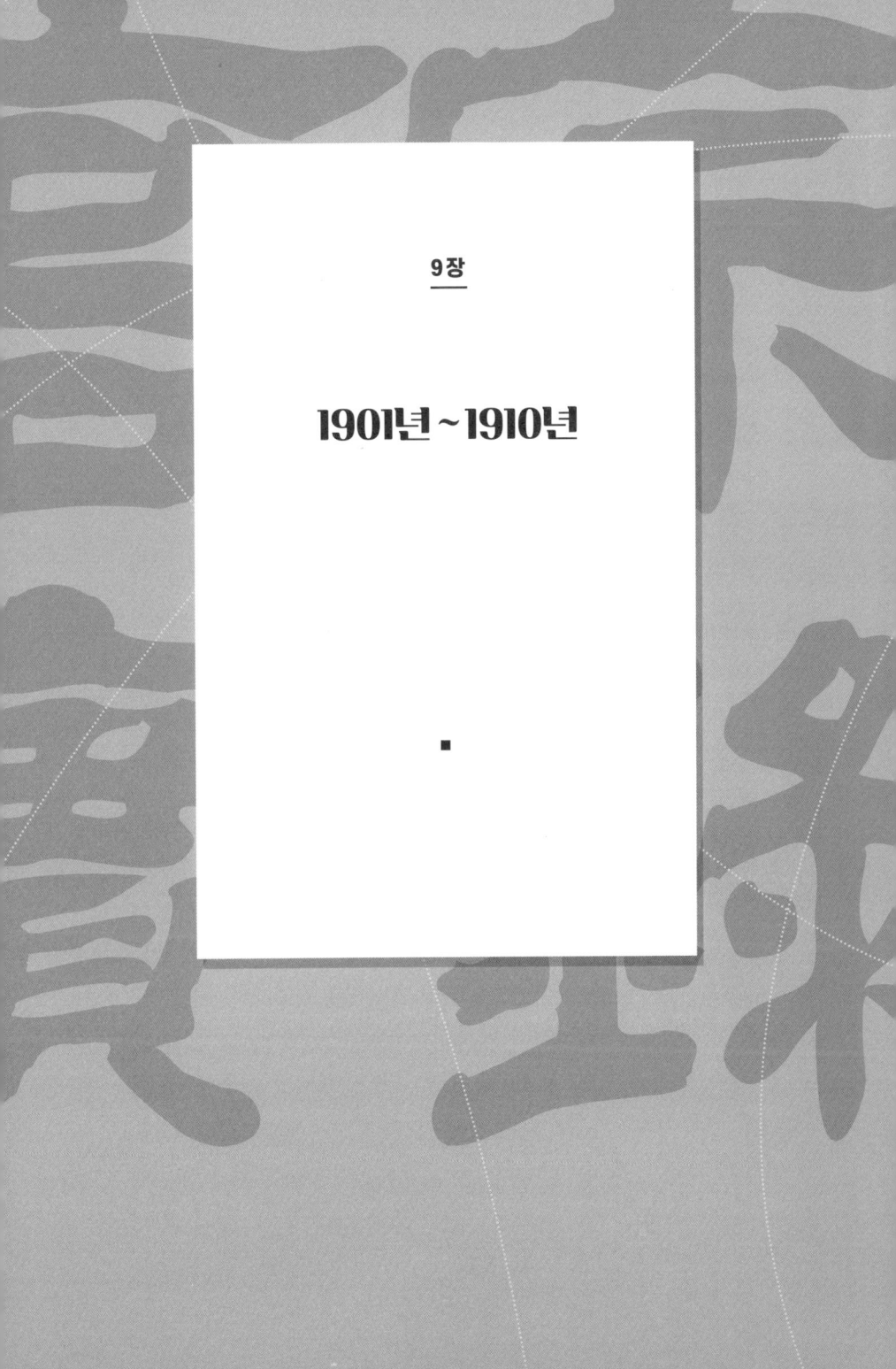

9장

1901년~1910년

제주신축민란(이재수의 난)이 일어나다

- 재위 38년(1901년, 광무 5년) 5월 31일에 의정부 참정 서정순이 제주도 대정 민란에 대하여 보고하다

  의정부 참정 서정순이 아뢰었다.

  "지금 들으니 제주목 대정군에서 백성들의 동요가 있다 하니 듣기에 매우 놀랍습니다. 이것을 빨리 사핵하지 않으면 안 되겠으니, 정3품 박용원을 안핵사에 임명하고 며칠 안으로 내려가서 전후 곡절을 철저히 조사하고 밝혀 폐하께 직접 보고하게 함으로써 법대로 처리하소서.

  이처럼 온 섬이 소란할 때 민심이 몹시 염려되니 각별히 위무하라는 내용으로 신칙하는 것이 어떻겠습니까?"

  이에 윤허하였다.

- 6월 5일, 제주도의 민정을 자세히 조사하게 하다

조령을 내렸다.

"안핵사를 비록 이미 임명해 보냈지만, 방금 순초 중대장이 원수부에 치보한 것을 보니 제주의 백성들이 아직도 무리로 모여 떠들썩하면서 생업에 안정하지 못하고 있다고 한다. 생각건대 이 백성들은 필경 어쩔 수 없어서 그럴 것이다.

안핵사 박용원을 취소하고, 특진관 황기연을 찰리사로 임명하여 당일로 내려가서 백성들에게 고통을 주는 고질적인 폐단을 철저히 사찰하게 하여 바로잡고, 조처할 방도를 편의에 따라 강구하여 백성들을 안주시켜 조정에서 보살피고 돌보아주는 지극한 뜻을 보이도록 하고 그 실태를 제때에 보고하게 하라."

- 6월 15일, 제주목에서 소요를 진정시키고 민생을 편안히 하도록 명하다

조령을 내렸다.

"지금 제주 찰리사가 정부에 보고한 것을 보니, 그 괴수는 이미 붙잡았고 떼 지어 모였던 사람들도 모두 해산하였다고 하였다. 밤낮없이 불안하던 끝에 다행스러운 일이다.

그런데 백성을 돌보고 무마시키는 방도는 오직 찰리사가 어떻게 바로잡고 조처하는가에 달려 있다. 끝까지 타이르고 가르쳐 모두 안도하게 하며, 잡은 죄인은 우선 조사하고 처리하되 위협에 의해 추종한 자는 다스리지 말고 한 사람의 백성이라도 억울하게 걸리는 걱정이 없게 함으로써 널리 용서해 주는 나라의 은혜를 보여 주어라.

이미 반역한 진상이 없어졌는데도 군사를 파병하여 걱정거리가 없는 곳에 많은 인원을 주둔시킬 필요는 없으니 원수부에서 적당히 철수하게 하라."

대체로 소란이 생기는 것은 반드시 백성들의 마음을 거스른 데서 빚어지는 것이다. 제멋대로 탐욕을 부리고 학정을 한 것은 예사로이 처리할 수 없는 만큼 하나같이 엄히 조사하여 보고하도록 하라."

- 7월 12일, 의정부 의정 윤용선이 제주도 사정을 보고하다

윤용선이 아뢰었다.

"제주목 찰리사의 보고를 연이어 보니, '도민島民의 소요가 가라앉은 것은 더없이 다행한 일이지만, 괴수를 붙잡은 뒤로는 그를 구원한다는 핑계 아래 매일 관청 뜰이 넘치게 모여드니 풍습이 놀랍고 고약합니다.'라고 하였습니다.

삼가 정황을 헤아릴 수 없는 것이 이미 저러한 데다 거행하기 난처한 것이 또 이와 같으니 1명의 찰리사가 마음대로 처리할 일이 못 됩니다. 소요를 일으킨 주동자나 소요에 말려든 추종자를 막론하고 각자 신문하여야 하겠으니, 모두 법부에서 압송하여 자세히 캐물어 죄를 결정하게 하며, 찰리사 황기연은 이미 조사할 만한 책임이 없는 만큼 즉시 올라오도록 할 것입니다.

그 밖의 백성들은 놀라지 말고 각기 생업에 안착하여 조정의 처분을 기다리게 하라는 내용으로 해당 목사에게 신칙하여 낱낱이 설명하고 가르치게 하는 것이 어떻겠습니까?"

이에 윤허하였다.

- 10월 9일, 제주 소요의 주범들을 법대로 처벌하다

"평리원의 '질품서'에 준하면, '제주민요 사건을 심리한 결과, 피고 오대현은 금년 음력 3월 17~18일 사이에 대정의 향장으로서 여러 백성들의 협박을 받고 세금의 폐단을 바로잡는 문제로 소란을 일으키는 우두머리가 되었으며, 점차 교인 무리들이 시비를 다투면서 성

에 의거하여 대포를 쏘며 여러 날 혼전을 벌이게 하였고, 교인들을 체포하는 대로 살해한 숫자가 매우 많았습니다.

피고 이재수와 강우백은 모두 마을 우두머리로서 오대현을 따라 그와 힘을 합쳐 성을 공격하였고, 교인들을 살해하는 일에 공을 더하였는데, 이 사실은 증인들의 공초와 자복에 의해 명백하여졌습니다. 피고 오대현은《대명률》〈인명편人名編〉의 살인을 모의하려고 의도한 데 관한 것과《대전회통》〈추단조〉의 군복과 기마로 관문에서 변란을 일으킨 데 관한 것으로 법에 따라 적용하고, 피고 이재수와 강우백은《대명률》의 추종해서 공을 더한 것에 관한 것으로 법을 적용하여 모두 교형에 처할 것입니다.'라고 하였습니다. 원래 의율한 대로 처리하는 것이 어떻겠습니까?"

이에 윤허하였다.

봉세관과 천주교들의 폭력적인 횡포에 시달리는 제주 백성들

1901년 5월 6일 제주에서 민란이 일어났다. 이 민란은 두 달 이상 계속되었고, 그해 7월 18일에야 종결되었다. 흔히 제주신축민란 또는 이재수의 난으로 알려진 이 사건은 대한제국 봉세관俸稅官(세금 징수관)의 지나친 조세 수탈과 프랑스의 힘을 앞세운 제주의 천주교도들의 횡포 때문에 발생한 민중 항쟁이었다.

항쟁 당시 제주 백성들이 주장한 슬로건은 '세폐'와 '교폐'의 시정이었다. 세폐란 세금의 폐단을, 교폐란 천주교도의 폐단을 의미했다.

우선 세폐는 중앙에서 파견된 봉세관 강봉헌으로부터 비롯되었다. 강봉헌은 온갖 명목으로 제주 백성들에게 세금을 물렸는데, 세금의 종류도 다양했다. 이미 오래전에 폐지된 세금들을 버젓이 거두는가 하면, 가옥과 가축, 어장과 어망, 수목과 잡초에 이르기까지 백성들의 삶이 미치는 모든 것에 세금을 매겼다. 그리고 그는 이런 불법적인 세금을 거둬들이는 일에 간악한 아전과 천주교도들을 이용했다.

다음으로 교폐는 천주교도들에 의한 불법과 횡포, 심지어 살인까지 자행되고 있는 현실이었다. 그들이 이런 만행을 저지른 배경에는 프랑스 신부들이 있었다. 프랑스 신부들은 치외법권의 보호를 받는 존재였기에 당시 제주에서는 대한제국의 법으로는 아무런 조치를 할 수 없었다. 심지어 제주의 목사조차 그들 앞에 머리를 조아려야 하는 상황이었다.

당시 고종 황제는 프랑스 신부들에게 '여아대如我對'라는 특별한 신패信牌를 주었다. '여아대'란 '나를 대하듯 하라'는 뜻으로, 말하자면 황제를 대하듯 그들을 대하라는 의미였다. 그러니 제주 목사조차 그들에게 눌릴 수밖에 없었던 것이다.

천주교도들은 이런 프랑스 신부들의 치외법권적인 '여아대'의 힘을 믿고 온갖 횡포를 저질렀다. 그들은 염전에 나가 마음대로 남의 소금을 탈취해 가기도 했고, 성당에 형틀을 만들어두고 눈에 거슬리는 주민들을 잡아다가 때리기도 했으며, 그 과정에서 사형을 시키기도 했다.

제주의 관리들도 이 사실을 알고 있었지만, 그들이 성당에 숨어버리면 치외법권 지역이라 손쓸 방도가 없었다. 그런 까닭에 천주교도들은 옥사에 갇혀 있던 죄인조차 마음대로 빼내는 일까지 서슴지 않았다.

당시 제주도에서 유배생활을 했던 김윤식은 자신의 저서 《속음청사》에 그중 한 사건을 기록하였다. 그 내용을 보면 천주교 신부의 위세가 어느 정도였는지 쉽게 짐작할 수 있다. 김윤식의 기록에 따르면 1901년 당시 프랑스 천주교 신부 마르셀 라크루는 감옥에 갇힌 죄인 가운데 이범수라는 인물이 천주교도라는 이유만으로 옥문을 부수고 풀어주었다고 한다. 물론 이는 제주 목사의 허락을 받지 않은 일이었다.

이 외에도 천주교도들은 살인이나 부녀자 강간, 물건 강탈이나 공공연한 도둑질을 자행해도 법으로 다스리지 못할 정도였다. 이런 까닭에 천주교도들은 마음에 드는 땅이 있으면 마음대로 빼앗았고, 자신이 팔았던 땅도 헐값에 되사는 일도 허다했다.

제주 백성들 중 누군가가 그들에게 항의라도 하면, 가차 없이 잡아가 천주교를 모독했다는 죄목으로 매를 치기 일쑤였다.

거기다 그들은 제주 주민들의 신앙도 유린했다. 제주도는 섬인 만큼 토속 신앙이 뿌리 깊게 자리 잡고 있었고, 용신을 섬기는 신당도 많았다. 천주교도들은 이 신당들을 파괴함으로써 주민들의 신앙을 모독했다.

프랑스 신부들은 이런 천주교도들의 횡포를 방관하거나 비호하였고, 그 때문에 제주도는 천주교도들에 의한 무법천지로 변하고 있었다. 이 때문에 제주 백성들의 천주교에 대한 악감정은 날로 높아져 갔다.

불법 횡포에 저항하기 위해 조직된 저항 단체, 상무사

이런 상황에서 제주 대정군의 관리와 유지들이 단합하여 아전과 천주교도들의 불법 횡포에 대항하기 위한 조직을 만들었는데, 그것이 바로 상무사商務社였다. 상무사의 대표는 대정군수 채구석이 맡았고, 위원으로는 대정군의 유지들인 이성교, 송희수, 오대현, 강우백, 강백, 강철호 등이 참여했다. 그 외에도 상무사 결성에 동조한 마을 대표자들과 선비들이 가세하였다.

이후 상무사는 봉세관의 토색질과 불법적인 세금 징수를 규탄하고, 천주교도들의 폭력 행사와 갈취에도 대항했다.

이후 대정군에서는 상무사와 천주교도들의 잦은 마찰이 반복되었다. 그 과정에서 천주교도 오달현, 오창우 등이 교인들을 이끌고 마을 유지 현유순의 집을 습격하여, 현유순의 아버지와 동네 대표 오신락을 잡아다 교당에 가두고 고문을 가했다. 그런데 고문을 받던 오신락이 죽자, 천주교도들은 스스로 감나무에 목을 매 자살했다고 알렸다.

하지만 오신락의 두 아들이 군청에 "아버지는 천주교도들에 의해 붙잡혀 가서 맞아죽었다."라고 고발하였다. 이에 대정군수 채구석은 검시관이 되어 관노 이재수를 데리고 시신을 검시하였다. 오신락이 살해된 사실을 확인한 채구석은 살인범을 체포하려 했으나, 범인은 교당에 숨어 있어서 체포할 수 없었다. 더구나 천주교도 수십 명이 상무사 위원 송희수의 집을 습격하였고, 송희수는 그들에게 끌려가다 마을 주민들의 도움으로 가까스로 풀려났다.

이러한 천주교도들의 공격에 상무사도 가만히 있지 않았다. 상무사는 회원 수십 명을 동원해 대정의 천주교당을 습격하고 교당을 파괴하며 교인들을 폭행하였다. 이렇게 되자 제주도 천주교 주교 뮈텔(한국명 민덕효)이 한성의 프랑스 공사에게 도움을 요청했다.

한편 상무사 회원들은 천주교도 성토 대회를 열고, 제주 목사에게 봉세관과 천주교도들이 결탁해 백성들의 고혈을 빨고 함부로 폭력을 행사하며 재산을 탈취하고 있다고 고발하였다.

이 소식을 들은 봉세관 강봉헌은 급히 제주도를 벗어나 한성으로 달아났고, 천주교도들은 상무사에 대항하기 위해 집단적인 공격을 가했다. 이후 대정성에서 두 세력이 맞부딪혀 부상자가 발생하였으나, 상무사를 이끌던 오대현이 일단 물러서 대화로 해결하려는 의지를 보임에 따라 큰 충돌은 피할 수 있었다.

하지만 이후에도 대정에서는 두 세력이 크고 작은 충돌을 빚었고, 그 과정에서 천주교도 김옥돌과 김진사가 상무사 회원들에게 초주검이 될 정도로 매를 맞는 사태가 벌어졌다. 이렇게 되자 제주 천주교회는 마르셀 라크루 신부가 앞장서 천주교도 300명을 무장시켜 상무사를 공격하였다. 이 과정에서 상무사 장두 오대현, 강우백이 천주교도들에게 붙잡혔고, 천주교도들이 쏜 총에 맞아 신도리 주민 김봉년이 사망했다.

무장봉기를 지휘한 대정 관노 이재수

한편, 장두를 잃은 상무사는 대정군수와 함께 오신락의 시신을 검시했던 대정군 관노 이재수를 장두로 삼고 대응을 모색했다. 이재수는 평화 시위 대신 무장 봉기를 결심하고 각 마을에 격문을 보내 장정들을 규합하였다. 이에 불과 이틀 만에 각 마을에서 장정 수천 명이 모였고, 포수 40여 명으로 조총 부대도 형성했다.

이후 이재수는 조총 부대를 앞세우고, 각 장정들은 검과 봉, 죽창 등으로 무장시킨 후 천주교도들에 대한 공격에 나섰다. 그러자 천주교도들은 제주성을 장악하고 민란군에 대항했다. 제주군수 김창수는 민란군과 천주교도의 중재를 시도하며 천주교 신부들을 설득하여 붙잡혀 있던 오대현과 강우백을 풀어주도록 했다. 하지만 이재수는 화해를 받아들이지 않고, 오히려 오대현과 강우백과 함께 장두를 세 명으로 늘려 더 강력하게 제주성을 공격했다.

이러한 민란군의 공격에 호응하여 제주성 내에 백성들이 성문을 열었고, 결국 제주성은 민란군이 장악했다.

한편, 마르셀 라크루 신부는 프랑스 공사관에 사람을 보내 인천에 주둔하고 있던 프랑스 함대를 보내달라고 요청했다. 하지만 프랑스 함대는 제때 도착하지 않았고, 그 사이에 민란군이 제주성을 장악하여 천주교도 색출에 들어갔다. 민란군의 장두 이재수는 천주교도들을 색출한 즉시 죽였는데, 프랑스 신부들은 정의군 군수 김희주의 도움으로 가까스로 동헌에 몸을 숨긴 덕에 목숨을 건졌다.

민란군이 제주성에 입성한 이후, 색출되어 죽은 천주교도는 300명을 넘었다. 또한 죽은 자들 중에는 봉세관 강봉헌 밑에서 징세 실무를 맡은 자들도 포함되었다.

이렇듯 민란군이 제주를 완전히 장악한 상태에서 5월 31일에 프랑스 군함 두 척이 제주에 정박했다. 프랑스 함대엔 프랑스 군대뿐 아니라 한국 관료와 군대도 있었다. 제주 목사가 교체되어 신임목사 이재호와 궁내부 고문관을 맡은 미국인 샌드W. Sand(조선명 산도)와 번역과장 고의경도 함선에 타고 있었고, 제주 민란 진압을 위한 진위대 중대장 홍순명 지휘 아래 100여 명의 한국군도 출동했던 것이다. 또한 일본 군함 제원호도 함께 출전했다. 그야말로 한국, 일본, 프랑스 군대로 이뤄진 연합군이 제주에 상륙한 셈이었다.

프랑스 군대가 왔다는 소식이 전해지자, 이재수는 민병대 1만 명을 조직하여 대항하고자 했다. 이렇듯 일촉즉발의 위기 상황이 벌어진 가운데, 신임 제주 목사 이재호의 중재로 양측의 충돌은 피했다. 그리고 프랑스 군 함대는 프랑스 신부들과 교도 40명을 데리고 인천으로 회항했다.

그 무렵, 한국 정부는 특진관 황기연을 제주 찰리사로 파견하여 세금의 폐단과 교인들의 폐단 시정을 명령한 고종 황제의 방문을 붙였다. 그러자 민란군 이재수는 스스로 민병대 1만 명을 해산하고 자수했다. 이후, 강우백과 오대현도 자수했다. 이들 세 사람이 감옥에 갇히자, 제주 백성들이 모여들어 장두 세 사람을 풀어달라고 탄원했다. 그러자 황기연은 조사가 끝나는 대로 풀어주겠다고 약속했다. 하지만 황기연은 약속을 어기고 이재수, 강우백, 오대현 세 장두를 한성으로 압송했다.

그들은 7월 18일에 경성부 평리원에서 재판을 받았고, 사형이 언도되어 10월 9일에 한성감옥에서 교수형에 처해졌다. 이들과 함께 재판을 받은 가담자 11인은 징역형에 처해졌고, 관리로서 상무사 대표를 맡았던 대정군수 채구석은 사형에 구형되었다가 사면되었다. 그리고 봉세관 강봉헌은 한성으로 압송된 뒤에 석방되어 고향으로 갔는데, 이후 그의 무죄 방면에 대한 비판이 거세지자, 다시 잡아들이도록 했다. 하지만 이미 숨어버려서 체포할 수가 없었다.

한편, 프랑스 정부는 이재수의 난에 대해 한국 정부에 피해 보장을 요구했다. 프랑스 정부가 천주교 교도들의 피해에 대해 요구한 배상금은 5,160원(현재 가치로 약 2억 5,000만 원)이었다. 이 배상금은 3년 뒤인 1904년에 제주 백성들을 상대로 거둬들인 6,315원(이자 포함)으로 지급하였다.

러일전쟁에서 일본이 승리하다

- 고종 41년(1904년, 광무 8년) 2월 10일, 일본이 러시아에 선전포고를 하다.

  광무 4년(1900년) 북청사변 후 러시아는 만주 일대에 군사를 체류시킨 채 기한이 되어도 철수하지 않았다. 비록 일본·영국 양국이 동맹으로 그에 대응하고 미국도 항의하였으나 러시아는 응하지 않다가 7년(1903년) 4월에 이르러 군사를 출동시켜 멋대로 우리나라 용암포를 차지하였다. 일본은 반도의 존망이 그 안위와 관계된다고 여겨 몇 달을 절충하였으나 해결이 나지 않았다. 러시아가 도리어 군사 장비를 증수하자, 올해 2월 6일에 이르러 두 나라 사이의 국교가 단절되었다. 9일 일본 함대가 러시아 함을 공격하여 인천에서 두 척을 격파하자 러시아 함은 퇴각하다가 인천항에서 자폭 침몰하였다. 10일 일본이 러시아에 선전포고를 하였다. 12일 러시아 공사 파블로프

A. Pavloff가 서울을 떠나 귀국하였다.
- 2월 23일, 한일의정서가 체결되다.*(이에 이르러 국면은 일변하였고 본 조약이 체결되었다)*

<의정서議定書>

대한제국 황제 폐하의 외부대신 임시서리 육군 참장 이지용과 대일본제국 황제 폐하의 특명전권공사 하야시 곤노스케[林權助]는 각각 상당한 위임을 받고 다음의 조목을 협정한다.

제1조: 한일 양국 사이의 항구적이고 변함없는 친교를 유지하고 동양東洋의 평화를 확고히 이룩하기 위하여 대한제국 정부는 대일본제국 정부를 확고히 믿고 시정施政 개선에 관한 충고를 받아들인다.

제2조: 대일본제국 정부는 대한제국 황실을 확실한 친선과 우의로 안전하고 편하게 한다.

제3조: 대일본제국 정부는 대한제국의 독립과 영토 보전을 확실히 보증한다.

제4조: 제3국의 침해나 혹은 내란으로 인하여 대한제국 황실의 안녕과 영토의 보전에 위험이 있을 경우에는 대일본제국 정부는 속히 정황에 따라 필요한 조치를 취할 수 있다. 그러나 대한제국 정부는 위 대일본제국의 행동을 용이하게 하기 위하여 충분한 편의를 제공한다. 대일본제국 정부는 전항의 목적을 성취하기 위하여 군략상 필요한 지점을 정황에 따라 차지하여 이용할 수 있다.

제5조: 대한제국 정부와 대일본제국 정부는 상호 간에 승인을 거치지 않고 뒷날 본 협정 취지에 어긋나는 협약을 제3국과 맺을 수 없다.

제6조: 본 협약에 관련되는 미비한 세부 조항은 대일본제국 대표자와 대한제국 외부대신 간에 정황에 따라 협정한다.

- 5월 4일, 러시아 주재 공사 및 직원들을 러일전쟁으로 인해 임시로 소환하다.

외부대신 이하영이 아뢰었다.

"러시아 주재 공사 및 직원들이 멀리 페테르부르크에 있는데, 러일전쟁이 벌어진 지금 길이 막혀 공사의 일이 어렵게 되었습니다. 봉급과 경비를 보내는 것마저 매우 어려우니, 임시로 소환하였다가 일본과 러시아가 평화를 맺은 다음에 천천히 토의하여 파견 보내는 것이 어떻겠습니까?"

이에 윤허하였다.

- 5월 18일, 러시아 주재 공사 이범진을 소환하고 공사관을 철폐하다.
- 7월 7일, 원수부 장령과 위관 가운데서 임명하여 러일전쟁을 보고 오도록 하다.

의정부 참정 심상훈이 아뢰었다.

"지금 일본과 러시아 간에 전쟁이 시작된 이후 일본 군사들이 용맹을 떨쳐 육지와 해상에서 연전연승한다는 소식이 세상에 퍼져 각기 나라 사람들과 더불어 가서 관전하는 일이 많습니다. 원수부에서 장령과 위관을 해당 싸움터에 적절히 파견하여 관전하게 하는 것이 어떻겠습니까?"

이에 윤허하였다.

- 7월 13일, 권중현을 위문사로 파견하여 러일전쟁의 일본군을 위문하도록 하다.

"일본 군사들이 먼 땅에서 전쟁을 시작해 여러 달째 비바람을 맞고 있으니, 친선 관계를 맺은 의리상 위문해 주는 조치가 있어야 할 것입니다. 육군 부장 권중현을 위문사로 특별히 파견하여 가서 위문하게 하고, 이어 관전하고 오게 하는 것이 어떻겠습니까?"
- 9월 3일, 러일전쟁으로 인해 러시아에 파견한 유학생을 돌아오도록 하다.
- 12월 31일, 전쟁터에서 돌아온 위문사 권중현을 소견하다.

돌아온 위문사 권중현을 소견하고 상이 일렀다.

"전쟁터에 가보니 그 형편과 병력이 어떠하던가?"

권중현이 아뢰었다.

"요양과 봉천 사이의 양국 병력은 서로 비슷합니다."

"여순旅順(뤼순)의 형편은 어떠하던가?"

"여순은 오래지 않아 틀림없이 함락될 것입니다. 그러나 그곳은 한쪽 모퉁이를 보장하는 것과 관련되어 있을 뿐이므로, 그곳을 얻는가 잃는가를 가지고 전체 러시아와의 승부를 대뜸 점칠 수는 없습니다."

"누구누구를 보았는가?"

"만주군 총사령관 육군 대장 오야마 이와오와 여순 연합함대 사령관 해군 대장 도고 헤이하치로, 여순 후면 제3군 사령관 육군 대장 노기 마레스케, 친왕 강인노미야를 모두 만나 보았습니다."

"어느 지방에 진陣이 서로 대치되어 있던가?"

"요양과 봉천 사이입니다."

"요양과 봉천 사이는 거리가 몇 리나 되는가?"

"100여 리가 되는데, 양국 군의 전투 전선 너비는 120리입니다."

"싸움하는 진들을 자세히 보았는가?"

"오야마 이와오가 '전쟁터가 매우 위험하므로 귀국 황제의 칙어는 내가 대신해서 각 장관들에게 전할 것이니, 반드시 몸소 나가서 위문할 필요는 없습니다. 만일 반드시 전쟁 광경을 보아야겠다면 내가 인원을 파견해서 앞에서 인도하여 산에 올라가 멀리서 보는 것이 좋겠습니다.'라고 하였습니다.

그래서 신이 그 의미를 곰곰이 생각해 보니, 군사 비밀로 인해서 다른 사람에게 보여주지 않으려는 것 같아서 신은 굳이 보지 않았습니다."

"여순의 전진戰陣은 자세히 보았는가?"

"봉황산 동쪽 기슭에 올라가 대포가 서로 몹시 요란한 소리를 내며 폭발하는 것을 대략 보았습니다."

"여순은 어찌할 수 없을 것이다."

"오늘날로 말하면 러시아는 원래 천하의 강국이므로, 비록 형세상 어찌할 수 없다 하더라도 빨리 항복하지는 않을 것이며 필경 전력을 다할 것입니다."

"러시아 군에 혹 땅을 판 진지가 있다고 들었는데, 과연 그렇던가?"

"러시아 군은 모두 다 땅을 파고 철망을 늘어놓고 전기를 넣었기 때문에 사람들이 범접할 수 없습니다."

- 재위 42년(1905년) 3월 16일, 이재각을 일본 특파대사에 임명하다.

조령을 내렸다.

"의양군 이재각을 특파대사로 명하여 그로 하여금 일본국에 가서 전승을 축하하도록 하라."

[이달 10일에 일본과 러시아 양국의 군대가 봉천 부근에서 전투를 벌였는데, 일본군이 큰 승리를 거두어 전쟁의 국면이 완전히 결정되었다.]

- 9월 5일, 일로강화조약이 체결되다.

일본국 특명전권공사 고무라 주타로小村壽太郞와 러시아의 세루지 우잇데 사이에 체결된 강화조약 제2조에서 약조하였다.

"러시아 제국 정부는 일본국이 한국에서 정치상, 군사상, 경제상의 특별한 이권을 가질 것을 승인하고, 일본정부가 한국에서 필요하다고 인정하는 지도, 보호 및 감리의 조치를 취함에 대하여 이를 저해하거나 간섭하지 않을 것을 약속한다.

한국에 있는 러시아국 신민은 다른 나라의 신민들과 완전히 같은 대우를 받는다. 이것을 바꾸어 말하면 최혜국의 신민과 동일한 지위에 두는 것으로 인정한다.

조약을 체결한 두 나라는 일체 오해의 원인을 피하기 위하여 러시아와 한국 사이의 국경에서 러시아국 또는 한국의 영토 안전을 침해할 수 있는 어떠한 군사상 조치도 취하지 않을 것에 동의한다."

러일전쟁에서 승리한 일본이 조선을 집어삼키다

1904년 2월 8일, 일본의 연합함대는 청일전쟁 때와 마찬가지로 선전포고도 없이 중국 뤼순항 근처에서 러시아 함대를 기습적으로 공격했다. 러일전쟁의 신호탄이었다.

러일전쟁의 원인은 청일전쟁에서 비롯되었다. 1895년에 청일전쟁에서 승리한 일본은 시모노세키 조약을 통해 랴오둥반도(요동반도)와 타이완, 펑후제도 등을 할양받기로 하였다. 그러나 랴오둥반도는 러시아, 프랑스, 독일 등의 삼국 간섭에 의해 반환되었다. 이후 러시아가 랴오둥반도로 진출하여 뤼순항에 러시아 함대의 기지를 만들었다. 러시아는 오래전부터 부동항을 찾아 남하정책을 실시하고 있었고, 그 일환으로 한반도와 만주로 영향력을 확대하고 있던 상황이었다.

그런 가운데 일본이 청일전쟁에서 승리하여 만주 지역을 장악하려 하자, 이를 저지하고 오히려 러시아가 뤼순항과 다롄만을 조차하는 방식으로 차지했던 것이다. 또한 만주에 동청철도를 건설하고, 이 철도를 보호한다는 구실로 만주 전체를 장악했다.

일본은 이러한 러시아에 불만을 품고 있다가, 러시아가 내전과 정치 불안으로 어려움을 겪는 틈을 이용해 뤼순항을 공격하여 러일전쟁을 일으켰다. 일본은 러시아의 남하정책을 강력히 반대하고 있던 영국과 동맹을 맺고, 러시아와 전쟁이 발발할 경우 러시아를 돕는 국가가 있으면 영국이 일본 편으로 참전할 수 있다는 확약을 얻어낸 상태였다. 또 한편으로는 러시아의 남하를 반대하던 미국으로부터 전쟁 비용을 지원받기로 하는 한편, 한국 정부를 강압하여 육로를 통한 편의 제공과 전쟁을 위한 자유로운 한국 영토 이용을 약속받는 의정서를 체결했다.

이렇듯 영국과 미국이라는 강력한 후원 세력을 등에 업은 채 실질적으로 한국 영토를 장악한 일본은 선전포고도 없이 기습적으로 뤼순항을 공격했던 것이다. 또 그 이튿날엔 14척의 함대로 인천항 부근에서 두 척의 러시아 함을 기습하여 격파했다. 일본은 인천에서 러시아 전함을 공격한 뒤 5만의 군대를 인천에 상륙시켜 한반도를 장악하였다. 그리고 개전 이틀 후인 2월 10일에야 정식으로 러시아 제국에 대해 선전포고하였다.

일본이 선전포고 없이 전쟁을 감행할 것이라고는 상상도 하지 못했던 러시아 정부는 무척 당황하였고, 세계 각국에서는 두 나라의 전쟁을 다윗과 골리앗의 싸움에 비유하며 러시아의 승리를 점쳤다.

이때 일본은 뤼순항을 봉쇄하여 러시아 함대의 진출을 막는 작전을 진행하고 있었다. 이를 위해 시멘트를 가득 채운 증기선 일곱 척을 뤼순항 앞 해협에 가라앉혔다. 하지만 배가 너무 깊이 가라앉는 바람에 뤼순항 봉쇄작전은 실패했다. 그럼에도 일본은 포와 기뢰를 이용하여 러시아 함대의 진출을 막기 위해 안간힘을 썼다.

덕분에 러시아 함대는 한동안 뤼순항에 갇혀 고전을 면치 못하다가 가까스로 출항하여 일본군의 저지선을 뚫고 두 척의 전함을 내보냈다. 그러나 두 척 중 한 척은 침몰하고, 나머지 한 척도 큰 피해를 입고 귀항해야 했다.

이후 일본군의 뤼순항 봉쇄는 몇 달간 지속되었으나, 개전 3개월 후인 5월에 이르러서는 한계 상황에 다다랐다. 급기야 러시아군이 설치한 기뢰에 일본 군함 두 대가 침몰하는 사태에 이르렀다. 그리고 8월 10일에는 양쪽 함대의 함포 공격이 이어진 이른바 '황해해전'이 벌어졌다. 이 해전에서 러시아의 기함 체사레비치호가 일본이 쏜 직격탄을 맞았고, 함대를 이끌던 사령관 비트게프트가 전사하고 말았다. 이에 당황한 러시아 함대는 뤼순항으로 귀항했고, 승기를 잡은 일본 함대는 뤼순항에 집중 포격을 가하여 뤼순항을 함락시켰다.

이렇듯 상황이 급박하게 돌아가자, 러시아는 발트해에 머물고 있던 발틱함대를 급파하여 대항했다.

한편 육지에서는 러시아군이 계속 밀리고 있었다. 뤼순항을 차지한 일본군은 북진하여 선양의 러시아군을 압박하였고, 그런 가운데 겨울이 닥쳤다. 매서운 추위가 닥치자 시베리아 횡단철도를 사용할 수 없게 된 러시아는 군대를 증파할 수 없었고, 일본은 그 기회를 놓치지 않고 공격을 감행하여 러시아군을 선양 북쪽으로 퇴각시켰다.

하지만 육군의 싸움은 쉽사리 승패가 나지 않았다. 그때 바다에서는 러시아의 발틱함대가 블라디보스토크항으로 향하고 있었다. 그러나 블라디보스토크항으로 가는 길은 험난했다. 발트해에서 수개월간 항해 끝에 일본 근처에 이른 발틱함대는 대한해협을 경유하다 일본 함대의 급습을 받았다.

이른바 쓰시마해전으로 불리는 이 싸움에서 일본은 38척의 군함으로 구성된 발틱함대를 무너뜨리는 개가를 올렸고, 일본은 승리를 거머쥐었다. 1905년 5월 27일부터 28일 사이에 벌어진 이 쓰시마해전 이후 무력해진 러시아는 더는 전쟁을 지속할 수 없었고, 결국 미국의 주선으로 그해 9월 일본과 포츠머스 강화조약을 맺어야 했다.

이 조약으로 러시아는 랴오둥반도의 조차권과 동청철도의 창춘과 뤼순 사이의 철도에 관한 권리를 일본에 양도해야 했고, 북위 50도 이남의 사할린섬과 그 부속 도서도 일본에 할양해야 했다. 그뿐 아니라 동해와 오호츠크, 베링해의 러시아령 연안 어업권을 일본인에게 허용해야 했다.

그리고 그 불똥은 한반도에도 튀었다. 일본이 대한제국에 대한 '지도·보호·감독'에 관한 모든 권한을 갖게 된 것이다. 이는 곧 을사늑약으로 이어졌다.

경부철도와 경의철도의 개통

- 재위 42년(1905년) 5월 25일에 경부선 철도를 개통하다

  경부철도 개통식 때 일본국 히즈야스와이博恭王가 참석하므로, 의양군 이재각에게 함께 참석하라고 명하였다.

  [광무 7년(1903년) 11월에 경부철도주식회사가 경인철도합자회사를 매수하여 경부선과 경인선 두 선로를 함께 소유한 이후로 서울과 부산 간 선로 공사가 빨리 완공되어, 본년 1월 1일부터 개업을 하였는데 이에 이르러 경성 남대문 정거장 구내에서 개통식을 거행하였다.]

- 재위 43년 4월 3일에 경의선 철도를 완전히 개통하다

  [광무 8년(1904년) 3월에 일본국 임시군용철도감부에서 공사를 착수하여 9년(1905년) 4월에 용산에서 시발하여 신의주 간의 열차 운행을 시작하였으며, 그 후 선로를 보수하고 다리를 놓아 이때에 이르러 완전히 준공되었다.]

한반도 수탈과 대륙 침략의 발판이 된 경부선과 경의선

1905년 1월 1일, 경부선 모든 구역에서 영업이 시작되었다. 경부선은 1901년 8월 20일 영등포에서 경부철도주식회사의 기공식이 있었고, 한 달 뒤인 9월 21일엔 부산 초량에서 기공식이 이어졌다. 그리고 1904년 12월 27일에 완공되어, 1905년 1월 1일에 마침내 개통되었다.

경부선 철도 건설에 관한 내용은 1894년에 '한일잠정합동조관'에 처음 등장하는데, 이 조약은 1898년에 일본의 강압에 의해 '경부철도합동조약'으로 갱신되어 일본인 회사 주도로 진행되었다.

일본은 경부선 부설권을 차지하기 위해 밀정을 파견하여 수년 동안 한반도 전 국토를 조사하였고, 이를 바탕으로 철도 부설 예상 지역을 작성한 뒤 조선 정부를 압박하여 철도 건설을 진행했다. 공사 과정에서 토지 수용 문제와 홍수, 결빙 등의 재해로 어려움을 겪기도 했다. 그러나 1904년에 러일전쟁이 발발하자, 일본은 병력과 무기 수송 같은 군사상의 목적 달성을 위해 공사를 서둘렀고, 그 결과 졸속으로 공사를 진행하여 개통에 이르렀다.

경부선 개통 이듬해인 1906년엔 서울에서 신의주에 이르는 경의선이 완전 개통되었다. 경의선은 원래 러시아 회사 프릴르르의 대표 그릴르에게 부설권이 주어졌다가, 그릴르가 재력 부족으로 부설권을 상실하자 대한철도회사 박기종에게 부설권이 넘어갔다. 그러나 박기종 역시 재력 부족으로 경의선 건설을 진행하지 못했고, 이에 대한제국 정부는 외세를 배격하기 위해 경의선 건설을 궁내부 직영으로 하였다.

이후 정부는 내장원에 서북철도국을 두고 조병식을 총재로 임명하여 서울과 개성 사이의 선로 측량에 착수하였다. 대한제국 정부는 먼저 서울에서 개성 사이의 철도를 우선 개통한 뒤, 자금이 확보되면 선로를 연장하는 방식으로 신의주까지 연결하려 했다.
　　그러나 일본은 러일전쟁이 일어나자 군사상의 목적을 위해 불법적으로 군대를 상륙시켜 임시군용철도 건설을 시작했다. 이에 대한제국 정부는 일본의 강요에 밀려 50년간의 임대 조약을 맺고 경의선 부설권을 넘겨주어야 했다.
　　철도 부설권을 강탈한 일본은 졸속으로 공사를 진행시켰고, 1904년 3월부터 1906년 3월까지 불과 2년 만에 개통식을 강행했다. 그러나 이후로도 무려 5년 동안 개량 공사를 계속해야 할 정도로 급조된 상태였다.
　　1911년 11월 경의선 개량 공사가 끝날 무렵 압록강 철교가 개통되었고, 이는 곧 한국 철도와 만주철도의 연결을 의미했다. 이후 서울에서 만주 장춘까지 주 3회씩 직통 급행열차가 운행되기에 이르렀다. 이로써 부산에서 신의주까지 한반도를 종단하는 새로운 길이 완성되었고, 이는 한반도의 공간을 시간적으로 크게 단축시키는 결과를 낳았다.
　　그러나 경부선은 단순히 국토 공간의 시간 개념을 단축시키는 문명의 이기만은 아니었다. 1899년 9월 개통된 서울과 인천 사이의 경인선이 일제 침략의 발판 노릇을 했듯이, 경부선과 경의선 역시 일본의 한반도 수탈과 대륙 침략을 가속화하는 수단으로 건설되었다.

9장. 1901년 ~ 1910년　　　　　　　　　　　　　　　　　　　**04**

을사늑약이 체결되다

- 재위 42년(1905년) 11월 17일에 한일 협상조약을 체결하다

　11월 27일, 최재학이 한일 협상조약을 맺은 신하들을 처벌하라고 상소하다

　시골에 사는 신하 최재학이 올린 상소의 대략은 이렇다.

　"아, 지난 병자년(1876년)에 일본 전권대신 구로다 기요타카黑田淸隆와 이노우에 가오루井上馨가 우리나라 대신 신헌, 윤자승과 강화부에 모여 의논하고 맺은 조약에는 '조선은 자주국으로서 일본과 더불어 평등한 권리를 보유한다. 이제부터 두 나라가 실제로 화친하려면 반드시 서로 동등한 예를 가지고 대할 것이며, 털끝만큼도 침략의 혐의가 있어서는 안 된다.'라고 하였습니다.

　일본과 청나라 사이의 '마관조약馬關條約' 제1조에는 '조선의 독립과 자주를 두 나라가 명백히 인정하여 털끝만 한 침범도 있어서는

안 된다.'라고 하였습니다.

광무 8년(1904년) 3월, 일본과 러시아 간의 전쟁이 개시되었을 때 일본 정부가 여러 나라에 보낸 성명서에는 '원래 한국의 독립과 영토와 주권을 보호하는 것이 전쟁의 목적이다.'라고 하였습니다.

아, 일본이 우리 한국에 대하여 털끝만 한 권리나 한 조각의 영토라도 빼앗는다면, 그 신의를 배반하고 맹약을 저버린 데 대하여 다른 나라들이 시비할 뿐만 아니라 또한 하늘과 사람들의 처벌을 면치 못할 것입니다.

이번에 일본과 러시아의 강화가 이루어지자마자, 이른바 일본의 위문사라고 하는 이토 히로부미가 다섯 조목으로 된 새 조약을 감히 제출하여 삼천리 강토를 빼앗고 우리의 500년 종사와 이천만 동포들을 없애버리려 하니, 누군들 통곡하며 의리를 위해 죽으려 하지 않겠습니까?

저 역적 박제순, 이지용, 이근택, 권중현, 이완용의 무리들이 제 마음대로 도장을 찍음으로써 외국인이 핑계를 삼을 수 있게 하였으나, 만국공법萬國公法 제409장에는 '비록 국왕의 친필 서명이 있더라도 만일 다른 사람의 협박을 받아 자유로운 의사로 한 것이 아니라면 그 조약은 다 폐기할 수 있다.'고 하였습니다.

하물며 우리 전하께서 두 번, 세 번 협박하는 요청을 받았어도 끝내 종사를 위해 목숨을 바칠 의리를 가지고 거절하셨으니 더 말할 나위가 있겠습니까?

이 역적 무리들은 모두 대대로 높은 벼슬을 한 신하들로서 조종祖宗의 강토를 하루아침에 외국 사람에게 내주고 온 나라의 백성들을 모두 노예로 만들려 하였으니, 그 반역의 큰 죄는 만 번 죽이고 천번 목을 베어도 오히려 가벼울 것입니다. 바라건대 폐하께서는 분연히 결단하여 이 역적 무리들을 빨리 나라의 법으로 다스리시기 바랍니다."

이에 비답하였다.

"역시 온 나라 사람들이 느끼는 공분公憤이다."

을사늑약으로 대한제국의 국권 강탈이 본격화되다

1905년 11월 17일, 일제는 한국을 보호한다는 명목으로 강제로 대한제국의 외교권을 박탈하는 을사늑약을 체결했다. 을사늑약은 러일전쟁 발발 직후인 1904년 2월 23일 강제로 체결된 한일의정서에 기반하고 있었다.

일본은 한국에 불법적으로 군대를 상륙시키고 대한제국의 행정을 장악하였으며, 그해 8월 22일에는 국권 강탈의 서막이 된 제1차 한일협약을 체결하여 재정과 외교의 실권을 박탈했다. 또한 1905년 2월에는 군사 목적을 내세워 독도를 강탈하고, 일본의 시마네현에 '다케시마'라는 명칭으로 편입시키는 영토 침략을 감행했다. 러시아와 해상전을 벌이던 일본은 독도를 군사 기지로 이용하려 하였고, 이를 실행하기 위해 한국 정부 몰래 자신들의 영토에 편입시켰던 것이다. 당시 대한제국은 1900년에 황제 칙령으로 독도를 '석도'라는 이름으로 울릉도에 예속시킨 상태였다.

이후 러일전쟁에서 승리한 일본은 1905년 7월 27일 미국과 '태프트-가쓰라 밀약'을 맺고, 미국의 필리핀 지배를 인정하는 대신 일본의 한반도 지배를 묵인한다는 약속을 얻어냈다. 또한 그해 8월 12일에는 1902년에 이어 제2차 영일동맹을 체결하여 일본의 한반도 보호국화에 대해 영국의 양해를 얻어냈다. 이어 9월 5일에 맺은 포츠머스 강화조약에서는 러시아로부터도 한반도 지배에 대한 간섭을 하지 않겠다는 약속을 받아냈다.

이후 일본이 한국을 보호국으로 삼아 식민국으로 만들려 한다는 소문이 퍼진 가운데, 1905년 11월 9일 일본 추밀원장 이토 히로부미가 서울에 도착했다. 그는 고종 위문 특파대사의 자격으로 파견되었으며, 일본 왕 무쓰히토의 친서를 가지고 있었다. 무쓰히토의 친서에는 '짐은 동양 평화를 유지하기 위해 대사를 특파하니, 대사의 지휘를 따라 조처하라.'는 내용이 들어 있었다.

이토는 고종과의 1차 만남에서 뜻을 이루지 못하자, 11월 15일 다시 고종을 만나 대한제국의 외교권을 박탈하는 내용의 한일협약안을 내놓았다. 그러나 고종은 자신이 결정할 문제가 아니라며 어전회의를 개최했다.

어전회의가 열리는 동안 궁궐은 일본 군대에 의해 포위되어 있었고, 서울 시가지에도 일본 군대가 무력시위를 지속하고 있었다. 그러나 어전회의 결과는 일본이 제안한 내용을 거부하는 것이었다. 이후 고종이 참석하지 않은 가운데 다시 어전회의가 열렸고, 이토는 회의에 참석한 대신들을 한 사람씩 면담하며 조약 체결에 대한 찬반 의견을 물었다.

이날 회의에 참석한 대신은 참정대신 한규설, 탁지부대신 민영기, 법부대신 이하영, 학부대신 이완용, 군부대신 이근택, 내부대신 이지용, 외부대신 박제순, 농상공부대신 권중현 등 8명이었다. 이 중 한규설과 민영기는 조약 체결에 극력 반대하였고, 이하영과 권중현도 소극적이나마 반대 의견을 냈다. 그러나 권중현은 일본 측의 설득에 넘어가 찬성 의견으로 돌아섰다.

이에 이토는 찬성자 5명만을 따로 불러 회의를 열고 그들의 동의를 얻어 조약을 관철시켰으니, 이것이 곧 을사늑약이다. 또한 이 늑약에 찬성한 박제순, 이지용, 이근택, 이완용, 권중현 등 5명을 일러 '을사오적'이라 하였다.

을사늑약은 대한제국 측 대표인 외부대신 박제순과 일본의 외무대신 하야시 사이에 체결되었으며, 그 내용은 다음과 같다.

〈한일 협상조약〉

일본국 정부와 한국 정부는 두 제국을 결합하는 이해공통주의를 공고히 하기 위하여 한국이 실지로 부강해졌다고 인정할 때까지 이 목적으로 아래에 열거한 조관條款을 약정한다.

제1조: 일본국 정부는 동경에 있는 외무성을 통하여 금후 한국의 외국과의 관계 및 사무를 감리·지휘할 수 있고, 일본국의 외교대표자와 영사는 외국에 있는 한국 신민 및 그 이익을 보호할 수 있다.

제2조: 일본국 정부는 한국과 타국 사이에 현존하는 조약의 실행을 완전히 하는 책임을 지며, 한국 정부는 이후부터 일본국 정부의 중개를 거치지 않고 국제적 성질을 가진 어떠한 조약이나 약속을 하지 않을 것을 기약한다.

제3조: 일본국 정부는 그 대표자로서 한국 황제 폐하의 궐하闕下에 1명의 통감을 두되, 통감은 오로지 외교에 관한 사항을 관리하기 위하여 경성에 주재하면서 직접 한국 황제 폐하를 궁중에 알현하는 권

리를 가진다.

일본국 정부는 또 한국의 각 개항장과 기타 일본국 정부가 필요하다고 인정하는 곳에 이사관을 두는 권리를 가지되, 이사관은 통감의 지휘 아래 종래의 재한국 일본영사에게 속하던 일체 직권을 집행하고, 아울러 본 협약의 조관을 완전히 실행하기 위하여 필요한 일체 사무를 장리掌理할 수 있다.

제4조: 일본국과 한국 사이에 현존하는 조약 및 약속은 본 협약의 조관에 저촉되는 것을 제외하고는 다 그 효력이 계속되는 것으로 한다.

제5조: 일본 정부는 한국 황실의 안녕과 존엄을 유지함을 보증한다. 이상의 증거로 아래 사람들은 각기 자기 나라 정부에서 상당한 위임을 받아 본 협약에 기명 조인한다.

광무 9년 11월 17일 외부대신 박제순

명치 38년 11월 17일 특명전권공사 하야시 곤노스케 林權助

하지만 이 조약을 체결한 박제순은 고종으로부터 전권을 위임받은 바도 없고, 고종의 비준도 받지 못했다. 따라서 이 조약은 당연히 무효였다. 그러나 일본은 이 조약을 근거로 한국의 외교권을 박탈하고 통감부를 두어 행정을 마비시켰으며, 전국의 지방 행정까지 모두 장악하여 감독하였다.

늑약이 체결되었다는 소식을 듣고 〈황성신문〉의 주필 장지연은 '시일야방성대곡'이라는 사설로 일제의 침략 행위와 오적의 매국 행위를 강력하게 규탄하였다. 또한 국민들도 일제히 궐기하여 조약의 무효를 주장하였고, 고종은 미국인 황실 고문 헐버트를 통해 이 조약의 무효를 선언했다.

또한 시종무관장 민영환을 비롯하여 특진관 조병세, 전 참정 홍만식, 참찬 이상식, 법부주사 송병찬, 주영공사 이한응, 학부주사 이상철 등 중신과 지사들이 순국으로 항쟁했다.

한편 전국 각지에서 의병이 일어나 일본군과 무력 투쟁을 벌였으며, 오적에 대한 암살 시도도 이어졌다.

제1대 한국 통감으로 취임한 이토 히로부미

- 재위 43년(1906년) 2월 1일에 일본이 경성에 통감부를 설치하다

  일한 협상조약 제3조에 의거하여 일본이 경성에 통감부를 설치하였다.

  후작 이토 히로부미(伊藤博文)가 작년 12월 21일 통감으로 임용되었으나 아직 부임하지 않았다. 이날 임시 통감 대리 육군 대장 하세가와 요시미치가 통감부 개청식을 진행하였다.

- 3월 9일, 일본 통감 후작 이토 히로부미를 접견하다

  수옥헌에 나아가 황태자가 시좌한 상태에서 통감 후작 이토 히로부미를 접견하였다.

  [통감 이토 히로부미는 이달 2일에 도착하여 취임하였다. 이날 해군 중장 이노우에 요시토모 등 16인과 함께 폐하를 알현하고 태황제 폐하, 황태자 전하, 황귀비 및 영친왕에게 예물을 봉정하였다.]

한국 식민화의 전위대장 이토 히로부미

제1대 통감 이토 히로부미는 1841년에 일본 스오구니周防國(주방국) 구마게군(현재 야마구치현 히카리시)에서 하야시 주조林十藏(임십장)의 아들로 태어났다.

때문에 이토 히로부미의 원래 성은 하야시이며, 어릴 적 이름은 리스케利助(이조)였다. 그런데 소년 시절 그의 아버지 주조가 조슈번長州藩(장주번, 지금의 야마구치현)의 이토 다케베에의 양자가 되었고, 이에 하야시 리스케는 이토 리스케로 바뀌게 되었다.

이토 다케베에 가문은 조슈번의 중간 계층에 해당하는 하급 무사 신분인 아시가루였다. 원래 하야시 주조는 가난한 농부였기 때문에 이토는 어린 시절을 매우 가난하게 보냈다. 그러나 아버지가 이토 가문의 양자가 되면서 신분이 무사 계급으로 상승하였고, 덕분에 그는 미천한 신분에서 벗어나 새로운 계층으로 도약할 꿈을 꿀 수 있었다.

이토 리스케는 동네 서당에서 글을 익혔고, 열네 살 무렵부터는 하급 무사의 잡역이라 할 수 있는 심부름꾼 노릇을 했다. 열다섯 살 때 조슈번의 번사 구루하라 료조의 심부름을 하게 되었는데, 구루하라가 그의 명민함을 알아보고 공부를 계속할 것을 권했다. 구루하라는 당시 조슈에서 학당을 운영하던 요시다 노리가타를 소개해 주었고, 이토는 소개장을 들고 요시다를 찾아가 그의 학당에서 수학했다.

요시다는 '쇼인'이라는 아호로 널리 알려진 사무라이이자 교육자였으며, 대개 '요시다 쇼인'이라 불렸다. 그는 숙부가 운영하던 쇼카손주쿠松下村塾(송하촌숙) 학당을 인수해 숙장으로 있으면서 제자들을 길렀다. 학생의 대다수는 조슈의 명문 자제들이었으나, 요시다는 신분을 가리지 않고 재능 중심으로 제자를 길렀다. 덕분에 이토는 요시다가 총애하는 제자 중 하나가 되었다.

요시다는 '일군만민론', 즉 천황 아래 모든 백성은 평등하다는 사상을 주창한 존왕양이론자였다. 그런데 1858년 막부가 천황의 칙허도 없이 미일수호통상조약을 통해 개항을 강행하자, 요시다는 이에 대단한 적개심을 드러냈다.

그 무렵 도쿠가와 막부는 14대 쇼군 도쿠가와 이에모치를 세우고, 막부 정책에 반대하는 존왕양이파들을 대대적으로 탄압하였다. 이 일은 대로 이이 나오스케와 노주 마나베 아키카즈가 주도했으며, 이른바 '안세이대옥'이라 불리는 사건이었다.

요시다는 안세이대옥에 연루되어 감옥에 갇혔고, 투옥 중 마나베 아키카즈 암살 음모에 가담했다는 혐의를 받아 사형당했다. 요시다가 참수형에 처해진 것은 1859년 10월 27일이었다. 그의 시신은 발가벗겨진 채 나무통에 쑤셔 넣어 땅에 묻혔다. 이에 분개한 이토를 비롯한 제자들은 매장된 시신을 파내 다시 무덤을 조성했고, 쇼카손주쿠 내에 그를 모신 신사를 마련했다.

이후 요시다의 제자들은 과격한 존왕양이파가 되었고, 이토도 그중 하나였다. 그는 막부의 우두머리들을 제거하기 위한 테러 조직인 '미다테구미'에 가입해 활동했다. 1863년 1월엔 영국 공사관 방화 사건에 가담했고, 막부의 밀정 우노 도카이 암살 사건에도 참여했다. 또 막부의 자문역 하나와 지로와 그의 문하생들을 살해하기도 했다.

그가 속한 조슈번 자체가 존왕양이를 주장한 만큼 그의 테러 활동은 경력으로 작용했으며, 덕분에 그의 신분은 무사 바로 아래 단계인 준무사 신분으로 상승하였다.

1863년 5월, 그는 조슈번의 유럽 유학생 양성 정책에 따라 5명의 장학생 중 한 명으로 선발되었다. 이들 다섯 명의 유학생은 이른바 '조슈 5걸長州五傑'이라 불릴 정도로 조슈의 청년 지사를 대표하는 인물들이었다. 이토는 신분의 한계를 극복하고 그 5걸의 하나가 되는 영예를 누렸다. 겨우 평민의 신분을 면한 하급 무사 계급 출신으로서는 크나큰 성공이 아닐 수 없었다.

영국 유학 후, 그는 탁월한 언어 감각으로 누구보다 빨리 영어에 적응했다. 그리고 유학 중에 그는 인생의 대변신을 시도했다. 존왕양이론자였던 그는 영국의 엄청난 발전상을 목도하고 개화론자로 탈바꿈했던 것이다.

유학 1년 만에 개화론자로 변신한 그는 1864년에 귀국하여 조슈번과 외국 함대의 전쟁을 막기 위해 분주하게 움직였다. 이를 위해 그는 영국 공사관을 찾아다니며 영국 공사를 설득하고 협상을 중재하려 했으나 실패하고 말았다. 그는 조슈 번주에게 서양 세력을 적대시하는 양이 정책을 중지해야 한다고 건의했지만 허사였다. 오히려 그가 개화론자로 변신한 것을 안 양이파들은 그를 암살하기에 혈안이 되었다. 그 때문에 그는 몸을 숨기며 지내야 했다. 그런 상황에서도 막부를 타도하기 위한 싸움에 가담하였다. 그리고 급기야 막부 세력 타도에 성공하고 메이지유신을 이끌어내는 데 공로를 세우게 된다.

메이지유신 이후 이토는 이름을 리스케에서 히로부미로 개명했다. '이토 히로부미'가 공식적인 그의 성과 이름이 된 것이다. 그는 이때 막부 세력 타도를 주도하고 메이지유신을 이끈 조슈번의 유력한 인물 중 하나가 되어 있었다. 그의 뛰어난 영어 실력은 그의 출세에 크나큰 도움이 되기도 했다. 그가 외무를 담당하는 외국사무국 판사로서 명성을 날린 것도 탁월한 영어 실력 덕분이었다. 이후 그는 효고현 지사를 거쳐 공부성 장관 등의 요직을 지냈고, 1871년에는 이와쿠라 사절단의 일원으로 참여하여 2년 동안 서구 각국을 두루 시찰했다.

1873년에 그가 귀국했을 때, 일본 정부에선 조선 정벌론이 주요 화두가 되어 있었다. 미국이 일본을 개항했듯이 조선을 개항시켜 정벌하고, 다시 중국 대륙으로 진출하자는 주장이 대세를 이루고 있었던 것이다. 하지만 이토는 조선에 대한 정벌은 아직 시기상조라며, 외치보다는 내치에 역점을 둬야 한다고 역설하여 조선 정벌 논쟁에서 승리했다. 이때 그와 의견을 같이한 인물이 오쿠보 도시미치와 이와쿠라 도모미였다. 이후 정권은 오쿠보 도시미치가 장악했고, 같은 파였던 이토는 공부성경의 자리에 올랐다. 그가 유력한 정치인의 한 사람으로 우뚝 서는 순간이었다.

그런데 1878년에 예기치 못한 사건이 발생했다. 정권을 이끌고 있던 오쿠보가 시마다 이치로라는 반개화파 청년에게 암살된 것이다. 오쿠보의 죽음은 그에겐 일인자로 성장할 수 있는 기회였다. 이른바 메이지유신의 삼걸로 불리던 사쓰마번의 사이고 다카모리, 조슈번의 기도 다카요시에 이어 오쿠보마저 죽었던 것이다. 그는 오쿠보의 뒤를 이어 내무상이 되었고, 이후 정치 라이벌이었던 오쿠마 시게노부와 권력 다툼을 벌였다.

1879년부터 일본 정가에서는 입헌제에 대한 논의가 본격화되었는데, 대장경(재무장관 격)을 맡고 있던 오쿠마 시게노부는 영국식 내각책임제와 유사한 당시로서는 매우 급진적인 개혁안을 내놓았다. 하지만 이 급진적인 제안은 거부되었고, 오쿠마 시게노부는 그의 세력과 함께 물러나게 되었다. 덕분에 온건파였던 이토의 정치적 영향력은 더욱 확대되었다.

이 사건 이후, 이토는 1882년에 유럽으로 건너가 독일 제국의 헌법을 모델로 헌법 연구에 매진하였고, 이듬해 귀국하여 궁내경이 되어 헌법 초안을 기초하게 되었다. 그 이듬해 조선에서 갑신정변이 일어났다. 이때 그는 전권대사로 청국에 파견되어 텐진조약天津條約을 체결하는 데 주도적 역할을 하였다. 이때 이미 이토는 일본 정가에서 가장 영향력 있는 정치인이 되어 있었다. 그래서 1885년에 일본에 내각제가 형성되자 초대 총리대신이 되었다. 한낱 가난한 빈농의 아들로 태어나 하급 무사에 양자 입적하여 겨우 무사 계급이 되었던 그가, 그야말로 꿈에나 생각하던 만인지상의 총리대신이 되었던 것이다.

그는 초대 총리로서 헌법 및 황실전범의 초안을 작성했고, 3년 동안 총리로 재임하며 의회격인 추밀원 제도를 마련했다. 그리고 1888년 5월에 추밀원이 신설되자, 그는 총리에서 물러나 추밀원 의장으로 취임했다. 추밀원에선 헌법 초안을 심의하여 통과시키고 1889년 2월에 마침내 일본에 헌법이 제정·공포되었다. 당시 내각은 사쓰마번 출신의 구로다 기요타카가 맡고 있었다. 그는 오쿠마 시게노부와 함께 이토의 정적 중 하나였고, 그 때문에 이토가 총리로 있을 땐 세계여행을 하며 정가에서 떠나 있던 인물이었다.

구로다 내각은 큰 힘을 가지지 못했기 때문에 구로다는 별다른 업적을 남기지 못하고 총리직에서 물러나야만 했다. 구로다 이후 내각은 조슈번 출신의 야마가타 아리토모가 맡았다. 그는 이토와 쇼카손주쿠 동문이었다. 일본에 의회 제도가 마련된 후 첫 번째 내각 총리는 조슈번 출신에게 돌아갔던 것이다. 그만큼 이토 세력의 힘이 강력했음을 시사하는 일이었다.

야마가타는 1889년 12월부터 1891년 5월까지 1년 6개월 동안 총리로 있었다. 이후 총리직은 마쓰카타 마사요시에게 돌아갔다. 그는 사쓰마번 출신이었다. 당시 일본 총리는 조슈번 출신과 사쓰마 출신이 번갈아가면서 이어갔다. 말하자면 메이지유신의 공신파들이 정권을 나눠 먹기식으로 이어가고 있었던 셈이다. 마쓰카타가 1892년 8월까지 총리직을 수행한 뒤에 다시 조슈번 차례가 되었을 때, 이토는 초대 총리에 이어 5대 총리에 올랐다.

이토의 5대 총리 재임은 1892년 8월부터 1896년 8월까지 무려 4년 동안 지속되었다. 초대 총리로 활동한 기간 2년 4개월을 합치면 일본 내각이 출범한 이후 11년 동안에 6년 4개월간이나 그가 일본을 이끈 셈이었다.

이토는 이후에도 7대, 10대 내각 총리를 역임했으며, 7대에는 5개월, 10대에는 7개월을 재직했다. 따라서 이토가 총리로 지낸 기간은 합 7년 4개월로, 역대 일본 총리 중 가쓰라 다로에 이어 두 번째로 오랫동안 총리직에 있었던 셈이다. 또한 초대, 3대, 8대, 10대 추밀원장을 지내기도 했다.

그는 총리로 있으면서 일본 제국헌법을 제정했고, 제2대 총리 시절에는 청일전쟁을 지휘했으며, 청일전쟁에 승리한 후에는 청일강화조약을 주도했다. 또한 조선의 친러 세력을 제거하기 위해 미우라 고로 일본 공사를 사주하여 을미사변을 일으켰다.

당시 이토는 조선 정부의 정보를 빼내기 위해 고종 주변에 밀정을 심기도 하였다. 이토가 고종에게 심어둔 밀정은 배정자라는 여자였다.

배정자는 경남 김해 출신으로, 아버지 배지홍은 세무 관리였다. 그는 민씨 정권에 반대하다가 처형되었고, 그녀와 어머니는 관비 신분이 되었다. 그때 배정자는 밀양의 기생으로 팔려갔다가 탈출하여 여승 행세를 하며 지냈다. 그리고 1885년에 일본으로 도주하여 이토의 눈에 띄어 양녀가 되었다고 한다. 이토는 배정자를 다야마 사다코로 개명하고 학교에 보내 스파이로 교육시켰다. 이후 스파이 임무를 띠고 고종에게 접근하여 정치 정보를 빼내 일본에 전달하는 밀정 노릇을 했다.

이렇듯 이토는 자신의 정치적 목적을 위해서라면 밀정까지 양성해 파견할 정도로 수단과 방법을 가리지 않는 인물이었다.

하지만 그의 7대와 10대 총리 시절은 불운했다. 7대 총리 시절엔 자유당과 진보당에게 밀려 의회 해산이라는 아픔을 겪었고, 신당 창당을 시도했지만 야마가타 아리토모의 반대로 무산되기도 했다. 그 때문에 5개월의 짧은 임기를 남기고 물러나야 했다. 10대 총리 시절엔 건강이 악화되어 7개월 만에 물러나야만 했다.

이후 그는 1901년부터 세계 여행을 떠나 미국과 프랑스 등을 다니며 대학에서 명예 법학박사 학위를 받는 등 한가로운 생활을 했다. 그러면서 그는 은밀히 한국을 합병할 기회를 엿보고 있었다. 이를 위해 그는 러시아를 견제하던 영국을 설득하여 영일동맹의 토대를 구축했고, 덕분에 1903년에 다시 추밀원 원장으로 복귀했다. 1904년에는 정가 원로로서 러일전쟁에 찬성하였고, 그해 3월에는 조선을 방문하여 고종에게 일본에 협조할 것을 강요했다. 그리고 러일전쟁에 승리하자 노골적으로 한국 황제와 정부를 협박하여 을사늑약을 체결했다.

을사늑약 체결 후, 이토는 의기양양한 태도로 한국을 철도로 여행하며 내리는 곳마다 직접 연설을 강행하며 보호조약의 당위성을 역설하기도 했다. 이 과정에서 수원을 방문하고 돌아오는 길에 원태우가 던진 돌에 맞아 중상을 입고 입원하기도 했다.

1906년 3월엔 한국통감부 통감에 취임해 한국 식민화의 전위대장 역할을 하였다. 또한 헤이그 밀사 사건을 빌미로 고종황제를 강제로 퇴위시키고 순종을 허수아비로 세워 식민화 정책을 강화하였으며, 스스로 황태자 영친왕의 사부라 칭하고 영친왕을 일본에 볼모로 보내는 데 앞장섰다.

이때 일본에서는 한국에 대한 강제 합병 논의가 활발히 이뤄졌

▶ 대한제국의 마지막 황태자 의민태자(영친왕) 이은

는데, 이토는 겉으로는 한국에 대한 일본의 강제 합병에 반대한다는 입장을 취했다. 하지만 1909년에 가쓰라 다로 일본 총리와 고무라 외상이 한국을 강제 합병하겠다는 방침을 밝혔지만, 이토는 반대하지 않았다. 그리고 그해 6월에 조선통감직에서 물러나 다시 추밀원 의장이 되었다.

이토는 추밀원 의장이자 일본의 원로로서 러시아와 한국 및 만주 문제를 상의하기 위해 1909년 10월 26일 러시아 재무상 블라디미르 코콥초프와 회담할 예정이었다. 이를 위해 당일 만주 하얼빈 역에 내렸다가 조선의 의병장 안중근의 총탄에 맞아 사망했다.

그가 죽자 일본은 그의 장례를 국장으로 치렀고, 그의 무덤은 도쿄에 마련되었다. 일본이 1963년에 만든 1,000엔 지폐엔 그의 초상화가 그려졌다. 이 지폐는 1984년까지 21년간 통용되었다.

이토의 부인은 이토 우메코이며, 자녀는 양자 이토 히로쿠니, 아들 기다 후미요시, 아들 이토 사네카즈가 있고, 딸은 이토 이쿠코, 이토 아사코가 있었다. 아들 기다 후미요시는 기다 이쿠자부로의 양자로 입적하여 이토라는 성을 쓰지 않게 되었다. 그의 작위는 양자 이토 히로쿠니가 이었다. 이토 히로쿠니는 이노우에 미쓰토의 아들이며, 정치적인 이유로 이토의 양자가 된 듯하다.

조선인 여자 배정자를 수양딸이자 양녀로 삼았고, 조선인 출신 박중양을 제자로 삼기도 했다.

이토는 사생활이 문란하고 여자 관계가 복잡했던 것으로 전한다. 그는 스스로 술에 취하면 여자 무릎을 베고 잔다고 말할 정도로 여자를 좋아했다고 한다. 심지어 1881년에 권력 투쟁의 와중에도 유력한 정치인이었던 오쿠마 시게노부의 딸과 부정 행각을 하다 발각되어 곤경에 처하기도 했다.

한국에 와서는 한국 문화를 매우 좋아하는 것처럼 너스레를 떨기도 했는데, 때로는 한복을 입고 지내기도 했고, 한복을 입고 찍은 사진을 남기기도 했다. 또 1905년에 을사늑약을 체결하기 위해 방한했을 땐 마치 곤경에 처한 한국의 구세주라도 되는 것처럼 떠벌이기도 했고, 기차를 타고 전국을 돌며 역에 내릴 때마다 자신이 한국의 구원자로 왔다는 식의 연설을 해대기도 했다. 하지만 이 모든 행위가 결국 한국을 식민화하기 위한 술수였음이 밝혀졌다.

9장. 1901년 ~ 1910년

06

경제권 장악을 통해 본격화되는 일제의 수탈 정책

- 재위 43년(1906년) 6월 29일에 광업법을 비준하다.

  법률 제3호, '광업법'을 재가하여 반포하였다. [광물 채굴과 부속 사업은 농상공부 대신의 인가를 받아 시행한다. 그 세칙은 생략한다.]

- 7월 24일, 법률 제4호 '사광채취법'을 재가하여 반포하였다.
- 12월 29일, 지방세 규칙과 수산세 규칙을 비준하다.

  칙령 제81호 지방세 규칙[한성부漢城府와 각도各道에 도로, 교량, 교육, 권업, 경찰, 위생에 관한 제반 경비를 지출하기 위하여 지방세를 아래와 같이 부과한다. 시장세, 포구세, 여관세, 교자세, 인력거세, 자전거세, 짐수레세, 화류세花柳稅]과 칙령 제83호 수산세 규칙을 모두 재가하여 반포하였다.

- 순종 1년(1908년) 1월 21일, 법률 제1호 삼림법을 재가하여 반포하였다.

늘어나는 세금, 신음하는 한국인들

국권 수탈기의 일본의 침탈 행위는 경제 분야에서도 노골적이었다. 일제는 국권 침탈의 서막이 된 1904년의 제1차 한일협약을 통해 대한제국 정부에 재정고문을 두도록 강요하고, 일본인 메가다 다네타로目賀田種太郎를 재정고문에 앉혔다. 이후 메가다는 대한제국의 통신 사업권을 일본에 넘겨주고, 화폐 정리 사업을 주도하여 일본 화폐의 유통을 공인했으며, 일제로부터 차관을 얻도록 강압했다. 일제의 차관을 얻도록 한 것은 대한제국이 일제에 빚을 지도록 함으로써 재정의 주도권을 일본에 넘겨주려 한 것이다. 이에 따라 대한제국은 1905년에 일제로부터 200만 원을 차입하였고, 이후 메가다는 반복적으로 차입금을 늘려나가도록 했다. 이에 따라 대한제국의 빚은 눈덩이처럼 불어나기 시작했고, 결국 한국의 재정이 완전히 일본에 예속되는 지경에 이르렀다.

또한 일본은 일본제일은행 서울지점으로 하여금 한국의 중앙은행 업무를 담당하도록 하여 금융 지배권을 장악하였다. 또한 일제는 한국의 경제권을 장악하기 위해 법적인 손질도 서둘렀다. 1906년 6월에는 광업법을 공포하고, 7월에는 사광채취법을 공포했으며, 이 두 법을 그해 9월에 시행함으로써 한국의 광산을 합법적으로 강탈할 수 있는 기반을 마련했다.

광업에 대한 이 두 가지 법안이 실시된 지 불과 2년 후인 1909년 12월에 집계된 전국 광업 허가 건수를 보면 한국인 102건, 일본인 303건으로 국내의 광업자 중 일본인이 한국인의 3배나 되는 결과를 낳았다.

또 그해 12월에는 지방세규칙을 공포하여 시장세와 포구세, 여각세, 교세, 인력거세, 자전차세, 하차세, 화류세 등 각종 세금을 부과하여 수탈 자금을 확보하려 했다. 하지만 이에 대한 국민들의 반발도 만만치 않았다.

통감부의 증세 정책에 반발하여 김해 군민들이 폭동을 일으키며 저항하기도 했고, 개성 상인들과 평북 용천 상인들이 시장세를 거부하며 철시하기도 했다. 또한 전라남도 순천 상인들은 지방세를 거부하고 재무서와 주재소에서 농성을 벌이기도 했으며, 평안남도 순천 군민 3,000명이 시장세 징수에 반대하여 재무서를 습격하기도 했다. 또 시장세 문제로 충북 보은군 회인에서는 일본 관헌과 군중이 대치하는 소동도 있었다. 하지만 일제의 수탈 정책은 이후로도 지속되었다.

1906년 10월에는 토지건물증명규칙을 공포하고 그해 12월에 시행함으로써 일본인의 토지 소유권을 인정하는 조치를 취하였고, 이는 한국의 토지를 일본인에게 넘겨줄 수 있는 기반으로 작용했다. 통감부는 1907년 4월에 압록강과 두만강 연안의 삼림 경영권을 장악하였고, 5월에는 지방금융조합규칙을 마련하고, 8월에는 탁지부의 화폐교환소를 제일은행으로 이관하여 일제의 관할 아래 둠으로써 전국의 금융 관할권을 장악했다.

그해 10월에는 한국 경제 독점의 전초기지라고 할 수 있는 일본의 국책회사인 동양척식회사법을 마련하였고, 1908년 12월에는 서울에 동양척식주식회사가 설립되었으며, 1909년 1월부터 전국 각지에서 수탈 활동을 시작했다. 일제의 동양척식은 영국의 동인도회사를 본뜬 것으로, 그야말로 식민지 착취를 위한 첨병 기관이라 할 수 있었다.

1908년 1월에는 삼림법이 공포되어 일제에 의해 전국의 삼림이 장악당했으며, 그해 7월에는 홍삼전매법과 인삼세법이 시행됨으로써 인삼 농가를 통감부의 지배 아래 두었다. 또한 1909년에는 어업세법이 공포되었고, 6월에는 동양포경주식회사 설립이 결정되어 한국 연안의 어류 및 고래에 대한 어업권을 일본인들이 장악했다. 또 그해 7월에는 한민전기회사를 일본 기업 한일와사회사가 매수함으로써 전기의 생산과 판매에 관한 권한도 모두 일본인들에게 넘어갔다.

이 무렵 인천을 비롯하여 부산·목포·원산·청진·군산·진남포·신의주 등 8개 항구를 개발하는 공사가 진행되고 있었으며, 1910년에 완공됨으로써 전국 어디서든 수탈이 가능하도록 만들었다. 이후에도 통감부는 세금법을 통해 수탈을 강화했는데, 가옥세·주세·연초세 등을 만들었고, 이에 반발하여 1910년 3월에 천안 사람 천여 명이 가옥세·주세·연초세 반대 시위를 벌이기도 했다.

하지만 일제의 수탈 정책은 더욱 강화되었다. 1910년 3월엔 동양척식이 압록강에서 청천강에 이르는 180마일의 바다에 대해 어업 면허권을 신청하여 그 일대의 어업권을 장악하기도 했고, 그해 4월에는 탁지부 소관의 부산 제빙소가 일본인 수산회사에 양도되기도 했다. 또 8월에는 일본의 특허법, 의장법, 실용신안법, 상표법, 저작권법 등이 한국에서 시행되었다. 거기다 11월에는 전국의 토지를 완전히 장악하기 위해 토지 조사에 관한 지방 경제 및 관습조사 규정이 공포되었고, 12월에는 회사령이 공포되어 회사 설립을 허가제로 바꿨다. 이는 한국인의 회사 설립을 제한하기 위한 조치였다.

이렇듯 일제의 통감부는 을사늑약으로부터 한일 합병에 이르는 5년 동안 한국의 경제를 완전히 일본에 예속시키는 데 몰두했다. 이 때문에 수십만의 국민들이 연해주와 간도, 하와이, 멕시코 등으로 이민을 떠나기도 했다.

교육과 언론을 통제하고 식민정책을 강화하다

통감부는 식민 정책의 일환으로 교육과 언론에 대한 지배력 강화에 주력했다. 이는 한국 지식인들의 대중 계몽운동을 무너뜨리고 식민 정책을 합리화하기 위한 술책이었다.

을사늑약 이후 한국 사회의 지식인들은 광범위한 애국계몽운동을 전개하였는데, 그 핵심은 대중 계몽을 위한 신교육운동이었다. 이 운동의 실천을 위해 수많은 학교가 설립되었는데, 1909년에 이르면 전국에 약 3,000개의 사립학교가 설립되게 되었다. 당시 정부가 주도하여 만든 공립과 준공립 학교가 불과 146개에 불과했던 것에 비춰볼 때, 엄청난 숫자가 아닐 수 없었다.

이 3,000여 개의 사립학교 중 선교사 또는 기독교 계통의 학교가 약 823개였고, 나머지는 모두 개인 또는 단체가 설립한 것이었다. 하지만 기독교 계통 학교 중에도 독립의식을 고취시키는 자주적 성격을 가진 학교들이 많았다.

그러나 통감부는 1908년에 이완용 괴뢰정부 이름으로 사립학교령을 공포하여 3,000개의 사립학교 중 약 27%에 이르는 800여 개의 학교에 대해서는 인가를 내주지 않았다. 또한 교과서에 대한 검열을 강화하고, 각 학교마다 헌병대와 경찰을 파견하여 간섭과 탄압을 일삼았다.

일본 헌병대와 경찰은 언론에 대한 탄압과 감시도 강화하였다. 을사늑약을 전후하여 수많은 신문이 창간되었는데, 이는 일제가 언론을 통제하여 조선 식민화를 합리화하기 위한 전술의 일환이었다.

을사늑약 이전에 이미 〈대한매일신보〉, 〈황성신문〉, 〈제국신문〉 등 독립 정신을 강조하는 몇몇 신문이 발간되고 있었는데, 1905년 이후 신문의 숫자는 폭발적으로 늘어났다. 1905년 2월에 〈조선일보〉가 창간되었고, 그해 12월엔 〈전북일보〉, 1906년 1월엔 〈중앙신보〉와 〈대구일일신문〉이 창간되었다.

또한 이 해에 가톨릭 주간지 〈경향신문〉, 천도교의 〈만세보〉, 〈평양일보〉, 〈압강일보〉, 〈서선일보〉 등도 창간되었다. 이후 1910년까지 〈대한신문〉, 〈해조신문〉, 〈북선일보〉, 〈광주일보〉 등의 창간 행렬이 이어졌다.

하지만 일제는 이들 신문 중 민족주의 성향을 가진 〈황성신문〉, 〈제국신문〉, 〈대한민보〉, 〈공립신보〉, 〈경향신문〉 등은 폐간시켰고, 〈대한매일신보〉는 〈매일신보〉로 제호를 바꿔 총독부 기관지로 만들어버렸다.

그 외 남은 신문들 중 상당수가 친일 성향을 띠었고, 통감부는 이들 친일 성향의 신문을 통해 자신들의 침략 정책을 합리화하는 데 집중했다. 또한 통감부에 비판적 논조를 가진 신문들에 대해서는 가혹하고 집요한 탄압을 지속했다.

국채보상운동과 일제의 방해 공작

일본은 을사늑약에 앞서 노골적인 경제 침탈을 자행했는데, 그 첫 번째 수단이 차관을 제공하는 것이었다. 일본은 청일전쟁 때부터 조선 정부를 강압하다시피 하여 두 차례에 걸쳐 330만 원의 차관을 쓰도록 했다. 당시 330만 원이라는 돈은 조선 정부 1년 예산의 25%에 해당하는 거금이었다. 이런 거액의 빚 때문에 조선 정부는 일본의 재정 간섭을 받아야만 했고, 이후 일본인 재정고문 메가다 슈타로를 앞세워 대한제국의 재정권을 장악했다.

덕분에 일본은 대한제국의 통신사업을 장악하고, 화폐 정리 사업을 강행하였으며, 이를 위한 사업 자금 명목으로 1905년에 대한제국 정부로 하여금 500만 원의 차관을 쓰도록 강요하였다. 하지만 빚은 그 이후에도 눈덩이처럼 더 불어나 1906년 3월에는 대일 차관이 1,380만 원이나 되었다. 이는 당시 대한제국 돈으로 1,300만 환이 넘는 돈이었다. 1906년 당시 대한제국의 정부 예산이 1,318만 9,336환이었으니, 일본에 진 빚이 정부의 1년 예산과 맞먹는 수준이었다.

이렇듯 한국의 재정이 일본에 완전히 잠식되자, 국민들 사이에서 일본 외채부터 갚고 재정 독립을 이루자는 운동이 일어났다. 이것이 1907년에 시작된 국채보상운동이다.

국채보상운동을 일으킨 인물은 대구의 광문사 사장 김광제와 부사장 서상돈이었다. 광문사는 민족의 자강 의식을 일깨우는 책들을 내던 출판사였다. 김광제와 서상돈은 일본의 차관이 한국의 경제적 독립을 위협하고 있다고 판단하고, 1907년 2월 21일 자 〈대한매일신보〉에 다음과 같은 국채 상환금 모금 취지문을 밝혔다.

"국채 1,300만 원은 바로 우리 대한제국의 존망에 직결되는 것으로 갚지 못하면 나라가 망할 것인데, 국고로는 해결할 도리가 없으므로 2,000만 인민이 3개월 동안 흡연을 폐지하고 그 대금으로 국고를 갚아 국가의 위기를 구하자."

이렇듯 금연을 통해 국채를 갚으려는 의도로 광문사는 담배 끊는 모임이란 뜻의 '단연회'를 설립하고 본격적으로 모금운동에 나섰다. 그러자 〈대한매일신보〉를 비롯하여 〈제국신문〉, 〈만세보〉, 〈황성신문〉 등에서 이 내용을 대대적으로 보도했고, 전국 각처에서 국민들의 반응이 뜨겁게 일어났다.

대구에서 시작된 국채보상운동은 순식간에 전국으로 퍼졌고, 각 지역에서 국채보상운동 단체가 조직되었으며, 서울에서는 국채보상운동 총괄기구인 국채보상기성회를 조직하기에 이르렀다.

국채보상운동엔 기생과 백정, 농민과 노동자 등 하층민들의 참여가 높았고, 민족자본가와 유림, 신지식층의 호응도 뜨거웠다. 또한 일부 고관도 소극적이나마 참여하는 상황이었고, 고종 황제도 환영 의사를 밝혔다.

이쯤 되자, 통감부는 당혹감을 감추지 못하고 방해 공작을 시작했다. 통감부는 성금 모금의 구심점이었던 〈대한매일신보〉 사장 베델을 영국 총영사에게 제소하여 추방하려 했고, 동시에 주필 양기탁을 국채보상금 횡령죄로 구속했다. 통감부는 베델과 양기탁이 모금액 중 3만 원을 마음대로 소비했다며 이른바 '국채보상금 소비 사건'을 조작했다. 통감부는 또 국채보상지원금 총합소장이었던 윤웅렬을 회유하여 베델에게 3만 원에 대한 반환을 청구하도록 했다.

그 후 양기탁은 법정에 서야 했고, 공판 결과 무죄 선고를 받았지만, 그땐 이미 들불처럼 번지던 국채보상운동의 열기가 완전히 식어 버린 뒤였다.

이렇듯 국채보상운동은 일제의 조직적인 방해 공작과 음해로 외채 상환의 목적 달성에는 실패했지만, 국권 회복에 대한 한국 국민들의 투쟁 열기와 나라에 대한 충정을 확인하는 계기가 되었다는 점에서 훗날 3·1운동의 기반이 되었다고 할 수 있다.

07

일제의 강압에 의한
고종의 퇴위

- 순종 즉위년(1907년) 7월 19일, 대리로 정사를 보았으며 이어 황제의 자리를 이어받다
- 7월 20일, 헤이그 밀사 이상설, 이위종, 이준 등을 처벌하다
조령을 내렸다.
"이상설, 이위종, 이준의 무리들은 어떤 흉악한 성품을 부여받았으며 어떤 음모를 품고 있었기에 몰래 해외에 달려가 거짓으로 밀사라고 칭하고 방자하게 행동하여 사람들을 현혹시킴으로써 나라의 외교를 망치게 하였는가? 그들의 소행을 궁구窮究하면 중형에 합치되니 법부에서 법률대로 엄히 처결하라."

▶ 조선왕조 마지막 제27대왕 순종

헤이그 밀사 사건과 고종의 강제 퇴위

을사늑약 체결 후 고종 황제는 외교 경로를 통해 일본의 불법적인 침략을 전 세계에 알리고자 노력하였다. 이와 관련하여 고종은 미국인 헐버트를 통해 을사보호조약이 일본의 무력 위협 아래 강제로 체결된 불법 행위이며, 무효임을 미국에 전달하기도 했다.

하지만 이미 미국은 가쓰라·태프트 밀약을 통해 일본의 한국 침략을 용인한 상태였기에 아무 소용이 없었다. 고종은 서울에 머물고 있던 각국 공사들을 상대로 조약의 부당함을 호소했으나 역시 별다른 성과를 거두지 못했다.

또 1907년 1월에는 영국인 베델이 운영하던 〈대한매일신보〉에 미국, 프랑스, 독일, 러시아 원수에게 보내는 서한을 발표했지만, 박제순이 이끌고 있던 대한제국의 친일 내각은 이 서한을 위조라고 발표하는 바람에 고종의 뜻은 관철되지 못했다.

그 무렵 네덜란드 헤이그에서 제2차 만국평화회의가 예정되어 있었다. 이 소식을 듣고 헤이그에 고종 황제의 밀사를 파견하려는 계획이 진행되었다.

헤이그 밀사 파견 계획을 은밀히 주도한 인물은 독립운동가 이회영이었다. 이회영은 고종이 일본의 철저한 감시망 아래 있기 때문에 직접 이 일을 주도할 수 없다고 판단하고, 외부에서 특사를 결정한 뒤 고종의 동의를 얻는 방식을 택했다.

이회영은 자신과 친분이 깊었던 대원군의 둘째 사위 조정구와 내관 안호형을 연락책으로 삼아 헤이그 밀사 파견을 고종에게 타진했다.

고종은 이미 평화회의를 주창한 러시아 황제 니콜라스 2세로부터 초청장을 받은 터였다. 따라서 고종은 밀사 파견 방안을 고심하던 중 이회영의 제안을 흔쾌히 받아들였다.

이회영이 밀사로 선택한 인물은 간도 용정에서 독립운동의 전진 기지인 서전서숙의 교장을 맡고 있던 이상설이었다. 의정부 참판을 지낸 이상설은 미국인 선교사 헐버트에게서 영어를 배우고, 프랑스어도 구사할 수 있는 인재였다. 더구나 국제법에도 밝고 독립 의식이 투철한 인물이었다.

고종은 이상설이 밀사로서 적임자라고 판단하고 헐버트에게 신임장을 전달했으며, 고종의 신임장은 이회영에게 전해졌다.

이상설을 정사로 정한 뒤, 두 명의 부사도 결정되었다. 평리원 검사 이준과 주러시아 공사관 참서관 이위종이었다. 당시 이준은 서울에, 이상설은 간도에, 이위종은 러시아에 머물고 있었다.

따라서 고종의 밀서는 이준이 들고 갈 수밖에 없었다. 1907년 4월, 이준은 서울을 출발해 블라디보스토크에서 이상설을 만나 함께 페테르부르크로 가서 주러시아 공사 이범진과 그의 아들 이위종을 만났다. 이후 세 사람의 특사는 러시아의 도움을 얻기 위한 여러 시도를 했으나 성과는 없었다.

러시아의 지원이 어려워지자 세 사람은 독일 베를린을 거쳐 6월 25일 네덜란드 헤이그에 도착했다. 만국평화회의는 이미 6월 15일부터 열리고 있었기에 회의 개시 열흘 후였다.

특사들은 일본을 제외한 40여 개 참가국 대표들에게 일본의 불법 행위를 고발하는 문서를 프랑스어로 번역해 서둘러 배포했다. 또 의장으로 선출된 러시아 대표 넬리도프에게 한국 대표의 회의 참석을 요청했으나, 그는 권한 밖이라며 네덜란드 정부와 협의하라고 조언했다.

그들은 네덜란드 외무장관 후온데스를 찾아갔지만, 일본에 외교권이 이양된 한국 대표의 참석은 불가하다는 답만 들었다. 미국, 영국, 프랑스, 독일 대표단을 만나 지원을 요청했지만 역시 거절당했다. 다행히 그들의 노력은 각국 언론에 의해 보도되었고, 영국인 윌리엄 스태드가 회장으로 있던 국제협회 회보에는 대한제국의 외교권 박탈을 규탄하는 장서 전문이 게재되었다.

또한 이위종은 이 협회 초청으로 프랑스어로 '한국의 호소'라는 제목의 연설을 해 각국의 호응을 얻었다. 그의 연설은 각국 신문에 보도되었지만, 만국평화회의 본회의 참석은 이루어지지 않았다.

이 일로 이준은 화병을 얻어 음식을 끊고 지내다 병이 악화되어 7월 14일 유숙 중이던 호텔에서 병사했다. 그러나 이상설과 이위종은 그 이후에도 유럽 각국을 순방하며 한국의 독립과 영세중립화를 호소했다.

한편, 고종의 밀사가 헤이그에 파견되어 일본의 불법 행위를 규탄하고 있다는 소식이 전해지자, 한국 통감 이토 히로부미는 총리대신 이완용에게 "이는 보호조약 위반이며 일본이 한국에 선전포고할 수도 있다"고 협박했다. 이에 이완용은 당황하며 이토에게 사죄하기에 급급했다. 이토는 해군 연습함대 장교단을 이끌고 고종을 찾아가 밀서의 사본을 내밀며 전쟁도 불사하겠다는 협박을 반복했다.

이완용은 고종에게 황태자에게 대리청정을 맡기라고 진언했고, 어전회의가 열리자 송병준은 나라를 위해 고종이 자결해야 한다고 주장했다. 또 고종이 자결하지 않으려면 일본으로 가서 천황에게 사죄하거나 하세가와 대장에게 용서를 구해야 한다고까지 말했다.

어전회의 이후 이완용은 황제 대리 의식을 강행하려 했으나, 이를 집행해야 할 궁내부 대신 박영효가 병을 핑계로 궁궐에 나타나지 않았다. 결국 이완용이 스스로 궁내부대신 대리가 되어 고종의 황제 대리 의식을 강행했다.

고종은 처음에는 대리청정을 거부했지만, 제3차 어전회의에서 군부대신 이병무가 자기 목에 칼을 들이대고 위협하자 결국 퇴위를 결정했다. 《순종실록》에는 1907년 7월 19일 순종의 대리청정이 시작되었으며, 이날 선위가 이루어진 것으로 기록되어 있다.

이날 고종의 퇴위를 반대하는 군중 시위가 벌어졌고, 제연대 제3대대 소속 무장 군인들이 시위대와 함께 종로경찰서를 습격해 일본 경찰과 교전을 벌였다. 이 과정에서 일본 경찰과 상인 10여 명이 사망했다.

그러나 양위식은 1907년 7월 20일에 거행되었다. 양위식은 고종과 순종이 직접 하지 않았고, 두 명의 내관이 대신 집행했다.

08

한일신협약이 체결되고
군대가 해산되다

- 순종 즉위년 7월 24일에 한일 협약이 체결되다

일제가 허수아비 황제를 강압해 행정권과 사법권까지 탈취하다

고종을 강제 퇴위시킨 일본은 허수아비 황제 순종을 압박하여 한일신협약을 체결했다. 순종이 황제 대리청정을 시작한 지 불과 4일 만인 1907년 7월 24일 체결된 이 조약은 전형적인 불평등 조약으로써 정미년에 맺은 것이라 하여 흔히 정미7조약이라고 한다. 또한 제1차 한일협약, 제2차 한일협약(을사조약) 등과 구분하기 위해 제3차 한일협약이라고도 하며, 별칭으로는 정미협약, 정미조약, 제2차 을사조약이라고도 한다.

이 정미협약에 앞장선 친일파들을 정미칠적이라고 하는데, 그들은 당시 내각총리대신이었던 이완용을 필두로 농상공부대신 송병준, 군부대신 이병무, 탁지부대신 고영희, 법부대신 조중응, 학부대신 이재곤, 내부대신 임선준 등 7명을 지칭한다.

이들 7명이 거수기 노릇을 해서 맺은 이 조약에서 일본은 다음과 같은 7개의 조항을 강요하였다.

제1조 한국 정부는 시정 개선에 관하여 통감의 지도를 받을 것.
제2조 한국 정부의 법령 제정 및 중요한 행정상의 처분은 미리 통감의 승인을 거칠 것
제3조 한국의 사법사무는 보통 행정사무와 이를 구분할 것
제4조 한국 고등 관리의 임면은 통감의 동의로써 이를 행할 것
제5조 한국 정부는 통감이 추천하는 일본인을 한국 관리에 고용할 것
제6조 한국 정부는 통감의 동의 없이 외국인을 한국 관리에 임명하지 말 것
제7조 1904년 8월 22일 조인한 한일외국인고문용빙에 관한 협정서 제1항을 폐지할 것

이렇듯 일제는 을사늑약을 통해 외교권을 강탈한 이후 행정권과 사법권마저 강탈하였다. 또한 전국의 모든 행정 관청에 일본인 관리를 파견하여 실질적으로 관리임용권까지 차지했다. 이를 통해 일제는 전국 관리의 30%를 일본인으로 채웠고, 고등 관직의 요직은 모두 장악했다. 한국인 관리는 높아야 지방의 군수 정도였고, 도지사와 중앙의 고등 관직은 거의 대부분 일본인 차지가 되었던 것이다. 고관 중에

비록 장관은 한국인이었지만, 허수아비에 지나지 않았고, 일본인 차관은 모든 것을 결정하는 이른바 '차관 정치'를 실시했던 것이다.

하지만 일제는 여기서 그치지 않았다. 일제는 7개의 본 조약 외에 비밀 각서를 만들었다. 그중 가장 중요한 사항은 군대의 해산이었다. 군대 해산 과정에서 일제는 우선 순종으로 하여금 군대 해산 이유의 조칙을 내리도록 하였다. 말하자면 순종 황제의 이름으로 한국군을 해산하는 방식을 취하여 반발을 최소화하려 했던 것이다. 그리고 장교들과 병졸을 이간시키기 위해 장교와 하사들은 일본군에 예속시키고, 장교·하사 출신 중 문관으로 근무할 능력이 있는 자는 문관으로 채용하도록 했다.

일제가 이런 회유책을 동원한 것은 고종 퇴위 당시 있었던 시위군의 무력 저항 때문이었다. 고종 퇴위일인 7월 19일에 전동 시위 제1연대 3대대의 저항 이후 일제는 전국에 주둔하고 있던 13사단을 서울에 집결시키고, 제12여단의 전투부대를 대구와 평양 등 지방 주요 지역에 배치했다. 그리고 인천에 구축함 3척을 정박시키고, 한국군 해산 예정일인 7월 31일까지 병력 배치를 끝낸 터였다. 그럼에도 회유책을 내놓은 것은 돌발적인 무력 시위가 진행될 경우, 민간인들까지 가담한 걷잡을 수 없는 독립투쟁으로 연결될 것을 두려워한 까닭이다.

1907년 7월 31일, 일본군 사령관 하세가와는 순종에게 '군대 해산 조칙'을 재가하도록 압력을 가했고, 8월 1일부터 군대 해산식이 강행됐다. 물론 한국 군대는 해산식이 있다는 사실도 몰랐다. 하세가와는 한국군에겐 훈련을 한다고 속이고 집합시킨 뒤, 무장을 해제했고, 일본군은 기관단총으로 무장한 상태로 한국군을 포위한 채 해산을 강제했다. 그리고 '은사금'이라는 이름으로 한국군들에게 몇 푼의 돈을 지급하였고, 한국군은 그때서야 군대 해산 사실을 깨달았다.

당시 훈련원에서 해산된 한국군 시위대의 총수는 600명 정도였고, 나머지 군인들 중 일부는 무장 봉기를 일으켰다. 제1연대 제1대대와 제2연대 제1대대는 훈련원 집결 전에 이미 군대 해산 음모를 파악하였고, 대대장 박승환은 자결로써 저항했다. 이후 한국군은 남대문과 서소문 일대에서 4시간에 걸쳐 일본군과 격전을 벌이며 저항했다. 하지만 병력과 무기의 열세를 이기지 못하고 160여 명의 사상자를 낸 채 패퇴했다.

서울 시위대 해산 이후 지방의 진위대 해산이 진행됐는데, 진위대 해산 과정에서도 원주, 강화 등에서 무력 투쟁이 전개되었다. 원주 진위대 특무장교 민긍호는 휘하 병력 250명을 이끌고 일본군과 맞서 싸웠으며, 강화 진위대는 강화의 자강회 회원들과 힘을 합쳐 일본 경찰 주재소를 습격하여 일본 경찰들을 사살하고, 일진회 총무 정경수를 총살하기도 했다.

하지만 시위대를 이끌고 있던 상당수 장교들은 일제의 군대 해산령에 동조하였고, 대다수의 지방 진위대의 장교들도 일제의 해산에 순응하였다. 원주의 경우도 진위대장 홍우형이 일본군을 이끌고 와 자신의 부대를 진압하는 행동을 하였고, 강화진위대의 장교들 또한 사병들의 항쟁을 가로막는 등 친일적 성향을 드러냈다. 이는 일제의 한국군 이간책의 결과였고, 그것은 한국군대의 무력 항쟁이 한계에 부딪치게 된 결정적 원인이 되었다.

이후 해산된 시위대와 진위대 군인들은 의병에 가담하여 전국 각처에서 항일 무장 투쟁의 열기를 강화시켰다.

국권 회복을 위한
처절한 항일 투쟁

들불처럼 번져간 의병운동

　을사늑약이 체결되자 1896년의 을미의병 이후 잠복해 있던 의병 운동이 다시 일어났다. 을사늑약으로 한국인의 반일 감정은 극도로 달아올랐고, 그것은 결국 전국 각지에서 의병 항쟁으로 이어졌다. 의병이 가장 먼저 일어난 곳은 강원도 원주 동부의 주천이었다. 이곳은 을미의병 때 유인석이 의병을 일으킨 곳이었는데, 당시 유인석 휘하에서 활동하던 원용선과 박정수 등이 주축이 되어 다시 의병진을 꾸리고자 했다. 하지만 의병진을 편성하자마자 원주의 진위대와 일진회의 공격을 받아 흩어지고 말았다.

　이후 충청남도 홍주에서 민종식과 안병찬이 의병을 일으켰다. 안병찬이 1906년 3월에 수천 명의 홍주의병을 규합하여 홍주성을 공략했으나 실패로 돌아갔고, 다시 민종식이 5월에 홍주성을 재차 공격하여 마침내 점령에 성공했다. 이후 의병들은 홍주성에서 12일 동안 치열한 전투를 벌였으나 일본군의 우수한 화력에 밀려 결국 패배하고 말았다.

홍주성 패전 다음 달인 1906년 6월, 전라도 태인의 무성서원에서 최익현이 70대의 노구를 이끌고 의병을 일으켰다. 최익현의 의병 부대는 이후 정읍과 순창, 담양으로 진출하였고, 결국 전주와 남원의 진위대와 일전을 벌여야만 하는 상황이 되었다. 이에 최익현과 의병들은 자국 군대와 싸우는 것을 피하려고 진군을 망설였고, 그 사이 진위대의 급습을 받아 패전하고 말았다.

한편 그 무렵 경상도에서는 신돌석과 정환직이 영해와 산남에서 의병을 일으켜 활약하고 있었다. 신돌석은 1906년 4월에 영해에서 의병을 일으킨 뒤, 정환직의 산남 의병과 연합하여 동해안 일대에서 항일전쟁을 벌였다. 신돌석 의병의 규모는 3,000명을 넘는 대부대였고, 전술 능력도 뛰어나 일본군을 몹시 괴롭혔다. 또한 정환직의 아들 정용기는 영천 일대로 진출하여 수천 명의 의병을 거느리고 항일전쟁을 수행했다. 정용기에 이어 경주에서도 유시연이 의병대를 꾸려 항일투쟁을 이끌었다.

이때 경기 지역에서는 죽산과 안성을 무대로 박석여의 의병부대가 일어났고, 양평과 여주에서는 이범주의 의병부대가 활약했다. 또한 강원도 양구와 홍천에서는 각각 최도환과 박장호가 의병을 일으켜 항전하고 있었다.

이렇듯 전국 각처에서 크고 작은 의병 부대가 활동하는 가운데, 1907년 8월 1일에 한국 군대의 해산령이 떨어졌다. 이후 9월까지 서울의 시위대 및 지방의 진위대가 모두 해체되었고, 이에 해산된 군인들이 의병운동에 가담하면서 항일 투쟁의 양상은 크게 달라졌다. 유생 출신의 의병대장이 대다수였던 상황에서 군인 출신의 의병대장들이 등장하면서 전력이 크게 향상되었고, 조직력과 무기를 다루는 능력도 훨씬 좋아졌다. 또한 종래에 의병과 진위대가 서로 총칼을 겨누었던 양상도 사라져 항일투쟁의 대오가 훨씬 안정되었다.

원주 진위대 출신의 민긍호, 박준성, 손재규 등은 각각 의병부대를 일으켜 강원도, 충청도, 경기도 일원에서 항일전쟁을 이끌었고, 강화 진위대 출신의 군인들은 연기우를 주축으로 임진강 유역의 포천과 연천 일대에서 항전했다.

여기에 기존에 활동하던 신돌석, 이강년 등은 경상도 북부 지역에서 활동하였고, 호남 지역에서는 장성에서 기삼연, 나주에서 전해산, 함평에서 김태원과 심남일, 무주에서 문태수, 임실에서 이석용이 의병부대를 이끌고 항일 투쟁을 전개했다. 이들 중 문태수 의병대와 이석용 의병대는 때때로 경상도 거창과 안의 지역까지 진출하기도 했다. 한편 충청도와 전라도 접경 지역인 공주, 회덕 등에서는 김동신의 의병부대가 활약했다.

경기 북부 지역과 황해도, 평안도, 함경도 등에서도 의병 투쟁이 일어났다. 경기도 장단의 김수민 의병부대는 황해도 일대까지 넘나들며 항일전쟁을 수행했고, 평산에서 일어난 박정빈과 이진룡 부대도 황해도를 오가며 전투를 벌였다. 평안도에서는 김여석 의병부대가 덕천과 맹산을 중심으로 활동했고, 채응언은 함경도와 평안도의 접경 지역에서 활약했다. 함경도에서는 홍범도와 차도선이 삼수와 갑산을 중심으로 산포수와 광산노동자를 규합하여 의병 활동을 했으며, 경원에서는 최재형과 이범윤, 엄인섭, 안중근 등이 의병부대를 이끌고 있었다.

이렇듯 전국 모든 지역에서 의병이 일어남에 따라 1908년 무렵엔 전국 의병부대가 연합하여 서울 진공작전을 계획하기도 했다. 이 작전을 추진한 인물은 관동의병장을 맡고 있던 이인영이었다. 이인영은 전국의 의병부대를 연합하자는 격문을 돌렸고, 이에 호응한 각 도의 의병들이 양주의 대진소로 모여들었다. 양주에 모인 의병은 총 48진으로 병력 규모는 1만 명에 달했다. 이후 이인영을 총대장으로 삼고 13도 창의군이 결성되었고, 마침내 1908년 1월에 서울 진공작전이 이뤄졌다.

이 작전의 선봉은 강화도의병대장 허위였다. 그는 300여 명의 선발대를 이끌고 동대문 밖 30리 지점까지 진출했는데, 이곳에서 일본군의 매복에 걸려 패퇴하였고, 결국 13도 창의군의 서울 진공작전도 실패하고 말았다. 이후 의병들은 곳곳에서 일본군과 유격전을 벌이며 항전했으나 전력의 열세를 극복하지 못하고 패퇴하거나 해산되었다. 그 과정에서 의병부대를 이끌던 의병대장들이 체포되거나 자결하였고, 13도 창의군 총대장을 맡고 있던 이인영도 1909년 6월에 황간에서 체포되었다.

서울 진공작전을 기점으로 일본군은 의병에 대한 초토화 작전을 수행하였고, 이 과정에서 전국 각지의 촌락을 습격하여 주민들을 무차별 살육하였다. 특히 호남 지역에서 의병의 항쟁이 격렬했는데, 이 때문에 일본군은 이른바 '남한대토벌작전'이라는 이름으로 두 달에 걸쳐 대대적인 공격을 감행하였고, 이로 인해 국내에서의 의병 투쟁은 점차 힘을 잃고 말았다.

하지만 이후 의병들은 연해주와 간도 지역으로 옮겨가 항전을 지속하였고, 이러한 항일전쟁을 진행한 의병들은 독립군으로 전환되어 광복 전쟁을 수행하는 중추 세력으로 성장하게 된다.

친일 매국노 척결의 물결이 일다

을사늑약 체결 이후 친일 민족 반역 매국노 척결 단체가 조직되어 이완용을 비롯한 을사오적과 이용구 등 친일 단체 대표들의 척결 계획이 수립되었다. 이 계획에 따라 이재명 등 평안도 출신 열사 10인이 이완용과 이용구를 암살하려 하였고, 을사오적 암살단의 나철, 오기호, 강원상 등은 박제순, 권중현 등을 암살하려 하였다. 하지만 이용구와 박제순, 권중현 등의 암살 계획은 큰 성과를 올리지 못했고, 이완용 암살 계획만 실행에 옮겨져 엄청난 사회적 파장을 일으켰다.

이완용 암살 사건은 1909년 12월에 벌어졌다. 이 사건에 가담한 인물은 총 10명이었다. 이들은 모두 평안도 출신으로, 친일 반역 매국노 척결 단체 소속이었다. 이들의 1차 척결 대상은 을사오적의 우두머리 이완용과 일진회 회장 이용구였다. 이들 두 사람을 암살하기 위해 이들은 정보, 무기 구입, 자금 조달, 행동 등 네 분야로 나뉘어 활동했다. 이들 열 명 중 김용문이 정보책이 되었고, 전태선이 무기 구입을 맡았으며, 오복원과 박태은, 이응삼이 자금 조달을 맡았다. 그리고 이완용 척결은 이재명, 이동수, 김병록 3인이 맡았고, 이용구 척결은 김정익과 조창호가 맡았다.

우선 이완용 척결 계획의 행동책을 맡은 이재명, 이동수, 김병록의 삶을 살펴본다.

이재명은 평안북도 선천 출신으로 1890년에 태어났으며, 이수길이라는 이름으로도 불렸다. 그는 여덟 살 때 평양으로 이사하여 그곳에서 어린 시절을 보냈고, 열넷 살에 기독교인이 되었으며, 열다섯 살에 하와이 이민 모집에 응모하여 하와이로 건너갔다. 그리고 열여덟 살에 귀국하여 스무 살 때인 1909년에 이토 히로부미 암살 계획을 짰다가 안창호의 만류로 보류했지만, 이때부터 본격적으로 항일운동에 참여했다. 그는 이때 블라디보스토크에서 활동했는데, 그 무렵 안중근이 이토 히로부미를 척살했다는 소식을 듣고 귀국하여 매국노 척결운동에 참여했다.

1909년 12월 22일, 그는 이완용 척결 계획을 행동으로 옮겼다. 이날 이완용은 명동성당에서 거행된 벨기에 황제 레오폴트 2세의 추도식에 참석하기로 되어 있었다. 김용문으로부터 이 정보를 접한 이재명은 군밤장수로 가장한 채 명동성당 근처에서 기다렸고, 마침내 이완용이 추도식을 마치고 나오는 것을 보고 칼로 이완용의 복부와 어깨 등을 찔렀다. 하지만 이완용은 중상을 입은 채 목숨을 건졌고, 이재명은 체포되어 1910년 스물한 살의 젊은 나이로 사형에 처해졌다.

이동수는 이재명과 함께 이완용의 처단을 맡은 인물 중 하나였다. 1884년에 태어난 그는 이재명보다 여섯 살 위였으며, 이재명과 함께 평양 지사들이 모여 매국노들을 척결하는 모임을 결성하자 가담했다. 그리고 이재명이 이완용을 단도로 찌르는 장면을 보고 있다가 동지들에게 이 상황을 전달한 것으로 전한다. 이후 그는 현상 수배되었고, 궐석재판에서 15년형을 언도받았으나 붙잡히지 않았다. 1919년 4월 23일 서울에서 열린 국민대회에 13도 대표로 참석하였고, 상하이로 망명하여 항일투쟁을 지속하였다. 하지만 1924년에 일본 경찰에 체포되어 궐석재판 선고에 따라 15년간 감옥 생활을 했다.

김병록도 이재명, 이동수와 함께 이완용 척결에 동참한 인물이다. 김병록은 이동수와 같은 해인 1884년에 태어났으며, 하와이로 이민을 가서 그곳 한인 독립 조직인 공립협회에 가입하여 이재명을 만났으며, 이완용을 단죄하던 당시에는 이동수와 함께 숨어서 주변 동정을 살피는 역할을 했다. 이 사건 당시 김병록도 일본 경찰에 체포되어 15년형을 받고 옥고를 치렀다.

이재명 등이 이완용 척결을 가장 먼저 해야 한다고 주장할 때, 일진회 우두머리 이용구를 먼저 죽여야 한다고 주장한 인물이 있었다. 바로 김정익과 조창호였다. 이들도 이재명 등과 마찬가지로 평안도의 매국노 척결 단체의 일원이었다. 이들은 이완용 척결 계획이 실패로 돌아간 후 이용구 척결 기회를 노렸지만, 일본 경찰에게 체포되는 바람에 실행에 옮기지 못하고 재판에 회부되어 15년형을 선고받고 옥고를 치렀다.

평안도 의사들의 매국노 척결 계획에서 자금 조달을 맡은 인물은 오복원, 박태은, 이응삼 등이었다. 그들은 이완용과 이용구를 척결하기 위한 자금을 구하기 위해 여러 지역을 돌아다니며 돈을 모았고, 이 자금을 이용구 척결에 참여할 조창호에게 주어 거사에 필요한 의복과 무기를 구하도록 했다.

이들은 이완용 척결 미수 사건 이후 각각 10년형을 선고받고 옥고를 치렀다. 10년 복역 후 오복원은 일본 경찰의 눈을 피해 속리산에 은거했다고 전한다.

마지막으로 매국노 척결 계획에서 무기 구입과 운반 책임을 맡은 전태선은 원래 평양에서 목재상을 하던 인물이다. 그는 매국노 척결 단체에 가입한 후 무기 구입책을 맡았고, 권총 1정과 실탄 100여 발, 비수 3자루, 거사용 학생복 1벌 등을 구입하여 거사 행동 책임자들에게 전달했다. 그도 다른 동지들과 마찬가지로 이완용 척결 미수 사건 이후 체포되어 10년 동안 옥고를 치렀다.

순절로써 항일의 불길을 일으키다

1905년의 을사늑약과 1910년의 한일합병에 대한 치욕과 분노를 순절로써 표출한 인물들이 있었다. 그들 대부분은 관료 출신이거나 학자들이었는데, 홍만식, 민영환, 조병세, 송병선, 황현 등이 대표적이다.

홍만식은 갑신정변의 주역 홍영식의 형이다. 갑신정변 후 아버지 홍순목이 자결할 때 아버지의 유언에 따라 자살하지 않고 자수하여 감옥 생활을 하였고, 석방된 후에는 초야에 묻혀 지내다가 1894년에 관작이 복구되었다. 1895년에는 춘천관찰사에 임명되었으나 사양하였고, 을미사변 후 단발령이 내려지자 음독 자살하려 했으나 단발령이 취소되고 아관파천이 일어나자 자결하지 않았다. 1904년에 해주관찰사에 임명되었으나 취임하지 않고 있다가 1905년에 을사늑약이 체결되었다는 소식을 듣고 분통함을 이기지 못하고 최초로 음독 자결하였다.

민영환은 홍만식의 자결 소식을 듣고 단도로 복부를 찔러 자결했다. 민영환은 민겸호의 아들로서 민겸호가 임오군란 때 살해되자,

성균관 대사성에 올라 있던 벼슬을 버린 바 있다. 하지만 이후 이조참의·호조판서·병조판서 등을 지냈고, 대한제국 성립 후에는 참정대신·탁지부대신 등을 역임했으며, 을사늑약 당시에는 시종무관 벼슬에 있었다. 늑약 체결 후 조병세의 늑약 파기 상소에 이름을 올리기도 했다. 하지만 일제에 의해 조병세가 구금되자, 자신이 직접 상소를 올렸다가 왕명 거부죄로 체포되었다. 이후 석방된 뒤에도 상소 운동을 지속하려 했으나 이미 돌이킬 수 없는 상황이라고 판단하고 자결을 택했다. 자결 당시 황제에게 올리는 글과 국민에게 각성을 요구하는 글, 서울에 있는 외국 사절들에게 국권 회복에 도움을 줄 것을 호소하는 글을 남겼다.

조병세는 함경도 암행어사·대사헌 등을 거쳐 예조판서와 이조판서를 지내고, 1896년엔 폐정개혁 시무 19조를 올리기도 했다. 을사늑약이 체결되자 고종과 면담을 요청했으며, 을사오적 처단과 조약의 파기를 요구하는 상소를 올리기도 했다. 이 상소 때문에 일본 헌병대에 강제 연행되어 구금되었으며, 석방된 뒤 다시 유서를 써놓고 상소를 올렸다. 이 일로 일본 헌병에 의해 가마에 태워져 서울에서 추방되자 가마 안에서 음독 자결하였다.

송병선은 송시열의 9대손으로 여러 차례 벼슬을 받았으나 사양하고 초야에 묻혀 도학 강론에 몰두한 인물이다. 그런데 을사늑약이 체결되자 상경하여 고종을 면담하고 '십조봉사'를 올렸다. 십조봉사 속에는 을사오적 처단과 인재의 등용 등의 내용이 담겼다. 이후 늑약 반대운동을 전개하려다 강제 연행되어 고향으로 압송되자 음독 자결했다.

황현은 《매천야록》의 저자로 유명한 인물이다. 그는 젊은 시절 성균관 회시에 응시하여 장원한 바 있으나 민씨 척족의 무능과 부패에 환멸을 느끼고 관직 진출을 단념하고 학문 연구와 후학 양성에 매진했다. 또한 개항기에서 대한제국 시기의 역사를 담은 《매천야록》, 《오하기문》 등의 책을 지었다. 그러다 한일합병조약이 체결되었다는 소식을 듣고 망국의 하늘을 이고 살 수 없다며 자결했다.

이들 외에도 참판을 지낸 이명재가 자결했고, 학부주사 이상철과 을미사변 때 의병을 일으켰던 이설 등도 국권 침탈에 항거하는 뜻으로 순절했다.

철도 부설권을 대가로 맺은 간도협약

- 순종 2년(1909년) 9월 4일에 간도間島에 관하여 일청 협약이 체결되었다.
- 11월 8일, 간도협약을 체결하였음을 발표하다

  내각 고시 제41호는 다음과 같다.

  도문강圖們江 이북 일대의 개간지인 간도 지역은 종래 한국과 청국 두 나라의 소속이 확정되지 못하였다. 그래서 일본 정부에서 청국 정부와 교섭하고 협의한 결과로, 이해 9월 4일에 협약을 체결하고 간도에 있는 일본국 총영사관과 그 분관을 개설하여, 거기에 있는 한국 국민들의 보호 관리를 담당한다.

어이없이 사라진 한국의 영토, 간도

1909년 9월 4일, 일제는 대한제국에서 앗아간 외교권으로 간도 땅을 청국에 넘기는 '간도협약'을 조인했다.

간도는 숙종 38년인 1712년에 백두산 정계비를 통해 조선 땅으로 확정된 지역이었다. 당시 청국은 장백산 일대를 여진족의 발상지로 규정하여 신성시하였고, 때문에 청나라 태종은 백두산과 그 북쪽 간도 일대를 봉금지역으로 삼아 사람들의 출입을 금지했다. 그 뒤 청나라 성조는 봉금 지역의 남방 한계선을 명확히 하기 위해 조선과 국경선 획정을 위한 교섭을 하도록 지시했다. 이에 청과 조선의 대표들은 백두산에 올라 현지 조사를 통해 국경을 확정짓고 정계비를 세웠으며, 그 비문에는 서로는 압록강, 동으로는 토문강을 경계로 한다는 내용이 담겼다.

이후 160년 동안 조선과 청 사이에 국경 문제가 일어나지 않았는데, 조선 철종 시대에 이르러 함경도 농민들이 두만강 북쪽에 밭을 개간하여 농사를 짓다가 아예 거주지를 두만강 북쪽으로 옮기는 상황이 벌어졌다. 당시 조선에서는 지방관들의 탐학이 극에 이른 상태였고, 농민들은 그들의 학정을 피해 두만강 북쪽으로 거주지를 이전하곤 했던 것이다. 특히 1869년과 1870년에 걸쳐 함경도 일대에 큰 흉년이 지속되어 수많은 농민이 간도로 이주해 들어갔다.

상황이 이렇게 되자 조선 조정에서는 농민들로 하여금 두만강 이남으로 돌아올 것을 종용했으나, 이미 넓은 농토를 마련한 농민들은 돌아오기는커녕 간도로 이주하는 백성이 오히려 늘어났다.

그 무렵 청국에서도 간도에 대한 봉금을 해제하고 청국인의 간도 이주를 장려하는 정책을 썼다. 이 때문에 간도에서는 이미 땅을 선점하고 있던 조선 농민과 새롭게 들어온 청국 이주민 사이에 갈등이 야기되었다. 이후 청과 조선 사이에는 간도 영유권 문제가 발생하게 된 것이다.

청과 조선의 갈등은 간도에 거주하고 있던 조선인들의 강제 귀환 문제로 이어졌다. 청은 처음엔 간도의 조선인들에게 경작권을 인정하고 호적 관리를 청에서 하고 조세를 거두는 정도의 타협책을 썼다. 1882년 임오군란 이후 조선에 대한 영향력이 강화된 뒤에는 두만강 이북은 청나라 땅이라며 일방적으로 간도의 조선인들을 내쫓으려 했다. 이에 조선 조정에서는 백두산 정계비 비문을 근거로 두만강 이북과 토문강 동쪽 사이 지역인 간도 땅은 조선 땅이라고 주장하며 조선 농민들을 강제 귀환시킬 뜻이 없음을 밝혔다. 이에 청에서는 토문강과 두만강은 같은 강이라고 주장하며, 두만강 이북은 원래 청의 영토라고 주장했다.

청의 주장을 반박하기 위해 조선 조정에서는 여러 차례에 걸쳐 백두산으로 사람을 보내 정계비 부근과 토문강 원류를 직접 답사하고, 토문강과 두만강은 원래 다른 강이라는 사실을 증명했다. 당시 이 일을 담당했던 서북경략사 어윤중은 토문강은 두만강이 아니라 쑹화강 상류 지역이며, 간도 지역은 토문강의 남쪽에 위치하고 있으므로 간도는 원래 조선 영토라고 주장했다.

하지만 청은 일방적으로 조선의 농민들을 간도에서 쫓아내겠다고 통보해왔다. 1885년 4월, 청은 함경도안무사 조병직에게 간도의 조선 농민들을 무력으로 축출하겠다는 통고를 한 뒤 일부 지역에서 농민들을 내쫓았다. 그러자 조선 조정은 토문강 유역을 조사하여 영토 경계를 분명히 해줄 것을 요청하였고, 마침내 청이 이에 응하면서 1885년 5월 함경도 회령에서 간도 문제 해결을 위한 양국 대표의 회동이 이뤄졌다.

당시 조선 측에서는 안변부사 이중하가 토문감계사로 임명되어 청국 대표에게 우선적으로 정계비를 먼저 살펴보고 강의 발원지 주변을 조사해야 한다고 주장했다. 이에 청국 대표는 강의 발원을 먼저 조사하는 것이 중요하며 정계비문은 살펴볼 필요가 없다고 주장했다. 청국에서는 토문강은 곧 도문강이며, 도문강은 두만강 상류라고 우겼다. 이후 양쪽 합의에 따라 청의 주장대로 도문강의 원천을 먼저 확인한 뒤 정계비 비문을 확인하는 절차를 거쳤다.

그런데 정계비의 내용이 쑹화강 상류인 토문강임이 확인되자, 청은 다시 토문강은 도문강이고 도문강은 두만강의 상류라고만 주장했다. 하지만 백두산에서 흘러내리는 물은 두만강 쪽으로 흐르지 않고 토문강을 거쳐 쑹화강으로 흘러들었다. 이런 사실들이 확인되었음에도 청국은 계속 토문강은 도문강이며 도문강은 두만강의 상류라는 주장만 되풀이하였다.

하지만 조선은 토문강과 도문강은 별개의 강이라는 뜻을 굽히지 않았고, 이에 조선 정계를 좌지우지하던 위안스카이가 개입하여 조선이 강 이름을 빌미로 영토 확장의 야심을 드러냈다고 비난했다. 그리고 위안스카이는 다시금 양국 영토를 획정해야 한다고 주장했다.

이런 위안스카이의 압력에 따라 조선 조정은 다시 이중하를 토문감계사로 삼아 청과 회동하게 하였고, 이 자리에서 이중하는 두만과 도문은 같은 강이라고 인정할 수 있지만 토문과 두만은 같은 강이 아니라고 주장하며 한 치도 물러서지 않았다. 그러자 청은 군대를 앞세워 이중하를 위협하였으나, 이중하는 "내 머리는 잘라 갈 수 있을 것이나 우리 국토를 잘라 갈 수는 없을 것"이라고 강하게 저항했다.

이후에도 제3차 감계 회담이 열렸지만, 청과 조선의 영토 획정은 이뤄지지 않았고, 1897년 대한제국에서는 고종이 함경도관찰사 조존우를 백두산에 파견하여 주변 지역을 면밀히 조사하고 영토의 범주를 확정하여 보고하도록 했다. 그 결과 쑹화강 상류인 토문강으로부터 하류를 거쳐 바다로 들어가는 강줄기의 동쪽에 위치한 땅인 간도는 물론이고, 청나라가 1860년에 러시아에 할양한 연해주도 우리 국토임을 확인하게 되었다.

이런 조사를 바탕으로 대한제국 정부는 1901년에 최령에 변경경무서를 설치하고 간도에 대한 행정권을 행사할 준비를 하였다. 또 1902년에는 이범윤을 간도시찰원으로 임명하여 간도의 실태 조사를 실시했다. 이 조사 이후 간도주민보호관의 파견이 필요하다는 보고를 받은 고종은 이범윤을 북변간도관리사로 임명하여 간도 주민에 대한 관할권을 행사하도록 했다.

간도관리사로 파견된 이범윤은 간도 주민을 보호하기 위해서는 무력이 필요하다고 판단하고 사병을 동원했다. 만약 대한제국 군대가 출동하면 청국과 분쟁이 야기될 염려가 있다고 판단하고, 사병을 길러 간도 주민들을 보호토록 조치한 것이다.

이후 청국 관리와 이범윤 사이에 잦은 분쟁이 일어났고, 결국 한국 조정은 분쟁이 확대될 것을 염려하여 1904년에 이범윤을 간도에서 소환했다.

이 해엔 러일전쟁이 일어났고, 일본이 전쟁 기간에 잠정적으로 청과 한국 양국의 국경 문제는 더는 거론하지 말 것을 요청하여 국경 문제와 관련한 회담은 잠정 중단되었다. 이후 일본이 러일전쟁에서 승리하여 만주에 대한 영향력을 확대하게 되자, 일본은 1906년에 박제순의 요구에 따라 간도에 조선 통감부 간도파출소를 설치하였다. 당시 간도파출소가 편찬한 '한청국경문제의 연혁'이라는 문서에서 일본은 토문강은 쑹화강 상류로서 두만강과 관계가 없다고 기록하였고, 당시 간도출장소 소장으로 취임한 일본 육군 중좌 사이토는 "간도는 한국 영토라고 간주하고 행동할 것임"이라는 성명서를 발표하기도 했다. 또 통감부는 1909년에 청나라의 변무독감 오녹정에게 간도가 한국 영토의 일부임을 통보하고, 간도 거주 한국인은 청나라에 납세의 의무가 없음을 성명했다.

이렇듯 간도가 한국 땅이라고 여러 형태로 천명하고 청나라에 통보까지 했던 일본이 하루아침에 태도를 바꿔 1909년 9월에 돌연히 간도협약을 체결해버린 것이다.

간도협약의 내용은 다음과 같았다.

1. 두만강을 양국의 국경으로 하고, 그 상류는 정계비의 지점을 기준으로 하여 석을수를 국경으로 삼는다.
2. 용정촌, 국자가, 두도구, 면초구 등 네 곳에 영사관이나 영사관 분관을 설치한다.
3. 청나라는 간도 지방에 한민족의 거주를 승인한다.
4. 간도 지방에 거주하는 한민족은 청나라의 법권 관할하에 두며, 납세와 행정상의 처분도 청국인과 같이 취급한다.
5. 간도 지방에 거주하는 한국인의 재산은 청국인과 같이 보호되며, 선정된 장소를 통하여 두만강을 출입할 수 있다.

6. *일본은 길회선(연길에서 회령 간 철도)의 부설권을 갖는다.*
7. *가급적 속히 통감부 간도파출소와 관계 관원을 철수하고 영사관을 설치한다.*

이 내용을 보면 조항의 1번에서 5번까지는 6번, 즉 철도 부설권을 획득하기 위한 것임을 알 수 있다. 이 조약 이후 일본은 길회선뿐 아니라 만주의 여러 철도 노선에 관여할 권리를 획득하였고, 만주의 탄광 관련 이권도 얻어냈다. 말하자면 철도 부설권을 비롯한 만주에서의 여러 이권을 얻고 한국 땅 간도를 청나라에 팔아먹은 셈이었다.

하지만 간도협약은 순종 황제의 재가도 없이, 영토 할양권을 갖지 못한 일본이 마음대로 조인한 불법적인 행위이므로 애초부터 효력이 발생할 수 없었다. 따라서 간도협약의 내용은 국제법적으로 무효이며, 여전히 간도에 대한 관할권은 한국에 있는 셈이다.

일본이 간도협약을 맺은 것은 간도를 청에 내주고 그 대가로 받은 이권으로 만주 전체를 장악하려는 계획을 가지고 있었기 때문이다. 실제 일본은 이후 지속적으로 만주에 대한 영향력을 확대하여 1931년 만주 침략전쟁을 통해 만주 전체를 차지하게 된다. 하지만 일본이 패퇴한 뒤 만주가 중국 영토로 되돌아갔듯이, 간도 또한 한국 땅으로 되돌아오는 것이 국제법상의 이치에 맞는 일이다.

9장. 1901년 ~ 1910년

11

대한의용군 독립대장
안중근의 의거

- 순종 2년(1909년) 10월 26일에 이토 태사가 안중근에게 피살되다. 황태자가 직접 전보로 아뢰었다.

"이토오 태사太師가 오늘 오전 9시에 하얼빈 역에 도착하여 우리나라 사람의 흉악한 손에 의하여 피살되었으니, 듣기에 놀랍기 그지없습니다. 세상을 떠났다는 보도는 아직 하지 않고 있는데, 영구가 돌아온 뒤에 공포한다고 합니다. 일본 황실에서 시종무관과 시의侍醫를 파견하기 때문에 신도 김응선을 파견하려고 합니다. 황실에서 일본 황실에 직접 전보를 보내어 위문하기 바랍니다."

[범인 안중근은 진남포 사람이다. 뒤에 융희 4년(1911년) 2월 14일 관동도독부 지방법원에서 사형을 선고하여, 같은 해 3월 26일에 집행하였다.]

안중근이 이토 히로부미를 격살하다

1909년 10월 26일 오전 9시를 막 넘긴 시간, 중국 하얼빈 역에 일본의 정치 거물 이토 히로부미가 특별열차 편으로 도착했다. 그러자 러시아 대장대신(재무장관) 코코프체프가 열차 안으로 들어가 그를 맞이했다. 그들 두 사람은 객실 안에서 약 25분간 담소를 나누고 함께 열차에서 내렸다.

이어 이토는 도열한 러시아 군대의 의장대를 사열한 뒤, 환영 나온 인사들과 악수를 나누며 인사를 주고받는 순간, 러시아 군악대 뒤쪽에서 한 청년이 뛰쳐나오며 권총을 발사했다. 그의 권총에서는 4발의 총탄이 연속적으로 발사되었고, 그중 3발이 이토를 명중시켰다. 총탄의 첫발은 이토의 가슴, 제2발은 옆구리, 제3발은 복부에 맞았다. 이어 그는 잠시 멈췄다가 두 발의 총탄을 더 발사했다. 그 총탄들은 하얼빈 일본 총영사와 이토의 비서관, 만주철도회사 이사의 몸에 각각 박혔다.

그는 이어 큰 소리로 "대한독립만세"를 세 번 외쳤다. 그리고 자신이 들고 있던 권총은 러시아 경비병에게 내주고 스스로 체포되었다. 권총 속에는 아직 한 발의 총알이 더 남아 있었지만, 그는 이미 목적을 달성했다는 듯 태연한 자세로 순순히 체포되었다.

그렇게 일본의 초대 총리이자 동양 근대사의 정치 거목 이토는 한 한국인 청년의 총탄에 맞아 비명에 갔다. 그 청년은 스스로를 "대한독립 의용군 특파 독립대장 참모중장 안중근"이라고 밝혔다. 또한 그는 조국 대한민국의 독립과 동양의 평화를 위해 적의 괴수를 총살, 응징한 것이라고 말했다.

이렇듯 대담하고 당당하게 이토를 격살하여 전 세계를 놀라게 한 안중근은 황해도 해주 출신으로 순흥 안씨 태훈과 조씨 사이에서 맏아들로 태어났다. 1879년생인 그의 아명은 응칠이었고, 천주교 세례명은 토마스였다. 그는 1906년에 삼흥학교와 돈의학교를 경영하며 민족 사상을 고취하였고, 1907년에 국채보상기성회 관서지부장이 되면서 항일운동에 뛰어들었다.

이후 블라디보스토크의 한인청년회에 가입하고 이범윤 휘하에서 의병 활동을 시작했다. 김두성을 총독으로 하는 의병대에서 이범윤이 대장을 맡고 안중근이 대한의군참모중장을 맡았다. 이듬해인 1908년에는 특파독립대장 겸 아령지구군 사령관이 되어 함경북도 홍의동과 경흥 일대에서 일본군을 격파하는 성과를 올렸으나 회령에서 5,000명이 넘는 일본군과 대적하다 중과부적으로 패전하였다.

이후에 블라디보스토크로 탈출하여 동의회를 조직해 독립 활동을 지속했고, 1909년 3월에는 노프키에프스크 가리에서 자신을 포함해 12명의 투사들이 모여 단지회라는 비밀결사를 조직했다. 이때 이 단체에 가담한 12명 모두 단지동맹을 맺고 왼손 무명지 첫 관절을 칼로 잘라내어 그 피로써 "대한독립"이라는 문구를 쓰고 조국 독립을 맹세했다.

이후 안중근은 동지들과 함께 한국의 국권을 강탈한 원흉 이토 히로부미와 이완용을 비롯한 매국노들을 척결하기로 결정하였다. 그래서 안중근과 엄인섭은 이토를 척결하기로 하고, 김태훈은 이완용을 없애기로 했으며, 만약 3년 이내에 이 과업이 이루어지지 못하면 자살로 속죄를 대신할 것을 맹세했다. 마침 이토가 러시아의 대장대신 코코프체프와 하얼빈에서 회견한다는 언론 기사를 접하고, 안중근은 우덕순, 조도선, 유동하와 함께 이토를 척결하기로 계획하였다. 이에 우덕순은 체가구에서 이토를 노렸고, 안중근은 하얼빈에서 총살의 기회를 엿보다가 마침내 거사를 성공시켰던 것이다.

하얼빈에서 스스로 러시아 군대에 체포된 안중근은 관동도독부 지방법원에서 여섯 차례 재판을 받았다. 이 재판에서 안중근은 자신은 살인 피고가 아니고 전쟁 포로라고 주장하며 포로로 대해주기를 바란다고 했다. 재판장은 마나베 지원장이었다. 그리고 변호사는 일본인 관선 미즈노 기타로와 가마타 세이지였다. 국내외에서 안중근을 위한 모금 운동이 일어나 여러 변호사가 그의 변호에 나섰으나, 일본은 안중근의 변호를 받아들이지 않았다.

안중근에 대한 결심 언도 공판은 1910년 2월 14일 오전 10시 30분에 있었는데, 이 자리에서 마나베 재판장은 그에게 사형을 언도했다. 하지만 안중근은 상급법원에 항소하지 않았다. 그리고 그해 3월 26일 오전 10시, 중국 뤼순 감옥의 형장에서 순국하였다.

안중근과 함께 거사에 참여한 우덕순은 징역 3년, 조도선과 유동하는 각각 징역 1년 6개월을 선고받았다. 재판 과정에서 안중근은 이토를 죽인 15가지 이유를 밝혔다.

명성황후를 시해하고 고종 황제를 폐위한 죄, 을사5조약과 정미7조약을 맺은 죄, 무고한 한국인들을 학살하고 정권을 강제로 빼앗은 죄, 철도와 광산·산림·천택을 강제로 빼앗은 죄, 제일은행권 지폐를 강제로 사용한 죄, 군대를 해산시킨 죄, 교육을 방해한 죄, 한국인들의 외국 유학을 금지한 죄, 교과서를 압수하여 불태운 죄, 한국인이 일본인의 보호를 받고자 한다고 세계에 거짓말을 퍼뜨린 죄, 현재 한국과 일본 사이에 경쟁이 쉬지 않고 살육이 끊이지 않는데 태평무사한 것처럼 위로 천황을 속인 죄, 동양 평화를 깨뜨린 죄, 일본 천황의 아버지 태황제를 죽인 죄 등이다.

안중근은 감옥 속에서 《동양평화론》을 저술했으나 완성을 보지는 못했고, 그 내용도 자세하게 전하지 않는다.

2대 통감 소네 아라스케와 3대 통감 데라우치 마사타케의 취임

- 순종 2년(1909년) 6월 23일에 통감 소네 아라스케를 접견하다.

통감 자작 소네 아라스케를 인정전에서 접견하였다. 새로 부임하여 찾아와 인사하였기 때문이다.

상이 일렀다.

"무더운 때에 바다와 육지를 지나서 무사히 도착하여 오늘 서로 만날 수 있게 되었으니 짐朕은 기쁜 마음을 금할 수 없는 바이다. 지금 안팎의 모든 정사가 점차 진보하고 있기는 하지만 그래도 여전히 귀 통감統監의 지도를 기다리지 않을 수 없다. 그래서 짐은 귀 통감이 건강을 유지하여 오래도록 그 자리에 있으면서 바르게 보좌하여 주는 우의를 이룩하기 바란다."

이어 인정전 동쪽 행각에 나아가 배식을 하사하였다. 칙유하였다.

"짐은 지난번에 이토 공작이 사임하여 애석한 마음을 금할 수 없었다. 그러나 귀 통감이 짐이 공경하는 귀 천황 폐하의 대명을 받고 그 뒤를 이어 이 나라에 온 것은 짐이 가장 기쁘게 여기는 바이다. 생각건대 두 나라의 관계가 날로 좋아지고 모든 정사에 관한 일이 점차 풀려가고 있기는 하지만 전도가 아직 요원하다. 짐은 귀 통감이 부통감으로 있은 3년 동안의 경험과 쌓아온 지식을 가지고 앞으로 더욱더 이 나라를 지도하고 유지해 가는 데에 모든 마음을 다하기 바란다."

- 순종 3년(1910년) 5월 30일에 소네 아라스케와 신임 통감 데라우치 마사타케에게 전보를 보내다.

자작 소네 아라스케에게 직접 전보를 보내어 일렀다.

"듣자니 귀 자작이 이번에 갑자기 통감의 직책을 사임하였다고 하는데, 귀 자작은 이전에 부통감으로 와서 주재하였고, 그다음에는 통감으로서 이토오 공작이 시작한 일을 계승하여 짐의 부족한 점을 바로잡아 주고 짐의 나라 정사를 지도하여 주었습니다. 기강이 점차로 서고 모든 일들이 점차 이루어진 것은 오직 귀 자작의 수고에 기인한 것입니다. 올봄 귀 자작이 앓는 몸으로 본국에 돌아간 뒤에 짐은 되도록 빨리 완치되어 다시 올 것을 간절히 빌었는데, 앓는 몸을 돌보지 않아 끝내 외국에 주재할 수 없게 되었으니 어찌 애석한 마음을 금할 수 있겠습니까? 짐은 이에 귀 자작이 직책에 있는 동안 보좌하고 인도하여 준 지극한 우의에 대하여 감사하고 아울러 귀 자작의 건강이 속히 회복되기를 바랍니다."

또 신임 통감인 자작 데라우치 마사타케寺內正毅에게 직접 전보를 보내어 일렀다.

"듣자니 귀 자작이 새로 통감의 직무를 겸하게 되었다고 하니 기쁜 마음을 어떻게 금할 수 있겠습니까? 지금 우리나라가 비록 모든 일이 점차로 자리가 잡혀가고 있기는 하지만 아직도 귀 자작의 보좌와 인도를 기대하는 것이 많습니다. 이에 마땅히 귀 자작이 새로 임명된 것을 짐은 진심으로 축하하고 아울러 건강하기를 축원합니다."

제2대 통감 소네 아라스케

소네 아라스케曾禰荒助는 원래 이토 히로부미 아래서 부통감으로 있다가 1909년 6월에 이토가 통감에서 물러나자 제2대 한국통감에 오른 인물이다. 소네 또한 이토와 같이 지금의 야마구치현에 해당하는 조슈번의 무사 가문에서 태어나 소네 집안에 양자로 입적했다.

그가 열아홉 살 되던 1868년에 메이지유신이 시작되었는데, 이때 유신파(존왕파)와 막부파 사이에 일어난 보신전쟁戊辰戰爭(무진전쟁)에서 존왕파로 참전하였으며, 이후 천황의 친위대인 어친병중대사령에 임명되었으나 서양 학문을 배우기 위해 사직했다. 그리고 오사카의 육군병학료에 입학하여 프랑스어를 배우고, 1872년에 프랑스로 유학을 가서 육군경리학을 전공하고 5년 만에 귀국했다.

귀국 후 그는 내각기록국장을 지냈으며, 이후 1890년에 제국의회가 창설되자 중의원 서기관장이 되었다. 또한 1892년에는 야마구치에서 중의원에 당선되었고, 이듬해엔 특명전권대사로 프랑스로 갔다.

그가 이토 내각에서 중역을 맡은 것은 1898년에 사법대신이 되면서부터였다. 이후 그는 여러 내각을 거치며 농상무상, 대장성 장상 등을 지냈고, 1900년부터 황제의 칙령에 의해 임명되는 귀족원 칙선의원이 되었다.

　이후 1906년에 이토 히로부미가 한국통감으로 부임하자 부통감이 되어 한국에 왔다. 그리고 1909년에 이토가 물러나자 통감으로 승진했다.

　통감 시절 그는 1909년 7월 12일에 순종 황제로부터 기유각서를 강요하여 사법권을 장악했다. 기유각서의 공식 명칭은 '한국 사법 및 통감사무 위탁에 관한 각서'인데, 대한제국의 사법권과 교도 행정에 관한 업무 일체를 일본국에 넘겨준다는 내용이다. 이에 따라 대한제국의 사법부와 재판소 및 형무소가 폐지되었고, 이에 관한 일체의 업무는 한국통감부의 사법청으로 이관되었다. 이로써 대한제국은 국권을 제외한 모든 정치 권력을 강탈당해 사실상의 망국 상황에 놓였다.

　하지만 그의 통감 생활은 오래가지 못했다. 1910년 5월에 그는 병에 걸려 통감직에서 사직해야 했고, 일본으로 귀국하여 요양 생활을 하다가 결국 건강을 되찾지 못하고 그해 9월에 사망했다. 그를 이어 제3대 통감으로 데라우치 마사타케가 부임한다.

제3대 통감 데라우치 마사타케

　데라우치 마사타케寺內正毅의 원래 성은 우타다였다. 그의 아버지 우타다 조스케는 조슈번(지금의 야마구치)의 사무라이였다. 그의 셋째 아들로 태어난 그는 외가 쪽 집안의 양자가 되면서 어머니의 성인 데라우치를 쓰게 되었다.

　1852년에 태어난 그는 1868년에 보신전쟁에 참전하면서 소위로

임관하여 군인의 길을 걷게 되었다. 1877년에 세이난 전투에 참전했다가 오른팔이 불구가 되었지만 고속 승진하였다. 그는 군의 보직을 두루 거쳐 서른다섯 살 되던 1887년에 육군사관학교 교장이 되었고, 1895년에 청일전쟁에 운수통신사령관으로 참전하였으며, 1898년에 육군의 3대 보직 중 하나인 육군 교육총감에 올랐다.

이후 육군참모차장을 거쳐 1901년엔 가쓰라 내각에서 육군대신이 되었으며, 외무대신을 거쳐 1910년 5월에는 제3대 한국통감으로 부임했다가 한일합병 조약이 체결되자 초대 총독이 되었다. 조선 총독으로 재임할 당시 그는 1911년까지 육군대신을 겸임할 정도로 일본 군부에 영향력을 행사했다. 이후 그는 1916년에 제18대 일본 수상에 취임할 때까지 한국에 머물렀다.

총독 재임 시 그는 무단통치와 헌병통치로 일관하면서 한국의 일본화 작업에 몰두했으며, 토지조사사업을 비롯한 일련의 경제 수탈 정책을 수행하였고, 105인 사건을 비롯한 일련의 사건들을 조작하여 민족주의자들을 감옥에 가뒀으며, 한국의 독립 의지를 철저히 짓밟는 정책을 수행했다.

그는 일본 총리가 된 뒤에 육군 원수로 승진했고, 대장성과 외무성 대신을 겸임하는 등 권력을 독점했다. 일본인들은 그에게 '빌리켄'이라는 별호를 붙였는데, 그의 대머리가 빌리켄 인형과 유사한 데다 '비입헌非笠憲'의 일본어 발음인 '히릿켄'과 유사한 데서 비롯됐다고 한다.

데라우치는 총리로 재임한 2년 동안 독선을 일삼고 전쟁을 통한 제국주의의 팽창정책에 몰입했다. 하지만 쌀값의 폭등과 생필품의 매점매석으로 인해 인플레이션이 발생하자, 농민들이 봉기하여 폭동을 일으켰다. 이에 데라우치는 군대를 동원하여 민란을 진압했지만, 전국 곳곳에서 비난이 잇따르자 결국 총리직에서 물러나야 했다. 그리고 이듬해 11월 사망했다.

그가 죽자 그의 아들 데라우치 히사이치가 백작의 작위를 물려받았는데, 히사이치는 태평양 전쟁 때 남방 총사령관을 했으며, 계급이 육군 원수에 이르렀다.

한일병합조약이 체결되다

- 순종 3년(1910년) 8월 22일에 한일합병 조약안에 대하여 국무대신 외에 황족 대표자 및 문무 원로의 대표자들이 회동하여 어전회의를 열었다.
조령을 내렸다.
"짐이 동양 평화를 공고히 하기 위하여 한일 양국의 친밀한 관계로 피차 통합하여 한 집으로 만드는 것은 상호 만세의 행복을 도모하는 까닭임을 생각하였다. 이에 한국 통치를 들어서 이를 짐이 극히 신뢰하는 대일본국 황제 폐하에게 양여하기로 결정하고, 이어서 필요한 조장條章을 규정하여 장래 우리 황실의 영구 안녕과 생민의 복리를 보장하기 위하여 내각 총리대신 이완용에게 전권위원을 임명하고, 대일본제국 통감 데라우치 마사타케와 회동하여 상의해서 협정하게 하는 것이니, 제신 또한 짐의 결단을 체득하여 봉행하라."

한일강제합병에 의해 식민국이 된 대한제국

1910년 8월 22일, 일제는 한일병합조약을 조인시키고 한국을 식민화하는 데 성공했다. 조약은 대한제국 총리대신 이완용과 제3대 한국통감 데라우치 마사타케가 조인했다. 이완용과 함께 매국에 동참한 인물은 내부대신 박제순·시종원경 윤덕영·궁내부대신 민병석·탁지부대신 고영희·농상공부대신 조중응·친위부장관 겸 시종무관장 이병무·승녕부총관 조민희 등이며, 이들 8인을 경술국적이라고 부른다.

1875년 운요사건 후 강화도조약·청일전쟁·을미사변·러일전쟁을 거치며 한국 식민화의 발판을 마련한 일제는 을사늑약과 정미7조약으로 국권을 강탈하고, 이때에 이르러 경술국적의 도움으로 식민화의 마지막 단계인 합병을 강행했던 것이다. 합병조약의 조인에 성공한 데라우치는 일주일 뒤인 8월 29일에 조약을 공포하였고, 이로써 공식적으로 일제강점기가 시작되었다.

일제의 대한제국 합병은 1909년 7월 6일에 일본의 내각회의에서 결정되었다. 이 회의가 있기 전에 매국노 송병준은 스스로 일본 내각총리 가쓰라 다로를 찾아가 합병을 주장한 바 있으며, 이완용 역시 합병을 현실로 받아들이는 말들을 늘어놓았다.

합병 조인 과정에서 조인에 반대하던 학부대신 이용직은 쫓겨났고 합병에 찬성하던 8명, 이른바 경술 8적인 내각총리 이완용·시종원경 윤덕영·궁내부대신 민병석·탁지부대신 고영희·내부대신 박제순·농상공부대신 조중응·친위부장관 겸 시종무관장 이병무·승녕부총관 조민희 등이 찬성하여 합병조약을 성립시켰다.

이 한일합병의 조약 전문은 다음과 같다.

한국 황제 폐하와 일본국 황제 폐하는 두 나라 사이의 특별히 친밀한 관계를 고려하여 상호 행복을 증진시키며 동양의 평화를 영구히 확보하고자 하며, 이 목적을 달성하고자 하면 한국을 일본국에 병합하는 것이 낫다는 것을 확신하고 이에 두 나라 사이에 합병 조약을 체결하기로 결정하였다.

이를 위하여 한국 황제 폐하는 내각 총리대신 이완용을, 일본 황제 폐하는 통감인 자작 데라우치 마사타케를 각각 그 전권위원으로 임명하는 동시에, 위의 전권위원들이 공동으로 협의하여 아래에 적은 모든 조항들을 협정하게 한다.

제1조 한국 황제 폐하는 한국 전체에 관한 일체 통치권을 완전히 또 영구히 일본 황제 폐하에게 양여한다.

제2조 일본국 황제 폐하는 앞 조항에 기재된 양여를 수락하고, 완전히 한국을 일본 제국에 병합하는 것을 승낙한다.

제3조 일본국 황제 폐하는 한국 황제 폐하, 태황제 폐하, 황태자 전하와 그들의 황후, 황비 및 후손들로 하여금 각기 지위에 응하여 적당한 존칭·위신과 명예를 누리게 하는 동시에, 이를 유지하는 데 충분한 세비를 공급함을 약속한다.

제4조 일본국 황제 폐하는 앞 조항 이외에 한국 황족 및 후손에 대하여 상당한 명예와 대우를 누리게 하고, 또 이를 유지하기에 필요한 자금을 공여함을 약속한다.

제5조 일본국 황제 폐하는 훈공 있는 한국인에 대하여 특별히 표창하는 것이 적당하다고 인정되는 경우에 영작을 주고 은급을 준다.

제6조 일본국 정부는 전기 병합의 결과로 전면적으로 한국의 시정을 담임하고, 동시에 시행하는 법규를 준수하는 한국인의 신체 및

재산에 대하여 충분한 보호를 하며, 또 그 복리의 증진을 도모한다.

제7조 일본국 정부는 성의 있고 충실하게 신제도를 존중하는 한국인으로서 상당한 자격이 있는 자를, 사정이 허하는 한 한국에 있어서의 제국 관리에 등용케 한다.

제8조 본 조약은 한국 황제 폐하와 일본국 황제 폐하의 재가를 받은 것이므로, 공포일로부터 시행한다.

일제는 이 조약문 발표와 함께 '한국 황실예우조서'와 '조선귀족령' 등을 공포하였다. 또한 한일합병 후 일본 황실은 합병에 찬성하고 협조한 공로자들에게 작위와 은사금을 내려주었다. 이때 순종은 이왕李王에 책봉되었고, 고종은 이태왕, 황태자 영친왕은 왕세자, 고종의 서자 의친왕 이강과 고종의 형 이희는 공으로 칭하게 했다. 그리고 친일파 76명에게 작위가 주어졌다.(작위 수여자 중에 두 명의 이완용이 있는데, 자작 이완용李完鎔은 사도세자의 5대손이자 고종의 조카뻘 되는 황족이고, 백작 이완용李完用은 을사오적 중 한 명인 총리대신이었던 이완용을 지칭한다.)

작위를 받은 76명 중 공작 다음으로 높은 작위인 후작에는 이재완, 이재각, 이해창, 이해승, 박영효, 윤택영 등 6명이었다. 이들은 모두 황실의 친인척들이었다. 백작의 작위를 받은 인물은 이지용, 이완용, 민영린 등 3명이었다. 이지용과 이완용은 을사오적에 오른 인물이며, 민영린은 민씨 외척의 일족이다.

자작의 작위를 받은 인물은 박제순, 조중응, 고영희, 이용직, 임선준, 이재곤, 민영휘, 이기용, 이병무, 윤덕영, 민병석, 김성근, 민영소, 이근명, 김윤식, 조민희, 민영규, 송병준, 이하영, 이근택, 권중현, 이완용 등 22명이다.

이들 자작의 작위를 받은 자들은 을사늑약과 한일합병 과정에서 중추적인 역할을 했던 관료들이 대부분이다. 일부 황족들도 여기에 포함되어 있는데, 이들은 황족이긴 하나 큰 영향력이 없는 자들이었다.

　　남작의 작위를 받은 인물은 이용태, 남정철, 유길준, 최석민, 조동윤, 민상호, 장석주, 이재빈, 한규설, 이근상, 이근호, 한창수, 성기운, 박기양, 김사준, 이건하, 이재극, 조희연, 윤용구, 홍순형, 김석진, 이주영, 김병익, 김사철, 조경호, 정낙용, 민형식, 정한조, 윤웅렬, 박용대, 김가진, 민종묵, 김종한, 이봉의, 조정구, 김춘희, 민영기, 이용원, 조경희, 이정로, 민영달, 이종건, 김학진, 이윤용, 김영철 등 45명이다.(이들 작위를 받은 인물들 76명 중 일부는 나중에 작위를 반납하거나 독립운동에 가담함으로써 작위를 박탈당하기도 했다.)

　　이렇듯 친일파 대신과 왕족들이 합병에 가담하였으나, 정작 순종은 조약에 최종 서명을 하지 않았던 것으로 확인되었다. 또한 8월 29일 공포된 황제 칙유에는 대한국새가 아닌, 고종 황제 강제 퇴위 때 일본이 강탈해간 칙명지보가 찍혀 있었다. 이는 순종이 조약의 마지막 비준 절차에 해당하는 칙유 서명을 거부했다는 의미였다. 따라서 한일합병조약은 무력과 협박에 의한 강제 조약이며, 절차상 하자가 있는 것이므로 국제법상으로도 불법적인 행위였던 것이다.

9장. 1901년 ~ 1910년

나라를 팔아먹은
친일파 인물들

매국노의 대명사 이완용

을사늑약 당시 학부대신이었던 이완용은 경기도 광주 출신으로, 원래는 친미파였다. 1882년에 증광문과 병과로 급제한 그는 규장각 대교와 홍문관 수찬 등을 거쳐 육영공원에 입학하여 영어를 배웠으며, 이후 1887년에 주차 미국참찬관이 되어 미국에 가면서 친미파가 되었다. 1888년에 귀국한 뒤에는 이조참의가 되었다가, 그해 말에 다시 참찬관으로 미국에 가서 2년간 머물렀다. 1890년에 귀국한 뒤에는 우부승지, 공조참판 등을 거쳐 1895년에 학부대신이 되었다.

하지만 그해에 을미사변이 일어나고, 다음 해에 아관파천이 일어나면서 친러파가 집권하게 되었고, 이때 이완용은 친러파로 변신하여 외부대신 등의 관직을 유지하며 권좌를 지켰다. 그리고 1905년에 일본이 러일전쟁에서 승리하자, 다시 친일파로 변모하여 주도적으로 을사늑약 체결에 앞장섬으로써 을사오적에 이름을 올렸다. 늑약 당시 조약 체결 당사자는 외부대신이었던 박제순이었으나, 박제순이 조약 체결에 미온적인 반응을 보인 탓에 실제 늑약을 주도한 것은 바로 이완용이었다.

이후 1907년에 헤이그 밀사 사건이 발생하자, 이토의 요구를 수용하여 고종에게 두 차례에 걸쳐 양위를 건의하였고, 결국 고종이 물러나자 분노한 백성들이 그의 집에 불을 질렀다. 화재로 집을 잃은 이완용의 가족은 일본군의 보호 아래 몇 달 동안 왜성구락부에 머물기도 했다.

1909년에는 이재명 의사의 칼에 찔려 중상을 입었으나, 두 달 동안의 입원 치료 끝에 회복하였다. 이 사건으로 이재명 의사는 교수형에 처해졌다. 1910년에는 정치 라이벌 송병준이 한일합병을 추진하자, 송병준에게 내각을 내줄 것을 염려하여 자신이 직접 한일합병에 앞장서게 되었고, 끝내 합병이 성립됨으로써 경술 8적에도 이름을 올렸다.

합병 이후에는 일본 귀족으로서 백작의 작위를 받았으며, 조선총독부 중추원 고문과 부의장 등을 지냈다. 1919년 3·1운동 때에는 세 차례에 걸쳐 조선 민족에 대한 경고문을 발표하여 한일합병의 당위성과 만세운동 가담자들에게 경거망동하지 말라고 강변하기도 했다.

1921년에는 작위가 후작으로 올랐고, 매국의 대가로 막대한 재산을 얻어 호사를 누리다 1926년에 사망했다. 그의 아들 항구는 남작의 작위를 받았고, 손자 병길과 병희도 귀족 지위를 누렸다.

이완용과 쌍벽을 이룬 친일 매국노의 화신 송병준

정미년 한일신협약 당시 농상공부대신이었던 송병준은 함경남도 장진군의 율학 훈도였던 송문수의 서자로 태어났다. 송문수는 본처에게서는 자식을 얻지 못하고 여러 명의 첩들에게서 네 명의 아들을 낳았는데, 그중 장남이 병준이었다. 송병준의 생모에 대해서는 기생이라는 설이 있으나 정확하게 알 수 없고, 송병준 스스로는 민씨 혈족의 권력자였던 민태호의 애첩 홍씨를 자신의 생모라고 주장했다고 한다.

송병준은 어린 시절 송문수의 본처 고씨에게 심한 구박을 받으며 자랐고, 여덟 살 때 도둑질을 하다가 집에서 쫓겨나 거지 생활을 했다. 그러던 어느 날 송병준은 참외를 훔쳐 먹다 밭주인에게 붙잡혔는데, 밭주인이 그를 불쌍하게 여겨 머슴으로 거두어 길렀다. 그리고 밭주인과 함께 서울에 올라왔다가 민태호의 애첩 홍씨의 집에서 일하게 되었고, 홍씨를 어머니라고 부르며 성장했다. 이후 홍씨의 소개로 민태호를 알게 되었고, 민태호의 힘에 의지하여 무관직 벼슬을 얻었으며, 이어 무과에 합격하여 훈련원 판관 등을 지냈다. 그러다 강화도 조약 이후 알게 된 일본인 군납업자 오쿠라 기하치로에게 부산에 상관을 열도록 도와준 덕분에 꽤 많은 재물을 모았다.

하지만 임오군란이 발생하여 민태호가 죽고 생명의 위협을 느낀 그는 일본으로 도망쳤고, 이후 박영효의 도움으로 무사히 귀국했다. 그리고 민씨 세력 아래서 다시 벼슬을 얻어 사헌부 감찰, 양지 현감 등을 지냈다. 갑신정변이 실패로 돌아간 후에는 민씨 일파의 밀명을 받고 일본으로 달아난 정변의 주역들을 암살하는 일에 가담했다. 하지만 그는 암살 대상자였던 김옥균에게 감화되어 그저 술과 여자로 세월을 보내다 귀국했다. 이 때문에 감옥에 갇혔지만, 귀국하기 전에 북경에서 사귄 청나라 관리들의 도움으로 풀려나 되레 군수 벼슬을 얻기까지 했다.

1891년에 민태호가 죽자 그는 벼슬에서 밀려났고, 이후 동학교도 생활을 하기도 하며 한량 생활을 하다가 청일전쟁에서 일본이 승리한 해인 1895년에 일본 특파대사로 파견된 의화군 이강의 수행원으로 일본으로 건너갔다. 그런 상황에서 을미사변이 일어나자 송병준은 일본에 눌러앉게 되었다.

송병준의 일본 생활은 러일전쟁이 일어난 1904년까지 지속되었다. 그는 이 기간 동안 노다 헤이지로라는 일본 이름으로 개명한 채 생활하였고, 이때 일본으로 도망온 손병희, 오세창, 이용구 등의 정치 망명가들이나 유학생들과 친밀하게 지냈다.

러일전쟁이 발발한 뒤, 송병준은 일본군 병창감 육군소장 오타니 기쿠조의 통역 신분으로 귀국했다. 그리고 친일단체를 조직하고 동학을 일본에 협력시키는 작업을 대가로 일본 군부로부터 막대한 공작자금을 받았다. 이 자금으로 그는 첩에게 요정을 차려주고, 요정을 드나드는 정계 요인들을 친일파로 만드는 작업을 했다. 또한 한국의 정세와 요인들의 동향을 일본 정부에 보고하는 밀정 노릇도 하였다.

이 과정에서 송병준은 일진회를 조직했다. 일진회 조직 과정을 보면 천도교 계통으로 이용구가 이끌고 있던 시천교도를 규합하여 진보회를 만들고, 독립협회 출신인 윤시병과 유학주를 끌어들여 유신회를 만들었으며, 이 두 단체를 통합하여 친일 매국 조직인 일진회를 조직했던 것이다.

송병준은 일진회를 이용하여 막후에서 을사늑약을 성사시키는

데 막중한 역할을 하였고, 을사늑약 이후에는 이완용과 맞먹는 권력을 가지게 되었다. 그런데 그는 이 무렵 예기치 않은 사건에 휘말렸다. 고종황제의 옥새를 위조하여 일본인들에게 각종 이권을 팔아먹던 협잡꾼 이일식을 숨겨줬다가 발각되어 통감부에 체포되었던 것이다. 하지만 당시 일본 우익 단체인 흑룡회를 이끌고 있던 우치다 료헤이의 도움으로 풀려났다.

이후 그와 일진회는 한층 더 매국 행각에 열을 올렸다. 덕분에 1907년에 이완용 내각이 들어서자, 그는 일약 농상공부대신으로 기용되었다. 그해에 헤이그 밀사 사건이 발생하자 그는 어전회의에 칼을 차고 들어가 고종을 죽이고 자신도 자살하겠다고 협박하여(한일신협약)을 체결하는 데 중심 역할을 하여 이완용과 함께 정미칠적의 주범이라 비난받았다. 이후 내무대신이 된 송병준은 순종의 전국 순행 문제로 순종에게 질책을 받자, 순종을 밀어내고 영친왕을 황제로 세우려는 음모를 획책하기도 했다.

이 무렵 일본 조슈 군벌 계통으로 육군 군벌의 거두가 된 가쓰라 수상과 데라우치 육군대장 등은 한국을 즉각적으로 병합하려는 계획을 짜고 있었고, 송병준은 이에 협조하여 이용구와 함께 일진회 명의로 합방 청원서를 만들기도 했다. 또한 이토 히로부미가 통감에서 물러난 후 소네 아라스케가 통감이 된 것에 불만을 품고 통감 교체 운동을 전개하기도 했다. 송병준이 소네 통감을 물러나게 한 의도는 데라우치를 불러들이기 위함이었다. 또한 소네 통감이 자신의 라이벌 이완용과 긴밀한 관계를 가졌던 것도 한 원인이었다. 이렇듯 송병준은 조선 통감을 갈아치울 정도로 막강한 힘을 가지게 됐던 것이다.

이후 한일합병 과정에서 막후에서 막대한 영향력을 발휘하였고,

덕분에 합병 이후 자작의 작위를 받고 일본 국왕으로부터 금시계를 하사받기도 했다. 또한 중추원 고문과 경성상업회의소 특별평의원, 경기도 참사 등의 직책을 얻었다.

송병준은 무쓰히토(메이지천황) 일왕을 만났을 땐 '살아 있는 신'이라고 추어세우는 등 그 아부가 극에 달했다고 한다. 눈치가 빠르고 기회주의적 성향이 몸에 익은 그는 3·1운동 때에는 일본으로 피신하여 일본 정계의 요인들과 대책을 마련하는 민첩성을 보이기까지 했다.

1925년에 그는 뇌일혈로 사망했는데, 일설에는 친일 사업가이자 이완용의 조카인 한상룡이 주최한 연회에 참석했다가 독살되었다는 말도 있다. 그의 작위는 아들 송종헌에게 전해졌으며, 그의 자손들은 송병준이 남긴 막대한 재산으로 호의호식하였다.

2007년 대한민국 친일반민족행위자재산조사위원회는 송병준과 송종헌의 재산을 국가로 환수하기로 결정했다. 이에 송병준의 증손자는 헌법소원을 제기하며 반발했다. 송병준의 후손들은 2010년에 인천광역시 부평구의 옛 미쓰비시 공장 부지의 땅을 돌려달라고 소송을 한 바 있다. 이 부지는 해방 이후 미군부대 부지가 되었고, 미군부대가 옮겨간 이후에는 부평공원으로 조성될 땅이었다. 부지의 가치는 최소 3,000억 원 이상으로 추산된다고 전한다.

송병준의 사위 구연수는 을미사변 당시 명성황후의 시체에 석유를 뿌려 소각하는 일을 맡은 장본인으로 알려져 있다. 구연수는 일제강점기 당시 한국인으로는 유일하게 경무관 직책을 맡았던 인물이다. 구연수의 아들 구용서는 조선은행 일본 지점에 근무하다가 해방 이후 한국은행 초대 총재가 되기도 했다. 그는 또 이승만 정부에서 상공부 장관을 지내기도 했다.

고종과 순종에게 협박을 일삼던 간적 윤덕영

한일합병 당시 시종원경을 맡고 있던 윤덕영은 해풍 윤씨 철구의 아들로 1873년생이었다. 그의 동생 윤택영은 순종의 계비 순정효황후 윤씨의 아버지다. 1894년에 과거에 급제한 윤덕영은 1895년에 신사유람단의 일원으로 일본을 시찰하고 돌아왔으며, 총리대신 비서관, 내부 지방국장, 법무국장 등을 지내고 경기도와 황해도 관찰사도 역임했다.

이후 그는 1908년에 시종원경에 임명되었고, 1909년에 이토 히로부미가 안중근에 의해 저격되자 이완용 등 친일파들과 함께 이토 추도회에 참석하기도 했다. 그리고 1910년 한일강제합병 조인 당시 7일 동안 덕수궁과 창덕궁을 오가며 고종과 순종을 협박하고, 순정효황후가 치마 속에 숨긴 옥새를 빼앗기도 했다.

합병 이후 윤덕영은 합병의 공로로 훈1등 자작의 작위를 받았으며, 1917년에는 순종의 다이쇼 천황 방문과 일본 왕실 종묘 참배를 강요하여 성사시키는 일을 주도하였다. 또한 1919년 고종 사망 때에는 독살설이 널리 유포되었는데, 세간에서는 그 범인으로 윤덕영을 지목하기도 했다.

그는 이렇듯 고종과 순종을 협박하고 일제에 협조하는 일에 항상 앞장섰으며, 그 공으로 총독부 중추원 부의장을 지내며 1940년 사망할 때까지 온갖 권력과 호사를 누렸다.

세간에서는 그를 '대갈대감'이라 불렀는데, 이는 그의 특이한 위로 둥글게 솟구쳐 오른 두상 때문이었다고 한다. 그의 아내 김복완(복수)은 일제의 전쟁기금 마련 단체인 애국금차회 회장을 지냈으며, 그의 자작 작위는 양손자 윤강로에게 이어졌다.

윤덕영의 동생이자 순종의 장인이었던 윤택영은 세간에선 '채무왕', '차금대왕'으로 불리었는데, 씀씀이가 너무 헤퍼 부채가 많았기 때문이었다. 윤택영은 1920년에 빚 때문에 베이징으로 달아났다가 순종의 부음을 듣고 귀국했다가 채권자들에게 시달리며 소송을 당하기도 했다. 당시 잡지 〈개벽〉 1926년 6월호 '경성잡담'에는 이런 내용이 실려 있다.

"부채왕 윤택영 후작은 국상 중에 귀국하면 아주 채귀(빚귀신)의 독촉이 없을 줄 알고 안심하고 왔더니, 각 채귀들이 사정도 보지 않고 벌떼같이 나타나 소송을 제기하므로 호출에 눈코 뜰 새가 없는 터였다. 일전에는 어찌나 화가 났던지 그의 형 '대갈대감'과 머리가 터지게 싸움까지 했다고 한다. 그렇게 싸우지 말고 국상 핑계 삼아 차라리 자결이나 하였으면 충신 칭호나 들었을 것이다."

황제 앞에서 칼 뽑아들고 설친 이병무

정미칠적과 경술국적에 모두 포함된 이병무는 본관이 전주 이씨로, 정종의 서자 무림군의 후손이다. 1864년에 태어난 그는 1894년에 무과에 급제하였고, 그해 의친왕 이강이 일본을 방문할 때 수행원으로 따라간 것이 계기가 되어 일본 육군사관학교에서 1년간 수학했다. 이후 일본과 친밀한 관계를 형성하며 대한제국 육군무관학교 교장을 역임했으나, 아관파천 이후 친로파가 득세하자 1900년에는 일본으로 달아난 망명자들과 연락한 혐의로 구금되어 2년간 감옥살이를 하고 유배생활도 했다.

하지만 러일전쟁으로 일본이 조선 조정을 장악하자, 이병무는 육군참령으로 복귀하였고 군제의정관에 임명되었다. 또 1905년에 러일전쟁에서 일본이 승리하자 이병무는 육군정령에 오르고 군부 교육국장이 되었으며, 이어 육군참장에 임용되었다. 또 그해 고종의 사촌동생 완순군을 수행해 일본을 방문하고 훈장을 받아 돌아왔다.

1907년 헤이그 밀사 사건이 발생하자, 이병무는 칼을 차고 고종을 위협하며 퇴위를 강요했다. 이때 고종이 퇴위를 거부하자, 그는 칼을 뽑아 자기 목에 갖다 대고 "지금이 어떤 세상인 줄 아느냐"고 윽박질렀다고 한다. 이후 고종은 친일 세력의 위협을 이기지 못하고 강제 퇴위되었다.

이 해에 이완용 내각이 들어서자 그는 군부대신에 임명되었고, 이완용 등과 함께 한일신협약을 추진해 정미칠적에 이름을 올렸다. 군부대신 시절 그는 또 이완용, 임선준, 고영희 등과 함께 도성의 문루와 성곽을 헐어버리는 일에 참가했으며, 그해 시종무관장 임시 서리를 겸직했고 벼슬이 정2품으로 올랐다.

한일신협약에 따라 군대가 해체될 때 이병무는 이 일을 주도했으며, 이어진 의병 항쟁을 진두지휘해 진압했다. 1909년 대한제국 군부가 완전히 폐지되고 친위부가 설치된 뒤에는 초대 친위부대신으로 취임하였고, 1910년 한일합병 때에는 시종무관장 신분으로 협조해 경술국적의 1인이 되었다.

합병 이후 이병무는 부무관 자작의 작위를 받았고, 한국합병기념장과 다이쇼대례기념장을 받았다. 1926년 12월 그가 사망하자 일본 정부는 욱일동화대수장을 추서했다. 이후 그의 작위는 양아들 이홍묵에게 이어졌다.

개화 세력에서 친일파로 변신한 고영희

고영희는 정미칠적과 경술국적에 모두 이름을 올린 인물로, 1849년에 제주 고씨 진풍의 아들로 한성 옥동에서 태어났다. 1866년에 부사용 벼슬을 받아 관계에 진출하였고, 강화도조약 체결 후 수신사 김기수의 수행원으로 일본을 방문하면서 개화파의 일원이 되었다.

강화도조약에 따라 원산항을 개항했을 때 그곳 사무관처리가 되어 행정 능력을 쌓았고, 덕분에 1881년에 고종의 특명으로 파견된 신사유람단의 일원이 되어 다시 일본을 방문했다. 이듬해인 1882년에는 일본 공사 하나부사의 차비역관이 되면서 일본 관료와 친분을 쌓았고, 이후 진급을 계속하며 인천조계획정 사무관, 참의교섭통상사무, 참의내무부사 등을 역임했다.

이렇듯 외교관으로 승진을 거듭하던 그는 1884년 갑신정변 실패로 개화파가 몰락하자 외교 요직에서 물러나 간성, 삭녕, 고양 등지에서 군수 생활을 하다 물러났다. 하지만 이듬해 다시 기기국방판에 기용되었고, 이후 다시 승진의 기회를 잡아 1894년 갑오경장 때에는 내부 참의, 농상아문 협판 등의 요직을 거쳤다. 그러다 1895년에 주일특명전권공사가 되면서 일본 관료들과 다시 친분을 쌓았고, 귀국한 뒤에는 독립협회에 가담하기도 했으며, 한성판윤에 오르기도 했다.

이렇듯 개화파의 길을 걷던 그는 1903년에 다시 주일특명전권공사가 되면서 친일파로 변모해 갔고, 1907년 이완용 내각 때에는 국가 재정을 책임진 탁지부대신이 되었다. 이때 헤이그 밀사 사건으로 이토 히로부미가 고종의 양위를 강요하자 그는 처음에는 양위를 반대했으나 곧 친일 성향을 드러내어 정미칠적의 일원이 되었다. 또한 한일합병에 찬성하여 경술국적의 하나가 되기도 했다.

합병 이후에는 훈1등 자작의 작위를 받고, 10만 엔의 하사금을 받기도 했다. 또한 중추원 고문으로 활동했다. 1916년 사망한 뒤에는 그의 아들 고희경이 자작 작위를 이어받았다.

일본의 대륙 침략을 선동한 조중응

조중응은 이병무, 고영희와 더불어 정미칠적과 경술국적에 모두 오른 인물이다. 1860년 한성부에서 서인 소론 집안에서 태어난 그의 초명은 중협이었으나, 31세 되던 1890년에 중응으로 개명했다. 양반 가문 출신인 그는 어린 시절 한학을 공부했고, 소년 시절 성균관 중학 동재에 들어갔다. 그리고 1880년에 전강유생이 되어 고종 앞에서 경서를 진강했으며, 1883년에는 서북변계 조사원에 임명되었다. 그러나 그는 임명을 거절하고 만주, 외몽고, 시베리아, 바이칼호 등 북방 세계를 여행하며 세계관을 넓혔다. 이후 러시아의 침입에 대비하고 일본과 친교해야 한다는 주장을 펼쳐 민씨 세력의 미움을 받아 유배를 가게 되었다.

그의 유배 생활은 1885년부터 1890년까지 5년간 지속되었으며, 유배지는 전라남도 보성군이었다. 1890년에 유배에서 풀려나 관직에 복귀하자 그는 이름을 중응으로 바꾸고 본격적인 친일의 길을 걸었다. 1895년 을미사변에 가담해 명성황후 시해를 도왔는데, 이때 그의 직위는 법부국장이었다. 을미사변 이후 일본으로 달아나 십여 년 동안 그곳에서 생활하며 더욱 철저한 친일분자가 되었다.

일본에 체류하는 동안 그는 농업학교에서 양잠업을 익히기도 했고, 전문학교 정치법률과에서 공부하기도 했다. 그리고 스무 살 아래인 일본인 처녀 미스오카와 살림을 차렸는데, 훗날 이 여인은 다케코 부인이라 불리며 조중응의 정실부인이 된다. 물론 본국에는 이미 정실부인이 있었다.

조중응이 한국으로 돌아온 것은 러일전쟁이 끝난 1906년이었다. 그는 미스오카를 대동하고 귀국했는데, 본부인이 있다는 사실을 안 미스오카가 일본으로 돌아가겠다며 한바탕 소란을 피웠다. 이 일은 장안의 화제가 될 정도로 유명했으며, 심지어 고종황제가 직접 나서서 중재할 정도였다. 이때 고종은 조중응의 본부인과 미스오카를 각각 '좌부인'과 '우부인'으로 부르라고 중재했다. 미스오카는 결국 황제의 중재를 받아들여 조중응의 우부인이 되어 한국에서 생활했다.

조중응은 귀국 후 이완용 내각의 법부대신으로 기용되어 고종의 강제 퇴위에 앞장섰고, 한일신협약의 중심 인물이 되어 정미칠적의 하나가 되었다. 또한 1910년 한일합병을 주도하여 경술국적에도 이름을 올렸다.

합병 후 그는 매국의 대가로 10만 원을 하사받았고, 자작의 작위를 받았다. 이후 그는 아세아연대주의를 부르짖으며 일제의 대륙 침략을 선동했고, 친일 행위라면 그 누구에게도 뒤지지 않을 만큼 열성적이었다. 심지어 일진회와 친일 경쟁을 벌일 정도였다.

1919년 그가 사망하자, 그의 작위와 재산은 자손들에게 이어졌다. 2007년 조중응의 재산을 국가가 환수하기로 결정하자, 후손들이 이에 불복해 행정심판을 청구했지만 패소했다.

을사늑약 체결 당사자 박제순

을사조약 당시 외부대신이었던 박제순은 1883년에 별시문과에 급제한 인물로, 초기에는 친청 세력이었다. 그가 친청 세력이 되었던 것은 사헌부 장령과 동부승지를 거친 뒤 1886년에 주차 천진 독리통상사무가 되면서부터였다. 이후 형조참판과 한성부윤 등을 지내고, 충청도관찰사로 있던 1894년에는 동학농민군 토벌에 참여하기도 했다. 1899년에는 전권대신으로 청나라와 조청통상조약을 체결하는 데 주도적인 역할을 했으며, 1902년에는 주청전권공사가 되어 2년 동안 베이징에 머물렀다.

1904년 러일전쟁이 발발하고 일본의 영향력이 확대된 상황에서 박제순은 외부대신이 되었다. 을사늑약 체결 초기에 그는 한규설과 뜻을 같이하여 보호조약에 반대했으나, 이토와 개인적으로 만난 뒤에는 뜻을 꺾고 미온적 찬성론자로 돌아섰다. 그리고 그해 11월 17일 일본 특명전권공사 하야시와 조약을 체결함으로써 을사오적에 이름을 올렸다.

을사늑약 이후 박제순은 참정대신이 되어 내각을 이끌었는데, 이때 나인영나철, 오기호 등의 열사들이 박제순 암살을 기도하였다. 이후 그는 참정대신에서 물러났다가 1907년 이완용 내각이 들어서자 내부대신이 되었고, 이완용이 이재명의 의거로 입원하자 내각총리 서리가 되었다. 이어 1910년 합병에 가담하여 경술 8적의 한 사람이 되었다. 이로써 박제순은 이완용과 더불어 을사오적과 경술국적에 모두 이름을 올리게 되었다.

합병 후 그는 자작의 작위를 받고, 조선총독부 중추원 고문과 경학원 대제학 등을 지내며 일본의 총독정치를 옹호하는 선전 역할을 하다가 1916년에 사망했다.

골수 친일파 권중현

권중현은 을사늑약 당시 농상공부대신이었으며, 적극적으로 보호조약에 찬성한 인물이다. 그는 충북 영동 출신으로 개화파에 가담했으며, 그 인연으로 초창기부터 친일파 대열에 서 있었다. 그는 1883년에 일본 주재 서기관으로 있으면서 일본과 친밀한 관계를 맺었고, 1904년 러일전쟁 때에는 일본군 위문사로 파견되어 일본 정부로부터 훈1등 서보대수장을 받았다. 1901년에는 군부대신 서리가 되었고, 1902년에는 대한제국 육군무관학교 교장 서리를 맡았다. 또 1904년에는 대한제국 육군부장이 되었으며, 철도원 총재 임시서리를 겸하기도 했다. 이처럼 그의 모든 직책은 친일적 성향을 드러내는 자리였으므로, 늑약 당시 오적의 일원이 된 것은 당연한 일이었다.

늑약 체결 후 그는 나철이 이끌던 을사오적 암살단의 위협을 받았고, 강원상 의사가 그를 암살하려 하기도 했다. 늑약 체결 후 성립된 박제순 내각에서 군부대신이 되었으며, 1907년 5월 박제순 내각이 총사퇴할 때까지 직위를 유지했다.

합병 후 자작의 작위를 받고, 1934년 사망할 때까지 중추원 고문과 조선사편수회 고문 등을 지내며 호사를 누렸다.

친일로 얻은 재산 도박으로 탕진한 이지용

이지용은 을사늑약 당시 내부대신으로 있으면서 보호조약을 주도한 인물이다. 그는 흥선대원군의 셋째 형 이최응의 손자이며, 고종의 5촌 조카였다. 1887년에 문과에 급제하여 벼슬길에 올랐고, 1895년에 왕명을 받고 일본을 유람한 뒤 친일 성향을 갖게 되었다. 이후 경상도와 황해도 감찰사를 지내고, 1901년에는 주일공사로 일본에 머물렀다. 이후 친일파로 활약하며 1904년에는 외부대신으로서 한일의정서 조인에 협조하였다. 이때 그는 일본공사 하야시로부터 1만 엔의 뇌물을 받았다. 그리고 을사늑약 때에는 내부대신으로서 보호조약에 찬성해 오적에 이름을 올렸다.

늑약 이후 그는 오적 암살단으로부터 살해 위협을 받았으며, 암살단 일원이었던 오기호와 나인영이 그를 죽이려 했으나 실행하지는 못했다.

한일합병 조약 이후에는 백작의 작위를 받고 귀족의 지위를 누리며 호의호식하였다. 그러나 그는 합병 이후 주로 도박에 빠져 살았다. 도박으로 자신의 양옥집까지 날려버렸지만, 1928년 사망할 때까지 도박을 끊지 못했다. 그럼에도 워낙 재산이 많았기에 그의 부인과 자녀들은 온갖 호사를 누리며 살았다.

이지용의 부인 홍옥경은 인물이 뛰어나 일본인 관료들과 염문을 퍼뜨리고 다녔다. 그녀는 훗날 조선총독이 되는 하세가와를 비롯해 하기와라, 구니와케 등의 고관대작들과 정을 통했으며, 일본인 고관들은 서로 그녀를 차지하려고 다툴 정도였다. 홍옥경은 일본 풍습에 따라 자신의 성씨를 이씨로 바꾸고 이옥경이라 했다.

이지용의 아들 이해충은 일본에 유학하여 입학하려 했으나, 유학생들이 '역적의 아들과는 함께 배울 수 없다'고 거부하여 입학하지 못했다는 일화가 전한다.

변절의 간신 이근택

을사조약 당시 군부대신을 맡고 있던 이근택은 처음부터 친일파는 아니었다. 성종의 아들 경명군의 후손인 그는 종친으로서 임오군란 때 충주로 피신한 명성황후를 도운 덕에 벼슬길에 올랐다. 1884년에 무과에 급제하고 수군절도사와 병조참판 등을 역임했으며, 1897년에는 고종의 친위대 제3대대장이 되었다. 이 무렵 민비 서거 1주기 제사를 계기로 고종의 환궁을 계획했다가 발각되어 제주도로 유배되었다. 그러나 그해 고종의 환궁으로 대한제국이 수립되자 유배에서 풀려나 한성판윤으로 임명되었다. 이후 그는 고종의 총애를 받으며 친러파로 활동했으나, 러일전쟁에서 일본이 승리하자 일본 측에 매수되어 친일파로 돌아섰다. 그리고 을사늑약에 적극 협조하여 오적에 이름을 올렸다.

그는 친일파로 돌아서는 과정에서 일본군 사령관 하세가와 요시미치와 의형제를 맺었고, 이토 히로부미를 의붓아버지처럼 섬기기도 했다. 또한 양복을 입고 일본 신발을 신고 일본 수레를 타며 일본군의 호위를 받으며 지냈다.

늑약 직후 기산도 등이 그를 습격해 죽이려 했고, 며느리였던 한규설의 딸을 따라온 여종은 그를 향해 "개돼지 못한 자의 종으로 살기 싫다"고 외치며 한규설의 집으로 돌아갔다는 이야기도 전한다.

이렇듯 이근택에 대한 민중의 지탄과 증오가 거세지자 조정에서는 그를 파면하기도 했다. 합병 이후 그는 자작 작위를 받고 중추원 고문으로 지내다가 1919년에 사망했다. 그의 형 이근호와 동생 이근상도 합병과 함께 남작 작위를 받았고, 그의 아들 이창훈은 이근택 사후에 작위를 물려받았다. 이근호와 이근상의 작위는 그들의 아들 동훈과 장훈이 각각 이어받았다.

을사늑약의 또 다른 주역 이하영

을사오적을 논할 때, 때로는 박제순을 빼고 이하영을 넣는 경우도 있으며, 이하영을 포함해 '을사육적'이라고 부르기도 한다.

늑약 체결 당시 이하영은 법부대신이었다. 이항복의 후손인 그는 경남 동래 출신으로, 어린 시절 가세가 몰락해 찹쌀떡 장사를 하며 생계를 이었다. 그러나 어학에 뛰어난 재주를 보여 열아홉 살에 부산의 일본인 상점에서 일하며 일본어를 익혔고, 미국 공사관 의사 알렌의 요리사로 지내며 영어를 익힌 덕분에 고종의 통역을 맡으며 벼슬길에 나섰다. 그에게 처음 주어진 직책은 외부아문 주사였다. 이후 박정양 주미공사 아래서 서기관으로 근무하며 외무 관리의 길을 걸었고, 박정양이 귀국한 뒤에는 주차미국 서리전권대신 서리로 공사직을 맡게 되었다.

1889년 귀국 후 궁내부 회계원장을 맡았다가 주일전권공사 겸 대사로 발령받아 일본으로 갔다. 그리고 1902년 외부대신에 올랐으며, 이후 여러 분야에서 일본에 이권을 넘겨주는 역할을 했다.

1905년 늑약 당시 그는 처음에는 보호조약 체결에 반대했으나 곧 입장을 바꿔 늑약에 적극 찬성했다. 늑약 이후 관직에서 물러났으며, 한일합병 이후 자작 작위를 받고 중추원 고문으로 활동하다 1929년에 사망했다. 그의 작위는 아들 이규원이 이어받았다. 그는 독립운동가 이회영, 이시영 등과 먼 친척으로, 14촌 관계였다.

정미칠적에 오른 왕족 이재곤

이재곤은 고종과 같은 항렬의 종친으로, 흥완군 이정응에게 입적된 이재완의 친동생이다. 1859년 경기도 양주에서 전주 이씨 신응의 아들로 태어났으며, 1880년에 과거에 급제해 벼슬을 얻었다. 이후 홍문관 교리와 지방의 현감 등을 거쳐 비서원경, 종정원경, 회계원경 등의 고위직을 지냈다. 그러면서 친일파가 되어 1907년 한일신협약에 협조해 정미칠적에 이름을 올렸다. 당시 학부대신이었던 그는 그 공로로 훈1등 욱일대수장을 받았다.

이후에도 친일 행각을 계속했고, 한일합병 이후 일본 정부로부터 자작의 작위와 은사공채 5만 원을 받았다. 1915년에는 조선총독부가 후원해 조직한 불교 종단 삼십본산 연합사무소 고문을 맡았고, 불교 옹호회 고문으로도 활동했다. 1917년 순종의 일본 방문 때 동행하기도 했다.

3·1운동 때는 권중현과 함께 작위를 반납할 의사를 밝혔으나 일본 정부의 반대로 무산되었다. 1943년 그가 사망하자, 작위는 손자 이해국에게 이어졌다. 2007년 그가 남긴 시가 43억 원 상당의 토지가 국가에 귀속되었고, 후손들이 이에 이의를 제기했으나 기각되었다.

간신배의 전형적인 인물 민병석

한일합병 당시 궁내부대신을 맡고 있던 민병석은 1858년 충남 회덕군에서 민관식의 아들로 태어나 민경식의 양자가 되었으며, 본관은 여흥으로 명성황후 민씨 가문 출신이다. 1879년에 식년시 병과로 관직에 오른 뒤 성균관 대사성과 도승지 등을 역임했으며, 김옥균 암살 계획에도 깊이 관여했다. 청일전쟁 당시에는 청국 편에 섰다가 유배된 적이 있는 친청파 출신으로, 아관파천 이후에는 친러파가 되었다가 다시 친일파로 변모하였다. 지방관으로 평양감사로 근무할 때는 학정으로 악명이 높았고, 중앙 관직에서는 여러 차례 변심을 드러내며 전형적인 간신의 면모를 보였다.

1905년에는 이토 히로부미를 초청하기 위해 일본을 다녀오기도 했고, 1909년에는 이토의 조문사절단 일원으로 일본을 방문해 장례식에 참석했다. 1910년 한일합병 때에는 궁내부대신으로서 일제의 한국 식민지화 작업에 적극 협조했으며, 합병 이후 자작 작위를 받고 이왕직 장관을 지냈다.

이왕직 장관으로 있을 당시 그는 영친왕과 이방자의 결혼을 추진하였고, 1912년에는 일본 메이지 천황의 장례식에도 참석했다. 그는 당시 세간에서 '처세술의 달인'으로 소문이 자자했는데, 고종은 그의 처세를 두고 이렇게 평했다.

"민병석은 짐이 부르려 하면 이미 와 있고, 내치려 할 땐 이미 떠나 있다."

그의 아내 심경섭은 친일단체인 애국금차회 간사를 지냈으며, 그의 작위는 장남 민홍기에게 이어졌다. 차남 민복기는 경성제국대학 법학부를 졸업하고 판사와 검사를 거쳐 법무부 장관과 제5·6대 대법원장을 지냈다. 그는 대법원장 재임 시 인혁당 사건 상고를 기각해 피해자 8명이 사형당하고, 나머지 피해자들이 15년에서 20년의 징역형을 받도록 한 인물이다.

매국노의 대명사 이완용은 그와 사돈지간으로, 이완용은 민병석이 친로파에서 친일파로 변심할 때 길잡이 역할을 하기도 했다.

9장. 1901년 ~ 1910년

15

고종의 죽음과 3·1운동, 그리고 대한민국 임시정부의 탄생

■ 순종 12년(1919년) 1월 21일 묘시에 태왕 전하가 덕수궁 함녕전에서 승하하였다. 다음 날 복復을 행하였다.

1월 22일 오전 3시에 갑자기 황제가 붕어했다는 소문이 들렸다. 이 소식은 궁인들에 의해 이미 밖으로 새어 나갔지만, 일인들은 이를 숨기려 하였다. 다만 신문 호외에는 병환이 위급하다는 내용만 게재되었다. 22일부터 다음 날 정오까지 일본 정부와 총독부 사이에는 이 일과 관련된 수십 차례의 전보가 오갔다고 한다.

한국 상인들 가운데 사정을 알아챈 이들이 국상 준비를 위해 삼베를 사고자 여러 차례 전보를 쳤으나 모두 압수되었다. 이는 시역弑逆을 숨기기 위한 조치였으며, 또 영친왕의 혼례 후에 발표하려는 계획 때문이었다. 그러나 인심이 격앙되고 여론이 들끓자, 결국 23일에 이르러서야 "오늘 상오 3시에 뇌일혈로 갑자기 붕어하셨다"고

발표했다. 그러나 그 진상은 곧 폭로되었다.

일본인은 적신 한상학을 시켜 식혜에 독을 타서 올리게 했는데, 얼마 지나지 않아 독이 퍼지자 황제가 큰 소리로 "내가 무엇을 먹었길래 이러한가"라고 말한 뒤 잠시 후 갑자기 붕어하였다. 두 눈은 붉게 충혈되고 온몸에 붉은 반점이 생기며 부패해 갔다. 두 시녀도 이 광경을 목격한 뒤 갑자기 죽임을 당했는데, 이는 그 광경을 보았기 때문이었다.

또 광화문 앞 전수학교의 담벼락에는 '저들이 유럽 평화회의를 두려워하여 우리 황제를 독살하였다'는 내용의 글이 붙었다. 이때 한반도 강산에 의문의 구름이 가득 차고 원한의 기운이 하늘까지 치솟았다.

— 박은식, 《한국독립운동지혈사》

- 3월 1일

여기에 특별히 기술하고자 하는 내용은 국장을 앞두고 독립 소요가 발발하였다는 것이다. 나는 통치라는 대국적 측면에서 이 문제를 다루고자 하는 것이 아니다. 다만 이 소요 와중에 국장을 치른 당시 덕수궁 안팎의 상황을 기술해보고자 함이다. 독립운동이 가장 교묘하게, 더욱이 조직적으로 전 조선에 일제히 일어난 것은 3월 1일이었다. 마침 국장이 3일 후로 다가와 있었으므로 나는 능묘 공사의 준공 검사를 위해 아침 일찍부터 금곡으로 출장을 가 있었다.

…(중략)…

그들은 완전히 무저항주의로 어떠한 위험한 행동도 하지 않은 채 당당하게 시위 운동을 전개할 뿐이었다.

자동차 위에서 이 광경을 지켜본 나는 그들의 심리와 행동을 이해하는 데 무척 고심하였고, 마치 꿈을 꾸는 듯한 기분이 들었다. 지금은 총독부가 엄연히 존재하고 있고 일본 제국은 조선을 놓아줄 아무런 이유도 없으며, 현재도 앞으로도 독립은 몽상이라고 하는데도, 갑자기 하늘에서 들리는 울림처럼 요동치는 독립의 소리는 무슨 의미인지 알 수가 없다. 아마도 그들 군중들도 꿈에 들떠 무의식적으로 그런 공상을 부르짖고 있는 것이리라.

…(중략)…

당시 왕 전하와 왕세자 전하 그리고 근친들이 모두 궁 안에 있었는데, 사정을 잘 모르는 상궁들까지는 "이제 조선은 독립되었습니다. 경하드립니다."라고 할 정도였다고 한다. 이에 대해 두 분 전하께서는 침착하게 그들의 경거망동을 나무라셨지만, 문 밖에서 들리는 독립 만세 소리가 너무나도 크게 울려 때때로 시종들을 보내 바깥 상황을 살펴보게 하셨다.

— 곤도 시로스케權藤四郎介의 《이왕궁 비사》에서

- 3월 3일 진시에 영여가 훈련원으로 나가 국장식을 행하였다. 이어 금곡을 향하여 출발하였다. 대가와 왕세자가 영여를 따라갔다.
- 3월 4일 해시에 현궁玄宮(관)을 내리고 입주전을 거행하고 초우제를 지냈다.

〈고종 황제의 애책문〉

"황고皇考 고종 통천 융운 조극 돈륜 정성 광의 명공 대덕 요준 순휘 우모 탕경 응명 입기 지화 신열 외훈 홍업 계기 선력 건행 곤정 영의 홍휴 수강 문헌 무장 인익 정효 대왕께서 경운궁에 있는 함녕전에서 승하하셨습니다. 이에 명년 기미년(1919년) 2월 계축삭 초3일 을

묘에 홍릉으로 영천하니, 예에 따른 것입니다. …(중략)… 천지가 비통해 하니 해와 달과 별도 빛을 잃었네. 슬퍼서 우두커니 서서 주저하며 상여가 나가는 모습을 바라보네. 오호 슬프도다. 한 기운이 펴졌다가 막히면서 만물이 순환하니 살아 있는 것은 반드시 끝이 있다네. 밤과 낮은 한 가지 이치이며 성인과 범인이 똑같이 저 세상으로 돌아가니 수명의 장단을 어찌 비교하리오. 오직 찬란하게 빛나는 융성한 덕은 천지간에 끝이 없다네. 감히 행적을 약간 형용하여 단단한 돌에 새겨 밝게 드러내니, 언제까지나 잊지 않으며 찬란한 공덕 후세에 남겨지리. 오호 슬프도다."

우리 독립단은 3월 하순에 대거 상해로 몰려들었다. 이광수는 도쿄에서, 선우혁·김철·서병호·현순·최창식은 본국에서, 여운형은 노령에서, 여운홍은 미국에서 모여들어 프랑스 조계지의 보창로에 임시사무실을 설치하고, 현순이 총무가 되어 각국에 선언서를 발송하였다.

마침 서울의 독립단 본부로부터 파견된 이봉수와 임시정부의 필요성을 의논하였다. 이때 이동녕, 이시영, 조완구, 조성환, 김동삼, 조영진, 조영은 등 30여 명이 함께 와서 협의하였다.

- 4월 8일, 서울의 독립단 본부에서 다시 사람을 파견하여 내각의 명단과 임시헌법 초고를 가져오고, 또한 이춘숙·이규갑·홍도 등 여러 사람도 왔다.
- 4월 11일, 손정도와 이광수의 제의에 따라 각 지방 대표회를 개최하여 임시의정원을 설립하고, 이동녕을 의장으로 선출하였다.

국무원은 국내 본부와 합의하여 이승만을 국무총리, 안창호를 내무총장, 김규식을 외무총장, 이시영을 법무총장, 최재형을 재무총장, 이동휘를 군무총장, 문창범을 교통총장으로 선임하였다.

13일에는 안승원·김병조·장덕노·이원익·조상섭·김구·양준명·이유필·고일청·김홍서·이규서 등이 잇따라 모여들었다. 이에 상해에 모인 우리나라 사람이 천여 명에 달하였다.

곧 의정원법을 제정하고 지방회를 거쳐 의장 및 의원을 선출하여 손정도가 의장이 되었다.

— 박은식,《한국독립운동지혈사》

고종의 죽음과 3·1운동

1919년 1월 21일 아침, 고종이 덕수궁 함녕전에서 승하했다. 이후 고종이 독살되었다는 소문이 전국으로 퍼져 나갔다. 고종의 죽음과 독살 소문은 미묘한 파장을 일으켜 3·1운동의 촉매가 되었으며, 3·1운동은 대한민국 임시정부를 출범시키는 동력이 되었다.

일제강점기의 민족운동은 3·1운동을 분수령으로 일대 전환기를 맞이했다. 3·1운동의 자극제가 된 것은 미국 대통령 윌슨이 제창한 민족자결주의였다. 윌슨은 각 민족의 정치적 운명은 그 민족의 의사에 따라야 하며, 모든 영토와 주권은 각 민족에 귀속되어야 한다고 주장했다. 이러한 윌슨의 주장은 해외에서 활동하던 독립운동가들을 크게 고무시켰다.

윌슨의 민족자결주의를 가장 먼저 한국의 독립에 이용하려 했던 쪽은 이승만이 이끌던 재미 교포 사회였다. 이승만은 이를 한국 독립의 기초로 삼기 위해 발 빠르게 재미한인대표자 회의를 소집했고, 이승만·민찬호·정한경 등이 공동대표로 선출되었다. 이후 대표자회의에서는 프랑스 파리에서 열리는 강화회의에 대표를 파견해 독립을 호소하려는 계획을 세웠다. 그러나 미국 정부는 그들에게 여권을 내주지 않았고, 결국 계획은 실패로 돌아갔다. 하지만 소득이 전혀 없었던 것은 아니었다. 뜻밖에도 이 계획은 일본 동경에서 발행되는 〈재팬 잡지〉와 〈아사히신문〉에 보도되었고, 이는 일본에 유학 중이던 한국 학생들을 크게 자극했다.

한편, 중국에서 활동하던 신한청년단은 김규식을 파리 강화회의에 파견하고, 장덕수를 일본에, 여운형을 시베리아에, 김철과 선우혁을 국내에 파견하였다. 해외 독립투사들과 국내의 사회지도층을 연결해 대대적인 민족독립운동을 전개하려는 계획이었다.

이렇듯 해외와 국내에서 동시에 독립의 열망이 끓어오르고 있었고, 그 도화선에 가장 먼저 불을 붙인 쪽은 동경 유학생이었다. 1919년 1월 6일, 11명으로 구성된 조선유학생학우회의 독립 청원 실행위원들은 조선독립청년단을 조직한 뒤 독립선언서와 결의문을 작성했다. 이 일에 가담한 대표적 인물은 백관수, 김도연, 이광수, 송계백, 최근우 등이었다. 이들 중 송계백과 최근우는 국내로 잠입해 최린, 송진우, 최남선 등을 만나 국내에서도 독립운동을 벌여줄 것을 요청했다. 그리고 필요한 운동자금을 확보해 일본으로 돌아갔다.

그들은 그해 2월 8일 오전 10시에 독립선언서를 각 언론과 정치단체에 송달하고, 오후 2시 조선기독교청년회관에서 11명의 대표를 필두로 만세운동을 벌였다. 이른바 이팔독립선언이 이루어진 것이다.

그 무렵 국내에서도 독립에 대한 논의가 본격화되고 있었다. 월

슨의 민족자결주의 천명 이후 체코가 독립했고, 인도도 자치권을 획득했다. 이 소식을 접한 국내의 민족운동가들은 한국의 독립에 대한 열망을 드러내기 시작했고, 그 결과는 곧 3·1운동으로 이어졌다.

3·1운동의 중심에는 종교 지도자들이 있었다. 그중에서도 천도교가 가장 적극적이었다. 천도교는 국내 독립운동을 주도하고 있었는데, 천도교의 중진이었던 권동진·오세창·최린 등은 유학생 대표 송계백을 만난 뒤 대대적인 독립운동을 일으키려는 계획을 세우고 천도교 교령 손병희의 허락을 얻어냈다. 이후 천도교 측은 기독교와 불교, 유림의 대표자를 끌어들여 종교 지도자가 중심이 되는 독립운동을 전개하고자 했다.

민족대표자를 선정함에 있어 천도교는 손병희를 앞세우고, 유림 측은 송진우와 최남선이 교섭해 박영효나 한규설을 끌어들이려 했다. 하지만 두 사람 모두 찬성하지 않았다. 기독교 측은 평안북도 정주에 있던 이승훈을 서울로 불러 교섭하게 했고, 불교 측은 최린이 교섭을 맡았다.

그런 가운데 고종이 갑자기 서거했다. 그러자 고종이 일본에 의해 독살되었다고 믿게 되었고, 덕분에 독립운동 계획은 급물살을 타게 되었다. 그래서 손병희를 비롯한 천도교 측 인사 15명, 이승훈을 비롯한 기독교 인사 16명, 불교 측 인사 한용운과 백용성 등 총 33인의 민족지도자가 구성되었다.

독립선언서는 최남선이 작성하고 천도교에서 운영하던 보성사에서 인쇄했으며, 인쇄된 선언서는 총 2만 1,000매였다. 거사일은 고종의 장례일인 3월 3일로 내정되었으나, 인산일을 거사일로 삼는 것은 황제에 대한 불경이라 하여 3월 2일로 바꾸려 했으나 그날이 일요일이었기에 결국 3월 1일로 확정되었다.

마침내 3월 1일, 민족대표 33인 중 지방에서 미처 올라오지 못한 네 명을 제외한 29명이 서울 인사동 태화관에 모여 독립선언식을 거행했다. 이때 최린은 태화관 주인 안순환에게 조선총독부에 전화를 걸어 "조선의 민족대표가 독립선언식을 거행하고 있으니 잡아갈 테면 잡아가라"고 전하도록 했다. 이는 도망치지 않고 당당히 독립을 선언하겠다는 의지의 표현이었다.

독립선언문이 낭독되자 한용운이 독립의 당위성을 역설하는 연설을 했고, 이어 한용운의 선창으로 "대한독립만세"가 터져 나왔다. 그리고 얼마 지나지 않아 그들 모두는 일본 경찰에 의해 연행되었다.

한편, 그 무렵 파고다공원에서는 수천 명의 학생이 몰려들었고, 정각 2시가 되자 한 청년이 단상에 올라가 독립선언문을 낭독했다. 이어 학생들은 모자를 하늘로 던지며 "대한독립만세"를 외쳤고, 이 만세 물결은 순식간에 전국으로 확산되었다. 이후 만세운동은 함경북도에서 제주도까지 번져 한 달 이상 지속되었고, 전국에서 1,200회 이상 벌어졌으며, 참여한 국민은 100만 명을 넘었다.

시위대는 비폭력 원칙을 지키며 맨손으로 "대한독립만세"를 외쳤으나, 일본 경찰은 총과 칼을 앞세워 무자비하게 시위대를 진압했다. 그러자 시위대도 공격적으로 변하여 곳곳에서 관공서를 습격했고, 그 과정에서 일부 순사가 피살되기도 했다. 이에 총독부는 헌병을 동원해 주민 학살을 자행하기에 이르렀다.

제암리 학살사건은 일본 헌병대가 얼마나 잔혹하게 3·1운동을 진압했는지를 보여주는 대표적 사례였다. 3·1운동이 시작된 지 한 달 보름 뒤인 1919년 4월 15일, 경기도 화성군 향남면 제암리에 출동한 일본 헌병대는 제암리교회에 모여 있던 열다섯 살 이상의 장정 24명을 학살했다.

발안주재소 소장은 "지난 장날 진압이 과했다"며 사과하겠다는 거짓말로 주민들을 유인했고, 순진하게도 이를 믿은 제암리 주민들은 교회에 모였다가 모두 갇혀 학살당했다.

헌병대는 온 마을에 불을 질러 제암리의 33채 중 31채를 태웠고, 시신마저 불태워 가족들이 수습하지 못하게 했다. 학살된 주민들의 시신을 수습한 이는 캐나다 선교사 스코필드였다. 그는 일본 헌병의 눈을 피해 학살 현장의 사진을 찍어 세계 언론에 폭로함으로써 일본의 만행을 만천하에 알렸다.

이렇듯 무자비한 학살과 탄압에 막혀 독립을 염원했던 3·1운동은 좌절되었으나, 독립에 대한 민족적 열망은 오히려 더 거세게 되살아났다. 덕분에 흩어져 있던 독립운동 세력은 하나로 결집하기 시작했고, 그것은 결국 대한민국 임시정부의 탄생으로 이어졌다.

대한민국 임시정부의 탄생

3·1운동은 국내와 해외에서 활동하던 독립운동 세력의 통합을 이끌어내는 데 결정적인 역할을 하였다. 당시 독립운동 세력은 미국·중국·러시아 등에 흩어진 채로 싸움을 전개하다 보니 서로 의견 교환이 제대로 이뤄질 리 없었고, 효과적인 활동도 할 수 없었다. 이런 현실을 타개하여 유기적이고 효율적인 독립 운동을 전개하려는 목적으로 이뤄진 일이 1917년의 '대동단결선언'이었다. 이 선언의 발기자는

상해에서 활동하고 있던 신규식이었고, 박은식·신채호·윤세복·조소앙·신석우·한진교·박용만 등이 참가했다.

이 선언문은 순종의 주권 포기를 국민에게 주권을 내주는 것으로 해석하고, 국내는 이미 주권이 침탈당한 상황이므로 해외에서 주권을 행사하여 임시정부를 수립하는 것을 골자로 하고 있다. 말하자면 최초로 임시정부 수립에 대한 의지가 반영된 문건이었던 셈이다.

하지만 대동단결선언문은 해외 동포들에게 널리 알려졌으나, 당장 임시정부를 구성하는 단계에 이르지는 못했다. 그런 가운데 3·1운동이 일어난 것이다.

일본이 한국의 평화적인 시위대에 대한 무력 진압을 자행하자, 세계의 여론이 들끓었다. 영국이나 프랑스의 신문들은 한국의 독립운동을 매우 동정 어린 시선으로 서술하였고, 미국 의회에서도 지속적으로 한국 문제가 제기되었다.

해외에서 활동하던 독립투사들은 이러한 세계 기류에 고무되어 임시정부 수립에 박차를 가하고 있었다. 그만큼 3·1운동은 독립에 대한 민족적 열망을 피부로 느끼게 한 사건이었던 것이다.

임시정부 수립은 상해, 연해주, 미국 등 해외는 물론이고 국내에서도 시도되어 3·1운동 후 순식간에 7개의 임시정부가 만들어졌다. 그 7개 중에서 조선민국임시정부, 고려공화국, 간도임시정부, 신한민국정부 등 4개의 임시정부는 전단지를 통해 발표되긴 했지만 그 구체적인 내용을 알 수 없었다. 때문에 대개 상해정부, 한성정부, 노령정부 등 세 개의 임시정부만이 그 내막이 제대로 알려져 있다.

임시정부 탄생은 한성정부, 상해정부, 노령정부 등 개별 임시정부의 통합에서 비롯되었다. 3·1운동 이후 동시다발적으로 임시정부가 수립되자, 이를 하나로 결합하려는 노력이 이뤄졌고, 결국 대한민국 임시정부를 탄생시킨 것이다.

하지만 임시정부 출범엔 다소간의 진통이 있었는데, 세 개의 임시정부 구성을 살펴보면 그 원인을 자연스럽게 알 수 있을 것이다.

우선 노령정부를 살펴보자면, 노령정부란 러시아령에 설치한 정부란 뜻인데, 이를 이끌고 있던 인물은 이동휘였다. 노령정부의 정식 명칭은 '대한국민의회'인데, 그 뿌리는 1909년 대한제국 군대 해산 이후 연해주에 망명한 의병 조직이었다. 이들은 1910년에 13도 의군을 조직하고 유인석을 도총재로 추대했다. 그리고 13도군 도총재 명의로 고종에게 연해주로 망명하여 망명정부를 수립할 것을 상소하기도 했다.

이때 실질적으로 이 조직을 이끌고 있던 인물은 이상설과 이동휘였다. 이들은 군대를 양성하기 위해 노력했고, 1914년에 이르러 시베리아에서만 2만 명이 넘는 군대를 훈련시킬 능력을 갖게 되었다. 이들이 바라던 것은 일본과 러시아의 전쟁이었고, 러시아가 일본과 전쟁을 하면 러시아와 함께 연합군을 형성하여 일본을 공격한다는 계획을 가지고 있었다. 그래서 이상설을 정통령으로 삼고 대한광복군정부를 조직했다. 하지만 제1차 세계대전이 발발하면서 모든 계획은 무산되었다. 러시아와 일본이 연합군에 가담하여 한 배를 타는 바람에 어떠한 군사 활동도 할 수 없었던 것이다. 그런 가운데 이상설은 상해로 떠났고, 조직은 이동휘의 지휘 아래 움직였다.

그런데 1차 대전 와중에 러시아의 상황은 급변했다. 1917년 11월에 볼셰비키 혁명이 일어나 소비에트 정권이 서면서 급격히 공산화되었다. 이에 이동휘는 소련의 힘을 이용하기 위해 한인사회당을 조직했다. 이후 흩어졌던 의병을 결집하여 시베리아에 출동한 일본군과 전투를 벌이기도 했다.

1918년에 1차 세계대전이 종결되고, 이듬해 3·1운동이 벌어지자 이동휘는 대한국민의회를 만들어 임시정부를 자처하고 나섰다. 이때 국민의회에서 발표한 행정부 인사의 면면을 보자면 이렇다. 대통령에 손병희, 부통령에 박영효, 국민총리에 이승만, 탁지총장에 윤현진, 군무총장에 이동휘, 내무총장에 안창호, 산업총장에 남형우, 참모총장에 유동열, 강화대사에 김규식 등이었다. 노령정부가 이런 내용을 발표한 때가 3월 17일이었다. 세 개의 임시정부 중 가장 발이 빨랐던 셈이다.

한편, 임시정부 논의는 상해에서도 이뤄졌다. 상해 임시정부를 주도하고 있던 인물은 이동녕이었다. 이동녕은 상해 지역의 세력을 규합하여 4월 11일에 임시의정원을 조직하고, 4월 13일에 내각을 발표했다. 상해정부의 행정을 맡은 인물을 살펴보면 의정원 의장 이동녕, 국무총리 이승만, 내무 안창호, 외무 김규식, 법무 이시영, 재무 최재형, 군무 이동휘, 교통총장 문창범이었다.

그리고 가장 늦게 발족한 것이 한성정부였다. 한성정부는 3·1운동이 진행 중인 3월 초에 이교헌, 윤이병 등이 제의하여 임시정부를 수립할 것을 결의하였고, 몇 번의 모임을 거친 후 4월 23일에 봉춘관에서 임시정부 선포문을 발표하였다. 이때 발표된 내각 인사의 면면을 보면 이렇다. 집정관총재 이승만, 국무총리 이동휘, 외무 박용만, 내무 이동녕, 군무 노백린, 재무 이시영, 법무 신규식, 학무 김규식, 교통 문창범, 노동 안창호, 참모부총장 유동열 등이었다.

이 세 임시정부 내각 인사들의 핵심 인물은 이승만, 이동녕, 이동휘 세 사람임을 알 수 있다. 그리고 그 서열을 보면 이승만이 1순위고 다음으로 이동녕, 이동휘 순이었다. 나이로 보자면 이동녕이 가장 위고, 다음으로 이동휘, 이승만 순이었다. 하지만 명성이나 영향력 면에선 이승만이 단연 앞섰다.

임시정부들 중에 가장 유연하고 합리적인 쪽은 상해정부였다. 상해정부는 우선 노령정부에 결합을 제의했고, 전체적인 내각의 구성은 한성정부의 내용을 존중하겠다는 자세였다. 대신 임시정부를 상해에 두는 성과를 얻어냈다.

하지만 이에 대해 노령정부 쪽은 강력하게 반발했다. 노령정부 쪽은 유명 인사 중심의 한성정부의 조각에 불만이 많았다. 사실, 노령정부 쪽은 이동휘를 제외하곤 국내에서 크게 명성을 얻은 인물이 없었다. 대신 무력 투쟁을 감행할 힘이 있었다. 그래서 임시정부 통합에 반대하고 있었다.

하지만 노령정부의 대표격인 이동휘는 자신이 한성정부의 총리로 내정된 것에 만족하고 임시정부 통합에 참여했다. 덕분에 세 개의 임시정부는 합의를 통해 통합되는 모양새 갖추는 데 성공했다. 그러나 노령정부 쪽 인물들 대부분은 이동휘의 행동에 반발하는 상황이었다. 노령정부의 핵심으로 이동휘와 함께 내각 명단에 들어 있던 문창범과 최재형이 참여를 거부했던 것이다.

비록 이렇듯 노령정부의 불만이 팽배했지만, 해외 망명지라는 난관을 가까스로 극복하고 대한민국 임시정부는 이렇듯 극적으로 탄생하였다. ■